KB089049

농업의 고고학

한국고고학회 학술총서 5

농업의 고고학

| 한국고고학회 편 |

사회평론아카데미

이 책은 2012년 제36회 한국고고학전국대회의 공통주제인 〈농업의 고고학〉에서 발표된 논문들을 수정·보완하고, 여기에 작물과 관련된 필자의 논문 한 편을 추가하여 만들어졌다.

1970년대 후반 흔암리와 송국리의 청동기시대 주거지에서 다량의 탄화미가 발견되면서 청동기시대 벼농사에 대한 실물 자료를 확보하게 되었다. 특히 흔암리 유적은 임효재 교수가 주거지 내부 토양에 대한 체계적인 물체질을 최초로 실시하여 큰 주목을 받았다. 농업연구의 대상이 농기구에서 작물자료로까지 확장된 것이다. 청동기시대 유적에서의 탄화미 검출로 도작의 기원과 전파 과정에 대한 관심이 높아지면서 1991년 제15회 한국고고학전국대회 주제로 〈한국 선사도작농경의 제문제〉가 채택이 되었으나 발표는 심봉근, 허문회 두 교수에 한정될 정도로 도작농경을 연구하는 고고학자가 드물었고 대상 시대도 청동기시대로 한정되었다.

1990년대에 들어서면서 농업고고 연구에 획기적 변화가 발생하였다. 김포와 일산 토탄층에서 신석기시대 볍씨가 보고되었고, 농소리 출토 신석기시대 말기 토기 태토에서 벼 규산체가 검출되면서 도작의 기원이 신석기시대까지 소급된다는 주장이 제기되었다. 또한 충북대학교의 이융조 교수가 발굴현장에서 물체질을 적극 도입하면서 평라리, 조동리, 수양개 유적 등에서 벼 외에도 보리, 밀, 콩, 팥 등 다양한 작물 종자를 찾아내었다. 한편으로는 미사리, 궁남지, 하북정과 남강댐수몰지구 등에서 논밭유구가 확인되면서 경작지가 농업연구의 직접적인 연구 대상으로 들어오게 되었다. 그리하여 2001년 개최된 제25회 한국고고학전국대회의 공통주제인 〈한국 농경문화의 형성〉에서는 벼농사 개시기와 환경(최기룡), 논밭유구(곽종철), 농경문화 형성기 취락(송만영)이 발표되었다. 이후 적색마연토기의 출현과 송국리식토기(안재호), 무문토기시대의 농경과 취락(後藤直)을 추가하고 토론문도 실어 『한국 농경문화의 형성』(한국고고학회 학술총서 2) 단행본이 발간되었다. 이 역시 청동기시대가 중심이다.

21세기 들어서 경작지 조사와 식물유체 연구가 더욱 활성화되었다. 1997년부터 1999년까지 남강댐 수몰지구의 여러 시대에 걸친 유적에서 체계적인 토양 시료 채취와 부유선별법을 실시하여 식물유체의 정성적, 정량적 분석을 최초로 실시한 이경아는 이 자료를 이용하여 2003년 캐나다에서 박사학위를 취득하면서 한국인으로는 최초의 식물고고학 전공자가 되었다. 지금까지도 많은 유적의 식물유체 분석을 주도하고 있다. 또한 국내에서도 철제 농기구를 포함한 농경도구, 경작지, 도작 농경 출현과 확산 등을 주제로 한 석·박사학위 논문을 포함한 많은 논문과 단행본들도 발간되었다. 동물유체 분석도 우리 고고학자들의 손을 거치게 되었고 가장 최근에는 토양고고학 전문가도 배출되었다.

그리하여 한국고고학회에서는 2012년도 제36회 한국고고학전국대회 공통주제로 〈농업의 고고학〉을 선정하고 필자에게 발표 주제, 발표자 선정과 종합토론 사회를 의뢰하였다. 한국고고학회 집행부와 곽종철 선생 등 농업 관련 연구자들과 몇 차례 모임을 가진 결과 발표 주제와 발표자는 농업연구의 이론적 고찰(김민구), 농기구(김도헌), 경작유구(윤호필), 가축(이준정), 토양고고학(이희진)으로 정하고 농업연구의 통시대적 고찰은 이현혜 교수에게 특별강연으로 부탁하기로 결정하였다. 또한 한때 조선 후기 경작유구를 발굴 대상지에서 제외하였던 문화재청 발굴조사 기준에 대한 반박 차원에서 중·근세 농업사 연구에서 고고학적 연구의 필요성을 강조해 줄 수 있는 농업사 연구자도 발표자로 초청하자는 의견이 강력하게 대두되었다. 그러나

2012년 5월에 발간된 중앙문화재연구원의 『중앙고고연구』 제10집이 중·근세 농업연구 특집으로 발간되면서 경작유구(윤호필), 농구(김재홍)와 함께 농법과 수리시설(염정섭)에 대한 기획논문이 수록되었기에 이현혜 교수의 특별강연과 염정섭 교수의 코멘트로 대체하기로 하였다. 또한 수리시설도 『한국 고대의 수전농업과 수리시설』(한국고고환경연구소, 2010, 서경문화사) 단행본이 발간된 바 있어 발표주제에서 제외하였다. 애초에는 농촌의 경관과 농경의례도 거론되었으나 농업고고란 주제가 너무 확장되는 느낌도 있고 앞의 한국고고환경연구소 책자에도 청동기시대 마을과 농경의례가 포함되어 있어 이 역시 제외하였다.

발표의 기본 지침은 다음과 같이 논의되었다. 첫째, 한국고고학회의 기존 농업 관련 학술대회는 청동기시대를 주 대상으로 하였기에 이번 발표는 21세기에 이루어진 농업 관련 고고학 연구조사 성과를 통시대적으로 정리하되 20세기 후엽의 연구 성과도 필요시 다룰 수 있다. 둘째, 내용은 새로운 이론의 제시보다는 기존 연구 성과를 종합하고 가능한 학생들도 쉽게 이해할 수 있도록 서술한다. 셋째, 발표문은 한국고고학전국대회 이후 내용을 보완하여 한국고고학회 학술총서로 간행한다. 학술총서 간행과 관련한 전권은 종합토론 사회자에게 맡긴다. 마지막으로, 토론자로는 작물은 박태식, 농기구는 김재홍과 송윤정, 경작유구와 토양고고학은 이진주, 가축은 김건수로 결정하되 토론자들은 다른 주제에 대해서도 자유롭게 토론문을 작성할 수 있도록 하였다.

막상 토론문을 받아보니 토론이 일부 발표자에게 집중되어 대회 전날 급하게 이준정, 김범철 교수에게 김민구 교수 발표에 대한 토론을 추가적으로 부탁하였다. 원래 종합토론 말미에 염정섭 교수의 코멘트를 추가로 듣고 고려, 조선시대 경작지 조사의 중요성을 부각

시킬 작정이었다. 그러나 막상 종합토론은 원래 계획보다 시간도 축소되었고 사회자인 필자가 진행을 잘 못하여 제대로 된 토론도 이루어지지 못하였으며 경작지 조사의 중요성도 강조하지 못한 채 급하게 마무리되고 말았다. 이 자리를 빌려 발표자, 토론자, 청중 모두에게 사죄하는 바이다.

이번 농업의 고고학 단행본에는 한국고고학회의 기존 총서와 달리 토론문과 종합토론 녹취를 싣지 않았다. 토론문이 수록된 제36회 한국고고학전국대회 책자가 이미 상당 수량 배부되었고, 토론된 내용의 일정 부분을 발표자들이 수용하여 글을 보완하였기에 과감히 생략하였다. 옥고를 제출하여 주신 토론자 여러분과 코멘트를 준비하여 오신 염정섭 교수께 죄송할 따름이다. 다만 농구 부분 글(김도헌)에서 중·근세 부분이 생략되었기에 김재홍 교수가 제출한 보론 〈한국 중·근세의 농구〉를 글 뒤의 부록으로 추가하였다.

애초 단행본에는 작물유체를 이용한 한반도 선사농경 연구에 대한 이경아 교수의 글을 게재하려고 하였으나 시간적 여유가 없어서 그러지 못하였다. 관심 있는 연구자들에게는 아래 논문의 일독을 권하고 싶다. Lee, Gyoung-Ah, 2011, "The Transition from foraging to farming in prehistoric Korea", *Current Anthropology* 52-S4. 농경 관련 특집으로 잡지 홈페이지에서 무료로 다운로드 받을 수 있다.

토론자들이 공통적으로 지적하고 있는 문제는 용어와 개념, 기능(특히 농기구), 동식물유체 동정 신뢰도와 연대 추정의 타당성이다. 이 책에 실린 논문들은 이러한 점을 염두에 두고 신중하게 그리고 비판적으로 읽어나가기 바란다(이 책 마지막의 「책을 나가며」 참조). 고고학은 새로운 자료와 해석이 지속적으로 제출되면서 기존의 정설이 계속 무너지는 학문이기 때문이다.

고고학대회가 끝난 후 글을 보완할 수 있는 시간적 여유를 충분하게 드리지 못하고 계속 마감, 마감을 외쳐가며 글을 독촉하여 스트레스를 많이 받았을 집필자들에게 지면을 빌려 죄송하고 감사한 마음을 전한다. 기존에 발간사는 한국고고학회 회장이 써야 됨에도 불구하고 그 짐을 책의 편집권과 더불어 넘겨주신 이희준 회장을 비롯한 학회 운영진들에 누가 되지 않았으면 하는 바람이다. 마지막으로 경제성 없는 고고학 전공서를 출판하여 주신 (주)사회평론의 윤철호 사장과 박보람 선생에게도 학회를 대표하여 감사드린다.

2013년 6월
집필자를 대표하여 안승모 올림

차례

한국 농업기술의 발전 과정과 연구 성과

이현혜*

I. 들어가며

청동기문화 단계에 농경 중심 생업 경제가 확립된 이래 20세기 초에 이르기까지 한국인의 주된 생산 기반은 농업이었다. 농업은 개인의 식생활과 의생활에 필요한 물자를 공급하였고, 국가 운영의 재정적 토대가 되었다. 그리고 오랜 세월 농업은 기술적으로 여러 단계의 질적, 양적 변화를 거치면서 각 시대의 역사 발전에 중요한 영향을 미쳤다. 그러므로 농업기술에 대한 연구는 옛 사람들의 삶의 모습을 생동감 있게 복원하고 생산력과 역사 발전의 상호 관계를 밝히는 지름길이다.

농업기술 연구의 목적은 역사와 문화가 변화하고 발전하는 과정에서 기술과 생산력의 변화가 어떠한 작용을 하였는가를 밝히는 것이다. 농업생산력은 작물, 농기구, 관개시설, 파종법, 시비법, 제초법, 작무법 등과 같은 기술적인 요소뿐만 아니라 좀더 큰 차원에서

---

* 한림대학교 사학과

자연환경과 기후 변화, 인구 증감 등과 밀접한 관계가 있다. 그러므로 농업기술을 연구하려면 이러한 각 부문에서 나타나는 변화 현상에 대해 두루 주목해야 한다. 하지만 자료의 제약으로 연구 분야가 일정 부문에 국한되는 한계를 면할 수가 없다. 문헌기록이 전혀 없거나 희소한 선사와 고대의 농경 연구는 고고학자료에 대한 의존도가 절대적이다. 반면 고려, 조선시대의 농업기술 연구는 관찬 사서, 농서, 문집, 공문서, 일기 등 문헌자료를 통해 농법을 연구하고 논밭의 모습과 농민들의 작업 과정을 머릿속에서 그리고 있다. 일부 기후 변화나 인구 자료를 활용하여 농업기술의 변화 과정을 설명하려는 시도가 있어 고무적이긴 하나 자료가 너무 부족하여 논증에 어려움을 겪고 있다.

다행히 고고학의 발달과 활발한 발굴조사에 힘입어 땅속에 묻혀 있던 다양한 물질 자료들이 세상에 모습을 드러내면서 농업기술 연구의 시간적, 공간적 폭이 지속적으로 확대되고 있다. 특히 1990년대 이후 무덤이나 집자리 이외에 저습지유적, 경작유구, 수혈유구 등 생활 유적에 대한 고고학 발굴조사가 급격히 증가하면서 농업기술 연구는 새로운 국면을 맞이하고 있다. 농경문 청동기에 새겨진 나무괭이와 평행선 모양의 밭고랑을 실물로 확인할 수 있게 되었고, 농서 속에 갇혀 있던 조선시대 밭고랑과 논이 눈앞에 펼쳐지고 있는 것이다.

농업기술 연구의 기본 자료는 문헌기록을 비롯하여 농기구, 작물, 경작유구, 수리시설, 꽃가루, 인골, 토양 등 광범위하다. 선사, 고대의 농경을 연구하는 데는 고고학자료 이외에 민족지자료가 요긴하게 활용되기도 한다. 이번 학술회의에서는 그간 고고학 발굴조사를 통해 확보된 각 분야별 자료와 연구 방법론을 중심으로 심층적인 발표와 토론이 진행될 것으로 예상된다.

그런데 자료 확보 못지않게 중요한 것은 농업기술의 단계별 발달 과정을 체계적으로 설명할 수 있는 기준을 찾는 것이다. 예를 들면 선사와 고대의 농업기술의 발전 단계를 도구와 에너지를 기준으로 굴봉(掘棒)사용단계 - 서·초(鋤·鍬)농법단계 - 이경(犁耕)단계로 나누는 경우도 있다. 이러한 구분 방법은 비록 선사와 고대 농경연구에 국한되는 한계는 있지만 나름대로 유용하다. 새로운 농기구의 도입으로 절감된 노동력을 새로운 경작지 개간에 투입하거나, 기경법의 개선으로 단위 면적당 생산량을 늘려나갈 수 있기 때문이다. 이와 달리 토지활용방식의 변화에 따라 장기휴경단계 - 중기휴경단계 - 단기휴경단계 - 연작상경(連作常耕: 땅을 묵히지 않고 매년 경작하는 것)단계 - 다모작(多毛作)단계로 구분하는 방법도 있다(Boserup 1981). 기술, 인구, 환경 등 각 요소들이 복합적으로 작용한 결과가 토지활용방식에 반영되기 때문에 이 기준은 선사, 고대로부터 근대에 이르기까지 거시적인 관점에서 생산기술의 변화 추세를 파악하고 체계화하는 데 유용하다.[1]

여기서는 한국 농업기술의 발달 과정을 개관하면서 각 시대별로 연구자들이 관심을 기울여 온 중요 주제를 중심으로 그 성과와 과제를 간단히 살펴보고자 한다.

---

[1] 인구 밀도가 희박하고 자원이 풍부한 단계에서는 자연적으로 지력이 회복될 때까지 10~20년씩 경작지를 휴경할 수 있지만, 인구 밀도가 점차 높아지고 개간 대상지가 한계에 이르면 휴경기간을 10년 미만으로 다시 2, 3년 간격으로 줄여나갈 수밖에 없고 결국에는 경작지가 쉴 틈을 주지 않고 1년에도 두 차례 이상 연속으로 경작을 하게 되는 것이다. 이처럼 휴경기간을 줄여나가는 과정에서 시비법을 개발하고 기경법과 농기구를 개선하고 품종을 개량해나갔던 것이다.

II. 선사시대

1. 신석기시대

농경의 시작 농경의 시작은 신석기 혁명이라고 불릴 만큼 인류 문화의 발전 과정에서 아주 획기적인 변화로 인식되었다. 그리하여 우리 학계도 한반도 농경문화의 기원과 전래 과정을 밝히는 데 많은 노력을 기울여 왔다. 근래에는 수렵, 채집 경제에서 농경 단계로의 변화 과정이 상당히 복잡하고 오랜 기간에 걸쳐 진행된 것임을 주지시키면서 농경의 기원이라기보다 농경으로의 전이 과정이라는 개념으로 접근하고 있다(이준정 2001).

한반도 농경의 시작을 입증하는 유적으로서 가장 많은 주목을 받은 것은 농기구, 탄화곡물, 조리도구 세트가 함께 출토된 황해도 봉산군 지탑리 집자리유적이다. 농경 개시에 관한 초창기의 연구는 대부분 지탑리 유적의 편년이나 문화 계통을 밝히는 데 모아졌다. 그 결과 문화계통에 대한 해석도 다양하였고, 농경 개시연대도 기원전 2500년, 4000년, 5000년 등으로 편차가 아주 컸다. 많은 노력에도 불구하고 이러한 초기의 농경 연구는 자료의 부족과 방법론의 한계로 농기구와 작물자료를 육안으로 관찰하여 형태와 종류를 분류하고 전파루트를 추정하는 데 그쳤다.

이후 신석기시대의 농경 활동을 뒷받침하는 석제 기경구나 갈돌, 작물자료들이 한강, 금강, 남강 유역 등지에서 널리 확인되었다. 그리고 그동안에 축적된 방사성탄소연대 측정자료와 작물 채집자료를 토대로 기원전 3000~3500년경 한반도 남부지역까지 기장과 조를 재배하는 원시적인 밭농사가 실시되었다는 것이 정설로 자리 잡았고, 한 걸음 더 나아가 농경 시작이 신석기시대 전기까지 소급될 가능성마저 보이고 있다. 이는 식물유체를 체계적으로 수습하고 식물 고고학적 연구 방법을 활용하여 농경을 뒷받침하는 작물자료를 적극 확보한(하인수 2001; 이경아 2001, 2011) 덕분이다.

이처럼 신석기시대에 농경이 시작된 것은 분명하나 한반도 신석기시대 주민들이 작물을 재배하기 시작한 원인이 무엇인가에 대해서는 아직도 다수가 공감할 만한 설명이 이루어지고 있지 못하다. 다만 농경 우위설에 입각한 문화전파론적 해석을 비판하고 기원전 3500년경의 급격한 환경 변화와 인구증가, 사회적 복합성 증대 등 다양한 가능성을 염두에 두면서 접근을 하고 있다(이준정 2001; 송은숙 2001; 안승모 2005).

벼 재배 농경 시작 문제와 더불어 제기되고 있는 또 하나의 의문은 한반도에서의 벼농사의 시작에 관한 것이다. 종래 벼농사는 잡곡 농사보다 훨씬 늦은 기원전 10세기 이후 청동기시대에 시작되었다는 것이 통설이었다. 그런데 1990년대 초 한강 하류 경기도 김포군과 고양군에서 신석기시대의 토탄층에서 탄화된 볍씨가 발견되었고, 출토된 빗살문토기의 바탕흙에서 벼의 특징인 부채형 식물규산체가 발견되었다. 그리고 충북 옥천 대천리 집자리유적에서도 벼껍질과 탄화미가 출토되어 신석기시대 주민들의 벼 재배 가능성을 높여 주고 있다. 그러나 벼의 전파 경로나 빗살문토기인들이 언제 어떠한 계기로 벼라는 새로운 작물을 재배하게 되었는지, 어떤 품종을 어떠한 방식으로 재배하였는지 아직도 해결해야 할 많은 의문들이 남아 있다.

농경형태 신석기시대의 작물 경작 방식도 의문이다. 현재로서는 농기구 자료를 통해 당시의 농경 방식이 원시적인 벌목화경(slash and burn cultivation) 형태였던 것으로 추정하는 정도이다(이현혜 1999). 원시적인 벌목화경 농법에서는 숲이나 덤불을 불태워 경지를 마련하

고 돌따비나 보습을 사용하여 재가 쌓인 토양 표면을 긁듯이 지나가
면서 선 모양의 파종구를 만들거나 나무 그루터기를 피해 적당한 간
격으로 파종 구멍을 만들어 씨를 뿌린다. 이러한 원시적인 벌목화경
단계에서는 한번 개간한 경작지는 2~3년 연속 이용한 후 삼림이 원
상 회복될 때까지 10년 이상 휴경한다. 이 경우 토양 상태가 단단하
고, 여러 곳에 타다 남은 풀뿌리와 나무그루터기가 남아 있다. 지탑
리 유적을 남긴 주민들이 그처럼 크고 무거운 석제 굴지구를 사용한
원인이 여기에 있는 것 같다. 강원도 고성군 문암리에서 확인된 신석
기시대 경작유구는 이러한 관점에서 당시의 경작 형태를 관찰할 수
있는 중요한 자료이다.

이와 달리 지역에 따라 강안 충적대지를 경작지로 활용할 경우, 이
와 다른 경작방식을 채용했을 가능성도 제기되고 있다(송은숙 2001).
이러한 문제는 신석기유적 주변의 고환경에 대한 지식이 필요한 부
분이다. 어쨌든 신석기시대 후기로 가면서 석제굴지구의 크기가 점
차 작아지는 것으로 보아 농경지 상태나 경작방식에서 변화가 진행
되었던 것은 분명하다. 이러한 변화의 배경과 과정 그리고 생업 경제
에서 곡물이 차지하는 비중의 증가 여부를 주목할 필요가 있다.

2. 청동기, 초기 철기시대

수렵, 채집 경제활동의 보조적인 위치에 있던 농경이 청동기문화단
계에 이르러 한반도 주민들의 주된 생업으로 자리잡았다. 한반도에
서 발달한 지석묘문화, 동검문화 그리고 고조선과 같은 정치체 등
장의 경제적 기반은 바로 농업이었다. 특히 중남부지역에는 송국리
문화단계를 전후하여 논농사가 도입되어 논농사와 밭농사를 겸하
는 복합적인 농경체계가 확립되었다. 그리하여 지역별로 자연환경

과 문화 전통에 따라 작물 구성이나 농경기술의 변화 과정도 다양하게 전개되었다. 이러한 농경체계는 세형동검문화단계에 이르러 더욱 안정적으로 발전하였고 이후 한국 농업기술 전개의 토대가 되었다. 근래에는 그간에 축적된 자료를 바탕으로 작물의 종류와 지역별, 시기별 작물 조성에 대한 구체적인 양상을 밝혀나가고 있다(안승모 2008; 정유진 2010; 이희경 2010). 그리고 청동기시대의 경작 도구와 방식에 대해서도 새로운 사실들이 많이 밝혀졌다.

목제 농기구 1970, 80년대까지만 해도 청동기시대의 농경 연구는 소수의 농기구와 작물자료에 전적으로 의존하였다. 그나마 농기구 자료라고 해도 반월형 석도와 같은 수확구가 대부분이었고 작물자료 리스트도 한 두 페이지를 겨우 채울 정도였다. 단지 석제 굴지구가 급격히 소멸하는 대신 끌, 대패, 유구석부 같은 석제공구가 크게 늘어나는 것을 보고 농토목구 대부분이 목제였을 것으로 추정할 뿐이었다. 그리고 농경문 청동기에 새겨진 양날따비나 괭이, 일본 야요이문화유적에서 나온 목제농토목구와 민속자료를 보면서 목제 농기구의 형태를 짐작하는 데 그쳤다. 그러나 1990년대 이후 농경 관련 연구 자료가 전체적으로 크게 증가하였고 청동기시대 농경 연구가 상대적으로 많은 혜택을 누렸다. 특히 저습지유적과 논유구, 관개시설 등 생산유적 발굴의 활성화로 각종 형태의 목제 농기구 자료가 축적되었고 고무래나 따비편으로 추정되는 목기까지 확인하는 등 농기구 자료가 지속적으로 늘어나고 있다(김권구 2008).

경작유구 1992년 한강유역 미사리에서 최초로 백제 밭이 발굴된 이래 2012년 초 강원도 고성군 문암리 신석기시대 밭유구의 발굴에 이르기까지 20여 년간 중남부지역 곳곳에서 청동기시대로부터 조선시대에 이르는 각 시대의 밭유구들이 지속적으로 확인·조사되었다. 그리고 각종 형태의 고랑과 이랑 그리고 경작 흔적을 토대로 청동기시대 밭 작물 재배 방식, 경지 활용 방식 등에 대한 다양한 연구 성과들이 나왔다(이현혜 2002; 최덕경 2002; 이상길 2003; 김병섭 2003). 경작유구의 발굴로 청동기시대 농경 연구는 새로운 전환점에 접어 들었다고 해도 과언이 아닐 정도이다.

경작방식 청동기시대 전기의 경작방식에 대해 火耕 여부를 두고 다양한 논의가 진행되고 있으나 구체적인 양상은 여전히 의문이다 (안재호 2000; 고일홍 2010). 청동기 후기단계의 경우, 목제 농기구의 존재와 밭농구를 통해 밭농사에서의 토지활용방식을 일부 엿볼 수 있다. 나무 농기구가 일반화된 중요 배경은 논농사 실시와 밭농사에 서의 휴경기간의 단축이었다. 나무 농기구는 돌과 달리 깎고 조립하 는 것이 쉽기 때문에 용도에 따라 여러 가지 형태의 농기구를 만들 수 있고, 무게도 가벼워 작업 효율을 크게 높일 수 있다. 하지만 휴경 기간을 10년 미만으로 줄여 풀뿌리가 깊고 단단해지기 전에 경작지 를 반복 활용해야만 나무 농기구를 사용할 수 있다. 이렇게 하면 관 목이나 수풀더미를 불태우는 것만으로도 경작지를 확보할 수 있다.

청동기시대의 밭고랑을 보면 밭고랑의 깊이, 너비, 간격 등은 매 우 다양하지만 밭의 크기에 상관없이 동일 구획 안에 들어 있는 고 랑끼리는 서로 평행선을 이룬다. 원시적인 벌목화경 단계에서는 타 다 남은 나무뿌리를 남겨둔 채로 파종하므로 규칙적으로 끊어지지 않고 길게 이어지는 평행선 모양의 고랑, 이랑은 만들 수 없다. 요컨 대 목제 농기구와 평행선을 달리는 고랑과 이랑의 존재만으로도 청 동기시대 후기~초기철기시대에 이르러 휴경기간이 크게 줄어 들었 음을 알 수 있다. 밭유구 발굴 시 휴경 중이던 경작지를 구분해낼 수 있다면 이는 경작지 활용 방식을 밝힐 수 있는 아주 중요한 단서가 될 것이다. 매몰 당시 휴경지에는 잡초나 관목이 자라고 있었을 것 이므로 고랑, 이랑의 형태를 관찰하는 것 이외에 토양 분석 등을 통해 개별 밭들을 서로 비교해 볼 필요가 있다.

논농사의 정착과 확산 청동기시대의 농경에서 밭농사 못지않게 중요한 것은 논농사이다. 1980년대까지도 청동기시대 농경 연구의 절대 다수를 차지한 것은 벼농사의 전파 경로에 관한 것이었다. 그리고 탄화미나 토기의 표면에 찍힌 볍씨 자국, 화분, 식물규산체 (plant-opal) 검출 등을 통해 벼농사의 존재를 확인할 뿐 경작 방식을 알 수는 없었다. 그러나 1993년 부여 궁남지에서 백제 논유구가 처음 발견된 이래 청동기시대뿐만 아니라 삼국시대, 조선 시대 논유구가 줄지어 발견되어 논농사에 대하여 연구가 활기를 띄기 시작하였다. 논농사의 정착과 확산 과정에 대한 심도 있는 논의가 이루어지고, 논의 크기, 형태를 비롯하여 논이 만들어진 곳의 지형적 특성이나 물웅덩이, 보, 수로 등 급배수 시설까지 확인할 수 있게 되었다 (곽종철 2010; 김도헌 2003; 조현종 2008; 이한상 2007; 이홍종 2000). 그리고 삼국시대 수리시설의 발굴조사에도 힘을 기울여 2010년에는 그간의 성과를 모아 『한국 고대의 수전농업과 수리시설』이라는 단행본을 발행하기에 이르렀다.

이처럼 유적의 숫자도 많이 늘어났고 연구 성과도 많이 축적되었지만 아직도 재배 방식이나 수도작의 비율 등 핵심적인 문제들은 고스란히 의문으로 남겨져 있다. 논유구 토양 분석을 통해 청동기시대에는 자연적으로 물이 고이는 곳에 벼를 경작하는 것이 일반적이었고 인위적인 담수는 매우 제한적이라는 견해가 있어(이희진 2012) 관개 수도작의 비율에 대한 면밀한 검토의 필요성을 제기하고 있다. 실제 논유구 발굴 숫자에 비해 최초의 용수원으로부터 논에 이르는 급수의 전 과정이 제대로 밝혀진 유적은 드물다. 발굴 범위가 제한된 것이 원인일 수도 있고 천수답 방식의 논이 의외로 많았던 때문일 수도 있다. 앞으로 관개 수도작의 비중이나 증가 추세를 파악하는 것도 중요한 과제이다.

그리고 논농사의 확산이 농업생산력 증대와 식생활에서 어느 정도의 영향을 미쳤는가 하는 것도 의문이다. 유적에서 출토된 인골에 대한 과학적 분석 결과를 토대로 청동기시대 후기 이후에는 논농사의 보급으로 벼농사의 비중이 컸을 것이라는 종래의 인식은 재고되어야 한다는 견해도 있다(이준정 2011). 작물유체 자료상으로는 쌀 관련 자료가 큰 비중을 차지하는 것과 다른 결과이다. 벼농사와 밭농사 비율은 지역적 편차가 크므로 좀더 세분화된 논의가 필요할 것으로 생각된다.

III. 삼국시대

철제 농기구 보급과 우경 실시 일반적으로 철제 농기구가 보급되면 농업생산력이 크게 증진되고 이것이 역사 발전의 중요 계기가 되는 것으로 설명한다. 그러나 철기가 등장하더라도 이들이 정치사회적인 변화의 중요 변수로 작용하게 되는 것은 철기 보급이 상당히 진행된 후이다. 그리고 철기 중에서도 철제 기경구 보급이 일반화되기까지 상당한 기간이 경과하였다. 고구려지역에는 기원전 3~2세기경에 이미 중국 전국(戰國)계 철제 농기구가 유입되었고 우경(牛耕)도 일찍 시작되었으나 백제, 신라 지역은 이보다 늦다.

중부 이남지역에서는 1990년대 이후 철제 농기구 자료들이 급속도로 증가하였다. 특히 영남지방을 중심으로 기원전 1세기에서 기원후 3세기 단계의 목관묘, 목곽묘 유적이 활발하게 조사되면서 수확에 쓰이는 낫이나 손칼 이외에 철제 따비, 삽날, 쇠스랑과 같은 철제 기경구들이 두루 출토되어 철제 농기구가 보급되던 과정을 알 수 있게 되었다. 그리고 고분 이외에 주거지, 성곽, 보루 등으로 발굴 대상이 넓혀지면서 삼국시대와 통일신라시대의 철제 농기구와 보습 자료들도 많이 축적되었다(송윤정 2009). 특히 경기도 용인 수지 4~5세기 백제시대의 집자리유적에서 낫, 쇠괭이, U자형 삽날 등 철제 농기구가 무려 32점이나 출토되어 철제 농기구가 일반화되던 양상을 실감하게 하였다.

권력집중화의 기반 종래 삼국시대의 농경 연구는 우경 시작 문제에 집중되었으나 이처럼 자료가 늘어나면서 연구 시각도 확대되어 갔다. 예컨대 철제 농기구 소유 관계를 통해 고총 고분의 출현이나 집권적 귀족국가의 등장과 같은 한국고대사회의 권력 집중화 과정을 설명하는 것도 그중 하나이다(전덕재 1990; 이현혜 1999). 철제 농기구와 우경의 실시로 삼국시대에는 논과 밭의 절대 면적이 크게 늘어났다. 절약된 노동력은 새로운 밭 개간에 투입되었고, 국가 주도로 대규모 수리시설을 축조함으로써 관개 논의 면적도 늘어났다. 이러한 혜택을 집중적으로 누린 것은 왕실과 귀족이었다. 철제 농기구와 우경구 제작 유통을 국가가 관리했기 때문이다. 특히 급배수가 안정적으로 이루어지는 양질의 논은 왕실과 귀족 소유가 되어 권력 집중화를 가속화시키는 중요한 물적 토대가 되었던 것이다.

휴한농법 확립 논과 밭의 양적 팽창뿐 아니라 삼국시대에는 밭농사에서 휴한농법 확립이라는 기술상의 성과가 있었다. 한국농업기술사에서 흔히 휴한법이라고 칭하는 것은 1~2년 휴경하는 단기휴경 농법을 뜻한다. 연작상경단계에서 보면 휴한법은 미숙한 기술 단계임이 분명하나 이 단계에 이르기까지도 많은 시간과 기술의 축적 과정이 있어야만 했다. 그러므로 안정적인 휴한농법 확립은 농업기술 발전 과정에서 중요한 발전이다. 1~2년으로 휴경기간을 줄이기 위해서는 경전(耕田), 시비, 제초 등 각 부문에서 새로운 기술과 추가 노동력 투입이 필요하다. 특히 토지에 비해 노동력이 부족하던 고대에는 거름주기보다 갈이에 힘써 가능한 한 깊이 갈고 때맞추어 반복 기경을 함으로서 지력을 보강해나갔다. 이러한 작업을 가능하게 한 것이 철제 농기구와 우경의 보급이다.

우경을 실시하려면 쟁기를 끄는 소가 있어야 하고 보습과 장착도구를 제작하는 기술을 가져야 한다. 하지만 이것 못지않게 중요한 것은 경작지의 상태이다. 쟁기갈이를 하려면 나무뿌리가 완전히 제거되어야 하고 풀뿌리가 두텁지 않아야 한다. 경작지를 이와 같은 상태로 유지하려면 휴경기간을 3년 이하로 단축해야 한다. 5년만 묵혀도 쟁기갈이는 어렵고 따비로 기경해야 한다. 따라서 쟁기갈이를 했다는 것은 휴경기간이 3년 이하였다는 뜻이다. 삼국시대 밭유구 중에서 경작토가 부드러운 것, 이랑이 낮고 불선명하며 경작토가 굳어 있는 것, 이랑이 거의 확인되지 않고 경작면이 평탄하게 되어버린 것 등 매몰 당시의 경작지의 서로 다른 상태를 판별할 수 있는 경작유구가 발견되기를 기대해본다.

삼국시대 논밭유구 발굴은 철제 농기구 사용과 우경 실시로 그간에 진행된 논밭의 모습이 어떻게 달라졌는지를 보여주었다. 청동기시대의 소규모 부정형 논은 쟁기의 회전 반경과 횟수를 고려하여 쟁기갈이에 편하도록 좁고 기다란 모양으로 바뀌고, 가장자리가 들쭉날쭉하던 청동기시대의 밭고랑과 달리 삼국시대 밭고랑은 곧고 길게 뻗어 있다. 청동기시대는 위험을 분산시키기 위해 두 가지 이상의 작물을 혼합해서 파종하거나 구획을 작게 하여 여러 작물들을 함께 재배하였기에 좁은 면적 안에 각종 형태의 고랑, 이랑이 혼재하였다. 그러나 삼국시대가 되면 단일 작물을 보다 넓은 면적에서 대규모로 재배하는 것이 일반화되었다. 그만큼 밭농사 기술이 안정되어 간 것이다.

이처럼 삼국시대의 농업생산력 변화는 도구의 변화에 초점이 맞추어져 진행되어 온 것이 사실이다. 4~6세기는 2~3세기에 비해 기온이 따뜻해지던 시기인 만큼 앞으로 기후 문제라든가 인구 문제, 국가 권력 등도 함께 고려하여 농업생산력 증대 과정을 다각적으로 설명해 나갈 필요가 있다.

IV. 고려, 조선시대

초기 한국 농업기술사 연구는 고려나 조선시대의 토지제도나 수취제도, 토지 소유관계를 다룬 사회경제사 연구자들로부터 시작되었다. 이들은 농업생산력의 변화를 통해 토지소유관계나 국가 권력의 농민에 대한 지배양식의 변화를 파악하고자 하였다. 이같은 이념적, 제도사적 관점에서의 연구는 농업기술을 연구하는 데 힘을 쏟는 것이 아니라 도식화된 역사 발전의 법칙에 한국사의 발전과정을 대입하는 것이 목적이었다. 이 때문에 농업기술에 대한 구체적이고 실증적인 연구가 미흡하였다.

1980년대에 들어오면서 이러한 한계를 극복하고 농업기술 변화의 진정한 의미와 영향력을 밝히려는 노력이 뒤를 이었다. 이들은 보다 실증적인 연구를 바탕으로 한국사의 중요한 변혁기의 새로운 정치 세력의 대두나 사회적 발전과정을 농업기술과 생산력의 변화를 통해 설명하였다. 예컨대 고려 말 조선 초 신흥사족의 대두와 조선왕조의 건국을 논농사와 밭농사에서의 휴한법의 전면 극복이라는 농업기술의 발달 결과로 파악하거나(이태진 1986) 조선 후기사회 내부에서 근대 자본주의 사회로 이행할 수 있는 내재적 발전 요소를 논농사에 있어서의 이앙법(모내기) 보급과 도맥이모작(稻麥二毛作) 실시, 그리고 밭농사에 있어서의 견종법(畎種法) 보급이라는 농법의 변화를 통해 설명하는 것이다(김용섭 1974). 이같은 연구 성과는 농업기술 연구에 대한 인식을 바꾸어 놓았고, 소수에 불과하던 농학사적 측면에서의 연구가 활성화되는 계기를 마련하였다. 이론이나 법칙 검증에 치중한 이전 연구의 한계를 직시하고 사실 고증의 중요성을 절감한 때문이다. 특히 1990년대 이후에는 농서 이외에 문집, 일기 등으로 자료의 폭을 넓혀 가면서 기경법, 작무법, 시비법, 파종법, 이앙법 등 농법 자체에 대한 실증적인 연구로 무게 중심이 이동하고 있다.

그리고 2001년에는 근현대 농업사 연구자들이 뜻을 함께하여 한국농업사학회를 만들고 2002년 『농업사연구』라는 학술지를 창간하고 한국, 중국, 일본 연구자들과 연계하여 국제학술회의를 개최하는 등 활발한 연구활동을 하고 있다. 이들의 활약으로 농업사 연구가 근현대를 넘어 우루과이 라운드, FTA 등으로 위기를 맞고 있는 현대 한국 농업과 농촌의 문제로까지 연구 영역을 확대해나가고 있다.

휴한 극복 고려, 조선시대 농업기술 연구에서 중요한 쟁점의 하나는 휴한법 극복에 관한 것이다. 농업기술 발달과정에서 휴한법 극복은 또 하나의 중요한 획기이기 때문이다. 한국사 연구자들도 일찍부터 휴한 극복에 대해 많은 관심을 기울여 왔고 극복 시기에 대해서도 통일신라시대, 고려 말 등으로 견해가 다양하나 현재까지는 통일신라시대까지 휴한농법이 일반적이었다는 것이 다수의 견해이다.[2]

고려시대에 이미 연작상경이 일반화되었다는 주장도 있지만 다수의 견해를 종합해 보면 고려시대는 휴한법을 극복하고 연작상경

---

2 그 중요한 근거는 7세기 말(695년 효소왕 4년)에 작성된 신라 촌락문서이다. 이 문서에 나오는 논과 밭의 結數와 人丁 숫자를 비교해 보면 각 호당 논밭 합쳐 4~9결을 경작하는 것으로 되어 있어 후대에 비해 지나치게 넓다. 이것은 휴한을 전제로 하지 않으면 이해할 수 없는 수치이다(이태진 1986).

을 확대시켜 나가는 과정으로 파악할 수 있다(김기섭 2008). 고려왕조는 농지를 묵혀 경작하는 것을 줄이고 상경화(常耕化)를 촉진하기 위해 적극적인 권장정책을 펴나갔다. 그러나 12세기까지도 여전히 1년 또는 2년 묵히는 토지가 적지 않아 토지 등급을 상(不易田), 중(一易田), 하(再易田) 세 등급으로 나누고 세금 징수율을 차등 적용하는 등 이를 현실적으로 인정하였다. 휴한법의 극복은 정부의 의지만으로 일시에 실현되는 것은 아니며 노동력의 증가, 생산기술의 발전 등 여러 요소가 복합되어야 하므로 전환 과정이 점진적이며 단순하지 않다. 그러나 고려 후기를 거치면서 인구 증가, 중국의 선진적인 농법의 도입, 저지 개간 등 그간의 노력이 축적되어 논밭 농사에서 모두 1년1작이 일반화되었다(이태진 1986; 염정섭 2002; 김기섭 2008).

조선 전기 조선왕조를 건국한 신흥사대부 세력들은 14세기 이래의 발전추세를 계승하여 농업생산력을 높여 백성들의 식생활을 풍요롭게 하고 국가 재정을 튼튼히 하는 것을 국가 통치의 중요 목표로 삼았다. 그리하여 세종은 『농사직설』(1430년)이라는 우리나라의 풍토에 맞는 우리의 농서를 최초로 간행하여 전국에 보급하였다. 『농사직설』에는 지력 보강을 위해 전통적인 시비법(豆科綠肥)은 물론 중국 강남지방의 새로운 시비법이 소개되어 있다.[3] 그리고 정부에서는 농서에 실린대로 때 맞추어 농사 일정을 수행해나갈 수 있도록 과학 지식을 동원하여 천체를 관측하고 우리의 달력을 만드는 등 기술 지원을 병행하였다. 이같은 노력의 결과 조선시대 전기에는 논농사, 밭농사 모두 땅을 묵히지 않고 매년 경작하는 1년1작이 안정적으로 실시되고, 밭농사에서는 일부 2년에 세 번 수확이 가능할 정

---

3 초목비(草木肥)와 객토, 그리고 누에와 소,말의 배설물 그리고 인분을 거름으로 경작지 전면에 깔아 주는 분전(糞田) 등의 시비법.

도로 농업기술이 크게 향상되었다. 그리하여 세금 징수에 있어서 고려시대와는 달리 묵히는 토지를 일체 인정하지 않고, 대부분의 토지 등급을 상향 조정하는 동시에 세율은 인하하였다(이태진 1989).

조선 후기 이앙법 보급 조선 후기에 이르면 한국 농업기술 발달사에서 또 한 차례의 획기가 그어진다. 밭농사에서 2년 3작 또는 1년 2작이 이루어지고, 벼농사에서 이앙법이 일반화된 것이다(김용섭 1974; 염정섭 2002; 김건태 2008). 그리하여 농법과 농업 경영 문제가 조선시대 농업사 연구의 중요 주제가 되고 있다(김건태 2008). 특히 조선 후기 농법 변화에서 가장 많은 주목을 받고 있는 것은 이앙법 보급 문제이다. 모내기를 하면 논에 직접 볍씨를 뿌리는 직파(直播) 법보다 종자곡이 절약되고 김매기 횟수를 줄일 수 있어 노동력 절감 효과가 크다. 그러나 수리시설이 제대로 갖추어지지 않으면 직파하는 것보다 실농(失農)의 위험이 훨씬 높아 조선 전기에는 국가에서 이앙을 금지하는 조치를 내리기도 하였다. 그런데 후기에 이르러 수리시설의 축조가 늘어나고 노동력 절감 요구가 높아져 16세기를 거쳐 17세기 후반에는 이앙법이 일반화되었다(염정섭 2002). 더욱이 금강 이남지역 양반들은 18세기 중후반부터 벼를 수확한 후 논에 보리를 심는 벼·보리 이모작까지 실현하였다(염정섭 2002).

밭농사 이모작 이처럼 이앙법이 빠르게 확산되면서 밭농사에 있어서는 1년2작 또는 2년3작 방식이 정착되었다.[4] 조선시대 연구자들은 이 같은 성과를 이앙법 보급으로 인한 노동력 절감과 시비법, 작무법 등 여러 부면에 걸친 기술 개선의 결과로 파악하고 있다.[5] 그리

---

4 보리를 베어낸 자리에 콩, 조를 심기도 하고(根耕, 그루갈이), 봄철 보리가 자라고 있는 밭고랑에 조 또는 콩을 파종하는 방식(間種法, 섞어짓기)으로 이모작 또는 2년 3작을 실현하였다.
5 예를 들면 조선 전기에 사용한 거름이 가공하거나 부식시키지 않은 생분인 데 비해 후

고 이들은 작무법이 세밀하고 치밀하게 정립되어 나가는 과정을 경작유구를 통해 확인할 수 있기를 기대하고 있다(염정섭 2011). 이미 이러한 요구에 부응하여 고려, 조선시대 경작유구의 세부적인 속성을 분석하고, 고고학적으로 휴한지와 연작 상경지를 판별해 낼 수 있는 가능성을 검토하고 있는 것은(윤호필 2012) 대단히 고무적이다. 고고학자들의 연구 대상이 고려, 조선시대로 확대되어야 할 이유가 하나 더 추가된 것이다.

V. 나머지 말

지금까지 살펴 본 대로 1990년대 이후 한국농업기술 연구는 괄목할 만한 성과를 거두었다. 연구 자료도 크게 늘어났고 연구 시각도 넓어지고 관심도 높아졌다. 이러한 추세가 이어진다면 한국농업기술사 연구가 본궤도에 오를 날도 멀지 않을 것이다. 아마도 이번 학술회의가 이런 날을 보다 앞당기는 견인차 역할을 하리라 믿어 의심치 않는다. 하지만 각 시대마다 그들은 어떠한 방식으로 농사를 지었으며 , 왜 그러한 방식을 채용했는지? 그리고 각 시대마다 가장 큰 변화와 그 변수는 무엇이었는지? 농경지의 경관은 어떻게 달라져 왔는지? 농경지를 누가 어떻게 소유하고 경작해왔는지? 등등 아직도 의문은 끝이 없다.

　이러한 의문을 풀어 가기 위해서 기본적으로 보다 많은 자료를 축

기에는 작물에 따라 다양한 가공 과정을 거쳐 만든 속효성 있는 거름 제조법이 개발되었다. 그리고 쟁기의 기능 향상은 갈이 작업은 물론 작무법에도 많은 영향을 주어 조선 초기의 평휴(平畦)법과 달리 후기에는 다양하고 정제된 작무법으로 바뀌었다(민성기 1988; 염정섭 2002).

적하고 정리하여 연구의 토대를 다지는 것이 중요함은 두말할 필요가 없다. 동시에 이러한 자료를 분석하고 체계화하는 방법론에 대한 모색도 병행해야 한다. 선사농경 분야에서는 이미 새로운 모색을 향한 적극적인 의지가 실천에 옮겨지고 있다(안승모·이준정 2009). 이러한 시도가 삼국시대와 그 이후 시기로까지 확대, 적용될 수 있을 것으로 기대한다. 다 알다시피 자료 축적과 방법론 모색은 서로 주고받는 관계이다. 아무리 근사한 틀이 있더라도 적용할 자료를 확보하지 못한다면 그것은 그림의 떡일 뿐이다. 마찬가지로 동일한 자료를 다루더라도 그리고 동일한 유구를 발굴하더라도 관점에 따라 시료 채취나 주목하는 부분이 달라질 수 있다. 이 두 과정은 경중을 따지거나 선후 순서를 가리기 어려울 정도로 밀착되어 있다.

아무튼 지금 우리가 관심을 기울여야 할 과제의 하나는 한국농업기술의 발전 과정을 좀더 다양하게 이해하고 설명할 수 있는 관점이나 체계를 모색하여 검증해 보는 것이다. 기술, 환경, 인구 변화를 함축하고 있는 여러 현상들, 예컨대 토지활용방식의 변화, 도구의 변화, 농경지 경관의 변화, 논밭 비율의 변화, 토지 소유 및 경작 형태의 변화 등등 여러 기준이 있을 것이다. 또는 농업생산력 증대 과정을 '확장'과 '집약'이라는 관점에서 설명할 수도 있을 것이다(김민구 2010). 확장은 새로운 농경지의 개척으로 농경지의 절대 면적이 늘어나는 과정이고, 집약은 고정된 경작 면적 안에서 단위 면적당 생산량이 늘어나는 과정이다.

한국농업기술사의 전개 과정을 보면 논 또는 밭 개발이 활발했던 시기가 있고 그렇지 않은 시기가 반복적으로 나타난다. 그리고 논농사와 밭농사의 서로 다른 특성[6] 때문에 시대마다 밭이나 논을 늘리

---

6 논농사는 잡곡농사에 비해 단위면적당 수확량이 2배가 넘지만 입지조건의 제약이 크고

거나 생산력 증진을 이룩하게 된 배경도 서로 다르다. 기후 변화가 원인일 수도 있고, 국가를 운영하는 이데올로기의 변화가 원인일 수도 있다. 또는 인구 증가, 전쟁, 자연재해, 기근, 질병 등으로 인한 인구 감소 등 시대마다 서로 다른 요인들이 복합적으로 작용하였을 것이다.

이 때문에 시대와 지역에 따라 논과 밭의 비율에 많은 차이와 변화가 있었다. 통일신라시대 충주지역의 촌락문서 자료를 보면 논(45%)보다 밭(55%)이 더 많다. 고려시대에는 산전(山田)과 임야 개간이 활발하게 진행되어 밭의 비율이 더욱 높아졌다. 그리하여 15세기 조선시대 세종대에는 논이 전체 농경지의 30% 정도에 불과하였다. 그러나 조선왕조는 초기부터 논농사의 비중을 늘리기 위해 국가적으로 많은 노력을 기울였고, 그 결과 조선 후기 정조대인 18세기 말에는 논이 전체 농경지의 약 53%를 차지하여 비로소 논이 밭의 면적을 앞질렀다. 이같은 논농사의 확대 추세는 근대화의 물결을 타고 더욱 가속화되어 오늘에 이르렀다.

이처럼 시대별 양적, 질적 변천 과정을 추적하는 한편 공간적으로 지역별 특성을 파악하는 것도 중요하다. 청동기시대에 형성되기 시작한 지역별 특성이 삼국시대 그리고 그 이후에 어떠한 양상으로 변해가는지 과정과 이유를 추적하는 것이다. 고구려는 밭이 많아 조를 세금으로 징수하였고, 백제는 삼국 중 논농사의 비중이 상대적으로 높아 벼가 징세 곡물의 중심이 되었다. 신라에서는 귀족·관리의 녹봉과 군량미, 상금 등을 벼와 조로 지급하여 이를 국가 재정운영의

기반 시설을 축조하고 관리, 유지하는 데 많은 노동력이 투입되어야 하다. 반면 밭은 논에 비해 개간 대상지가 훨씬 개방되어 있고 농경지 유지, 관리를 위한 노동력이 크게 필요하지 않다. 더욱이 밭의 개간은 논과 달리 노동력을 집단적으로 동원하지 않아도 되며 소규모의 개별적인 노동력 투입만으로도 충분하다.

기본 곡물로 삼았다. 18세기에 이르면 지역차는 더욱 두드러져 평안, 함경도는 논밭 비율이 1:10에 가깝고, 영남과 호서지방은 1:1 그리고 호남지역은 논밭 비율이 2:1로 가장 높았다(염정섭 2002). 이러한 지역별 특성은 국가 운영이나 특정 세력의 성장과도 밀접한 관계가 있어 역사 해석의 중요 자료가 될 수 있다.

다른 하나는 고고학 자료 특히 경작유구와 관련된 것이다. 경작유구는 그간 숫자도 늘어났고, 발굴 면적도 크게 늘어났다. 그럼에도 불구하고 여전히 코끼리 다리 만지는 느낌을 떨쳐버릴 수 없다. 식물유체나 토양 분석과 같은 과학적 분석을 더욱 확대함과 동시에 경작지에 대한 보다 큰 그림을 그려나갈 수 있도록 발굴 면적을 넓혀나가야 한다. 현재의 자료 상태로는 논유구의 관개 시스템, 밭의 경계나 구획 상태, 휴경지의 분포 양상, 논밭 비율 그리고 이들의 시대별, 지역별 변화 양상 등 농업기술사의 핵심 내용들을 밝히기에는 역부족이다. 이는 미시적인 자료 분석의 토대 위에서 거시적인 변화의 흐름을 함께 파악하기 위한 것이다.

이 밖에 세부적 과제들은 본 발표에서 분야별로 자세하게 다루어질 것이다. 다만 한두 가지 덧붙인다면 논유구 조사를 통해 휴한 여부와 이앙 여부를 확인할 수 있기를 기대한다. 제초를 위해 중국 강남지방에서는 한(漢)대까지도 논농사에서 1년을 휴한하였다. 한국사 특히 고려, 조선시대의 농업기술사에서 논농사에서의 휴한 극복과 이앙 문제는 여전히 중요한 논쟁거리이다. 이앙은 제초를 위한 다른 하나의 방안이다. 만약 논유구 안에서 벼 재배 흔적이나 이앙의 흔적을 찾아낸다면 벼 경작 방식을 연구하는 데 있어서 이 또한 중요한 성과가 될 것이다.

경작유구에 거는 다른 하나의 기대는 토양분석을 통해 시비 여부와 거름 성분의 변화를 알아내는 것이다. 아직도 인분이나 가축 배설물을 언제부터 본격적으로 거름으로 활용했는지, 부분 시비를 했는지 전면 시비를 했는지를 두고 고려, 조선시대 연구자들 간에 논의가 분분하다(위은숙 1998). 휴한 기간이 같더라도 거름하는 방식과 성분에 따라 생산력 차이가 적지 않기 때문이다.

끝으로 아직은 소수에 불과하지만 목간 자료에도 관심을 기울여야 한다. 백제 부여 궁남지에서 출토된 목간에 "…邁羅城 法利源이라는 곳에 있는 水田(畓) 五形"이라는 구절이 있는데 '形'은 논 면적 단위로 보고 있다. 그리고 전남 나주 복암리 백제 목간에서는 水田, 白田, 麥田이라는 글자가 나와 일반 밭과 맥전을 구분하고 있다. 앞으로 목간을 통해서도 농업기술사 연구에 필요한 소중한 정보를 얻을 수 있을 것이다.

| 참고문헌 |

고일홍, 2010, 「청동기시대 전기의 농경방식 재조명」, 『한국상고사학보』 67.

곽종철, 2002, 「우리나라의 선사 - 고대 논밭유구」, 『한국농경문화의 형성』, 학연문화사.

_____, 2010, 「시대별,지역별 각종 수리시설」, 『한국고대의 수전농업과 수리시설』, 서경문화사.

김건태, 2008, 「농업생산력과 농업경영」, 『새로운 한국사 길잡이』 상, 지식산업사.

김권구, 2008, 한반도 청동기시대 복기에 대한 고찰」, 『한국고고학보』 67.

김기섭, 2008, 「토지제도와 경제생활」, 『새로운 한국사 길잡이』 상, 지식산업사.

김도헌, 2003, 「선사 · 고대 논의 관개시설에 대한 검토」, 『호남고고학보』 18.

김민구, 2010, 「영산강유역 초기 벼농사의 전개」, 『한국고고학보』 75.

김병섭, 2003, 「한국의 고대 밭유구에 대한 검토」, 『고문화』 62.

김용섭, 1974, 『조선 후기농업사연구』 II, 일조각.

민성기, 1988, 『조선농업사연구』, 일조각.

송윤정, 2009, 「통일신라시대 철제 우경구의 특징과 발전양상」, 『한국고고학보』 72.

송은숙, 2001, 「신석기시대 생계방식의 변천과 남부 내륙지역 농경의 개시」, 『호남고고학보』 14.

안재호, 2000, 「한국농경사회의 성립」, 『한국고고학보』 43.

안승모, 2005, 「한국 남부지방 신석기시대 농경 연구의 현상과 과제」, 『한국신석기연구』 10.

_____, 2008, 「한반도 청동기시대의 작물조성」, 『호남고고학보』 28.

안승모 · 이준정 편, 2009, 『선사농경 연구의 새로운 동향』, 사회평론.

염정섭, 2002, 「조선시대 농법 발달연구」, 태학사.

_____, 2012, 「중근세의 농법과 수리시설」, 『중앙고고연구』 10, 중앙문화재연구원.

위은숙, 1998, 『고려후기 농업경제연구』, 혜안.

윤호필, 2012, 「경작유구를 통해 본 중근세 농업의 경지이용방식 연구」, 『중앙고고연구』 10, 중앙문화재연구원.

이경아, 2001, 「상촌리출토 식물유체분석」, 『진주상촌리유적』, 동아대학교 박물관.

이경아 · 윤호필 · 고민정 · 김준영, 2011, 「신석기시대 남강유역 식물자원이용에 대한 고찰」, 『영남고고학』 56.

이상길, 2003, 「진주남강 유역의 농경」, 『진주남강유적과 고대일본』, 신서원.

이준정, 2011, 「작물섭취량 변화를 통해 본 농경의 전개과정」, 『한국상고사학보』 73.

이태진, 1986, 『한국사회사연구』, 지식산업사.

_____, 1989, 『조선유교사회사론』, 지식산업사.

이한상, 2007, 「청동기시대의 관개시설과 안동저전리유적」, 『한·중·일의 고대수리시설비 교연구』, 계명대학교출판부.

이현혜, 1999, 『한국고대의 생산과 교역』, 일조각.

_____, 2002, 「한국고대의 농업」, 『강좌 한국고대사』 6, 가락국사적개발연구원.

이홍종, 2000, 「우리나라의 초기 수전농경」, 『한국농공학회지』 42-3.

이희경, 2010 , 「원삼국시대 중부지방 작물조성의 특징과 그 형성 요인」, 『한국고고학보』 75.

이희진, 2012, 「토양분석을 통해 본 한반도 초기 수전농경의 일면」, 한국고고학보』 82.

전덕재, 1990, 「4-6세기 농업생산력발달과 사회변동」, 『역사와 현실』 4.

정유진, 2010, 「식물유체를 통해 본 원삼국시대 도작의 성격」, 『한국상고사학보』 69.

조현종, 2008, 「한국 초기 도작문화 연구」, 전남대학교 대학원 사학과 박사학위논문.

최덕경, 2002, 「고대한국의 한전경작법과 농작제에 대한 일고찰」, 『한국상고사학보』 37.

하인수, 2001, 「동삼동패총1호주거지출토 식물유체」, 『한국신석기연구』 2.

Boserup, Easter, 1984, *Population and Technological Change*, The University of Chicago Press.

농업연구와 식물자료: 몇 가지 이론적 과제

김민구*

I. 서론

지역을 불문하고 고고학적 농업연구는 이른바 '비(非)직접적'인 물질자료로부터 추론하는 단계를 거치는 것이 일반적이다. 농업도구와 유사한 형태의 석기나 유적 입지 등을 근거로 농업의 존재 여부를 상정하는 것이 이 단계에 해당한다. 한국에서는 1970년대에 동삼동 패총에서 출현한 돌괭이·갈판·돌칼 등을 농업도구로 보아 이를 농업 존재의 근거로 삼는 주장(Sample 1974)이 있었으며 사실상 1990년대 후반까지 이런 연구경향은 지속되었다(안승모 2005). 일본에서도 1950년대부터 조몬시대의 타제석부를 식물재배를 위한 괭이로 보는 견해가 존재했다(Habu 2004). 마찬가지로 서남아시아 지역에서도 1950년대에 등장한 학제적 연구 이전에는 농업에 관한 논의를 대부분 추론에 의지했다. 매우 보편적인 연구 방법이기는 하지만, 추론에 의한 접근법의 한계는 명확하다. 석기는 민족지상의 농

---

* 전남대학교 인류학과

업도구와 형태적으로는 유사하더라도 다른 용도로 사용되었을 수 있고, 석기의 용도가 반드시 하나에 국한되는 것도 아니다. 석기의 용도 추정은 형태적 유사성 외에는 근거자료가 없어 가설에 머무르는 경우가 대부분이다.

이 단계를 넘어서면 보다 '직접적'인 증거인 작물유체를 이용한 연구가 등장한다. 이는 유적에 잔존하는 과거 작물의 흔적을 찾아 식물재배의 존재를 입증하고 초기 농업의 면면을 살피는 접근법이다. 이 방법은 무엇보다 실증적 자료를 제공할 수 있다는 점이 장점이다. 작물유체를 근거로 제시하기 때문에 다른 물적 증거를 통해 농업의 존재 여부를 추론하는 것보다 이론(異論)의 여지가 적다. 한국에서는 흔암리 유적에서 탄화미를 찾아 벼농사 존재 여부를 확인한 것을 이른 시기의 예로 삼을 수 있다(김원용 외 1973). 동아시아에서는 1980년대부터 식물유체를 이용한 선사시대 농업연구가 본격적으로 시작되었다고 할 수 있다. 최근 들어 이 분야의 연구자가 많아지고 주제도 다양해졌으며 관련 자료도 증가하는 추세에 있다.

이런 학사적 흐름하에, 본 논문은 작물유체를 이용하여 선·역사시대 농업연구를 할 때 제기되는 몇 가지 이론적 문제에 관하여 살펴보고자 한다. 작물유체가 과거 농업에 관한 현상도 높은 정보를 제공한다는 점에는 의심의 여지가 없다. 하지만 그 해석에는 여러 가지 문제가 개입되기 마련이다. 작물유체의 해석은 연구자의 시각·경험·이론적 토대뿐 아니라 축적된 자료의 질과 양, 다른 고고자료가 제공하는 관련 정보 등 다양한 요소에 영향을 받는다. 따라서 작물유체 분석은 과학적일 수는 있지만 반드시 객관성이 보장되는 것은 아니며, 그 해석의 타당성 역시 다른 고고자료와의 연관성 속에서 검토되어야 한다.

본고에서 중점적으로 다루고자 하는 내용은 다음과 같다. 첫째는 순화종(domesticated plant)의 문제이다. 순화종은 식물의 재배 여부를 알리는 중요한 역할을 한다. 하지만 유적에 잔존한 식물유체는 야생종과 순화종으로 쉽게 구분되지 않을 수 있으며 이 때문에 식물재배가 이루어졌는지 여부를 판단하는 데 어려움이 따를 수 있다. 아울러 순화종이 어떠한 환경 조건에서 출현하는지 역시 논의의 대상이 된다. 둘째는 재배와 농업의 관계이다. 비(非)농업사회에서도 식물재배의 흔적은 종종 확인된다. 따라서 식물재배가 항상 농업사회로의 진입을 의미하는 것은 아니다. 이를 바꾸어 생각하면 재배는 매우 보편적인 인간 행위라는 점을 알 수 있다. 이는 동시에 농업의 기원지를 상정하는 것이 타당한가라는 문제를 제기하게 한다. 셋째는 초기 작물의 성격으로, 초기 작물을 식량으로 이해할 것인가, 상징물로 볼 것인가의 문제이다. 넷째는 청동기시대 이후의 사회 성격을 설명하는 데 자주 등장하는 농업집약화라는 개념은 무엇이고 식물자료를 이용하여 이를 어떻게 규명할 것인가의 문제이다. 본 논문에서는 이런 다양한 주제들에 대해 문제를 제기하고 이에 대한 시론적 형태의 고찰을 하도록 하겠다.

II. 순화종의 문제

1. 순화종 판별

식물유체 분석과 관련하여 동정상의 오류는 흔히 제기되는 문제 가운데 하나이다. 안승모(2009)에 의하면 동정의 오류는 탄화곡립의 형태변형, 연구자의 한정된 연구지역과 선입관, 불충분한 비교자료 등 매우 다양한 이유에서 비롯될 수 있다. 아울러 동정 그 자체에 관한 문제는 아니지만 보존환경에 대한 무관심도 문제를 초래하는 경우가 많다. 식물유체는 탄화작물·목재 같은 대형식물유체와 꽃가루·식물 규산체·녹말립 같은 미세식물유체로 세분되는데, 이 자료들이 보존될 수 있는 환경에는 차이가 있다. 일반적인 건지유적의 경우에 탄화된 식물성 유기물은 잔존할 수 있지만 탄화되지 않은 것들은 부식되기 마련이다. 따라서 건지유적에서 발견되는 비탄화 유기물들은 모두 최근의 혼입물일 가능성이 매우 높다.

본고에서 논하고자 하는 것은 동정의 시비(是非)에 관한 문제가 아니라, 설령 동정 기준이 정확하고 이에 따라 '올바른' 동정이 행해졌다 할지라도 다양한 해석이 개입할 여지가 있다는 점에 관한 것이다. 그중 하나는 종 (또는 속) 단계의 동정에서 나아가 야생종과 순화종을 어떻게 구별할 것인가 하는 문제이다. 이는 최근에 논의가 되었던 중국의 벼농사 기원 문제(Fuller *et al.* 2007; Jiang & Liu 2006; Liu *et al.* 2007)나 두류 재배 문제(Lee *et al.* 2011)와 관련이 있는 사안이다.

인간의 재배행위는 식물 그 자체에 몇 가지 변화를 초래한다. 도메스티케이션 신드롬(domestication syndrome)이라 불리는 변화에는 ① 종자의 높은 발아율, ② 종자의 동시적인 발아, ③ 열매 같은 번식기관의 크기 증가, ④ 종자가 모체에서 쉽게 이탈하지 않는 경향, ⑤ 가시나 독성 같이 식물체를 보호하기 위한 성질의 감소, ⑥ 열매·뿌리·줄기 등 인간에게 직접적으로 이용되는 부분이 비대해지는 경향 등이 해당된다(Fuller *et al.* 2007). 이 특징들은 식물이 야생상태에서 생장하는 상황에서 벗어나 인간과 식물이 공생하게 되면서 인간에게 이로운 방향으로 진화하여 생긴 현상이다.

이 가운데 몇 가지 현상은 고고학적으로 관찰이 가능하다. 이러한 변화가 잘 정리된 것은 에인콘 밀의 예이다(Smith 1999). 야생상태의 에인콘 밀 종자는 크기가 작고 역삼각형으로 생겨 바람에 잘 날아갈

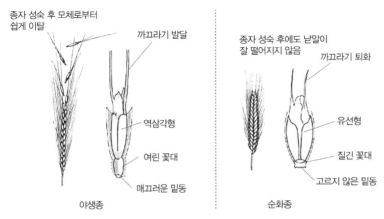

종자 성숙 후 모체로부터
쉽게 이탈

까끄라기 발달

역삼각형

여린 꽃대

매끄러운 밑동

야생종

종자 성숙 후에도 낟알이
잘 떨어지지 않음

까끄라기 퇴화

유선형

질긴 꽃대

고르지 않은 밑동

순화종

그림 1 야생과 순화 에인콘 밀의 형태적 차이(Smith 1999 참고)

수 있는 형태이다. 하지만 순화종 종자는 크기가 비대해지고 형태는 유선형에 가깝게 변화하였다. 이는 앞에서 말한 열매의 크기 증가에 해당한다. 또 바람을 잘 타게 하는 까끄라기는 야생종에서는 잘 발달되어 있는 반면 순화종에서는 소멸되거나 퇴화한다. 야생종의 꽃대는 가늘고 여려서 종자가 익은 후에 쉽게 떨어지지만 순화종의 것은 두껍고 질겨서 쉽게 떨어지지 않는다. 이러한 변화를 통해 숙성한 종자가 모체로부터 쉽게 떨어지지 않게 되었으며, 농부의 입장에서는 보다 많은 수확량이 확보되는 효과가 있다. 이 변화는 꽃대의 형태와 밑동이 잘린 모양 등에 차이를 가져온다. 까끄라기의 유무, 낟알의 크기와 형태, 밑동 모양 등은 야생종과 순화종을 구분 짓는 기준이 된다(그림 1). 이는 벼나 두류에도 비슷하게 적용된다.

순화종의 형태 변화는 변화가 단절적으로 이루어지는 경우와 점진적으로 이루어지는 경우로 나뉜다(Jones & Brown 2009). 단절적인 변화의 예는 까끄라기의 발달/소멸과 같이 유/무의 두 가지로 구분되는 경우가 해당하며, 점진적인 변화의 예는 작물 낟알의 크기가 점차 증가하는 것과 같은 경우를 들 수 있다. 작물 형태가 소수의 유전자에 의해서 결정되는 경우는 단절적인 변화를 보이는 경우가 많다. 예를 들어 콩과 식물의 열개성(裂開性, dehiscence)은 유전자 한 개의 변이에서 비롯된 것으로 알려져 있다(Zohary & Hopf 2001). 이런 경우에는 열개성을 지닌 개체와 그렇지 않은 것이 뚜렷이 구분될 수도 있다. 하지만 점진적인 변화의 경우에는 다양한 유전자에 의해 형태가 결정되는 경우가 많으며 변화의 정도도 상대적이다.

야생종과 순화종을 구분하는 기준은 명확하지만, 전술한 문제 때문에 이 기준이 고고학 자료에는 명쾌히 대입되지 않을 수도 있다(Tanno & Willcox 2012). 순화종은 긴 시간에 걸쳐 점진적으로 출현하였을 가능성이 많기 때문에 어떤 단계부터를 순화종으로 볼 것인가 하는 문제가 제기된다. 순화된 밀의 출현 시점에 관해서는 그 출현이 재배가 시작된 후 빠른 시간 내에 이루어졌을 것이라고 보는 견해와 수천 년에 걸친 긴 시간이 지난 후에야 발현되었다고 보는 견해가 양립한다(Hillman & Davies 1990; Tanno & Willcox 2006). 밀 낟알의 형태가 복수 유전자의 영향하에 결정되었을 가능성이 높고 야생종 자생지 근처에서는 재배종과 야생종의 교차 수정이 일어나기 때문에, 순화가 매우 긴 시간에 걸쳐 이루어졌다는 주장이 최근에는 힘을 얻고 있다(Tanno & Willcox 2006; Willcox 2004). 다시 말하면 인간에 의한 재배행위와는 별도로 순화종의 출현은 늦을 수 있다. 뿐만 아니라 "매끄러움", "크기 증가", "점차적 감소" 등은 상대적인 개념으로 연구자들 사이에 절대적인 기준이 공유된 바는 없다.

밀은 서남아시아에서 기원한 작물이기 때문에 밀의 순화 문제는 동아시아 연구자들이 직면한 주제는 아니다. 하지만 동아시아에 자생하는 작물의 경우에는 작물의 순화와 관련한 논란에서 자유롭지 못하다. 특히 남중국에서 재배되기 시작한 벼나 동북아시아가 기원지로 지목되는 콩과 팥 등의 작물화 과정은 다양하게 해석될 수 있다.

벼의 기원과 관련해서는 순화종의 출현을 약 10,000년 전까지로 올려 보는 견해와 이보다 훨씬 늦은 6,000년 전으로 보는 견해가 있다. 전자의 견해에 의하면 중국 절강성의 상산(上山) 유적에서 발견된 토기 태토 내 벼껍질과 벼과식물의 규산체는 이른 시기의 순화된 벼(domesticated rice)의 흔적이며 이 유적의 방사성탄소연대가 약 10,000년 전까지 올라가기 때문에 벼 재배도 동시기로 볼 수 있다(Jiang & Liu 2006). 이 견해를 견지하는 학자들은 상산 유적에 후행하는 과호교(跨湖桥) 유적(c. 8,200-7,200 cal BP)이나 하모도(河姆渡) 유적(c. 7,000-6,500 cal BP)에서도 야생벼와 순화종 벼가 동시에 확인된다고 주장한다. 따라서 벼는 재배가 시작된 후에 수천 년 동안 순화되는 과정에 있었다고 할 수 있다(Liu *et al.* 2007).

이에 대한 반론은 약 6,000년 전까지 완전히 순화된 벼는 출현하지 않으며 순화종이 출현하기 이전 시기의 벼는 미처 다 자라지 않은 미숙종 상태에서 수확된 야생벼라는 것이다(Fuller *et al.* 2007). 다른 야생 식물과 마찬가지로 야생벼는 종자가 익자마자 쉽게 산포하는 경향이 있는데, 이 때문에 수렵채집인들이 미숙종 상태의 벼를 수확할 수밖에 없었다는 주장이다. 이 견해에 따르면 상산 유적은 물론이고 과호교나 하모도 유적의 벼도 순화종으로 볼 수 없다. 벼 재배는 약 7,000년 전부터 시작되었지만 이후 약 1,000년간 벼는 순화 과정에 있었을 것으로 추정한다. 특히 하모도 유적에서는 벼뿐 아니라 도토리 열매가 많이 발견된 점을 들어 이 시기까지 채집 식량이 중요한 역할을 하였을 것으로 보았다. 벼를 식용했다는 점에는 학자들 간에 이견이 없지만 벼의 재배와 순화종의 출현 시점에는 큰 견해 차이가 존재한다(그림 2, 3).

야생종과 순화종을 구분 짓는 일차적인 기준은 종자의 크기이다. 순화된 조의 경우에도 형태가 원형에 가까워지고 크기가 증가하는

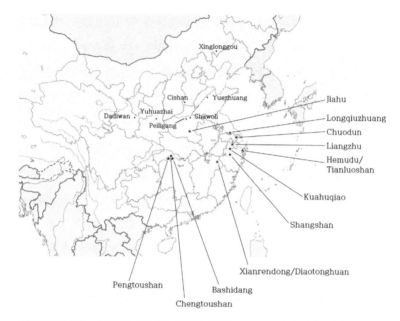

그림 2 중국의 조·기장(●)과 벼(★) 출현 유적(Fuller *et al.* (2007)의 Figure 1과 Zhao (2011)의 Figure 1, 3 참고)

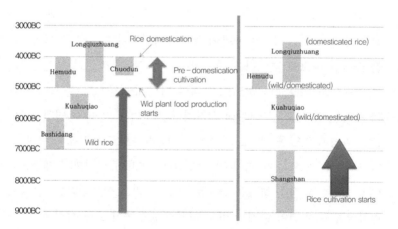

그림 3 중국 선사 벼농사의 전개에 관한 상반된 견해(左: Fuller *et al.* 2007, 右: Jiang & Liu 2006; Liu *et al.* 2007)

것을 판별 기준으로 삼고 있다(Zhao 2011). 두류도 크기 변화를 추적하는 것이 재배 과정을 이해하는 데 도움을 준다. 하지만 콩과 팥 같이 동북아시아 지역에 야생종이 자생하는 경우에는 야생종과 순화종으로 양분하는 문제가 간단치 않다. 아울러 꽃가루 같은 미세식물유체의 경우에도 순화종의 판별은 상대적인 개념이다. 예를 들어 벼과식물의 화분은 발아공이 존재한다는 형태적인 특징이 있어 비교적 쉽게 동정할 수 있는데, 순화종의 화분은 야생종의 것보다 큰 것으로 알려져 있다. 하지만 양자를 구분하는 절대적인 기준이 존재하는 것은 아니다. 학자에 따라서는 화분 지름 35μm 이상을 순화종으로 분류하지만 50μm 이상인 경우로 한정하는 경우도 있다(Kapp *et al*. 2000).

2. 순화종 출현의 환경적 요인

순화종과 관련하여 생각해 볼 문제 중 하나는 어떤 환경적 요인하에서 순화종이 출현하는가 하는 점이다. 고고학적 자료에서 순화종의 출현이 인정이 된다면 이는 재배행위가 있었음을 나타낸다. 하지만 재배행위가 있었음에도 불구하고 환경적 요인으로 이해 순화종은 출현하지 않을 수 있다. 이런 경우에 식물유체상으로는 여전히 수렵채집 생활을 영위한 것으로 해석될 여지가 있다.

이와 관련하여 최근에 강조되는 점은 순화종이 출현하기 위해서는 야생종과 재배 개체 간의 유전자 교환이 효과적으로 차단되어야 한다는 점이다. 순화종이 출현하려면 ① 인간의 선택과 ② 고립된 상태의 번식이라는 두 가지 요소가 충족되어야 한다(Jones & Brown 2009). 인간이 특정 성질의 식물을 선별하고 이를 재배했다 하더라도, 재배된 식물과 야생종 사이에 지속적으로 유전자 교환이 이루어지면 순화종의 출현은 이론상 더뎌질 수밖에 없다. 순화종이 발현되기 위해서는 야생종과의 교배가 차단되어야 하는데, 야생종 자생 지역에서는 교차 수정을 막기 힘들다. 따라서 역설적으로 야생종 분포의 주변 지역, 또는 그 지역을 벗어난 곳에서 식물을 재배할 경우에 순화종의 출현이 빠를 것으로 예상할 수도 있다. 즉, 야생종이 자생하는 환경에서는 재배행위 여부와 상관없이 순화종의 출현은 시간적으로 늦을 수 있고, 반대로 주변 지역이 기원지로 지목될 가능성이 높다는 지적이다.

이와 관련해서 학자들은 아프리카에서 기원한 작물인 수수의 초기 순화종이 인도에서 발견되는 점을 주목한다(Vrydaghs & Denham 2009). 또 밀의 경우에도 이른 시기의 순화된 밀이 발견되는 장소가 비옥한 초생달 지역 내에서도 야생종이 자생하지 않는 지역이거나 아니면 이 지역을 크게 벗어난 터키 남동지역인 점 등이 거론된다(Jones & Brown 2009). 이런 견해는 소위 주변효과(edge effect)와도 상통하는 면이 있다(Flannery 1969, 1973). 이는 야생종이 자생하는 지역에서는 재배행위에 크게 노력을 기울이지 않아도 충분한 양의 수확이 가능한 반면, 주변지로 갈수록 재배행위에 더 많은 투자와 노력을 가하게 되는 현상을 의미한다. 결국 재배의 실제 기원지와 고고학적으로 지목되는 기원지가 상호 일치하지 않는 현상을 보일 수도 있다.

이런 문제는 동아시아 선사시대 작물인 벼나 잡곡류의 재배에도 비슷하게 적용된다(Jones & Liu 2009). 예를 들어 야생벼가 자생하는 환경에서는 인간에 의한 재배행위에도 불구하고 야생종과 재배 개체 간의 교차수정으로 순화종의 출현이 늦어질 수 있다. 반면에 야생종이 자생하지 않는 지역으로 식물이 이동되어 재배되었다면 야생종과의 교차수정이 억제되어 유전자 교환이 차단되기 때문에 순

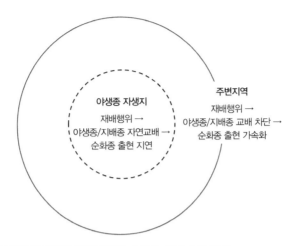

야생종 자생지
재배행위 →
야생종/지배종 자연교배 →
순화종 출현 지연

주변지역
재배행위 →
야생종/지배종 교배 차단 →
순화종 출현 가속화

그림 4 야생종 자생지와 주변지역의 순화종 출현 속도 가설

화종 출현이 더 빠를 수 있다. 고고학적으로 본다면 벼 재배가 가장 일찍 일어난 곳에서는 식물유체상으로 재배의 증거가 확인되지 않는 반면, 벼가 이동되어 간 곳에서는 순화종이 이른 시기부터 출현하게 된다. 따라서 벼 재배의 파급지가 기원지로 지목될 가능성이 높아진다.

벼 재배에 있어서 과거에는 재배가 시작된 후에 재배벼가 두 개의 아종, 즉 인디카와 자포니카로 진화했다고 보았다. 하지만 지금은 이 두 아종이 각각 별개의 야생벼(각각 *Oryza nivara*와 *O. rufipogon*) 로부터 진화했으며 진화과정에서 일부 유전자 교환이 있었을 것으로 보고 있다(안승모 1999; Fuller 2011; Fuller *et al.* 2007). 이른 시기의 자포니카 타입 벼가 발견되는 곳이 양자강 중하류임은 주지의 사실이다. 앞에서 말한 바와 같이 순화된 벼가 출현하는 시점이나 재배행위 존재 자체에 관해서는 이견이 있지만 이 지역이 벼농사의 기원지라는 점에는 학자들이 대체로 동의한다. 문제는 앞의 논의에 비추어 봤을 때 이 지역이 벼 재배의 기원지가 아니라 오히려 주변지역

그림 5 현대 야생벼와 벼농사 초기 유적의 분포 범위(Fuller 2011의 Fig. 1 참고)

이었을 가능성을 완전히 배제하기 힘들다는 점이다. 즉 야생벼가 자생하는 지역에서는 교차수정 문제 때문에 순화종의 출현이 늦거나 이루어지지 않았을 수 있다. 야생벼인 *Oryza rufipogon*의 현재 분포 범위와 비교하여도 자포니카 타입 벼는 야생벼 분포지의 외곽에서 출현한다는 느낌을 준다(그림 1). 하지만 야생종의 자생지 범위가 선사시대 동안에 계속 변했을 수 있기 때문에 그 분포를 뚜렷이 나누는 것은 쉽지 않다.

III. 재배와 농업

1. 비(非)농업사회의 재배

다음으로 재배와 농업의 관계에 대해서 생각해 보도록 하겠다. 즉, 재배행위와 농업사회의 출현이 시기적으로 상호 일치하는가의 문제인데, 여기에는 순화(domestication), 재배(cultivation), 농업(agriculture)을 어떻게 정의하고 이들 간의 상관관계를 어떻게 설정할 것인가 하는 이론적인 문제가 내재해 있다.

일반적으로 통용되는 바를 따르면 순화는 '생물적 변화'를, 재배는 '인간활동'을, 농업은 '사회현상'을 가리키는 개념이라고 정리할 수 있다. 순화[1]는 앞에서 말한 바와 같이 인간의 재배활동에 의해서 야기된 식물의 형질적 또는 유전적 변화를 의미한다. 이에 반해 재배[2]는 인간의 활동을 가리킨다. 즉, 땅을 갈거나 씨를 뿌리고 물을 주는 행위, 잡초를 제거하거나 거름을 주는 행위 등등의 인간활동을 지칭한다. 학자에 따라서는 여러 재배행위 가운데 씨를 뿌리거나 묘목을 옮겨 심는 것처럼 식물의 생장 장소를 바꾸는 행위가 재배의 핵심적인 요소라고 보는 사람도 있다(Doolittle 2002). 하지만 이보다는 식물 생장에 도움을 주는 인간 행위 전반을 의미하는 바로 넓게 이해하는 것이 더 일반적이다.

---

1 "Domestication is a biological process that involves changes in the genotypes and physical characteristics of plants and animals as they become dependent on humans for reproductive success." (Price & Gebauer 1995)

2 "[the] meaning [of cultivation] has expanded from its earlier limited connotation to include, in addition to tillage, a range of other activities that promote plant growth, such as land clearance, planting, sowing, weeding, harvesting, soil drainage and irrigation." (Harris 2009)

반면에 농업은 사회현상을 가리키는 개념이다. 농업은 영어의 agriculture와 동일한 개념인데, 재배가 식물에 국한되는 행위라면 농업은 동식물을 아우르면서도 상당한 정도로 또는 완전히 순화종에 의존하는 사회현상[3]을 말한다. 즉 "상당한 정도"라는, 다소 추상적이면서도 상대적인 개념이 내재해 있다. 이 정의를 내린 대표적인 사람은 데이비드 해리스인데, 그도 처음에는 농업을 정도의 문제로 생각하지는 않았던 것으로 보인다(Harris 2009). 하지만 후에 순화종을 단순히 이용하는 단계와 순화종에 대한 의존도가 높은 단계를 구분하였다. 이 정의에 따르면 순화종을 단순히 이용하는 것만으로는 농업사회라고 할 수 없고, 이에 상당한 정도로 의존하는 사회현상이 인정될 때에만 농업사회로 분류할 수 있다.

문제는 순화종이라는 생물학적 변화와 재배라는 인간행위, 그리고 농업이라는 사회현상이 상호 연관되어 있기는 하지만 완전히 일치하는 개념은 아니며 이들 간의 논리적 인과관계도 일반적으로 받아들여지는 것만큼 강하지 않다는 점이다. 즉, '생물적 변화≠인간행위≠사회현상'이다. 식물유체는 다른 고고자료에 비해서 작물의 생물적 변화를 추적하는 데 효과적인 자료이다. 하지만 생물적 변화가 반드시 인간행위나 사회현상과 연동하는 것은 아니다.

재배와 농업의 관계만을 놓고 본다면 식물재배 활동이 있지만 농업사회의 범주에 들어가지 않는 사회는 고고학적으로나 민족지적 관찰에서 쉽게 찾을 수 있다. 비농업사회의 식물재배와 관련해서는 일본의 연구사례를 참고할 필요가 있다. 일본 조몬시대의 밤나무나 칠엽수 재배 여부는 이와 관련하여 주목되는 사안 중 하나이다

---

3 "(Agriculture is) based largely or exclusively on the cultivation of domesticated plants." (Harris 1996)

(Kitagawa & Yasuda 2004). 대표적인 예로 일본 아오모리현의 산나이마루야마(三內丸山) 유적에서는 화분·목재·열매 등 다양한 형태로 밤이 많이 발견되었다(吉川昌伸·辻誠一郎 1998; 南木睦彦 외 1998; 能城修一·鈴木三男 1998; 前田純子·鈴木三男 1998). 출토량이 매우 많고 특히 밤나무 화분이 집중적으로 확인되어 밤나무의 재배행위가 있었을 것으로 볼 수 있다. 그러나 이런 양상에도 불구하고 조몬사회를 농업사회로 분류하지는 않는다. 밤의 재배를 인정하더라도 순화종의 출현이 확인되지 않기 때문이다. 밤나무가 번식을 완전히 인간에 의존하게 된 것이 아닐 뿐 아니라 야생 밤과 순화된 밤을 나눌 기준 또한 뚜렷하지 않다. 다만 일부 학자가 산나이마루야먀 유적에서 보이는 밤의 유전적 다양성이 감소한다는 주장을 하는 정도이다(佐藤洋一郎 1998).

아울러 순화종을 이용하더라도 그 이용의 정도가 미미하다고 판단될 경우에는 농업사회로 분류하기 힘들다. 이는 앞에서 말한 바와 같이 농업에는 정도의 개념이 내재해 있기 때문이다. 농업사회로 인정하기 위해서는 순화종의 출현과 동시에 해당 사회가 충분한 정도로 순화종에 의존했음을 보이는 다른 고고자료의 존재가 전제되어야 한다. 널리 알려진 바와 같이 중국 북부 지역에서는 이른 시기부터 조와 기장이 재배되었다. 하지만 작물유체의 존재에도 불구하고 신석기시대 초기 유적들을 기계적으로 농업사회로 분류하지는 않는다. 조지군(趙志軍)에 의하면 흥륭구(興隆溝) 유적(c. 9000~7000 cal BP)에서는 조와 기장이 많이 검출되었다(Zhao 2011). 하지만 그 이용 정도가 농업사회 단계에 이를 정도로 심하지는 않았을 것으로 보고 있다. 마찬가지로 가호(賈湖) 유적이나 하모도 유적에서 벼의 식물유체가 많이 발견되었음에도 불구하고 이 사회를 농업사회로 분류하지는 않는다.

표 1 잡곡(조, 기장) 출토 신석기시대 유적

유적	유구	출토 내용	추정 연대
봉산 지탑리	2호 주거지	조(또는 피)	신석기시대 중기
봉산 마산리	7호 주거지	조	신석기시대 중기
평양 남경	31호 주거지	조	신석기시대 중기
김포 가현리	토탄층	조, 벼	신석기시대 후기
옥천 대천리	주거지	조, 쌀, 보리, 밀 등	신석기시대 중기
창령 비봉리	제1패층 4피트, 야외노지	조	신석기시대 전, 중기
부산 동삼동	1호 주거지	조, 기장	신석기시대 중기
진주 상촌리	3지구 수혈 7기	조, 기장	신석기시대 후기
진주 대평리 어은	1지구 야외노지 4기	조, 기장	신석기시대 후기

참고문헌: 안승모(2008), 이경아(2005)
〈표 1〉의 작물유체 중 일부에는 동정 오류나 교란의 가능성이 제기된 바 있으며 이에 관한 논의는 안
승모(2008)을 참고할 것.

비슷한 논리는 한반도의 상황에도 적용된다. 조나 기장이 발견된
신석기시대 유적은 수개 소에 달하며 그 수도 점차 증가하는 추세에
있다(표 1). 최근 발굴조사된 고성 문암리 유적에서도 극히 소량이지
만 조와 기장이 발견되었다. 하지만 일부 순화종이 발견되었다고 하
더라도 신석기시대 사회를 농업사회로 분류하기는 힘들 것으로 보
인다. 순화종이 있고 이에 따라 식물의 재배행위가 있었던 것은 인
정되지만 순화작물에 어느 정도로 의존했는지를 판단하는 것은 향
후의 연구과제로 남는다.

2. 재배와 농업의 기원

한반도의 선사농업을 이해하는 주된 관점 중 하나는 한반도를 농업
의 기원지가 아닌 피전파지로 보는 것이다. 농업의 기원지를 외부
로 보고 한반도의 농업은 외부 기원지로부터 파급된 것으로 이해하

는 시각이다. 이는 비단 한반도뿐 아니라 구대륙의 선사농업 전개를 이해하는 매우 일반적인 관점인데, 여기에는 작물 중심적 사고가 내재해 있다. 즉, 순화종이 특정한 지역에서 재배되기 시작해서 한반도로 유입되었기 때문에 농업의 기원지를 외부로 상정하는 것이다. 물론 특정한 작물이 외부에서 기원했음을 부정할 수는 없다. 하지만 재배는 매우 보편적인 행위일 수 있다는 점에서 이 문제는 새로운 관점에서 접근할 필요가 있다고 생각된다.

작물의 기원에 관한 연구는 러시아 학자 바빌로프(Nikolai Vavilov)로부터 시작되었다(Harlan 1992; Smith 1999). 그의 연구의 주된 논리는 현재 작물의 유전적 다양성이 높은 곳에서 식물재배가 시작되었다는 것이다. 재배의 역사가 깊은 지역에서는 작물의 유전적 분화로 같은 종류의 작물이라도 다양한 품종이 있기 마련이다. 따라서 현재에 다양한 품종이 존재하는 장소가 해당 작물이 처음 재배되기 시작한 곳일 가능성이 많다는 주장이다. 아울러 작물의 유전적 다양성이 낮은 곳은 해당 작물이 유입되어 들어온 파급지로 보았다. 그의 연구 결과 여덟 개의 작물 기원 중심지가 설정되었으며 각 중심지마다 재배되기 시작한 작물의 종류에 차이가 있다(그림 2).

선사농업 발전의 전파론적인 이해는 초기 고고학자들의 시각에도 반영되어 있다. 고든 차일드는 소위 오아시스 이론을 제창하는 등 농업의 자생적 발전에 관심을 가졌지만 기원지를 벗어난 지역의 농업 발전은 전파론적인 시각에서 이해하였다(Trigger 1980). 차일드가 농업과 관련하여 중시한 지역은 근동지역으로, 여기에서 작물재배가 시작되었고 이것이 유럽지역으로도 전파되어 간 것으로 이해하였다. 작물재배가 시작된 구체적인 시기나 장소 등에서는 차이를 보이지만 후대의 연구자들도 전파론적 시각을 공유하였다. 아울러 이런 시각은 동아시아의 농업을 이해하는 데에도 영향을 주었다. 주지

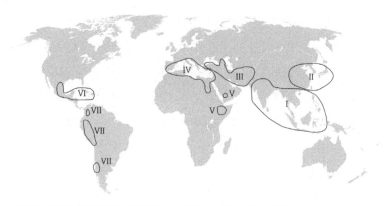

그림 6 바빌로프의 작물 기원지(Smith 1999, p. 7의 그림을 수정)

하는 바와 같이 중국은 황하 유역의 조·기장 문화권과 양자강 유역의 벼농사 문화권으로 나뉘어 신석기시대부터 두 개의 농업문화가 전개되었다. 중국의 이 두 지역은 흔히 농업 기원지로 상정되며 주변 지역은 이차적 파급지로 인식된다.

농업 확산을 전파론적인 시각에서 이해하는 주장에는 이러한 전파가 아이디어의 전파를 의미하는지 아니면 농업인구의 이동을 의미하는지가 확실히 명시되지 않는 경우가 많다. 반면 최근에는 농업이 인구 이동에 의해서 지역적으로 확산되었으며 이는 언어 분포권과 밀접한 관련이 있다고 보는 시각이 있다(Bellwood 2004; Renfrew 1990). 이러한 관점은 세계 각지에 걸쳐 다양한 어족이 분포되어 있다는 점에 착안한다. 농업이 시작되면서 인구 증가와 이동이 있었는데 이들이 동일한 언어를 사용하기 때문에 각지로 퍼져나가서 동일한 언어 문화권을 이루었다는 주장이다. 이런 주장은 인간과 인간 사이의 문화 전파라기보다 농업인구에 비농업인구가 완전히 흡수되는 형태의 농업 확산을 상정하고 있다.

선사시대 농업의 확산을 전파론적인 입장에서 이해하려는 시각,

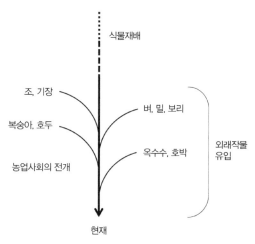

식물재배

조, 기장

복숭아, 호두

농업사회의 전개

벼, 밀, 보리

옥수수, 호박

외래작물
유입

현재

그림 7 한반도 농업사회의 전개 도식

예를 들어 한반도를 농업의 피전파지로 보는 시각에는 몇 가지 차원에서 문제를 제기할 수 있다. 그중 하나는 이런 관점이 작물 중심적이고 재배라는 행위의 보편성을 등한시했다는 점이다. 한반도를 농업의 피전파지로 보는 주된 이유 중의 하나는 주요 작물인 벼·보리·밀 등이 외부에서 기원하였기 때문이다. 물론 이런 작물들이 외부에서 기원했다는 것을 부정할 수는 없다. 하지만 농업 사회의 한 축을 담당하는 재배라는 인간 행위는 보편적인 현상으로 재배행위 자체의 기원을 말하기에는 무리가 있다. 농업은 순화종과 재배라는 최소한 두 가지 요소가 있어야 성립된다. 작물은 역사상 어떤 한 시점에 외부에서 유입되었더라도 재배라는 행위는 어느 사회에나 존재하기 마련이다.

순화종이 출현하기 이전의 식물 재배를 고고학적으로 연구하는 것은 쉬운 일이 아니지만 이 부분에 관한 논의는 이른 시기 연구부터 끊임없이 지속되었다. 이와 관련된 고전적인 이론의 하나는 에드가 앤더슨의 소위 덤프힙 이론(dump-heap theory)이다(Anderson

1952). 그의 견해에 따르면 유적 주변의 생활폐기장에는 인간이 이용한 씨앗이나 식물의 일부가 쉽게 폐기되고, 이런 교란 장소는 양분이 풍부하기 때문에 식물이 잘 자랄 수 있으며, 여기에서 자란 식물은 다시 인간에게 쉽게 발견되어 이용될 수 있다. 이동성이 강한 수렵채집사회도 취락 주변의 식생을 교란시키기 마련이고 교란된 식생에는 일년생 잡초성 식물들이 쉽게 자랄 수 있는 환경이 형성된다. 취락 주변에서 자주 보이기 때문에 소위 캠프 팔로워(camp follower)라고 분류되는 이런 식물들에 대한 인간의 유대감과 지식이 많아지고 따라서 이들 식물을 재배하거나 이용하는 단계로 자연스럽게 넘어갔을 것이라는 주장이다.

장기 거주 취락의 주변에서 잡초성 식물들, 소위 문화지표식물들이 많이 보이는 것은 고고학적으로 종종 관찰되지만 이들 식물과 인간의 상호관계에 관한 고고학적 연구는 많지 않다. 이와 관련해서 명아주(*Chenopodium album*) 같은 식물을 어떻게 이용했는가는 향후 연구에서 검토를 요하는 사안이다. 이경아(2005)는 세죽리 유적에서 명아주가 많이 발견되었음을 주목한 바 있다. 명아주는 일본 아이누나 인도 하라파 문명에서 식용하였다는 연구 결과가 있다(橋本郁三 2003; Weber 1991). 명아주는 남미의 작물인 키노아(*Chenopodium quinoa*)와 유관한 종인데, 한국에서 종자가 식용되었는지는 분명하지 않지만 적어도 채소로의 식용가능성은 높다.

한반도 내륙지방의 신석기시대 유적들이 해마다 교란이 일어나는 강안 충적지에 위치했고 여기에서 자라는 일년생 초본에서 씨앗을 얻는 형태의 농업 선적응(pre-adaptation)이 있었을 것이라고 보는 시각(송은숙 2001)은 외래 기원 작물보다 인간 행위에 더 중점을 둔 관점이다. 재배의 역사를 길게 보는 입장에서는 여성의 역할을 강조하기도 한다. 육아와 마찬가지로 인간과 식물의 유대관계가 여성을 통해서 이루어졌을 것이라고 보는 시각이다(Hastorf 1998).

IV. 초기 작물의 성격

작물유체의 자료가 축적됨에도 불구하고 초기 작물의 성격에 관한 논의는 활발하지 않다. 초기 작물의 성격과 관련해서는 작물의 식량으로서의 성격을 강조하는 입장과 음식물 섭취와 분배의 사회적 관계를 중시하는 입장이 있다. 전자는 농업 발생 이론 중 인구압 이론과, 후자는 소위 사회 이론과 맥이 닿아 있다.

인구압을 농업 발생의 주요인으로 보는 관점은 루이스 빈포드에 의해서 1960년대에 주창되었다(Binford 1968). 그는 비옥한 초생달 지역에서 농업이 시작된 것이 수렵채집인들의 인구가 증가하면서 비롯된 것으로 이해하였다. 빈포드가 주창한 초기 이론이 비옥한 초생달 지역에 국한된 한정적인 설명 이론이라면 이후 인구압 이론은 1970년대에 마크 코헨에 의해 보다 일반적인 설명의 틀로 변모하게 된다(Cohen 1977). 그는 농업이 전세계에서 거의 동시적으로 시작되었다고 보고 따라서 한 지역에 국한되는 설명이 아닌 전세계적으로 적용될 수 있는 일반적인 이론이 필요하다고 보았다. 그 주장의 요지는 수렵채집사회에서도 자연적인 인구 증가가 있기 마련이고 일정 정도의 인구밀도를 넘어서면 식량자원의 부족으로 식물재배를 시작할 수밖에 없다는 것이다. 인구압 이론은 수렵채집사회를 풍요로운 사회(original affluent society)로 본 당시의 미국 인류학계의 관점과 맞물려 있다(Sahlins 1972). 이런 학계의 분위기에서 인구압과 같은 환경적·외부적인 요인이 작용할 때에만 수렵채집사회의 생업경제상의 변화가 초래될 것이라고 보았다.

이와 대비되는 관점은 농업 발생의 원인을 사회 내부에서 찾는 소위 사회 이론들이다(Bender 1978; Hayden 1992). 브라이언 헤이든은 처음 재배되기 시작한 작물이 이른바 별미(delicacy)인 점에 주목한다. 이 관점에 따르면 어떤 사회든지 자신의 정치적 영향력을 제고하려는 사람들이 있기 마련이고 영향력의 제고는 연회(feast) 같은 상황에서 작물을 전시하고 분배함으로써 효과적으로 이루어질 수 있다고 보았다. 작물의 식량으로서의 중요성보다 사회적 신분 상승의 수단으로서의 중요성을 강조하여 작물을 일종의 위세품으로 보았다는 점이 특징이다.

인구압 이론이나 사회 이론은 농업 발생과 관련한 패러다임의 변화를 상징한다. 농업의 시작을 외부적인 요인(환경변화나 인구압)과 인간 사회 내적 요인으로 구분하여 본 점은 당시의 영미 고고학계의 연구 경향과 밀접한 관련이 있다. 이론 자체는 이제 학사적 의미가 더 강하지만 두 모델에서 규정하는 초기 작물의 성격은 후속 연구에서도 계속 논의되고 있다. 인구압 이론이 상정하는 초기 작물은 주식의 역할을 하는 음식물이다. 이 작물은 칼로리 획득 차원에서는 후순위에 속하지만 점차 중요한 식량으로 부각되고 사회 모든 구성원들에게 비교적 평등하게 분배된다. 반면 헤이든이 상정하는 초기 작물은 별미의 성격이 강한 음식물이다. 이 작물의 가치는 식량이라는 측면보다 상징적 의미에서 판단되어야 한다. 아울러 초기작물은 소수의 사람들에 의해 생산되거나 사회 내에서의 분배가 평등하지 않다.

한국 학계에서는 식물유체를 이용한 농업연구가 계속됨에도 불구하고 초기 작물의 성격을 어떻게 볼지에 대해서는 충분한 논의가 진행되지 않았다. 현재의 자료로 판단한다면 사실 한국의 자료는 이 두 가지 모델 어느 쪽에도 부합하지 않는 양상을 보인다. 신석기시대의 대표적인 작물로는 조와 기장이 있다. 이 작물들이 식량으로 이용된 것은 의심할 바가 없지만 과연 인구압 모델이 상정하는 것처럼 인구와 자원의 불균형을 해소하기 위해 등장한 것인지에는 의문을 제기할 수 있다. 무엇보다 신석기시대 후기에 인구가 증가했다는 점과 주식으로 이용되던 견과류 등이 부족해졌다는 섬과 관련한 고고학적 증거가 빈약하다. 아울러 조와 기장을 일종의 별미로 구분하는 것도 무리가 있다.

이 문제는 청동기시대 작물에도 적용된다. 즉, 초기 벼의 성격을 어떻게 이해할 것인가 하는 부분이다. 이 논의와 관련해서 많은 학자들은 벼가 일종의 위세품적인 성격을 가졌다고 보는 것 같다. 소수의 사람들만이 먹을 수 있는 것이었고 실제 생업경제에서 차지하는 비중은 높지 않았다는 것이다. 이런 가정의 근간이 되는 것 중 하나는 현대사회에서도 통일벼가 나오기 전에까지는 벼가 귀한 음식이었다는 사실이다. 최근의 상황이 일종의 민족지적 경험으로 작용해서 선사 문화 해석에 적용된 것이라 볼 수 있다.

이런 관점은 좀더 실증적인 자료를 통해서 보완할 필요가 있다. 이런 시각의 가장 큰 문제점 중 하나는 청동기시대 유적에서 벼가 많이 발견된다는 사실이다. 벼는 청동기시대 유적에서 가장 흔하게 발견되는 작물유체이며 그 출토 위치도 특정한 주거지나 유구에 국한되지 않는 양상을 보인다. 그런 의미에서 소수에 의해서 생산 또는 소비되었다는 가정과 상충되는 면이 있다. 사실 현대사회에서 벼가 귀한 시절에 대체 작물로 식용되던 작물의 상당수는 임진왜란 이후에 들어온 것이다. 옥수수·감자·고구마 등이 여기에 해당된다. 이런 작물들을 제하고 본다면 청동기시대의 작물은 벼·잡곡(조·기장)·맥류(보리·밀) 등 소수에 불과하다. 벼를 제하고 본다면 가을작물이면서 탄수화물을 제공할 수 있는 것은 조나 기장밖에는 없는 셈이다.

V. 농업집약화

농업집약화는 청동기시대 이후의 사회를 설명하는 데 자주 등장하는 용어이지만 구체적인 개념에 관한 논의는 거의 이루어지지 않았다. 집약화는 농업 생산량을 특정한 단위에 기대어 이해하는 개념으로 볼 수 있다. 단위로 가장 흔하게 삼는 것은 토지면적이지만 드물게는 노동력으로 보기도 한다. 즉, 토지면적에 가해지는 노동·자본·기술이 증가하여 단위면적당 생산량이 늘어나는 현상을 농업집약화라고 정의할 수 있다(Morrison 1994). 엄밀히 말하면 집약화는 단위면적당 생산성이 증가하는 경우에 한정되며, 단지 토지를 많이 확보해서 생산량이 늘어나는 농지확대와는 다른 개념이다. 하지만 전통사회에서 경작지 확대와 집약화는 연동해서 일어나는 경우가 많고 고고학적으로 양자를 뚜렷하게 분리해 내기도 쉽지 않다. 농업집약화와 관련한 보스럽의 모델에 의하면 토지가 조방적에서 집약적으로 이용되면서 작물의 생산 주기는 짧아진다(Boserup 1965 ; Johnston 2003).

고고학 및 연관분야의 연구 결과를 보면 청동기시대 이후의 농업 발전은 단위면적당 생산량 증가라는 좁은 의미의 농업집약화뿐 아니라 경작지 확대 및 휴경기간 단축까지 아우르는 다양한 형태로 이루어졌던 것으로 판단된다. 이 중 가장 뚜렷하게 감지되는 것은 경작면적의 확대이다. 한반도 각지에서 행해진 화분연구 가운데 청동기시대에서 초기철기시대까지를 아우르는 시기에 식생변화가 있었음을 보고하는 사례가 많다. 경지면적의 확대는 해당 지역의 화분조성상의 변화를 유발하게 되는데, 주로 벼과·잡초성 식물·벼속 타입 화분의 증가나 소나무속 화분의 증가, 오리나무속과 참나무속 화분의 감소 등을 특징으로 한다(김민구 2010). 물론 이러한 변화들은 반드시 인문적인 요인에서만 기인하는 것은 아니며 다른 자연적 요인,

특히 기후 변화에 큰 영향을 받았을 것으로 추정된다. 그러나 급격한 이차림의 확산은 농경 활동에 수반된 벌목·벌채 활동과 밀접히 관련되어 있을 것으로 보는 것이 일반적인 시각이다. 이러한 화분자료상의 변화는 강안의 낮은 저지대나 구릉 주변에 논과 밭이 조영되어 인간에 의한 식생변화가 가속화되었을 때 보이는 현상이다. 하지만 화분자료가 지시하는 바는 농지 확대를 의미할 뿐이며 단위면적당 생산량의 증가라는 엄밀한 의미에서의 농업집약화와는 다소 차이가 있다.

작물 이외에도 적어도 원삼국시대부터 밤나무 재배가 이루어졌다는 사실(안승모 2012; Kim 2011)은 농지뿐 아니라 산림자원도 중시되었다는 것을 의미한다. 이런 변화 역시 한정된 토지에서 작물생산량을 늘리는 효과를 가져왔다는 점에서 농업집약화의 한 형태로 해석할 수도 있다. 즉, 강안 저지대나 배후습지 등에는 논과 밭을 조영하여 곡물을 재배하는 한편 농지로 사용하기에 적합하지 않은 구릉 사면에는 밤나무 같은 견과류나 유실수를 키우는 농업 형태이다.

단위면적당 생산량을 늘리기 위해서는 단위면적의 토지에 노동력·자본·기술이 더 많이 투자될 수밖에 없는데, 이는 신품종 도입, 우경, 수리시설 확충, 거름주기 등 다양한 형태로 나타날 수 있다. 탄화작물을 이용한 연구 결과를 보면 자본의 투입 또는 농업기술 발달의 증거로 볼 수 있는 새로운 작물품종 도입의 증거는 원삼국시대에 이르러 뚜렷하게 나타난다. 일본 자료에 의하면 야요이시대 전기와 후기의 탄화미 크기가 차이를 보인다. 대략 4.3mm 정도를 기준으로 전기와 후기의 탄화미 개체군이 양분되는 양상을 보인다(和佐野喜久生 1995). 이런 현상이 일어나는 이유로는 여러 가지를 생각할 수 있겠지만, 비교적 짧은 시기에 급격하게 크기가 변했다는 점에서 신품종의 도입이 타당한 가설 중의 하나라고 판단된다. 초기철기시대로 비정되는 광주 신창동 유적의 탄화미는 평균 길이 4.6mm로 이전 시기의 탄화미에 비해 장립에 속한다(조현종 2008). 한반도 남부 지역의 청동기시대 탄화미는 대부분 단립에 해당하는데, 길이 4.3mm를 넘어서는 탄화미 개체군이 등장하는 유적이 신창동이며, 원삼국시대의 탄화미는 청동기시대의 것에 비하면 대부분 장립에 속한다(정유진 2011). 이는 원삼국시대와 청동기시대 재배벼의 성격에 차이가 있음을 암시하는 것인데, 그 형태가 현저하게 다르다는 점에서 새로운 품종의 출현 또는 도입 가능성을 상정할 수 있다(김민구 2010).

이와 관련하여 주목되는 또 다른 자료는 밀이다. 밀은 서아시아에서 기원한 작물로 한반도에는 청동기시대에 유입되었다. 선사시대의 밀과 관련해서는 일본 열도에서 발견되는 밀이 소립형에 속한다는 연구 결과가 있었다(Crawford & Yoshizaki 1987). 하지만 한반도 유적에서 출현하는 밀의 크기를 계측한 결과, 다양한 크기의 밀이 혼재하며 적어도 소립형·대립형의 두 가지로 나눌 수 있음을 알 수 있었다(Kim 2013). 대립형은 늦어도 국가단계 사회가 성립하기 이전에는 등장하는 것으로 보이며 이 역시 새로운 품종의 유입을 의미할 수 있다. 쌀이나 밀의 탄화곡물에서 보이는 현상이 농업기술의 발달을 의미하는지, 재배환경의 변화를 의미하는지, 아니면 자본의 투입(신품종 도입)을 의미하는지에 관해서는 이견이 있을 수 있다. 하지만 그 변화의 이유가 무엇이든 간에 단위면적당 생산량 증가라고 하는 농업집약화의 발전 과정과 궤를 같이하는 변화라고 볼 수 있다. 아울러 역사시대에 들어서면서 두류의 이용이 확대된다. 두류 재배는 식량으로서의 의미도 있지만 휴경기간 단축에서 오는 지역 보완의 기능도 있었을 것으로 추정된다.

VI. 결론

농업은 인간생활을 급격하게 변화시킨 대표적인 사회현상 가운데 하나이다. 인류는 세계 각지로 퍼진 후 수십만 년 동안 구석기시대의 수렵채집생활을 영위하였다. 약 만 년 전 빙하기가 종말을 고한 후에 등장한 식물재배와 가축사육은 사회를 매우 빠른 속도로 변화시켰다. 정주생활·계급·국가 등 현대사회를 특징짓는 다양한 문화현상은 모두 농업과 불가분의 관계에 있다. 이런 중요성 때문에 농업은 고고학의 대표적인 연구 주제일 뿐 아니라 동시에 인접학문에서 활발하게 연구가 진행되고 있는 주제이기도 하다. 고고학 연구에서 차지하는 비중이 높고 연구가 오랜 기간에 걸쳐 이루어졌기 때문에 농업과 관련된 학설과 시각은 매우 다양하다. 또 농업연구가 고고학의 울타리 안에서만 이루어지는 것도 아니기 때문에 인접학문에도 다양한 연구 방법과 주장이 존재한다.

선사시대 농업연구의 자료가 되는 작물유체는 계속 축적되는 단계에 있다. 이 자료들은 이른바 직접적인 증거이기는 하지만 모든 질문에 답을 내려주는 것은 아니며 해석의 여지가 있는 자료이다. 본 논문에서는 식물자료의 축적에도 불구하고 해결되지 않은 몇 가지 이론적 문제를 검토하였다. 제기한 문제들은 순화종의 판별과 출현 과정에 대한 문제, 재배와 농업의 관계에 대한 문제, 초기 작물의 성격에 관한 문제, 그리고 농업집약화의 문제 등이다. 향후의 연구를 통해 많은 의문이 해소되기를 바라며 본 논문이 이 점에 일조하기를 기대한다.

| 참고문헌 |

김민구, 2010, 「영산강 유역 초기 벼농사의 전개」, 『한국고고학보』 75, pp. 46-71.

김원용·임효재·최몽룡·여중철·곽승훈, 1973, 「흔암리 주거지: 한강면 선사취락지 발굴진 전보고」, 『서울대학교 고고인류학총간』 4, 서울대학교.

송은숙, 2001, 「신석기시대 생계방식의 변천과 남부 내륙지역 농경의 개시」, 『호남고고학 보』 14, pp. 95-118.

안승모, 1999, 『아시아 재배벼의 기원과 분화』, 학연문화사.

_____, 2005, 「한국 남부지방 신석기시대 농경 연구의 현황과 과제」, 『한국신석기연구』 10, pp. 7-25.

_____, 2008, 「한반도 청동기시대의 작물조성: 종자유체를 중심으로」, 『호남고고학보』 28, pp. 5-50.

_____, 2009, 「작물유체 분석의 문제점」, 『선사 농경 연구의 새로운 동향』, pp. 270-301.

_____, 2012, 「식물유체로 본 선사, 고대 견과류 이용의 변화 - 도토리, 참나무와 밤, 밤나 무를 중심으로 -」, 『호남고고학보』 40, pp. 5-48.

이경아, 2005, 「식물유체에 기초한 신석기시대 농경에 대한 관점의 재검토」, 『한일 신석기 시대의 농경 문제』, 제6회 한일신석기 공동학술대회 발표요지.

정유진, 2011, 「식물유체를 통해 본 원삼국시대 도작의 성격」, 『한국상고사학보』 69, pp. 19-38.

조현종, 2008, 「광주 신창동 출토 탄화미의 계측」, 『호남고고학보』 30, pp. 139-154.

橋本郁三, 2003, 『食べられる野生植物大事典: 草本·木本·シダ』, 柏書房.

吉川昌伸·辻誠一郎, 1998, 「三內丸山遺跡 第6鉄塔スタンダード·コラムの 花粉化石群」, 『三內丸山遺跡 IX - 第6鉄塔地区調査報告書2 -』, pp. 11-14, 青森県教育委員会.

南木睦彦·辻誠一郎·住田雅和, 1998, 「三內丸山遺跡 第6鉄塔地区 VIa, VIb層から産出し た 大型植物遺体(化石)」, 『三內丸山遺跡 IX - 第6鉄塔地区調査報告書2 -』, pp. 35-51, 青森県教育委員会.

能城修一·鈴木三男, 1998, 「三內丸山遺跡 第6鉄塔地区出土木材の樹種」, 『三內丸山遺跡 IX - 第6鉄塔地区調査報告書2 -』, pp. 99-118, 青森県教育委員會.

佐藤洋一郎, 1998,「三內丸山遺跡第6鉄塔地区出土クリのDNA分析」,『三內丸山遺跡
　　　IX－第6鉄塔地区調査報告書2－』, pp. 141-146, 青森県教育委員会.
前田純子・鈴木三男, 1998,「三內丸山遺跡第6鉄塔地区出土炭化材の樹種」,『三內丸山遺
　　　跡 IX－第6鉄塔地区調査報告書2－』, pp. 119-139, 青森県教育委員會.
和佐野喜久生, 1995,「東アジアの古代稲と稲作起源」,『東アジアの稲作起源と古代稲作
　　　文化』, pp. 3-52, 佐賀: 佐賀大学農学部.

Anderson, E., 1952, *Plants, Man, and Life*, Little, Brown & Company.

Bellwood, P., 2004, *First Farmers: The Origins of Agricultural Societies*, Wiley-Blackwell.

Bender, B. 1978, Gatherer-hunter to farmer: a social perspective, *World Archaeology* 10(2): 204-222.

Binford, L., 1968, Post-Pleistocene adaptations. In *New Perspectives in Archaeology*, eds. S. R. Binford and L. R. Binford, pp. 313-342, Aldine Publishing.

Boserup, E., 1965, *The Conditions of Agricultural Growth: The Economics of Agrarian Change under Population Pressure*, Chicago: Aldine.

Crawford, G. W. & M. Yoshizaki, 1987, Ainu ancestors and prehistoric Asian agriculture, *Journal of Archaeological Science* 14, 201-213.

Cohen, M. N., 1977, *The Food Crisis in Prehistory: Overpopulation and the Origins of Agriculture*, Yale University Press.

Doolittle, W., 2002, *Cultivated Landscapes of Native North America*, Oxford University Press.

Flannery, K. V., 1969, Origins and ecological effects of early domestication in Iran and the Near East, In *The domestication and exploitation of plants and animals*, Ucko, P. J. and G. W. Dimbleby eds., pp. 73-100.

_____, 1973, The origins of agriculture, *Annual Review of Anthropology* 2:271-310.

Fuller, D. 2011, Pathways to Asian Civilizations: Tracing the Origins and Spread of Rice and Rice Cultures, *Rice* 4: 78-92.

Fuller, D., E. Harvey, & L. Qing, 2007, Presumed domestication? Evidence for wild rice cultivation and domestication in the fifth millennium BC of the Lower Yangtze region, *Antiquity* 81: 316-331.

Habu, J., 2004, *Ancient Jomon of Japan*, Cambridge University Press.

Harlan, J. 1992, *Crops and Man*, 2nd ed., American Society of Agronomy-Crop Science

Society.

Harris, D., 1996, Introduction: themes and conceptsin the study of early agriculture, In *The Origins and Spread of Agriculture and Pastoralism in Eurasia*, D. Harris ed., Routledge.

_____, 2009, Agriculture, Cultivation and Domestication: Exploring the Conceptual Framework of Early Food Production, In *Rethinking Agriculture: Archaeological and Ethnoarchaeological Perspectives*, T. Denham, J. Iriarte and L. Vrydaghs, eds. One World Archaeology.

Hastorf, 1998, The cultural life of early domestic plant use, *Antiquity* 72: 773-782.

Hayden, B., 1992, Models of Domestication. In A. Gebauer and T. D. Price, *Transitions to Agriculture in Prehistory*, Prehistory Press, pp. 11 - 18.

Hillman, G. & M. Davies, 1990, Measured domestication rates in wild wheats and barley under primitive cultivation, and their archaeological implications, *Journal of World Prehistory* 4(2): 157-222.

Jiang, L. & L. Liu. 2006, New evidence for the origins of sedentism and rice domestication in the Lower Yangzi River, China, *Antiquity* 80: 355-61.

Johnston, K., 2003, The intensification of pre-industrial cereal agriculture in the tropics: Boserup, cultivation lengthening, and the Classic Maya, *Journal of Anthropological Archaeology* 22: 126-161.

Jones, M. & T. Brown, 2009, Selection, Cultivation and Reproductive Isolation: A Reconsideration of the Morphological and Molecular Signals of Domestication, In *Rethinking Agriculture: Archaeological and Ethnoarchaeological Perspectives*, T. Denham, J. Iriarte and L. Vrydaghs eds. One World Archaeology.

Jones, M. & X. Liu, 2009, Origins of Agriculture in East Asia, *Science* 324: 730-731.

Kapp, R. O., O. K. Davis, & J. E. King, 2000, *Pollen and Spores*, 2nd edition, American Association of Stratigraphic Palynologists.

Kim, M., 2011, Woodland management in the ancient Mahan statelets of Korea: an examination of carbonized and waterlogged wood, *Journal of Archaeological Science* 38(8): 1967-1976.

_____, 2013, Wheat in ancient Korea: a size comparison of carbonized kernels, *Journal of Archaeological Science* 40(1): 517-525.

Kitagawa, J. & Y. Yasuda, 2004, The influence of climatic change on chestnut and horse chestnut preservation around Jomon sites in Northeastern Japan with special reference to the Sannai-Maruyama and Kamegaoka sites, *Quaternary International* 123-125, 89-103.

Lee, G-A., G. Crawford, L. Liu, Y. Sasaki, & X. Chen, 2011, Archaeological Soybean (Glycine max) in East Asia: Does Size Matter? *PLoS ONE* 6(11): e26720. doi:10.1371/journal.pone.0026720

Liu, L. G-A. Lee, L. Jiang & J. Zhang, 2007, Evidence for the early beginning (c. 9000 cal. BP) of rice domestication in China: a response, *The Holocene* 17, 18: 1059-1068.

Morrison, K., 1994, The intensification of production: Archaeological approaches, *Journal of Archaeological Method and Theory* 1(2): 111-159.

Price T. D. & A. B. Gebauer, 1995, New Perspectives on the Transition to Agriculture, In *Last Hunters, First Farmers: New Perspectives on the Prehistoric Transition to Agriculture*, Price T. D. & A. B. Gebauer eds. School of American Research Press.

Renfrew, C., 1990, *Archaeology and Language: The Puzzle of Indo-European Origins*, Cambridge University Press.

Sahlins, M. 1972, *Stone Age Economics*, Aldine-Atherton, Inc.

Sample, L., 1974, Tongsamdong: A contribution to Korean Neolithic culture history, *Artic Anthropology* 11(2): 1-125.

Smith, B., 1999, *Emergence of Agriculture*, W H Freeman & Co.

Tanno, K. & G. Willcox, 2006, How fast was wild wheat domesticated?, *Science* 31: 1886.

_____, 2012, Distinguishing wild & domestic wheat and barley spikelets from early Holocene sites in the Near East, *Vegetation History and Archaeobotany* 21: 107-115.

Trigger, B., 1980, *Gordon Childe: Revolutions in Archaeology*. London: Thames and Hudson.

Vrydaghs, L. and T. Denham, 2009, Rethinking Agriculture: Introductory Thoughts, In *Rethinking Agriculture: Archaeological and Ethnoarchaeological Perspectives*, T. Denham, J. Iriarte and L. Vrydaghs eds. One World Archaeology.

Willcox, G., 2004, Measuring grain size and identifying Near Eastern cereal domestication: evidence from the Euphrates valley. *Journal of Archaeological Science* 31: 145 – 150.

Weber, S. 1991, *Plants and Harappan subsistence: an example of stability and change from Rojdi*, Oxford & IBH Pub. Co.

Zhao, Z., 2011, New archaeobotanic data for the study of the origins of agriculture in China, *Current Anthropology* 52 (suppl. 4): S295 – S306.

Zohary, D. & M. Hopf, 2001, *Domestication of Plants in the Old World: The Origin and Spread of Cultivated Plants in West Asia, Europe, and the Nile Valley*, 3rd ed., Oxford University Press.

식물유체로 본 시대별 작물조성의 변천

안승모*

I. 머리말

한국에서 1990년대부터 체계적인 부유선별법이 채용되면서 선사, 고대 작물과 농경 연구의 새로운 장이 열리게 되었다. 필자는 2008 년에 한반도 선사, 고대 유적 출토 작물자료 집성표를 작성하면서 작물자료의 출토상황 및 동정에 대한 의견을 유적별로 첨부하고 시대별 작물조성의 변천과정을 간략히 기술한 바 있다(안승모 2008a). 이어서 청동기시대 작물의 종류와 지역별, 시기별 작물조성의 특징을 파악하고, 기존에 보고된 수수, 녹두의 동정 오류를 지적한 바 있다(안승모 2008b).[1] 이 글에서는 그 이후 새롭게 보고된 작물자료를 추가하여 작성된 새로운 집성표(부록 1)를 이용하여 시대별 작물 종류와 조성의 변천을 검토하고자 한다. 작물자료는 주로 종실유체를 이용하였고, 시대별 변천의 분석은 상대적으로 자료가 많은 청동기

---

* 원광대학교 고고·미술사학과

1 선사작물 집성표의 유적별 해석은 호남고고학회 홈페이지 필자 논문의 원문서비스에만 부록으로 실려 있다. 또한 한국신석기학회 홈페이지 자료실에도 올려놓았다. 누구나 공

시대와 고대(원삼국·삼국)에 집중한다.

II. 종실유체 분석의 신뢰성

종실유체 분석의 문제점에 대해 여러 글을 통해 지적한 바 있으나
(안승모 2008; 2009), 본론에 들어가기 앞서 그 한계성과 신뢰성에 대
한 기본적 이해가 필요하기에 다시 요약하여 서술한다.

　sampling quality 종실을 포함한 식물유체 연구는 샘플링 전략과
검출, 동정, 계량화, 해석으로 이어지는 일련의 작업이다. 현재 200
여 곳이 넘는 유적에서 작물 종실이 보고되고 있으나 대부분 발굴
과정에서 육안으로 보이는 것만 수거하였을 뿐 샘플링 전략을 갖고
분석한 사례는 드물다. 집성표(부록 1)에 flotation으로 표시된 유적
도 유구 전체에 체계적으로 부유선별을 실시한 경우보다 육안으로
관찰된 종실이 포함된 침전물(탄화물)만 채취하여 물체질한 사례가
더 많다. 또 다른 고려사항은 체질에 사용된 망 눈금의 크기이다.
소립 잡곡(millet)의 경우 눈금 0.5mm 이하 체를 사용하면 모두 걸
러지지만 1mm 망에서는 상당수 빠져나가고 2mm 망에서는 대부분
놓친다.

　예를 들어 화성 고금산 청동기시대 유적의 경우, 1호 주거지 노지
및 주변의 재를 포함한 토양 30kg을 물체질하여 쌀 5립을 검출하였
으나 2mm 체를 이용하였기에 설령 잡곡(millet)이 포함되어 있었다
고 하더라도 빠져나갔을 가능성이 높다. 부여 송국리 유적의 경우에

개적으로 접근할 수 있도록 할 계획이었으나 현재 두 홈페이지 모두 회원에게만 공개되
고 있다. 일본에서 발표한 선사, 고대 집성표 해제도 포함해서 자료를 원하는 연구자들
은 필자에게 이메일(sungmo@wku.ac.kr)로 연락을 하면 보내드리겠다.

도 육안에 의존한 기존 조사에서는 다량의 벼 압흔 토기와 쌀만 출토되었으나 체계적인 부유선별을 실시한 제11차(이경아 2000), 제14차(류아라 2012) 조사에서는 조와 기장도 검출되었다.

종실유체 검출을 위한 부유선별과 물체질이 실시된 유적과 그렇지 않은 유적을 비교하여도 보고된 작물조성의 차이가 보인다. 중부와 남부에서 압흔을 제외한 작물종실이 보고된 청동기시대 유적 60곳에서 부유선별과 물체질이 실시된 유적은 40곳인데 이 중 잡곡이 출토된 유적이 32곳(80%)에 달한다. 반면 단순히 육안으로 검출된 유적 20곳 중 잡곡은 두 곳(10%)에서만 보고되었다.[2] 역시 고대 유적 85곳에서 잡곡은 부유선별이 이루어진 유적 36곳 중 24곳(66.7%)에서, 육안으로 검출된 유적 49곳 중 16곳(32.6%)에서 출토되었다. 따라서 잡곡의 출토확률은 부유선별이 실시되었는지 여부와 체 눈금의 크기에 따라 크게 달라짐을 알 수 있다.

잔존율 저습지와 달리 건지 유적에서 종실유체는 200~300도 정도 온도에서의 탄화로만 잔존한다. 즉, 주거지 내부로 유입된 작물 중 적절한 온도의 불에 노출된 일부만 우연히 잔존한다. 따라서 재배되었어도 탄화가 이루어지지 않았으면 종실유체로 잔존하지 않는다. 또한 작물 종류별로 동일한 조건에서 탄화종실로서의 잔존율의 차이가 있는지 검토된 적도 없다. 이러한 문제가 뒤에 언급할 계량적 분석에서 출토수량보다 출토확률이 선호되는 이유 중의 하나이기도 하다.

후대 교란 식물유체가 보존, 발견되는 맥락과 식물유체 형성과정에 대한 이해가 부족하여 다양한 인위적·자연적 요인으로 유구 폐

---

2 〈부록 1〉의 작물 집성표는 이 글의 초고가 완성된 뒤에도 새로운 자료를 추가하였기에 이 글의 작물 관련 통계는 작물 집성표 내용과 약간의 차이가 있을 수 있다.

기 이후나 최근에 혼입된 종실을 유구와 동시기의 자료로 보고한 예가 많다. 한반도의 기후조건상 저습지가 아닌 일반 건지 유구에서 탄화되지 않은 종실이 토양, 퇴적물에서 그대로 보존될 가능성은 희박하기 때문에 탄화되지 않고 종자 원래의 색깔을 유지하고 있는 자료는 오염으로 간주하여야 한다(안승모 2008b: 7~8). 탄화된 종실도 혼입 가능성이 상존한다. 후대 종자의 하강을 발생시키는 생물요인으로 식물교란과 동물교란이 있다. 큰 나무뿌리가 뽑히거나 썩어서 생긴 공간이나 두더지 등의 큰 동물이 파놓은 구멍은 대부분 노출된 단면에서 확인할 수 있으나 지렁이, 개미, 땅벌 등의 작은 동물에 의한 교란은 육안으로 파악하기 힘들다. 특히 지렁이와 개미에 의해 후대 또는 현생 종실이 유구 속으로 유입되는 경우가 많다(안승모 2009; 안승모·안현중 2010). 따라서 종실은, 특히 소량만 출토된 경우, 가능한 방사성탄소연대 측정을 실시할 필요가 있으며, 작물이나 농경의 기원 연구에서는 필수적이다(안승모 2012b). 경작지, 수혈, 야외노지 등 야외유구는 주거지보다 교란 발생 빈도가 높다. 실제 진주 어은 1지구 신석기시대 야외노지에서 검출된 밀의 방사성탄소연대는 통일신라시대 이후로 측정된 바 있다. 서남아시아 기원의 밀과 보리는 용산문화(龍山文化) 단계 이후에 중국으로 전래되고 한반도에는 청동기시대에 출현한다. 그리하여 진주 평거동 신석기시대 야외유구에서 수습된 밀은 전부 후대 교란으로 판정되고 있다(이경아 2011).

  동정 오류 작물 유체 분석에서 동정이 잘못된 경우도 많다. 비전문가는 말할 것도 없고 전문적 식물고고학자들도 동정에 실수하는 경우가 종종 있다. 국내의 경우 특히 밀과 보리, 콩·팥과 녹두, 조·기장·피와 수수, 또는 기장족 잡초와 잡곡에서 동정 오류가 많이 발생하기 때문에 뒤의 작물조성 비교에서 상기 작물을 맥류, 두류, 잡곡으로 통합하여 분석하였다. 예를 들어 흔암리 12호 주거지에서 보고된 수수는 곡물 종자가 아닌 것으로 밝혀졌으며(안승모 2008b: 7쪽 주 1; 이경아 2009), 다른 선사, 고대 유적에서 기존에 보고된 수수도 모두 동정 오류이다. 선사와 고대 유적에서 보고된 녹두 역시 신뢰할 만한 자료는 한 건도 없으며 대부분 팥을 녹두로 오인한 것이다.

출토 맥락의 차이 아래에서 청동기시대와 고대 작물조성을 비교할 때 무덤 출토 작물자료는 제외하였다. 무덤에 부장되는 작물은 통상적 작물과 다른 상징적·사회적 의미를 갖고 있을 수 있기 때문이다. 예를 들어 신라, 가야의 대형 고분에서 출토되는 작물은 모두 벼 자료라 잡곡, 맥류, 두류가 모두 소비되는 당시 식생활과는 다른 양상을 나타낸다(안승모 2008a: 113). 식물유체는 출토되는 맥락에 따라 동시성, 대표성의 차이가 있을 수 있다. 그리하여 하버드(hubbard)는 탄화된 식물유체 군집을 퇴적의 성격에 따라, 저장혈처럼 검출된 곳과 같은 장소에서 불에 탄 시료, 재퇴적된 시료, 화덕이나 쓰레기처럼 여러 차례 시공간적으로 별도의 발화 사건과 행위에서 유래된 시료의 세 종류로 구분하였다(윌킨스·키스 2010: 209~211).

유적에서 어떠한 종류가 나타나는지 확인하는 것은 탄화된 식물유체가 검출, 동정되고 계량화된 다음에 이것들을 해석하는 데 많은 도움을 준다. 도리안 풀러(Fuller *et al.* 2010)는 재배벼의 기원과 확산에 대해 필자와 공동으로 작성한 논문에서 벼 식물유체가 포함된 시료 범주를 haphazard(우연의 산물), presence samples(단순한 유무), diffuse samples(문화층, 패총, 단순 수혈 등의 재퇴적), behavioral samples(노지나 저장혈 등의 원 위치), clear event(잘 정의된 행위적 맥락)로 구분한 바 있다. 이경아는 박사학위논문(Lee 2003)에서 남강댐 수몰지구 출토 작물을 주거지, 저장혈, 야외노지, 폐기장 등 유구 종류에 따라 차이가 있는지 분석하였으나 유의미한 결론을 도출하지는 못하였다. 그럼에도 출토 맥락별로 차이가 없는지 지속적 확인이 필요하다.

지역편차 작물 종류와 조성의 변천을 살피기 앞서 작물을 포함한 종실유체 분석의 한계점을 인식할 필요가 있다. 종실유체의 검출과 보고는 지역적으로 많은 편차가 있다. 북한 지역은 보고된 예가 극히 한정되어 있으며, 낙랑 분묘를 제외하면 원삼국시대 이후의 작물 자료는 찾아보기 힘들고 부유선별(flotation)이 실시된 유적도 전혀 없다. 남한에서는 1990년대부터 식물유체에 대한 관심이 높아가면서 부유선별과 종실유체 분석을 실시한 유적의 수가 증가하고 있으나 이 역시 충남문화재연구원이나 울산문화재연구원 같은 일부 조사기관에 편중되어 있고 지역별 상황도 마찬가지이다. 호남지방에서는 청동기시대 작물자료가 대부분 압흔에서 얻어지며 부유선별이 실시된 유적은 없다. 영남지방도 신석기, 청동기시대 작물자료는 많은 편이지만 부유선별된 고대 작물자료는 경상남도에 집중되어 있고 경상북도는 극히 드물다.

계량적 분석 개별 작물, 또는 작물범주(맥류 등)가 전체 작물에서 차지하는 비중을 고찰할 때 일반적으로 사용되는 방법이 절대수량이나 총 무게를 비교하는 것이다(안승모 2008b: 23). 그러나 종실유체의 형성과정에 작용하는 다양한 문화적, 자연적 요인들에 따라 잔존 양에 차이가 발생할 수 있다. 그래서 식물고고학자는 일반적으로 시료에서 개별 작물의 존부(存否) 여부만을 기준으로 하는 출토확률(ubiquity) 또는 출토빈도가 일반적으로 사용되고 있다. 출토확률 비교는 원래 부유선별이 이루어진 총 시료 수를 기준으로 이루어지지만 우리나라에서는 체계적 부유선별이 실시된 유적 수가 많지 않고 그나마 시료 수 자체도 적은 경우가 많아 본고에서는 시료 대신 주거지나 유구 수를 비교 대상으로 하였다.

III. 신석기시대 조, 기장 재배의 출현

우리나라 신석기시대에 확실히 재배되었던 작물은 조와 기장이다. 조는 강아지풀을, 기장은 야생기장을 순화하여 창조된 작물이다. 한반도에서는 야생잡곡을 재배종으로 전환시킨 과정이 발견되고 있지 않기 때문에 1만 년 전부터 재배화의 과정이 시작된 중국 화북지방에서 요서, 요동을 거쳐 한반도로 전래된 것으로 보아야 한다(안승모 2012c). 필자는 수년 전까지만 하더라도 중서부에는 기원전 4천 년기 전반, 남부에서는 기원전 4천 년기 후반부터 정주 취락의 확산과 더불어 소규모의 잡곡재배가 기존 광범 생업경제의 틀 속에서 이루어졌다고 보았다(안승모 2005a ; 2006a). 중서부에서는 중기의 능곡동, 장재리 안강골 유적에서, 동남부에서도 중기의 동삼동 1호 주거지에서 조, 기장이 출토되었기 때문이다. 비봉리 유적의 전기에 속하는 제1패층과 야외노지에서 조가 1립씩 발견된 바 있지만 방사성탄소연대가 결부되지 않았기에 후대 혼입의 가능성도 있어 별 주목을 끌지 못하였다.

그러나 최근 주사전자현미경을 이용한 레프리카 압흔 조사로 동삼동과 비봉리의 조기, 전기 토기에서 조와 기장 압흔이 확인되면서 잡곡 재배의 개시 연대가 기원전 5천년기까지 소급된다는 주장이 제기되었다. 동삼동패총 1호 주거지 포함층에서 출토된 융기문토기 1점에서 기장, 5-1층 압날문토기에서 조 압흔이 보고되었다(하인수 외 2011). 1호 주거지와 5-1층 자체는 중기이나 토기는 형식학적 비교에서 조기, 전기로 추정되었다. 분석이 실시된 조기 토기 3,321편 중 1점, 전기 토기 681편 중 1점에서 확인되었기에 출현빈도는 매우 낮다. 비봉리에서도 전기 전반으로 편년된 제1패층과 제1부석층 출토 토기에서 기장 압흔 5점, 조 압흔 2점이 확인되었다(小畑 외 2012).

대동강 유역에서는 궁산 2기 단계의 지탑리 유적에서 잡곡이 출토되었으며 궁산 1기와의 문화적 연속성을 고려하면 궁산 1기의 전기 전반에서도 잡곡 재배가 시작되었을 가능성이 크다. 따라서 중서부와 남부와의 교류를 고려하면 두 지역 모두 정주 취락이 등장하는 전기 전반부터 조와 기장의 재배를 시도하였을 수 있다. 남부 조기의 융기문토기 단계에도 중국동북지방과 한반도를 아우르는 결상이식(玦狀耳飾)의 분포에서 보듯이 동북아시아 평저토기문화권이라는 큰 틀 속에서 중국 요서와 한반도 남부를 연결하는 물자, 사람, 정보의 교환망이 신석기시대 이른 시기부터 존재하였기에 융기문토기의 기장 압흔을 긍정적으로 수용할 수도 있다. 그러나 야생종과 재배종을 구분하는 동정의 정확성 문제와 교역품이 아닌 현지 재배라는 확실한 증거가 여전히 부족한 상태이기 때문에 신중할 필요가 있다(안승모 2012c). 조, 기장 재배 여부와 관계없이 신석기시대 인골의 탄소, 질소동위원소분석 결과를 보면 신석기시대 식료는 바다자원을 포함한 야생자원 중심이며 재배식물은 보완적, 또는 비상식량 역할에 머물렀다(이준정 2011).

청동기시대부터 재배되기 시작하였다고 알려진 콩과 팥이 이미 5천 년 전 무렵부터 중국, 한국, 일본에서 콩과 팥의 이용 및 재배를 통한 독자적 작물화가 시작되었다는 주장도 최근 제기되었다(이경아 외 2012). 평거동의 중·후기 유구에서 조, 기장과 함께 콩속과 팥속 종자가 출토되었다. 비봉리 제1패층과 부석층에서 출토된 전기의 구순각목토기에서도 팥속 압흔이 확인되었다. 중서부의 능곡동 19호 주거지에서도 조, 기장과 함께 팥속과 두류 종자가 검출되었다. 상기 콩속, 팥속 종자는 크기가 청동기시대 콩, 팥보다는 작으나 교란된 환경에서 형태가 변이된 잡초성 팥 크기에 가깝다고 분석되었다(Lee et al. 2011; Lee 2013). 콩속, 팥속 종실은 재배종과 야생종의 확실한 동정 방법이 아직 개발되지 않았다. 또한 출토량도 조와 기장에 비해 극히 소량이다. 따라서 잡곡의 재배가 시작되면서 경작지와 주변에 잡초로 들어온 야생 콩과 팥을 식료로 이용하였을 가능성은 있으나 재배와 순화 여부는 아직 단정하기 어렵다.

현재 가장 논란의 대상이 되는 것은 신석기시대 도작의 존재 여부이다. 1990년대부터 일산과 김포의 5천년 전 토탄층 출토 볍씨, 일산·조동리·농소리 즐문토기 태토의 벼 식물규산체, 대천리 신석기 주거지 출토 탄화미에 근거하여 신석기시대에 늦어도 5천 년 전부터 한반도에 벼가 재배되었다는 주장들이 많이 제기되고 있다. 필자도 신석기시대 도작 주장을 긍정적으로 수용하려고 한 적도 있으나(안승모 2000), 최근에는 다시 회의적 입장으로 선회하게 되었다. 첫째는 식물규산체 분석의 신뢰성에 대한 의문이다. 벼 규산체 동정 자체의 신뢰성, 토기 태토의 규산체 후대 혼입 여부, 중국 대륙에서 태풍·황사 등에 의한 벼 규산체 이동 가능성, 한반도 갱신세 또는 그 이전의 지질학적 시대에서 야생벼 존재 여부 등 규산체 분석에 내재된 문제점이 해결되지 않았다. 둘째로 기원전 4천 년기 말의 대천리 주거지에서는 탄화된 벼·맥류와 함께 탄화되지 않은 볍씨, 대마씨가 출토되어 후대 오염의 가능성을 배제할 수 없다. 또한 맥류는 근동에서 기원하여 중앙아시아를 거쳐 동아시아로 전래된 작물로 중국이나 극동에서 이렇게 이른 시기의 맥류가 보고된 예가 없다(안승모 2005b). 중국에서의 가장 최근 자료로도 기원전 2500년을 소급하지 못한다(Zhao 2009). 따라서 직접적인 AMS연대가 수반되지 않는 한 대천리 탄화미, 일산·김포 볍씨를 신석기시대 도작의 결정적 증거로 수용하기 어렵다. 고고학적 유구와 결부되지 않은 토탄층 자료는 더욱 현지 재배의 직접적 증거가 될 수 없다.

마지막으로 신석기시대 도작 존재를 회의적으로 보게 된 가장 결

표 1 신석기시대 작물 출토 유구, 유적 수[종실: 이경아 분석]

	대상	조	기장	팥속	콩속	들깨	벼
압흔	유적 수(3)	3	3	1	0	1	0
	유구 수(21)	10	16	1	0	1	0
종실	유적 수(10)	10	9	4	4	2	0
	유구 수(48)	39	25	12	12	5	0

정적인 이유는 전문적인 식물고고학자(이경아)가 분석한 유적(남부의 동삼동, 상촌리, 어은, 평거, 중서부의 안강골, 능곡동, 중산동, 석교리) 모두에서 조와 기장만 검출되었을 뿐 이들보다 낟알 크기가 훨씬 큰 쌀은 전혀 나오지 않았다는 점이다(표 1). 최근에 실시되고 있는 압흔 분석에서도 조와 기장은 발견되지만 볍씨자국은 전혀 발견되지 않았다. 따라서 가능성까지 부정하는 것은 아니지만 아직까지는 신석기시대 도작에 대한 결정적인 증거는 없다. 설령 신석기시대 벼가 존재한다고 하더라도 일상적 작물이 아닌 특별한 사건에만 한정적으로 이용된 것으로 보아야 한다.

IV. 청동기시대와 고대의 작물조성 비교

기원전 2천 년기 말부터 한반도는 생업과 물질문화의 큰 변화가 발생한다. 생업은 소위 '무문작물조성'인 조, 기장, 벼, 보리, 밀, 콩, 팥 등의 작물에 크게 의존하게 된다. 청동기시대 생업, 특히 농업에서 각 작물이 차지하는 상대적 중요도는 지역에 따라 차이를 보인다(안승모 2008b). 일반적으로 벼는 중부와 서남부 지역에서 우세한 반면 밭작물은 동남부에서 보다 보편적이다. 고대(원삼국, 삼국시대)로 넘어가면 작물을 포함한 식물자원 이용 양상은 관련 문헌자료도 희귀하고 고고학적 연구도 여전히 부족하다. 원삼국시대 작물에 대한 연구로 전라남도(안승모 2006b), 전라북도(안현중 2010), 중부(이희경 2010)의 지역적 연구가 있고, 탄화미 계측치를 중심으로 청동기시대와 원삼국시대 도작의 변화를 살핀 논문(정유진 2010)이 있을 뿐이다. 청동기시대와 고대는 수확방법(수확용 돌칼을 이용한 이삭 따기에서 쇠낫의 줄기 베기로), 경작도구(철제 농기구의 사용), 경작지 규모, 관개시설 등 농업기술의 제반 측면에서 커다란 변화가 발생한다. 원삼국시대는 이러한 변화의 과도기적 단계에 속한다. 반면 청동기시대 작물 종류는 원삼국시대 이후에도 크게 변하지 않고 근래까지 이어지나 개별 작물의 중요도는 지역별로 일부 차이를 나타나고 있다. 이하 지역별로 청동기시대와 고대의 작물조성 변천과정을 곡물을 중심으로 살펴보도록 한다.

1. 중부지방

1) 강원도

화분학적 연구에서 동해안 도작은 원삼국시대가 시작되는 무렵부터 확산된 것으로 보지만(윤순옥 외 2008), 탄화미를 포함한 고고학적 증거는 청동기시대 전기부터 도작을 중심으로 한 농업이 시작되었음을 보여준다. 영동지역에서 청동기시대 전기와 후기에 속하는 취락 유적이 최근 많이 발견되고 있다. 체계적 종실유체 조사가 이루어진 유적은 없으나 강릉 교동과 고성 사천리의 전기 주거지 3기에서 탄화미가 다량 출토되었다(안승모 2002, 2007). 탄화미가 포함된 토양시료를 필자가 직접 물체질하였지만 두 유적 모두 벼 외에 다른 작물이나 잡초 종자는 검출되지 않았다.

식물유체의 두 축인 화분과 종자(탄화미)의 모순되는 결과는 도작

개시와 확산의 상이한 과정과 연결되었을 것으로 보인다(김민구 외 2011). 청동기시대 유적에서 벼 유체의 출현은 유적 내부 또는 가까운 주변에서 도작의 개시나 존재를 보여주지만 농경 자체가 지역 식생에 미친 영향은 미미하였던 것 같다. 반면 호수나 충적평야의 화분 시추공에서 벼 유형 화분의 출현과 화본과 및 문화지표 잡초의 돌연한 증가는 원삼국시대 또는 그 이후의 농업집약화나 농경지 확대와 관련되었을 개연성이 높다. 영서지역 청동기시대 유적에서도 체계적 종실유체 분석은 아직 실시되지 않았다. 영동과 달리 탄화미의 보고도 없으며 북한강 상류의 천전리 6호 석관묘에서 팥(2300 ±50 BP)이, 용암리 8호 수혈에서 콩으로 추정되는 두류가 육안으로 확인되었을 뿐이다.

원삼국시대부터의 농업집약화나 농경지 확대가 벼농사와 결부되지는 않는다. 오히려 원삼국시대부터 벼 유체는 드물게 발견된다. 예를 들어 양양 가평리의 3~4세기 주거지에서 다량의 보리가 밀, 콩, 팥과 함께 출토되나 쌀은 전혀 없다. 강원도의 원삼국문화는 중도식토기문화로 알려져 있다. 벼가 우세한 청동기시대와 달리 중도식토기 유적에서는 두류와 잡곡이 우세하며, 맥류도 낮은 빈도이지만 확인된다(그림 1). 이러한 작물조성은 러시아 연해주의 크로우노프카 같은 동시대 철기시대 문화와도 공통된다(小畑 2007). 이 밖에 주천리, 중금리 원삼국 유적에서 청동기시대에 보이지 않던 대마 종실이 출토되기 시작하였다.

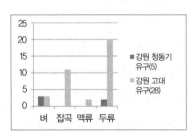

그림 1 강원도 작물 출토 유구 수
고대: 벼 3, 조 7, 기장 2, 보리 1, 밀 2, 콩 10, 팥 14

2) 서울·경기도

서울, 인천을 포함한 경기도 청동기시대 작물은 벼, 잡곡, 두류, 맥류가 고루 보이나 출토 양과 빈도 모두 벼가 가장 많다. 필자의 2008년도 논문에서는 청동기시대 잡곡 출토 예가 없다고 하였으나 최근 북한강 유역의 가평 연하리와 대성리에서 다량의 기장과 조가 부유선별로 검출되었으며, 복제법을 이용한 압흔 분석에서도 미사리 돌대문토기 주거지 3기에서 기장 압흔이 확인되었다(손준호 외 2010).

벼 위주의 청동기시대와 달리 3~4세기부터는 강원도와 마찬가지로 두류와 잡곡이 중심 작물이 되었다(그림 2, 3). 다만 강원도보다 맥류의 출토빈도가 높은 특징이 보인다. 3~4세기 유적 중에서 부유선별을 이용한 식물유체 분석은 장현리, 대성리, 풍납토성에서 보고되었다. 장현리 주거지에서는 벼, 조, 기장, 피, 보리, 밀, 콩, 팥이 검출되었다. 이 중 잡곡(특히 조)이 가장 압도적이고(총 낱알 무게 98%, 출토 확률 74%) 이어서 보리, 콩의 순서대로 많다. 벼와 팥은 드물다(이희경 2010). 대성리 취락 작물조성 역시 장현리와 마찬가지로 잡곡의 비중이 크다. 단, 장현리와 달리 맥류는 검출되지 않았으며 대마 출토빈도가 작물 중에서 가장 높아 시료 37건 중 30건에서 검출되었다

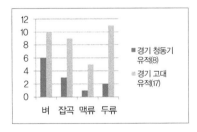

그림 2 경기도 작물 출토 유적 수(원삼국 10, 백제 4, 고구려 2, 신라 1)

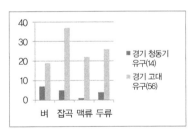

그림 3 경기도 작물 출토 유구 수(원삼국 45, 백제 8, 고구려 2, 신라 1)
고대 유구: 벼 16, 조 20, 기장 11, 피6, 보리 11, 밀 10, 콩 12, 팥 17

(新山 2009). 풍납토성 3세기 후반 유구(의례, 폐기)에서도 벼, 잡곡 (조, 기장, 피), 맥류(보리, 밀), 두류(콩, 팥)가 모두 검출되었다. 그러나 중부의 다른 원삼국시대 유적과 달리 벼가 가장 우세하고(무게 32%, 출토확률 70%) 이어서 보리, 조, 팥의 순인데 이는 밭작물이 우세한 동시대 일반 취락과 달리 풍납토성의 도시적 성격에 기인한다고 해석되었다(이희경 2010). 또는 중도문화 관련 유적과 풍납토성의 종족적 차이도 작물조성 차이에 일정한 역할을 하였을 가능성도 있다.

앞의 작물 외에 복숭아도 경기도 고대 유적 3곳에서 보고되고 있다. 호로고루, 무등리2보루의 고구려 곡물창고에서는 벼, 조, 콩, 팥이 다량 출토되었으나 맥류는 없다. 고구려인들이 맥류를 재배하지 않아서가 아니라 맥류가 식량으로서의 역할은 제한적이었거나 음식으로 가공하는 데 시간이 많이 소요되기에 제외되었을 수도 있다. 평양의 대성산성 고구려 창고에서 맥류가 보관되어 있었기 때문이다. 오산 가수동의 신라 주거지에서는 벼와 맥류만 보고되었으나 1mm 눈금 체를 이용하였기에 잡곡이 누락되었을 가능성도 배제할 수 없다.

2. 호서지방

충청남도의 청동기시대 작물은 쌀이 우세한 가운데 후기로 가면서 두류, 특히 팥의 비중이 증가한다(안승모 2008b). 반면 복제법과 주사전자현미경을 이용한 압흔 분석에서는 벼와 잡곡이 비슷한 비율로 확인되었다(손준호 외 2010). 송국리 유적의 경우 제11차 발굴조사에서 조가 검출되었으나(이경아 2000), 여전히 조 재배에 대한 회의적 시각이 남아 있었다(안승모 2008b: 18). 그러나 최근 제14차 발굴조사에서 실시된 작물유체 분석 결과, 쌀은 작물유체가 확인된 주거지 8기와 수혈 3기 모두에서 출토되었으며, 조 역시 주거지 3기와 수혈

2기에서 출토되고 20호 수혈에서는 5,600립 이상이나 잔존하였다(류아라 2012). 밀, 콩과 팥은 각각 유구 1기에서 1~3립만 검출되었을 뿐이다. 청동기시대 모든 유적에서 벼가 주식이었던 것은 아니다. 해안가에 위치한 고남리 패총에서는 벼보다 잡곡 출토 양이 많은데 인골의 동위원소분석 결과에서도 벼, 맥류, 두류를 포함하는 C_3식물보다 조, 기장을 포함하는 C_4식물의 비중이 훨씬 높게 나타났다(안덕임 외 1994).

청동기시대 이후 기원전 3세기에서 기원후 2세기까지의 식물고고학적 정보는 아직 보고된 바 없다. 3세기 이후 고대 작물조성은 청동기시대 후기의 작물조성과 유사하면서 벼가 우세하다(그림 4, 5). 그러나 낫머리 유적의 경우 작물이 검출된 주거지 10기, 저장혈 2기 중 쌀은 7기, 맥류는 11기(밀 9, 보리 4), 조는 3기, 대마는 1기에서 출토되어 벼보다 맥류의 출토빈도가 높다(佐々木 외 2010b).

남한강 수계의 충청북도는 벼가 우세한 충청남도와 달리 청동기시대 조동리 유적과 원삼국시대 수양개 유적 모두 맥류, 특히 밀이 압도적으로 우세하다. 유적에서 보고된 녹두는 팥의 동정 오류이며 잡곡의 동정 역시 불확실하다.

다음에 언급할 호남과 마찬가지로 충남지방도 3세기부터 밤이 집

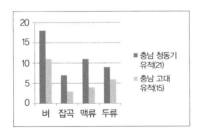

그림 4 충남 작물 출토 유적 수

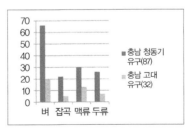

그림 5 충남 작물 출토 유구 수
고대: 벼 20, 조 5, 보리 9, 밀 9, 콩 2, 팥 3

표 2 갈매리 유적 식물유체

시료	식물유체 종류와 출토점수
목재수종 (n=359)	참나무속 210 (58.5%), 밤나무 84 (23.4%), 소나무속 37 (10.3%), 굴피나무 19 (5.3%), 오리나무속 19 (5.3%), 뽕나무속 4 (1.1%), 매실나무 1, 복숭아나무 1 등
종실 (시료 n=field 123+flotation 38)	박 51+32, 복숭아 62+12, 가래 44+2, 참외 10+20, 밤 14+0, 개암 5+2, 대마 0+4, 벼 0+4, 산뽕나무 0+2, 포도속 0+4, 나무따리속 0+4 등

중적으로 이용되기 시작하였다. 아산 갈매리 유적은 3~5세기 식물 이용과 식생에 대한 매우 귀중한 정보를 제공한다(고려대 고고환경연구소 2007). 구하도 수침목 분석에서 참나무가 58.5%, 밤나무가 23.4%를 차지한다. 현장에서의 물체질(시료 123건)과 연구실에서의 부유선별(시료 38건)로 진행된 종실분석 결과, 박, 복숭아, 가래, 참외, 밤, 개암 열매가 수로에 의도적으로 폐기되었음이 밝혀졌다. 박과 복숭아 유체가 가장 많지만 열매 속의 씨앗 수를 고려하면 복숭아와 가래가 중심이다. 부유선별에서는 벼, 대마, 뽕 종실도 검출되었다(표 2). 화분분석에서는 소나무속, 참나무속, 밤나무/너도밤나무속이 수목 화분의 80%를 차지하며, 상층으로 갈수록 소나무속과 밤나무/너도밤나무속의 화분이 증가한다. 4~5세기 낫머리 유적 주거지 수습 목탄(12점)도 모두 밤나무이다.

3. 호남지방

호남은 백제의 간접, 직접 통치 여부와 무관하게 마한 정치체가 고유한 문화적 정체성을 오랫동안 유지하였던 곳이다. 관개도작을 특징으로 하는 금강유역의 송국리형문화가 호남지역으로 확산된 것으로 보고 있음에도 불구하고 토기의 벼 압흔을 제외하면 작물 유체가 보고된 청동기시대 유적이 아직까지 단 한 곳도 없다. 이 지역에서 식물고고학적 정보는 기원전 1세기의 신창동과 조성리 저습지 유적을 제외하면 호서지방과 마찬가지로 3세기 이후부터 확보된다.

1) 전라북도

전라북도에서 체계적인 종실 분석이 이루어진 청동기시대 유적은 아직 없다. 곡물자료는 동정이 확실하지 않은 토기 볍씨자국 위주이고 종실유체로는 익산 송학동 유적 고수로에서 출토된 무문토기에 담긴 팥이 유일하다.

반면 3~5세기 주거지에서는 최근 체계적 종실분석이 집중적으로 이루어지고 있다(안현중 2010; 2011; 2012). 충남과 마찬가지로 거의 모든 유적에서 쌀이 출토 양과 빈도 모두에서 압도적으로 많으며 두류(특히 팥)와 맥류(밀 중심)가 그 뒤를 잇는다(그림 6). 잡곡의 경우 부유선별이나 물체질이 이루어진 유적 대부분에서 검출되었으나 출토 양은 많지 않다.

전라북도에서 최초로 부유선별이 실시된 완주 용흥리 유적의 경우 분석이 이루어진 시료 10건 중 출토 양과 확률 모두 벼가 압도적이고 밀, 보리, 조, 기장, 콩, 팥, 복숭아를 포함하는 소위 무문작물이 모두 검출되었다(안현중 2010). 맥류에서는 밀, 두류에서는 팥, 잡곡에서는 조가 우세하다. 탄화미의 경우 볍씨껍질이 부착된 것이 많이 발견되어 정선된 쌀을 주거지 내부에 보관한 청동기시대와 달리 탈각하지 않은 볍씨 자체로 보관하였을 가능성이 높다. 주거지 탄화목은 대부분 밤나무로 동정되어 밤나무의 인위적 육성 가능성이 높다. 부유선별이 실시된 백산성, 장신리, 구평리 유적도 용흥리와 유사한 작물조성을 보이나 개별 작물에서는 약간의 차이를 보인다(안현중 2012). 세 유적 모두 벼의 비중은 높지만 잡곡 비중은 매우 낮다. 백산성은 출토확률로 보

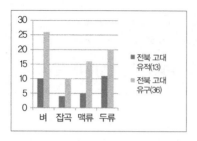

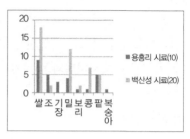

그림 6 전북 고대 작물 출토 유적·유 구 수

벼 26, 조 9, 기장 3, 피(?) 1, 보리 3, 밀 14, 콩 11, 팥 16

그림 7 용흥리, 백산성 유적 작물 출토 시료 수

면 쌀이 제일 많으나 양으로 보면 밀이 벼보다 많고, 콩이 팥보다 출토 양과 확률 모두에서 우세한 점이 독특하다(그림 7). 장신리에서는 28호 주거지에서 피가 10립 검출되었다. 이 밖에 관원리 유적에서는 육안으 로 탄화종실이 관찰된 토기 내부의 내용물을 필자가 직접 물체질한 결 과 대마 위주에 쌀, 팥, 조를 소량이나마 검출할 수 있었다.

2) 전라남도

기원전 1세기의 신창동 저습지에서는 최대 두께 155cm에 달하는 압 착된 벼껍질과 함께 다량의 탄화미가 출토되었다. 압착되기 전의 벼 총량은 500톤으로 추정되어 동북아시아 최대의 벼 생산 자료로 보 고되었다(국립광주박물관 2012). 벼 외에 조, 밀, 두류, 들깨, 참외, 박, 대마, 북숭아 종실유체도 검출되었다. 기원전후한 시기의 보령 조성리 구하도에서도 다량의 벼와 함께 조(9립), 피(1립), 밀(4립)이 출토되었다. 식물규산체 분석 역시 벼 잎에 포함된 식물규산체가 다 량 검출되고 있어 벼 이삭이 부착된 상태의 벼를 다른 밭작물과 함 께 의도적으로 태운 수변 제사가 있었을 것으로 추정하고 있다(대한 문화연구센터 2011). 두 유적 모두 도작의 중요성을 보여준다.

반면 3세기부터는 도작보다 밭농사의 비중이 높아지는 양상이 보인다. 필자는 상방촌, 중랑, 신금, 양장리의 3~5세기 마한계 취락이 기후 조건의 악화로 인하여 밀과 두류(콩, 팥) 위주의 밭농사 중심의 농업경제에 토대하였다고 추론한 바 있다(안승모 2006b). 신금에서는 밤과 더불어 작물로서의 피도 처음 동정되었다. 그러나 필자 발표 이후 양유동, 장산리, 장동리 수문 유적에서 잇달아 벼자료가 보고되었다. 맥류만 보고되었던 태목리 유적에서도 III구역 285호 주거지에서 탄화미가 다량 발견되었다(김민구 2010). 그럼에도 맥류(밀 위주)가 출토 양과 빈도 모두에서 가장 우세하며 출토유구 수에서는 두류가 벼보다 출토빈도가 높다(그림 8, 9). 상방촌 피 외에 잡곡 보고가 없는 것은 잡곡 재배환경이 맞지 않을 수도 있으나 체계적 시료 채집과 부유선별이 동시에 진행된 유적이 없어서일지도 모른다. 부유선별이나 물체질이 실시된 유적 모두 현장에서 육안으로 확인된 탄화종자 시료를 채취하여 분석 의뢰한 것이기 때문이다.

전남 고대유적에서는 복숭아와 밤도 자주 출토된다. 청동기시대뿐 아니라 기원전 1세기 신창동과 조성리 유적에서도 밤은 출토되지 않았다. 조성리 저습지의 화분분석에서도 목본에서는 참나무가 압도적이며 오리나무와 소나무도 출현율 10%를 넘지만 밤나무는 1%

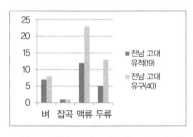

그림 8 전남 고대 작물 출토 유적·유구 수

그림 9 전남 고대 작물 출토 유적 수 (n=19)

표 3 호남 고대 유적 수종분석

유적	연대	시료 (총수)	소나무	참나무	밤나무	오리나무	기타
신창동	BC1세기	저습지 (24)	0	15	3(12.5%)	1	6
조성리	기원전후	저습지(19)	0	10	0	2	7
동림동	AD3-4세기	저습지 (41)	6	6	13(31.7%)	5	11
양장리	AD3-4세기	저습지 (21)	2	4	11(52.4%)	1	3
양유동	AD3-4세기	주거지 (17)	1	0	15(88.2%)	1	0
용흥리	AD3-4세기	주거지(16)	0	0	12(75%)	0	4
옥천	AD3-4세기	저습지 (21)	0	4	6(28.6%)	1	10
오랑동	AD5세기	토기가마 (27)	13	1	13(48.1%)	0	0

미만에 불과하다. 반면 3~5세기 유적에서는 밤 유체도 빈번하게 출토되며 〈표 3〉에서 보듯이 수침목재나 목탄 수종 분석에서도 밤나무 비중이 매우 높게 나타난다(Kim 2011; 안승모 2012b).

4. 영남지방

영남지방에서 식물고고학적 연구는 남강 유역의 진주와 동남해안의 울산 일대에 집중되어 있으며 종실분석은 이경아와 일본 팔레오 라보의 식물고고학자가 주로 수행하였다. 벼, 조, 기장, 보리, 밀, 콩, 팥을 포함한 다양한 작물이 청동기시대에 재배되었는데 타 지역보다 잡곡의 출현빈도가 높다. 울산에서는 논, 남강유역에서는 밭유구가 주로 보고되었으나 최근 진주 평거동 유적에서도 논유구가 확인되었다.

울산은 쌀, 콩, 팥을 중심으로 청동기시대 작물이 가장 많이 보고된 곳이지만 원삼국시대 작물은 아직 보고된 예가 없다(그림 10). 예외가 기원전 1세기의 달천 유적으로 주거지 2기와 저장혈 2기에서 시료 14건이 분석되었다(佐々木 외 2010c). 다량의 탄화미가 모든 시료에서 검출되었으며, 팥(시료 7건), 조(시료 6건), 기장(시료 1건), 밀

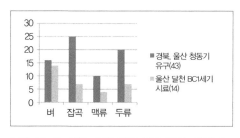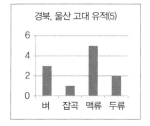

그림 10, 11 경북, 울산 작물 출토 유구·유적 수
청동기: 쌀 18, 조 19, 기장 14, 보리 3, 밀 5, 콩 4, 팥 12
달천: 쌀 14, 조 6, 기장 1, 보리 1, 밀 2, 팥 7
고대: 쌀 3, 조 1, 기장 1, 보리 1, 밀 5, 콩 1, 팥 1

(시료 2건), 보리(시료 1건)가 소량 검출되었다. 달천을 제외하면 탄화종실이 보고된 고대유적은 다섯 곳에 불과한데 밭을 포함한 신라, 가야 유적(고분 제외)에서 출토된 작물은 밀이 가장 우세하다. 반면 고분에서는 볍씨나 벼 이삭만 발견되었다. 벼 외의 다른 곡물이 전혀 부장되지 않는 점은 삼국사기나 삼국유사의 신라 관련 기록에서 벼보다 粟, 麥, 菽의 밭작물에 대한 언급이 보다 빈번한 것과 맞물려 당시 사회에서 벼가 내포하고 있는 상징성과 더불어 지배층 식량으로서의 중요성을 보여준다(안승모 2008a).

청동기시대의 체계적인 종실분석이 가장 집중적으로 이루어진 곳이 진주(남강댐 수몰지구와 평거동)이다. 벼, 조, 기장, 보리, 밀, 콩, 팥, 들깨가 모두 출현하는데 출토 양과 빈도 모두 잡곡이 가장 우세하다. 청동기시대 후기로 가면서 잡곡 우세 속에도 벼, 맥류, 두류 모두 증가하는 양상을 나타낸다. 원삼국시대부터는 진주 평거동 이외에 김해, 창원, 부산 등 경상남도의 여러 지점에서 작물유체가 보고되고 있다. 잡곡의 비중이 더욱 감소하고 대신 벼와 맥류가 가장 출토빈도가 높은 작물이 된다(그림 12, 13). 개별 작물로 보면 유적 출토확률로는 벼가 가장 많고(80.9%), 유구 출토확률로는 밀

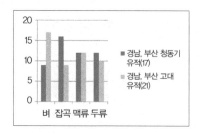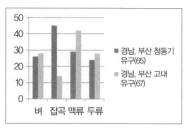

그림 12, 13 경남 작물 출토 유적, 유구 수
청동기시대 유구 65: 벼 26, 조 38, 기장 26, 밀 29, 보리 9, 콩 24, 팥 15
고대 유구 67: 벼 28, 조 5, 기장 3, 밀 31, 보리 16, 콩 18, 팥 22, 복숭아 8

(46.3%), 벼(41.8%), 팥(32.8%)의 순서로 많다. 양산 평산리 유적처럼 벼와 팥이 토기에 담긴 채 출토되는 양상도 많이 발견된다. 한편 선사시대에 보이던 들깨가 고대 유적에는 아직 보고되지 않았다.

고대 식물이용의 최적의 예는 남강 충적평원에 입지한 진주 평거동 유적(3-1지점)에서 확보되었다. 논유구에서의 화분 잔존량은 많지 않지만 여전히 목본에서는 낙엽성 참나무가 가장 우세하면서도 화본과와 소나무 화분이 증가하여 숲의 인위적 파괴를 지시한다. 수혈 주거지의 목탄 수종분석에서는 참나무가 청동기시대(86%)에 비해 줄어들었지만 4~5세기에서도 여전히 우점(60%)하며 2차림인 굴피나무도 빈도가 높다(Kim and Yun 2011). 주거지 18기와 경작지 2기에서 채취한 시료 29건을 분석한 결과 가장 빈번히 검출된 작물은 콩(62%)과 팥(52%)이고 이어서 밀(27%)과 보리(21%) 순이다(이경아 2011). 벼는 3건에서, 조, 기장, 복숭아는 1건에서 검출되었다. 밭에서는 밀 4립과 팥 1립, 논에서는 밀 21립이 검출되었다. 논에서 밀이 검출된 것은 벼와 밀의 윤작 가능성을 보여주어 흥미롭다.

평거지구 전체로 보면 주거지에서 출토된 탄화작물 종실 전체 수량에서는 콩과 팥이 각각 56%와 11%를 차지하며, 이어서 밀 8%, 벼 3%, 보리 2%의 순이고 조와 기장은 1% 미만에 불과하다. 반면 밭유

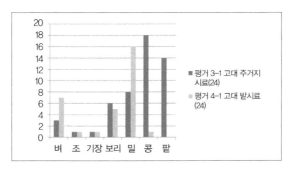

그림 14 평거동 고대 작물 출토 주거지와 밭 시료 수 비교

구에서는 콩 41%, 밀 30%, 보리 14%, 벼 9%, 조 5%, 기장 1%의 순서이다(고민정 외 2012). 평거 3-1지구 주거지와 4-1지구 밭의 작물 출토확률을 비교하면 주거지에서는 두류가 가장 우세하나 밭에서는 밀의 빈도가 가장 높고 두류는 거의 출토되지 않았다(그림 14). 그러나 대체로 출토 양과 빈도 모두 청동기시대에 비해 잡곡의 급감과 두류와 맥류의 증가를 보여주며, 벼는 두류와 맥류보다 비중이 크게 낮아졌다. 두류에서 팥이 적은 것도 큰 특징이다.

원삼국, 삼국시대에 가장 성행한 과실과 견과류는 다른 지역과 마찬가지로 복숭아와 밤이다. 남한에서 밤 이용의 가장 오래된 증거는 창원 다호리 유적에서 확보되었다. 기원전 1세기의 다호리 1호분에서는 밤과 감이 고배형 칠기에 올려진 채로 발견되었다. 묘광 바닥면에서도 밤 20여 알이 출토되었다. 최근 국립중앙박물관(2008)의 다호리 특별전에서는 미확인 종자 중에서 새롭게 확인된 율무가 전시되었으나 정식 동정 보고서는 아직 발간되지 않았다. 감과 율무 모두 한반도 고대에서는 매우 드문 발견이다. 김해 관동리 유적(삼강문화재연구원 2009)에서는 검출된 과실 유체 중 출토 양과 빈도 모두에서 가장 많은 것이 복숭아이며, 수침목재에서는 밤나무가 압도적 다수(61%)를 차지한다(표 4). 종자와 식물규산체 분석에서는 벼가 가장

표 4 관동리 유적 출토 식물유체

시료	식물유체 출토 양
과실류 (시료수 n=19: 출토량)	복숭아 10:40, 밤 3:6, 가래 2:2, 도토리 1:1
수침목 수종 (n=64)	밤나무 39, 참나무 11, 굴피나무 12, 뽕나무 1, 잣나무 1 외
목제유물 수종 (n=94)	참나무 41, 밤나무 27, 굴피나무 10, 소나무 8 외

중요한 작물로 분석되었다. 관동리 유적 자체가 금관가야 대외교역의 중심 항구 역할을 하였기에 벼 소비가 많았을 가능성이 있다.

V. 식물유체로 본 고대 작물과 농경의 특징

1. 화분분석으로 본 인위적 식생변화

동해안, 서해안의 석호와 충적평야에서 채취한 화분자료는 2300~1800 BP 무렵, 늦게는 1400 BP 이후에 참나무속과 오리나무속 우점에서 소나무속과 문화지표 초본류의 우점으로 식생이 변화하는 양상을 보여준다(윤순옥 외 2001·2008; 박지훈 외 2008). 이때부터는 낙엽수림, 특히 참나무속이 급감하는 반면 2차림의 침엽수가 우세해지고 화본과, 쑥속, 질경이속, 부들속 등을 포함한 초본 역시 급증한다. 이는 이 시기 동안의 기후 악화 또는 인간 간섭의 결과로 해석되고 있다. 식량 자원으로서의 도토리 감소는 농경을 시작한 사람보다는 멧돼지 같은 야생동물에 더 큰 영향을 미치면서 감소된 야생사냥감이 돼지 사육을 촉진하였을 가능성도 있다. 화분분석에서 화본과 및 문화지표 초본의 급증, 재배식물 유형 화본의 증가 등으로 유추된 농업의 출현은 농경지가 자연 삼림으로 확대되는 현상과 관련될 수 있다. 청동기시대 동안은 농경 행위가 자연적 경관에 미친 영향이 크기 않았던 반면 원삼국시대부터는 자연 식생 파괴와 더불어 인위적 경관의 규모가 커진 것으로 추정된다(김민구 외 2011; 윤순옥 외 2006). 실제 중부와 남부에서는 초기철기시대부터 취락의 규모도 줄고 이동성이 증가하는 현상이 나타나지만 기원후 3세기부터는 중부, 남부 전역에서 취락이 돌연 급증하고 소국이 형성되기 시작한다. 앞서 언급한 화분 도표에서 나타나는 인위적 식생변화는 소국에서 국가로 이어지는 복합사회 형성과정에서 농업생산력을 증대하기 위한 농업집약화나 경지 확대의 산물이다.

2. 수종분석으로 본 식생변화와 밤나무의 인위적 조성

나무 자원 선택에서의 변화 역시 이 시기부터 나타난다. 고고학적 유적에서 목탄 및 수침목의 수종분석 결과는 신석기, 청동기시대 동안 대부분의 유적에서 참나무속이 압도적이다(안승모 2012a). 농업의 시작에도 불구하고 수종의 변화가 거의 없다는 것은 청동기시대 농업이 주변 식생에 미친 영향이 미미하였음을 암시한다(김민구 외 2011). 2차림 또는 인위적 경관으로의 전이 증거는 앞의 화분분석과 마찬가지로 3~4세기 무렵부터 나타난다. 이 기간 동안 나무 조성의 가장 커다란 변화는 참나무속의 급감과 밤나무속의 급증이다(안승모 2012a). 수종분석 결과가 보고된 3~6세기 유적 58곳 중 참나무속은 52곳(89.7%)에서, 밤나무속은 37곳(63.8%)에서 확인되었다. 최우점종인 경우만 보면 참나무속은 37곳, 밤나무는 12곳이다. 자연적 식생에서는 밤나무 우점 현상이 없기 때문에 밤나무속 우점은 인위적 관리의 소산이다. 소나무 우세는 6~7세기 백제 수도 부여의 네 유적에서만 확인되었다. 수종 수 10점이 넘는 곳만 한정해도 결과는 동일하다(표 5). 따라서 소나무가 우세한 앞의 화분분석 결과와 달리

표 5 고대 유적 목재 수종(시료수 10점 이상) 우점종(안승모 2012a, 표 6)

지방	유적수	참나무	밤나무	소나무	기타
강원	2	2(100%)	0	0	0
경기	6	6(100%)	0	0	0
충남	9	5(55.5%)	1(11.1%)	3(33.3%)	0
충북	2	0	1(50%)	0	1(벗나무)
전남	12	4(33.3%)	8(66.7%)	0	0
경남	10	7(70%)	3(30%)	0	0
경북	4	3(75%)	0	0	1(느티나무)
전체	45	27(60%)	13(28.9%)	3(6.7%)	2

취락 주변의 식생은 여전히 참나무가 우세하면서 유적에 따라서 밤
나무 비중이 크게 증가하였다고 보여진다.

밤 유체는 신석기, 청동기시대 유적에서는 보이지 않는다. 반면 3
세기부터는 종실로, 목재로, 심지어 화분 기록으로도 빈번히 나타난
다(안승모 2012a). 일부 취락은 밤나무를 인위적으로 조성하면서 주
변 식생을 변화시켰다. 밤의 집중적 이용은 지역에 따라 다르다. 그
증거는 호남과 충청남도의 마한 영역에 집중된다. 삼국지 등 중국
고서의 '大栗', '巨栗' 언급에서 나타나듯이 마한, 백제 주민들은 밤
을 개량시켜 주요 식료 중 하나로, 밤나무를 연료와 건축재의 중요
한 원천으로 활용하였다. 그러나 중부의 중도식토기 유적에서는 밤
이나 밤나무의 이용 양상이 나타나지 않는다.

3. 재배 과일과 채소

밤과 더불어 고대에 출토빈도가 급증하는 과일은 복숭아이다. 복숭
아는 밤과 함께 낙랑 무덤에서도 빈번하게 발견되었다. 밤, 대추, 복
숭아 같은 과일을 공헌하는 중국 한대 관습이 낙랑을 통해 한반도로

유입되었을 것으로 추정된다. 복숭아는 청동기시대에 중국으로부터 전래되었을 가능성이 있지만 현재까지 단 세 유적(조동리, 고남리, 원북리)에서 출토되었을 뿐이다. 그러나 원삼국시대부터는 출토 예가 급증한다. 고대 저습지 유적 7곳 중에서 6곳에서 복숭아가 보고되었으며, 특히 아산 갈매리, 김해 관동리 저습지 유적에서 출토량이 압도적이다. 복숭아는 수로와 우물에서 집중적으로 출토되며, 벽사와 장수의 기능을 갖고 있어 제사와 의례 공물로도 이용되었다. 청동기시대 복숭아 핵과는 크기가 매우 작으나(길이 2cm 정도), 원삼국시대부터는 3cm 정도로 크기가 증가하였다. 중국 농정전서(農政全書)에는 신라에서는 복숭아 먹는 것을 좋아한다는 언급이 있으며, 삼국사기와 삼국유사에도 복숭아 관련 기록이 있다.

다른 과일은 출토 예가 적다. 감은 기원전 1세기 다호리 1호분에서 출토되었으나 이후 다른 유적에서는 보고되고 있지 않다. 살구는 5세기 이후 유적부터 발견되고 있지만 출토 양과 빈도 모두 복숭아에 비하면 극히 한정적이다.

채소류는 씨앗이 잔존하는 박, 오이를 제외하면 식물유체로서의 증거가 제한적이고 설령 채소류 식물유체가 발견된다고 하여도 고대 이후 유입된 외래종이 아닌 이상 재배나 재배종 여부를 판단하기가 극히 어렵다. 참외는 청동기시대, 고대 유적 모두에서 보고된다. 반면 오이는 고려사에 오이덩굴에 참외가 열렸다는 신라 말기의 사건이 기록되어 있으나, 종실유체로서의 동정은 아직 신뢰할 만한 예가 없어 정확한 출현 시점을 식물고고학적으로 확인하기 어렵다.[3] 오이는 고려시대에는 기록으로 존재하고 마도 3호선에서 종실유체로 출토되기도 하였다. 동남아시아가 원산지인 동아는 중국 화북에

---

3 신창동 저습지에서 보고된 오이는 참외의 동정 오류로 보인다.

는 3세기 전반부터 고서에 언급되기 시작하며, 일본에는 나라시대 문헌에 나타난다(이성우 1992: 322). 우리나라에서는 3~4세기로 편년되는 익산 구평리 유적의 2호 주거지에서 최근 동아 씨앗을 발견한 것이 유일한 예이다(안현중 2012).

삼국시대에는 왕실이나 귀족과 평민들 사이에 과일과 채소 섭취에서 차이가 존재하였을 것이다. 6~7세기 백제 왕도인 부여 쌍북리와 관북리 저장고에서 확인된 식물유체가 그러한 양상을 보여준다. 전자에서는 복숭아, 살구, 모과, 감, 밤, 가래, 개암, 박, 참외가, 후자에서도 복숭아, 살구, 왕머루, 다래, 고수, 수세미오이가 확인되었다. 궁남지 저수지에서도 복숭아, 살구, 모과, 밤, 가래, 잣, 박이 출토되었다. 고대 유적에서 모과는 상기 유적에서만 보고되고 있다.

주서 이역전(周書 異域傳)과 수서(隋書)에는 백제와 신라의 과수와 채소가 중국과 비슷하다고 기술하고 있다. 우리나라와 중국의 고대 문헌에서 삼국의 과일 종류에 대해 언급한 것으로는 밤, 잣, 개암, 복숭아, 자두, 살구, 배가 있으며, 채소는 상추(고구려)와 가지(신라)만 언급되고 있다. 그러나 자두, 배, 상추, 가지의 식물유체는 고대 유적에서 아직 발견되고 있지 않다. 따라서 출토 양과 빈도로 보면 고대에 신분과 관계없이 가장 널리 이용된 과일과 채소는 밤, 복숭아, 참외와 박이다.

4. 곡물

벼, 잡곡(조, 기장), 맥류(보리, 밀), 두류(콩, 팥)의 청동기시대 곡물조성은 원삼국, 삼국시대를 거쳐 고려시대 이후까지도 지속된다. 출토 양과 빈도로 본 각 곡물 또는 곡물범주의 출토량과 빈도는 시기와 지역에 따라 약간의 차이를 보인다(그림 15). 중부지방은 청동기시대에

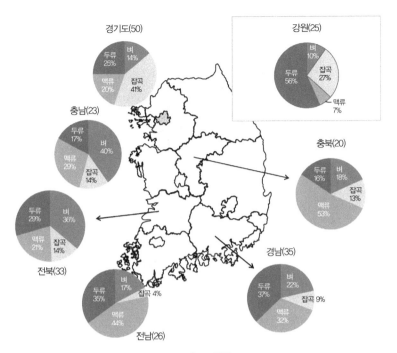

경기도(50)
벼 14%
잡곡 41%
맥류 20%
두류 25%

강원(25)
벼 10%
잡곡 27%
맥류 7%
두류 56%

충남(23)
벼 40%
잡곡 14%
맥류 29%
두류 17%

충북(20)
벼 18%
잡곡 13%
맥류 53%
두류 16%

전북(33)
벼 36%
잡곡 14%
맥류 21%
두류 29%

경남(35)
벼 22%
잡곡 9%
맥류 32%
두류 37%

전남(26)
벼 17%
잡곡 4%
맥류 44%
두류 35%

그림 15 원삼국시대 유구별 작물범주 출토 확률

는 벼가 우세하지만 원삼국시대부터 벼보다 잡곡과 두류의 밭작물
이 우세해진다. 충남에서는 벼가 주곡인 가운데 맥류에서는 보리, 밀
이 고루 출토되는 데 반해 충북에서는 청동기시대, 원삼국시대 모두
벼보다 맥류, 특히 밀이 압도적으로 많다. 호남지방에서 전북은 벼가
가장 우세하고 이어서 밀과 팥의 출토빈도가 높은 반면 전남은 출토
빈도에서 벼보다 밀과 두류가 우세하다. 영남은 청동기시대부터 작
물 종류가 모두 나타나는 가운데 잡곡의 비중이 두드러지지만 원삼
국시대부터는 잡곡의 비중이 크게 줄어들고 대신 벼, 맥류(특히 밀),
두류의 비중이 모두 증가한다. 중부와 남부 모두 맥류의 비중이 청동
기시대에 비해 원삼국시대부터 크게 증가하는 양상이 나타난다.

  원삼국시대에 처음 나타나는 곡물로 피와 율무가 있다. 피는 청동기시대까지는 잡초로 존재하며 3세기 이후부터 재배피로 보고되지만 유적 수도 적고 출토량도 매우 적다. 일상적 작물이라기보다는 구황작물로서의 역할을 하였을 것 같고, 말을 사육하면서부터는 사료로 활용되었을 가능성이 크다(안승모 2006c). 동남아시아 원산인 율무는 다호리 1호분에서만 보고되었다. 중국 화북지방에서도 한대에 율무가 출토되었기 때문에(이성우 1992: 121), 중국과의 교역의 산물일지 모른다.

5. 섬유용 및 향신료 작물

청동기시대 주민들이 삼베옷을 만들기 위해 대마를 이용하였을 가능성은 있으나 신뢰할 수 있는 대마 종실은 울산 상연암 II지구 2호 수혈에서 2립이 발견된 예가 유일하다(佐々木 외 2010). 상연암 유적은 2500BP 전후의 방사성탄소연대 여러 건이 측정되었으나 대마 종실 자체의 방사성탄소연대 측정이 이루어지지 않아 동시기 여부를 단정할 수는 없다. 기원전 1세기의 신창동 유적에서는 바디 등 베틀 부속구와 실감개, 마직물 조각이 대마 종자와 함께 출토되어 삼베옷을 만들어 입었다는 확실한 증거를 제시하고 있다. 3세기부터는 군산 관원리, 영월 주천리 유적에서 대마 종실이 토기에 담긴 채 발견되었다. 가평 대성리 유적에서도 대마가 시료 37건 중 30건, 주거지 6기 중 5기에서 발견되어 출토빈도와 양 모두에서 다른 곡물들을 앞선다(新山 2009).

수서 백제전, 주서 이역열전 등에서도 백제가 쌀 등의 알곡과 포(布)·견(絹)·사(絲)·마(麻)의 직조물로 조세와 공물을 징수하였다는 기록이 남아 있다. 의료(衣料)로서의 삼의 중요성은 신라, 가야 역시 마찬가지였다. 백제, 가야 고분 출토 철기를 감싼 직물도 대부분 평직(平織)의 삼으로 분석되고 있다. 삼국지 위지동이전은 마한 주민들이 누에를 기르고 비단을 만드는 방법을 알고 있었다고 기록하고 있다(馬韓…知蠶桑 作綿布). 신라에서도 주민들로 하여금 뽕나무를 기르게 하였다. 최근 앞의 신창동 유적에서 우리나라에서 가장 오래된 비단 파편이 확인되었다(국립광주박물관 2012). 그러나 종실유체나 수종 분석에서 뽕 열매나 뽕나무가 간혹 발견되기도 하지만 출토빈도도 양도 많지 않아 적어도 식물유체만으로는 뽕나무의 인위적 번식을 증명할 수 없다.

들깨와 차조기는 종실로 구분이 어려워 속 단위로 동정되는 경우가 많다. 들깨속은 진주 평거동 4-1지구의 신석기시대 후기 주거지와 수혈에서는 종실유체로, 부산 동삼동의 신석기시대 후기 주거지에서는 토기 압흔으로 보고되었다. 청동기시대에도 진주, 울산, 논산 등에서 종실유체로 발견되었으며, 기원전 1세기 신창동 유적에서도 그렇다. 들깨는 식용으로도, 들기름을 만드는 데도 쓰이며, 칠 독의 제거나 칠기의 광택내기에도 쓰인다. 그러나 이후 고대 유적에서는 들깨, 차조기의 보고가 거의 없다. 다른 대체 식물이 생긴 것인지 그 이유는 알 수 없다.

6. 농업 생산량의 증가

고대 농업 생산량의 증가는 철기의 사용, 농기구의 다양화와 기능분화, 관개시설의 확충으로 이루어진다. 또한 화분학적 기록에서 소나무 또는 초본 중심의 식생 출현은 취락과 경작지 확대와 연결될 수 있다. 작물에서 두류의 비중이 증가하는 것도 콩과 팥의 파종이 장기간에 걸쳐 가능하기에 다른 작물과 윤작이나 간작으로 재배되면서 동시에 휴경기간 축소와 관련하여 부족해진 경작지 비옥도를 유

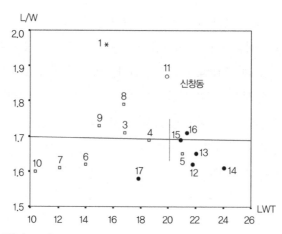

그림 16 탄화미 크기(평균) 비교
1. 대취자; 2-10. 청동기시대; 11. 신창동; 12-17; 1-4세기 유적

지시킬 수 있기 때문인 것 같다. 청동기시대에 비해 고대에 두드러진 맥류 증가 역시 벼, 잡곡, 두류의 가을 수확물이 소진되는 여름의 부족한 식량을 보완할 수 있다(안승모 2006b).

농업 생산력의 증가는 새로운 작물 품종을 도입하거나 기존 품종의 개량(낟알 크기의 증가 또는 이삭당 낟알 수 증가 같은)을 통해서도 가능하다. 수확도구가 청동기시대의 이삭 따기 돌칼에서 고대의 줄기 베기 쇠낫으로 바뀌는 것도 낟알의 성숙이 동시에 이루어질 수 있는 품종으로 개량되었기에 가능하다. 〈그림 16〉의 탄화미 크기 분포에서 나타나듯이 청동기시대 탄화미에 비해 원삼국시대 탄화미 입형 크기가 크게 증가한다(정유진 2010; Ahn 2010). 신창동 탄화미 크기는 청동기시대, 원삼국시대 탄화미 크기의 중간에 위치한다(조현종 2008). 고대 쌀 크기의 급격한 변화로 보아 새로운 품종이 도입되었을 가능성도 있다.

다른 작물 종실도 비슷한 크기 증가 양상이 나타날 가능성이 크지만 청동기시대 계측 자료가 드물어 비교하기가 어렵다. 팥은 청동기시대 전기, 후기, 고대로 가면서 크기가 증가하나 증가 폭은 크지 않다. 콩은 청동기시대 전기에서 후기로 가면서 크기가 급증하나 원삼국시대 이후 오히려 크기가 감소하는 양상이 나타난다(이경아 외 2012; Lee 2013; Lee *et al.* 2011). 팥과 밀은 동일한 시기라도 유적별 크기 차이가 심한데 이는 다양한 변종의 존재로 해석된다(cf. 김민구 2008; Kim 2013).

IV. 작물 변천 요약, 그리고 통일신라시대 이후

현재까지 출토된 종실유체에 근거하여 한반도의 곡물 출현 과정을 요약하면 신석기시대에 잡곡(조와 기장) 재배가 시작되었고, 청동기시대에는 벼＋잡곡(조, 기장)＋두류(콩, 팥)＋맥류(보리, 밀)의 곡물조성이 완비되면서 삼국시대 이후까지 이어진다. 벼와 두류 재배의 기원이 신석기시대까지 소급될 수 있을지는 연대와 동정의 정확성 문제가 남아 있기 때문에 현재까지의 자료만으로는 단정하기 어렵다. 고대의 작물 종류와 조성도 기본적으로 청동기시대와 동일하며, 개별 작물의 상대적 중요도에 약간의 지역적 변이가 보일 뿐이다. 대체로 중부, 영남과 전남에서는 밭 작물의 비중이 높고, 충남과 전북에서는 벼의 비중이 높다. 계층화가 심화되고 국가가 발생하면서 벼는 도읍지에 거주하는 상위계층이 소비하는 신분의 상징이 되기도 한다. 고대의 대표적 과실은 복숭아와 밤이다. 특히 마한과 백제 주민들은 식량과 의례용 공물에서 밤의 가치를 중시하였다. 아울러 의복을 생산하기 위한 대마 재배도 이루어졌다.

취락 유적에서 작물을 포함한 식물유체는 주로 수혈유구(움집 포함)에서 잔존하기 때문에 고상가옥이 보편화되면 식물유체가 출토

될 가능성은 급격히 감소하게 된다. 따라서 통일신라시대 이후는 식물고고학적 자료가 매우 한정적이나 그럼에도 중심적인 작물 종류는 고대와 기본적으로 동일하다. 통일신라 이후 새로이 출토되는 작물로 메밀이 있다. 실제 가장 이른 메밀 종실유체는 칠곡의 통일신라시대 수혈 1기에서 8립이 보고되었다(박태식 2000). 고려시대 김제 장화동 유적와 태안 마도 침몰선에서도 메밀 종실유체가 검출되었고 동정도 확실하다. 메밀은 木麥으로 고려시대 역사기록에도, 마도 목간에도 나타난다. 메밀은 화분 기록에서는 항상 벼유형 화분 또는 농경 지시 화분대보다 늦게 나타난다. 서해안에서는 2300BP 이후, 동해안에서는 2000BP 이후 출현하지만 양이 극히 소량이라 오염의 가능성을 배제할 수 없고 방사성탄소연대 역시 신뢰도가 높은 편은 아니다. 따라서 메밀 재배가 삼국시대 이전까지 소급될 수 있을지는 아직은 회의적이다. 마도 침몰선에서는 벼, 조, 기장, 피, 메밀, 콩의 곡류와 함께 대마, 밤, 가래, 잣, 복숭아, 살구, 오이, 들깨와 호박도 검출되었다. 마도 호박은 시기와 동정이 확실한 가장 오랜 예이다. 기존에 청동기시대, 고대 유적에서 보고되었던 녹두는 모두 팥을 잘못 동정한 것이다(안승모 2008). 최근 대구 봉무동 고려시대 밭에서 녹두가 검출되었다고 하는데 동정이 확실하다면 녹두 재배의 가장 오랜 증거라고 하겠다. 고려시대 역사 문헌에는 상기 작물 외에도 수박, 가지, 무, 배추, 미나리, 상추, 파, 마늘, 달래, 우엉 등의 채소가 기록되어 있으나 식물유체로는 확인하지 못하였다.

끝으로 기존에 필자가 지속적으로 강조하였듯이 작물유체의 형성 과정, 검출, 동정, 후대혼입과 관련된 문제점들을 고려하면 작물유체를 이용한 고고학적 해석은 최대한 신중할 필요가 있다. 이 글 역시 이러한 한계점에서 자유롭지 못하기에 오류를 피하지 못하였을 것이다.

※이 글은 하버드대학 한국학연구소에서 출판 예정인 『Korean Archaeology and Society』에 수록될 필자의 「Crops and Fruits in South Korea during the 1st century BC～AD 4th century」를 토대로 하고 방법론과 선사시대 작물을 추가하여 작성하였다.

표 6 작물별 출토 유구와 유적 수

지역	시대	시료(수)	벼	잡곡	조	기장	피	맥류	밀	보리	두류	콩	팥	삼	桃	외	들깨
강원	청동기	유적(4)	2	0	0	0	0	0	0	0	2	1	1	0	0	0	0
강원	청동기	유구(5)	3	0	0	0	0	0	0	0	2	1	1	0	0	0	0
강원	고대	유적(21)	3	10	7	2	0	2	2	1	16	9	11	2	2	0	0
강원	고대	유구(28)	3	11	7	2	0	2	2	1	20	10	14	2	2	0	0
경기	청동기	유적(8)	6	3	1	2	0	1	0	0	2	1	1	0	0	0	0
경기	청동기	유구(14)	7	5	1	4	0	1	0	0	4	3	1	0	0	0	0
경기	고대	유적(14)	7	7	7	4	2	4	4	4	10	4	8	3	3	0	0
경기	고대	유구(56)	16	35	20	11	6	21	10	11	25	12	17	8	5	0	0
경기	고구려	유적(2)	2	2	2	0	0	0	0	0	1	1	1	0	0	0	0
경기	신라	유적(1)	1	0	0	0	0	1	1	1	0	0	0	0	0	1	0
충북	청동기	유적(2)	1	1	1	1?	0	1	1	1	1	1	1	1?	1	0	0
충북	청동기	유구(19)	7	8?	3?	3?	0	17	16	8	2	1	2	2?	2	0	0
충북	고대	유적(2)	1	1	1	0	0	2	1	1	1	1	1	1?	1	0	0
충북	고대	유구(20)	7	5	5	0	0	20	18	14	6	1	6	1?	2	0	0
충남	청동기전기	유적(10)	8	3	3	2	0	4	4	2	1	1	1	0	0	0	0
충남	청동기전기	유구(34)	26	11	10	3	0	15	10	8	6	6	1	0	0	0	0
충남	청동기후기	유적(11)	10	4	4	2	0	7	5	5	8	4	8	0	2	1	1
충남	청동기후기	유구(53)	40	11	9	3	0	15	5	12	20	8	16	0	2	1	1
충남	청동기	압흔(9)	4	5	2	4	0	0	0	0	0	0	0	0	0	0	0
충남	고대	유적(15)	11	3	3	0	0	4	2	2	6	2	2	2	6	4	0
충남	고대	유구(32)	20	5	5	0	0	13	9	9	7	2	3	2	6	4	0
전북	고대	유적(13)	10	4	4	2	1	5	5	2	11	6	8	1	3	1	1
전북	고대	유구(36)	26	10	9	5	1	16	14	3	20	11	16	1	3	1	1
전남	BC1세기	저습지(2)	2	2	2	0	1	2	2	0	1	0	0	1	1	1	1
전남	고대	유적(19)	7	1	0	0	1	12	9	4	5	3	4	0	5	2	0
전남	고대	유구(40)	8	1	0	0	1	23	19	5	13	12	8	0	5	2	0
포항,경주	청동기전기	유적(2)	0	0	0	0	0	0	0	0	2	2	0	0	0	0	0
경주	청동기후기	유적(1)	1	1	1	1	0	0	0	0	1	0	1	0	0	0	0
울산	청동기전기	유적(8)	3	6	6	3	0	3	2	1	1	1	0	0	0	0	1
울산	청동기전기	유구(14)	4	11	10	3	0	3	2	1	2	1	1	0	0	0	1
울산	청동기후기	유적(10)	6	8	5	6	0	4	2	1	9	3	6	1	0	0	0

지역	시대	시료(수)	벼	잡곡	조	기장	피	맥류	밀	보리	두류	콩	팥	삼	桃	외	들깨
울산	청동기후기	유구(26)	11	13	8	11	0	7	4	2	15	3	12	1	0	0	0
울산	BC1세기	유구(4)	4	3	3	1	0	2	2	1	2	0	2	0	0	0	0
울산	BC1세기	시료(14)	14	7	6	1	0	4	2	1	7	0	7	0	0	0	0
경주,경산	고대	유적(4)	2	0	0	0	0	4	4	1	2	1	1	0	1	0	0
울산	고대	유적(1)	1	1	1	1	0	1	1	0	0	0	0	0	1	0	0
경남,부산	청동기전기	유적(7)	3	6	4	4	0	3	3	2	4	2	2	0	0	0	1
경남,부산	청동기전기	유구(26)	9	16	14	12	0	11	10	6	7	4	3	0	0	0	3
경남,부산	청동기후기	유적(11)	6	10	6	7	0	9	6	3	8	6	7	0	0	0	4
경남,부산	청동기후기	유구(39)	17	29	24	14	0	18	14	3	17	8	12	0	0	0	6
경남,부산	고대	유적(21)	17	9	5	3	1	12	7	6	10	6	5	0	8	3	0
경남,부산	고대	유구(67)	28	14	5	3	1	42	31	16	28	18	22	0	8	3	0
경남,부산	고대	무덤,우물(5)	1	1	0	0	0	0	0	0	0	0	0	0	3	1	0

지역	시대	시료수	벼	잡곡	조	기장	피	메밀	맥류	밀	보리	두류	콩	팥	삼	桃	기타
대구(칠곡)	통일신라	수혈(8)	5	1	0	0	0	1	5	5	3	5	4	4	0	0	밤1
평택(동창)	나말여초	수혈(5)	5	3	3	0	0	0	4	4	2	4	0	4	0	0	0
진주(평거)	통일신라	밭(5)	2	2	2	1	0	0	4	?	?	1	?	?	0	0	0
진주	고려	밭(6)	4	4	4	3	0	0	6	4	4	4	2	2	0	0	0
진주	고려	밭(시료43)	14	28	28	8	0	0	40	26	22	9	2	7	0	0	0
진주	조선	밭(5)	3	2	2	0	0	0	5	?	?	3	?	?	0	0	0
대구(동호)	조선	밭(시료9)	4	1	1	0	0	0	?	3	5	1	0	1	0	0	0
진주	고대	밭(5)	1	2	2	2	0	0	3	2	1	2	2	2	0	0	0
진주	고대	밭(시료27)	7	?	9	4	0	0	21	17	5	3	2	2	0	0	0
진주	청동기	밭(8)	0	2	1	0	0	0	6	4	2	2	1	2	0	0	0
진주	청동기	밭(시료13)	0	2	1	0	0	0	11	4	3	1	3	0	0	0	0

표 7 작물범주별 출토 유구와 유적 수

지역	시대	시료(수)	벼	잡곡	맥류	두류
강원	청동기	유적(4)	2	0	0	2
강원	청동기	유구(5)	3	0	0	2
강원	고대	유적(21)	3	10	2	16
강원	고대	유구(28)	3	11	2	20
경기	청동기	유적(8)	6	3	1	2
경기	청동기	유구(14)	7	5	1	4
경기	고대	유적(17)	10	9	5	11
경기	고대	유구(56)	19	37	22	26
충북	청동기	유적(2)	1	1	1	1
충북	청동기	유구(19)	7	8?	17	2
충북	고대	유적(2)	1	1	2	1
충북	고대	유구(20)	7	5	20	6
충남	청동기	유적(21)	18	7	11	9
충남	청동기	유구(87)	66	22	30	26
충남	청동기	압흔(9)	4	5	0	0
충남	고대	유적(15)	11	3	4	6
충남	고대	유구(32)	20	5	13	7
전북	고대	유적(13)	10	4	5	11
전북	고대	유구(36)	26	10	16	20
전남	BC1세기	저습지(2)	2	2	2	1
전남	고대	유적(19)	7	1	12	5
전남	고대	유구(40)	8	1	23	13
경북, 울산	청동기	유적(21)	10	15	7	13
경북, 울산	청동기	유구(43)	16	25	10	20
울산 달천	BC1세기	유구(4)	4	3	2	2
울산 달천	BC1세기	시료(14)	14	7	4	7
경북, 울산	고대	유적(5)	3	1	5	2
경남, 부산	청동기	유적(17)	9	16	12	12
경남, 부산	청동기	유구(65)	26	45	29	24
경남, 부산	고대	유적(21)	17	9	12	10
경남, 부산	고대	유구(67)	28	14	42	28

| 참고문헌 |

국립광주박물관, 2012, 『2,000년 전의 타임캡슐』.

국립중앙박물관, 2008, 『갈대밭 속의 나라 다호리: 그 발굴과 기록』.

고민정·김남수·이경아, 2012, 「진주 평거동유적 출토 식물유체」, 『농업의 고고학』, 한국고
  고학회 제36회 한국고고학전국대회.

김민구, 2008, 「탄화 밀을 이용한 작물 생산성의 이해」, 『한국고고학보』 68.

김민구·박정재, 2011, 「강원 영동지역 청동기시대 벼농사와 농경집약화」, 『한국고고학보』 79.

류아라, 2012, 「송국리유적 식물유체 분석 예보」, 『농업의 고고학』, 한국고고학회 제36회 한
  국고고학전국대회.

박지훈·이상헌, 2008, 「화분분석으로 본 충남지역의 후빙기 환경연구」, 『고생물학회지』 24.

박태식, 2000, 「대구 시지지구 생활유적 출토 식물씨앗 분석」, 『대구시지지구생활유적』 II,
  영남문화재연구원.

삼강문화재연구원, 2009, 『金海 官洞里 三國時代 津址』.

손준호·中村大介·百原新, 2010, 「복제(replica)법을 이용한 청동기시대 토기 압흔 분석」,
  『야외고고학』 8, 한국문화재조사연구기관협회.

安德任·米田穰·赤澤威, 1994, 「탄소·질소동위원소를 이용한 선사인의 식생활 연구」, 『고
  고학지』 6.

안승모, 2000, 「한반도 벼농사 기원에 관한 제논의」, 『한국고대사농총』 9.

_____, 2005a, 「한국 남부지방 신석기시대 농경 연구의 현상과 과제」, 『한국신석기연구』 10.

_____, 2005b, 「재배맥류의 기원과 전파 – 근동에서 중국까지 – 」, 『한국고고학보』 55.

_____, 2006a, 「동아시아 정주취락과 농경 출현의 상관관계」, 『한국신석기연구』 11.

_____, 2006b, 「장흥 상방촌 탄화곡물의 경제적 해석」, 『한국상고사학보』 54.

_____, 2006c, 「한반도 고대의 피 재배 여부 검토」, 『極東先史古代の穀物』 2, 熊本大學.

_____, 2008a, 「韓半島 先史古代 遺蹟 出土 作物資料 解題」, 『極東先史古代の穀物』 3,
  熊本大學.

_____, 2008b, 「한반도 청동기시대의 작물조성」, 『호남고고학보』 28.

_____, 2009, 「작물유체 분석의 문제점」, 『선사 농경 연구의 새로운 동향』(안승모·이준정
  편), 사회평론.

_____, 2012a, 「식물유체로 본 선사·고대 견과류 이용의 변화」, 『호남고고학보』 40.

_____, 2012b, 「종자와 방사성탄소연대」, 『한국고고학보』 83.

_____, 2012c, 「동아시아 조·기장 기원 연구의 최근 동향」, 『한국 신석기문화의 양상과 전
　　개』(중앙문화재연구원 편), 서경문화사.

안승모·안현중, 2010, 「개미와 종자」, 『영남고고학』 53.

안현중, 2010, 『전북 서부지역 원삼국시대 주거지 출토 탄화작물에 대한 연구』, 원광대학교
　　고고미술사학과 석사학위논문.

_____, 2012, 「전북지역의 원삼국시대 작물조성」, 『농업의 고고학』, 한국고고학회 제36회
　　한국고고학전국대회.

윤순옥·김혜령, 2001, 「김포충적평야의 홀로세 후기 환경변화」, 『제4기학회지』 15(2).

윤순옥·문영롱·황상일, 2008, 「경포호 홀로세 퇴적층에 대한 화분분석과 환경변화」, 『지질
　　학회지』 44(6).

이경아, 2000, 「송국리유적 제11차조사 출토 식물유체 보고」, 『송국리 Ⅵ』, 국립부여박물관.

_____, 2009c, 「흔암리유적 출토 식물유체 연구의 한국고고학사적 의의」, 『선사 농경 연구
　　의 새로운 동향』(안승모·이준정 편), 사회평론.

_____, 2011, 「진주 평거 3-1지구 유적 식물유체 분석 보고」, 『진주 평거 3-1지구 유적』 Ⅵ,
　　경남발전연구원 역사문화센터.

이경아·윤호필·고민정, 2012, 「선사시대 팥의 이용 및 작물화에 대한 고고학적 검토」, 『한
　　국상고사학보』 75.

이경아·윤호필·고민정·김춘영, 2011, 「신석기시대 남강유역 식물자원 이용에 대한 고찰」,
　　『영남고고학』 23.

이성우, 1992, 『동아시아 속의 고대한국식생활사연구』, 향문사.

이준정, 2011, 「작물섭취량 변화를 통해 본 농경의 전개과정」, 『한국상고사학보』 73.

이희경, 2010, 『원삼국시대 중부지방의 작물조성 연구』, 서울대학교 고고미술사학과 석사학
　　위 논문.

정유진, 2010, 「식물유체를 통해 본 원삼국시대 도작의 성격」, 『한국상고사학보』 69.

조현종, 2008, 「광주 신창동 출토 탄화미의 계측」, 『호남고고학보』 30.

조현종·박영만, 2009, 『광주 신창동 저습지유적 출토 식물과 동물 - 분석과 해석 - 』, 국립광
　　주박물관.

키스 윌킨스·크리스 스티븐스, 2007, 『환경고고학』, 학연문화사.

하인수·小畑弘己·眞邊彩, 2011, 「동삼동패총 즐문토기 압흔분석과 곡물」, 『신석기시대 패
　　총문화』, 2011년 한국신석기학회 학술대회.

新山雅廣, 2009, 「가평 대성리유적 출토 탄화종실」, 『加平 大成里遺蹟 〈본문 2〉』, 경기문화재연구원.

小畑弘己, 2007, 「ロシア極東地方の作物種子」, 『日本考古學協會 2007年度 熊本大會研究發表資料集』.

小畑弘己·眞邉彩, 2012, 「창녕 비봉리유적 출토 토기의 압흔조사」, 『비봉리 II』, 국립김해박물관.

佐々木由香·Sudarshan Bhandari, 2010a, 「울산 상연암유적 출토 탄화종실」, 『蔚山上蓮岩遺蹟』, 울산문화재연구원.

_____, 2010b, 「종실분석연구」, 『서산 언암리 낫머리 유적』, 충청문화재연구원.

_____, 2010c, 「울산 천곡동 산 172 유적 출토 탄화종실」, 『蔚山達川遺蹟 3次 發掘調査』, 울산문화재연구원.

Ahn, Sung-Mo, 2010, The Emergence of rice agriculture in Korea: archaeobotanical perspectives, *Archaeological and Anthropological Sciences* 2:89-98.

Crawford, Gary W. and Gyoung-Ah Lee, 2003, Agricultural origins in the Korean Peninsula, *Antiquity* 77:87-95.

Fuller, D.Q, *et al*, 2010, Consilence of genetics and archaeobotany in the entangled history of rice, *Archaeological and Anthropological Sciences* 2 (online version).

Kim, Minkoo, 2011, Woodland management in the ancient Mahan statelets of Korea: an examination of carbonized and waterlogged wood, *Journal of Archaeological Science* 38:1967-1976.

_____, 2013, Wheat in ancient Korea: a size comparison of carbonized kernels, *Journal of Archaeological Science* 40:517-25.

Kim, Minkoo and Ho-pil Yun, 2011, The availability and use of wood resources at the multi-period settlement site of Pyeonggeo-dong, Jinju, South Korea, *Vegetation History and Archaeobotany* 20:67-77.

Lee, Gyoung-Ah, 2003, *Changes in Subsistence Patterns from the Chulmun to Mumun Periods: Archaeobotanical Investigation*, Unpublished Ph. D. dissertation, Department of Anthropology, University of Toronto.

_____, 2011, The transition from foraging to farming in prehistoric Korea. *Current Anthropology* 52 S4.

_____, 2013, Archaeological perspectives on the origins of azuki (*Vigna angularis*), *The Holocene* 23(3):453-459.

Lee G-A, Crawford GW, Liu L, Sasaki Y, Chen X, 2011, Archaeological soybean (*Glycine max*) in East Asia: does size matter? *PLoS ONE* 6(11): e26720. doi:10.1371/journal.pone.0026720.

Zhao Zhijun, 2009, Eastward spread of wheat into China - new data and new issues, *Chinese Archaeology* 9(1):1-9.

농기구와 농경

김도헌*

I. 머리말

농경 작업에 사용하는 도구인 농기구는 여러 조건에 맞추어 다양하게 변화·발전하였다. 다시 말해 시대와 지역에 따라 자연환경과 재배 작물, 농경기술 등에 차이가 있었고 각각의 조건에 적합한 농기구를 채택하거나 개발하면서 형태와 종류가 다양해졌다. 이런 맥락에서 보면 농경기술에 따라 농기구가 달랐다고 할 수 있으므로 농기구는 당시 농경기술을 반영하는 주요한 척도라고 인식할 수 있다. 특히 문헌기록이 없거나 적은 원시·고대의 농경기술을 파악하는 데에는 농기구만큼 좋은 자료도 없다고 생각한다.

이런 인식을 바탕으로 일찍부터 많은 연구자가 농기구를 검토하여 농경기술을 파악하려는 연구를 진행하였다. 이 같은 선학들의 노력에 힘입어 농기구 관련 연구 성과는 이미 상당히 축적되었다. 특히 2000년 전후부터 고고학 자료가 폭발적으로 증가하면서 농기구

---

* 동양대학교 문화재발굴보존학과

자료도 많아졌고 이렇게 축적된 자료를 바탕으로 농기구 연구가 심화함과 동시에 다양해졌다. 지금까지의 농기구 연구 가운데 주요한 것을 간단히 살펴보면 다음과 같다.

우리나라 농기구 연구는 대체로 원시시대와 고대로 구분하여 진행되었다. 먼저 원시시대 농기구를 종합적으로 검토한 연구로는 지건길·안승모(1983: 53-75)와 길경택(1985: 89-120), 조현종(2000: 47-66) 등의 논고가 대표적이다. 그리고 청동기시대의 대표적인 농기구인 석도만을 분석한 연구로는 안승모(1985: 1-93)와 김상면(1985: 1-53), 손준호(2002: 109-134) 등의 논고가 있다. 다음으로 고대의 농기구를 종합적으로 검토한 연구로는 이현혜(1990: 45-70; 1991: 45-78)와 곽종철(1992: 91-124), 천말선(1994: 1-48), 이남규(1997: 1-32), 김재홍(2000: 9-45; 2005: 57-93), 김도헌(2001: 1-127), 송윤정(2007: 1-121) 등의 논고가 있다. 또한, 철겸(안재호 1997: 51-112)과 살포(김재홍 1997: 5-51), 철제 따비(김도헌 2013: 163-178; 이동관 2011: 29-52), 쟁기(송윤정 2009: 192-231; 이현혜 1992: 327-350) 등 개별 철제 농기구만을 분석한 연구도 상당히 진행되었다. 이 밖에 원시시대와 고대의 농기구를 종합적으로 검토한 연구(김도헌 2008: 45-81)와 중세와 근세의 농기구를 분석한 연구(김재홍 2012: 41-93), 철제 농기구 확산의 의미를 검토한 연구(이하나 2013: 76-113)도 있다.

이러한 연구 성과를 통해 종류와 용도 등 농기구에 관한 많은 내용은 이미 밝혀졌다고 생각한다. 그러나 농기구 연구가 충분히 진행되었다고는 할 수 없는데, 용도가 구체적으로 밝혀지지 않은 농기구가 아직 존재한다는 사실은 이러한 상황을 잘 반영한다. 이런 현실을 고려하면 지금까지 진행된 연구 성과를 종합하여 현재까지 분명하게 밝혀진 내용과 견해 차이가 있는 부분을 정리하는 작업도 나름의 의미가 있을 것이다. 다시 말해 앞으로의 농기구 연구 진전을 위해 현재까지의 연구 성과를 정리하는 작업도 필요하다고 생각한다.

이런 관점을 바탕으로 이 글을 작성하였는데, 여기서는 일반론의 관점에서 원시·고대를 중심으로 농기구를 개관하려고 한다. 한편, 검토에 앞서 몇 가지 전제를 미리 밝혀두면 다음과 같다. 먼저 시대 구분과 기본적인 용어 등은 한국고고학회(2010)에서 제시한 안을 따랐음을 밝혀둔다. 그리고 이 글은 2000년 이후의 연구 성과를 개관하는 것이 목적이지만, 2000년 이전의 연구 성과라도 필요한 것은 함께 살펴보았다. 또한, 농기구 명칭은 개념에 문제가 있다 하여도 일반적으로 통용되는 용어를 그대로 사용하였는데, 혼돈을 막으려는 의도임을 밝혀둔다. 그리고 재래 농기구와 비교해서 자루의 장착 방법과 형태 등에서 차이가 있는 철겸과 철서 등은 별도의 명칭을 부여하였지만, 큰 차이가 없는 낫과 호미는 재래 농기구와 같은 명칭을 사용하였음을 미리 밝혀둔다.

II. 농기구의 종류와 용도

농기구는 재질을 기준으로 크게 골제(骨製)와 석제(石製), 목제(木製), 철제(鐵製) 등으로 구분할 수 있고 사용하는 농경 작업에 따라 크게 기경구(개간구 포함)와 제초구, 관개구, 수확구 등으로 분류한다.

먼저 골제 농기구로는 굴지구(掘地具)가 대표적인데, 골제 굴지구는 날과 자루가 기역처럼 꺾인 모양이다. 일반적으로 자루가 있는 것(그림 1-3)을 괭이, 없는 것(그림 1-4)을 뒤지개로 분류한다(김건수 1998: 82; 박종진 1991: 48-50; 유병일 2007: 75). 그런데 골제 굴지구로 분류하는 유물 가운데 다수는 가공과 사용 흔적이 없으므로 그냥 녹각으로 보아야 한다는 지적(김건수 2012: 120)이 있다. 또한, 골제 굴

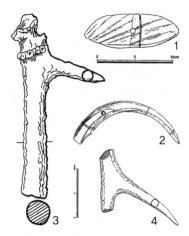

그림 1 각종 패제·골제 농기구(김도헌 2008에서 재인용)
1: 패도, 2: 아제 겸(?), 3·4: 골제 굴지구

지구는 자루가 짧아서 괭이처럼 땅을 파는 데 사용하기에 적합한 형태가 아니고 신석기시대에 공존하였던 타제 굴지구의 존재를 고려하면 기경구로 널리 사용되었을 가능성도 적다(김도헌 2008: 71-72). 이런 맥락에서 보면 골제 굴지구가 농기구로 사용되었을 확률은 낮다고 할 수 있다.

그리고 아제(牙製) 겸(鎌)으로 알려진 유물(그림 1-2)이 있는데, 석도처럼 이삭을 따는 도구로 추정한다(박종진 1991: 46-47). 그러나 아제 겸에서 가공 흔적으로 파악한 것은 실제로는 멧돼지의 성장 정도에 따라 상하 견치(犬齒)의 원위단(遠位端)이 마모된 흔적인 교모흔(嚙耗痕)이므로 인공 유물이 아니라는 지적(김건수 1998: 83)과 기본적인 형태가 낫처럼 사용하기에는 부적합하다는 시각(김도헌 2008: 48-49)이 있다. 따라서 아제 겸 역시 농기구가 아닐 가능성이 큰데, 결과적으로 분명하게 농기구로 분류할 수 있는 골제 유물은 없다고 할 수 있다. 그러므로 골제 농기구는 검토의 대상에서 제외하기로 하겠다. 한편, 골제는 아니지만, 서포항 유적에서 보고(김용간·서국태 1972: 102-103)된 반월형 패도(貝刀, 그림 1-1)를 고려하면 신석기시대에 조개껍질을 수확구로 이용하였을 가능성은 있다고 생각한다.

다음은 석제 농기구로, 대표적인 석제 농기구로는 굴지구와 석도가 있다. 먼저 석제 굴지구(그림 2 참조)는 보습과 괭이, 곰배 괭이 등으로 분류(길경택 1985: 100-114; 지건길·안승모 1983: 59-72)하는데,

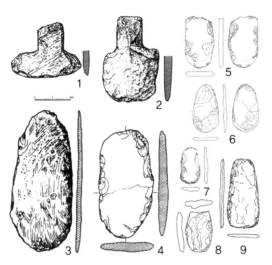

그림 2 각종 석제 굴지구의 날(김도헌 2008과 이현혜 1997에서 재인용)

최근에는 세분하지 않고 따비(보습)와 괭이로 양분하는 견해(임상택 2001: 58-59; 하인수 2010: 127-135)가 보편적이다. 또한, 종류를 구분하지 않고 석제 굴지구로 통칭하기도 한다(김도헌 2008: 55). 명칭과 모양은 다양하지만, 형태와 관계없이 석제 굴지구는 괭이나 삽의 형태로 자루에 장착하여 땅을 파는 작업, 즉 개간과 기경 작업에 사용하였다고 알려졌다(김도헌 2008: 57-59; 지건길·안승모 1983: 59-62). 그리고 이른바 보습 가운데 길이가 50~60cm에 이르는 대형(그림 2-3·4)은 쟁기로 파악(박영초 1988: 55-56)하기도 있지만, 사용 방식에 의문을 제기하는 시각(이현혜 1998: 11)도 있다.

한편, 석제 굴지구는 삽보다 괭이의 형태로 장착하여 사용하는 경우가 보편적이었다고 생각한다. 왜냐하면, 석제 굴지구의 날은 제법 두꺼운 편이어서 삽처럼 사용하기에 부적합하기 때문이다. 다시 말해 두께가 제법 두꺼운 석제 굴지구의 날(그림 2-1·2·4·5·8)은 삽처럼 밟아서 땅에 깊게 삽입하기 어려우므로 땅을 파서 뒤집는 작업은 곤

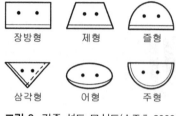

장방형　제형　즐형

삼각형　어형　주형

그림 3 각종 석도 모식도(손준호 2002 에서)

란하다고 할 수 있다. 만약 땅에 삽입하기 쉽도록 두께가 얇은 석제 굴지구를 사용한다면 날을 땅에 삽입한 후 자루를 뒤로 젖혀 흙을 퍼낼 때 날이 파손될 가능성이 크다. 이런 맥락에서 보면 석제 굴지구는 보편적으로 팽이의 형태로 장착하여 사용하였다고 추정할 수 있다.

다음으로 석도는 곡물 이삭을 따는 수확구로 알려졌는데, 최근 사용 흔적 분석이 진행되면서 사용 방법이 다양했다는 사실이 확인되었다(손준호 2003: 87-92; 손준호·조진형 2006: 24-28). 일반적으로 석도는 평면 형태에 따라 크게 장방형과 즐형, 어형, 주형, 삼각형 등으로 구분(김원용 1972: 3-4; 손준호 2002: 112-117; 안승모 1985: 5-11, 그림 3 참조)하는데, 세부적인 분류 기준은 연구자마다 다소 차이가 있다. 이처럼 다양한 모양이 확인되지만, 수확이라는 작업에서 형태에 따른 능률 차이는 거의 없다. 다만, 제작의 측면에서는 호인(弧刃, 어형과 주형)보다는 직인(直刃, 장방형, 제형, 즐형 등)이 효율적이라고 한다(손준호 2002: 131). 그리고 석도 인부(刃部)는 대부분 편인

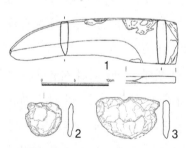

그림 4 석겸(1)과 부리형 석기(2·3) (김도헌 2008에서 재인용)

(片刃)이지만, 양인(兩刃)도 확인된다. 이삭을 따는 작업에는 양인보다 편인이 발전한 형태이지만, 수확 작업에서 양자의 기능 차이는 크지 않다고 알려졌다(안승모 1985: 82).

한편, 석제 굴지구와 석도 이외의 석기 가운데 연구자에 따라

농기구로 분류하는 유물로는 석겸(石鎌, 그림 4-1)과 이른바 부리형 석기(그림 4-2·3)가 있다. 먼저 석겸은 형태적으로 현재의 낫과 큰 차이가 없어서 수확구로 분류하기도 한다. 그러나 석도에 비해 출토 수량이 너무 적으므로 보편적인 수확구가 아니었음은 분명한데, 용도에 관해서는 풀이나 잔가지를 자르는 데 사용하였던 도구로 파악 (안승모 1985: 75)하거나 목공구로 추정(김도헌 2008: 56)하는 견해가 있다.

그리고 이른바 부리형 석기의 용도에 대해서는 호미와 비슷한 굴지구(이상길 1998: 254), 이삭을 따는 수확구(유병록 2006: 221-222), 줄기를 베는 수확구(이선미 2007: 59-61), 의례 유물(안재호 2004: 16-17) 등 다양한 견해가 제시되었다. 현재로서는 부리형 석기의 용도를 단정할 수 없지만, 분석에서 아무런 사용 흔적이 확인되지 않았다는 사실을 고려하면 의례용 유물일 가능성이 크다고 할 수 있다 (손준호 2008: 42-43).

다음은 목제 농기구를 살펴보겠다. 목제 농기구는 원시·고대에 널리 사용되었다고 생각하지만, 쉽게 부식되는 재질의 특성상 실물 자료가 확인된 것은 따비와 괭이, 삽, 고무래 정도에 한정된다. 먼저 목제 따비는 땅을 파서 뒤집는 데 사용하는 기경구로 농경문 청동기의 그림(그림 5-1)을 통해 대략적인 형태를 알 수 있다. 농경문 청

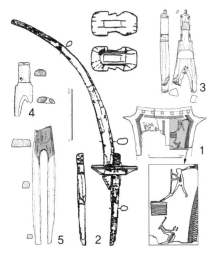

그림 5 농경문 청동기(1)와 각종 목제 따비 (2~5)(김권구 2008과 김도헌 2010에서 재인용)

동기에 그려진 목제 따비는 긴 자루에 두 갈래의 날이 약 120°의 각도로 달렸으며 자루 아래쪽에는 발을 얹어 밟을 수 있는 턱(답수부)이 붙여져 있는 모습이다(이현혜 1998: 16; 한병삼 1976: 258-259).

최근 민속자료를 참고하여 신창동 유적(그림 5-3)과 신방리 유적 출토품(그림 5-4·5)을 따비의 날로 파악하는 견해(권귀향 2009: 496-497)가 제시되었다. 일본 하부(土生) 유적에서 출토된 목제 따비(그림 5-2)를 고려하면 신창동과 신방리 유적 출토품은 목제 따비의 날일 가능성이 크다(이동관 2011: 34). 다만 〈그림 5-5〉처럼 날의 길이가 지나치게 긴 것은 따비처럼 땅을 파는 데 사용하면 파손될 확률이 높으므로 따비의 날로 파악하기 곤란하다는 시각(김도헌 2010: 24-26)도 있다.

목제 괭이는 땅을 파는 데 사용하는 기경구로 날의 형태에 따라 크게 평괭이와 쇠스랑형 괭이로 구분된다(조현종 1997: 81). 이 가운데 평괭이는 다시 장방형(그림 6-1)과 세장방형(그림 6-3·4), 횡장방형(그림 6-2) 등으로 세분할 수 있다(김도헌 2008: 50-52). 쇠스랑형 괭이 중에는 위쪽이 평편한 삼각형(그림 6-6)과 아래쪽이 긴 철(凸)자(그림 6-5) 모양이 확인되는데, 양자의 구분이 분명하지 않고 자료도 적은 편이어서 세분하긴 어렵다. 그리고 목제 괭이의 자루(그림 6-3 참조)는 대체로 직병(直柄)이며 길이는 90cm 내외이다. 한편, 평괭이 횡장방형을 진흙 제거판이 달린 이른바 니제부(泥除附) 괭이로 파악하는 견해(조현종 2008: 113-114)가 있고 고무래로 인식하는 시각(권귀향 2009: 497-498; 김권구 2008: 46-48)도 있는데, 현재로서는 후자의 관점이 다수인 것 같다.

목제 삽은 수로를 파거나 흙을 파서 뒤집는 데 사용하는 기경구(곽종철 1992: 92; 박호석·안승모 2001: 42)인데, 삽날 형태에 따라 반원형(그림 6-8)과 장방형(그림 6-9)으로 구분된다. 반원형은 흙을 파

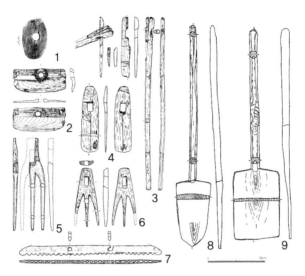

그림 6 각종 목제 괭이(1~6)와 고무래(7), 목제 삽(8·9)(김도헌 2010에서 재인용)

서 뒤집는 데 적합한 형태이지만, 장방형은 땅을 파기보다는 흙을 운반하는 데 사용하였을 것이다(김도헌 2008: 54).

고무래는 논이나 밭의 흙을 고르고 씨를 뿌린 뒤 흙을 덮는 데 사용하는 연장(박호석·안승모 2001: 98)인데, 출토 사례로는 양장리 유적 출토품(그림 6-7)이 대표적이다. 그런데 재래 농기구와 조선시대 농서(農書)에서 확인되는 고무래의 날은 직선적이지만, 양장리 유적 출토 고무래는 발이 많이 달린 형태여서 써레처럼 괭이나 쟁기로 갈아 놓은 흙덩이를 부수는 데 사용하였을 가능성이 있다(김도헌 2008: 54-55). 한편, 양장리 유적 출토품 이외에도 삼국시대 고무래로 분류(국립가야문화재연구소 2008: 110-113; 권귀향 2009: 496-498)하는 유물은 많지만, 분류 기준이 명확하지 않아 수긍하기는 어렵다(김도헌 2010: 28-29).

다음은 철제 농기구로, 철제 농기구로는 괭이와 외날따비, 쇠삽날, 쇠스랑, 살포, 철서, 호미, 낫 등이 있다. 먼저 철제 괭이는 완전

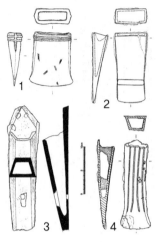

그림 7 각종 주조 철부(김도헌 2008에서 재인용)

한 형태로 보고된 사례가 없지만, 날에 해당하는 주조(鑄造) 철부(鐵斧)가 삼국시대 분묘에서 다수 출토되었다. 주조 철부를 공구로 이해(김광언 1987: 284-285)하거나 철기 소재로 인식(김두철 2009: 70; 류위남 2009: 80-82; 손명조 1997: 81-82; 송계현 2002: 43)하기도 하지만, 괭이의 날로 파악하는 연구자(김도헌 2001: 45-46; 이남규 1997: 11-15; 이현혜 1990: 55-58; 천말선 1994: 12-13)가 많은 편이다.

주조 철부는 공부(銎部)의 횡단면 형태를 기준으로 크게 장방형(그림 7-2)과 제형(그림 7-4), 육각형(그림 7-1)으로 구분되고 평면 형태와 크기 등에 따라 다양하게 세분된다(김도헌 2002: 3-11). 이 가운데 괭이의 날로 널리 사용된 것은 제형 주조 철부이다. 그리고 제형 주조 철부 가운데 평면 형태가 세장방형으로 바뀜과 동시에 폭이 좁아지면서 공부 아래쪽의 길이가 길어진 형태(그림 7-3)가 있는데, 이런 형태의 주조 철부는 괭이의 날로 사용(송윤정 2007: 55-56)되었을 뿐만 아니라 따비나 쟁기 등의 날로 이용되었을 가능성(김도헌 2008: 63)도 있다.

한편, 단조(鍛造) 철부와 판상(板狀) 철부도 괭이의 날로 사용되었다고 추정하는 견해(김재홍 2000: 22; 이한상 2000: 235)가 있다. 물론 주조 철부의 공급이 원활하지 않았던 시기에 단조 철부와 판상 철부가 괭이의 날로 전용(轉用)되었을 가능성은 있지만, 제작 당시의 용도는 괭이의 날이 아니라 벌목과 목재 가공에 사용하는 목공구였을 것이다(김도헌 2010: 37).

철제 외날따비(그림 8 참조)는 재래 농기구인 따비와 비슷한 방식으로 사용하였던 기경구로 알려졌다(이건무 외 1989: 22). 그런데 자루까지 출토된 다호리 1호 철제 외날따비(그림 8-3)에 따비의 기능상 반드시 필요한 답수부(발판)가 없어서 용도와 사용법에 관한 논란이 발생하였다. 즉, 따비가 아닐 가능성이 있다는 견해(곽종철 1992: 99)와 파종구(파종 구멍?)를 만드는 데 사용하였다는 추정(김재홍 1991: 16-17), 따비로 파악하는 것이 타당하다는 견해(천말선 1994: 22-23), 인걸이(인력 쟁기)라는 새로운 주장(이동관 2011: 36~37) 등 용도에 관한 다양한 견해가 제시되었다.

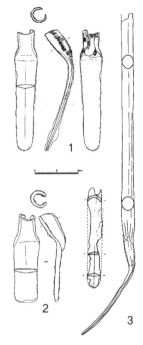

그림 8 철제 외날따비(김도헌 2008에서 재인용)

현재는 철제 외날따비를 기경구로 파악하는 견해가 일반적이지만, 용도에 관한 의문은 여전히 존재하는 상황이다. 실제로 형태적인 특징을 고려하면 철제 외날따비는 기경구가 아닐 가능성이 크다고 생각한다. 그리고 기본적인 구조와 사용법 등을 종합해 보면 철제 외날따비를 제초 작업에 사용하였던 도구로 파악하는 것이 타당하지 않을까 한다(김도헌 2013: 171-176). 어쨌든 이 문제는 앞으로 연구 성과가 축적되면 분명하게 밝혀질 것으로 기대한다.

한편, 철착(鐵鑿)과 주조 철부는 2점 1조로 부장된 사례가 많은데, 이러한 부장 양상을 근거로 양자가 두날따비의 날로 사용되었다는 견해(김재홍 2000: 11-12; 이남규 1997: 12-13)가 제시되었다. 그런데 부장 양상만으로 용도를 설정하는 것은 문제가 있으며 철착과 주조

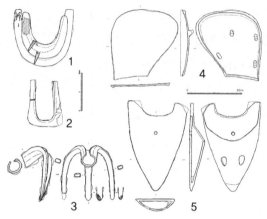

그림 9 쇠삽날(1·2)과 쇠스랑(3), 보습(5), 볏(4)(김도헌 2008과 송윤정 2009에서 재인용)

철부의 기본적인 형태도 따비의 날로 사용하기에는 적합하지 않다는 시각(김도헌 2008: 64)도 있다.

쇠삽날은 내측에 자루와 결합하는 홈이 있어 장착하는 자루 형태에 따라 가래(화가래)와 말굽형 따비, 철제 삽 등의 다양한 농기구로 사용할 수 있다(곽종철 1992: 93-98; 김광언 1987: 268-271; 천말선 1994: 17-18). 평면 형태를 기준으로 크게 요(凹)자형(그림 9-2)과 U자형(그림 9-1), 크기에 따라 대형과 소형으로 구분된다(김도헌 2001: 25-29). 평면 형태는 기능보다 계통을 반영하는데, 요자형 쇠삽날은 고구려와 관련된 것으로 알려졌다(김도헌 2008: 66). 그리고 대형 쇠삽날은 가래 날로만 이용되었을 가능성이 있지만, 소형은 삽과 가래, 화가래, 말굽형 따비, 극젱이 등 다양한 농기구의 날로 사용할 수 있는 형태이다(김도헌 2001: 25-29). 이처럼 쇠삽날은 여러 농기구의 날로 사용될 수 있지만, 쇠삽날이 장착되는 농기구는 모두 기경구라는 공통점이 있다.

쇠스랑은 곧은 목병에 3~4개의 발이 있는 철제 날이 장착된 형태(그림 9-3 참조)로 굴착과 파쇄 등의 작업에 사용하였던 기경구이다 (東潮 1979: 535). 쇠스랑은 단단한 토양을 파거나 자갈이 많이 포함된 토양을 정리하는 데 사용하면 효율성이 높았다고 알려졌다(박호석·안승모 2001: 52). 크기와 장착 각도 등을 기준으로 쇠스랑을 세분할 수 있지만, 형태에 따른 기능 차이는 뚜렷하지 않다고 추정한다(김도헌 2010: 42).

철제 보습(그림 9-5)은 쟁기의 날에 해당한다. 기본적인 형태에 따라 크게 삼각형과 U자형으로 구분되는데, 전자는 전작 중심 지역, 후자는 수전 경작 지역에서 사용되었다고 알려졌다(이현혜 1992: 333-334). 삼국시대에는 삼각형과 U자형의 보습이 모두 확인되지만, 통일신라시대와 고려·조선시대에는 삼각형의 출토 사례가 많은 편이다(김재홍 2012: 42-47; 송윤정 2009: 203). 한편, 보습 인부(刃部)는 좌우가 완전한 대칭이 아니라 한쪽이 좀더 직선적인 형태여서 기경 시에 한쪽으로 흙이 떨어지는 구조이다(송윤정 2009: 203-207). 그리고 보습에 장착되는 볏(그림 9-4)은 약간 오목한 판상(板狀)인데, 후면에는 쟁기에 고정할 수 있게 파수와 반원형의 고리를 만들었다(송윤정 2009: 206-207).

살포는 관개구로 논둑의 물꼬를 트고 막는 데 사용하였던 도구(有光教一 1999: 192)인데, 철제 날에 목병을 장착하는 것(그림 10-1)과 자루까지 쇠로 만든 것(그림 10-2)으로 크게 구분된다(김도헌 2001: 41-43). 이 가운데 자루까지 쇠로 만든 살포는 실제로 사용하였던 것이 아니라 의장용(儀裝用)이라고 알려졌다(김재홍 1997: 12-13).

한편, 살포를 밭의 제초 작업에도 사용하였다는 견해(김재홍 1997: 12)가 있다. 그런데 민속자료에서 확인되는 살포는 논농사에만 사용되었다는 점에서 제초에 살포를 사용하였다는 시각은 재고가 필요하다(김도헌 2008: 68). 그리고 3~4세기 영남 지방 분묘에서 확인되

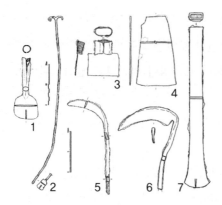

그림 10 살포(1·2)와 철서(3), 서형 철기(4), 호미(5·6), 판상 공부(7)(김도헌 2008과 송윤정 2007에서 재인용)

는 이른바 판상(板狀) 공부(銎部)를 살포로 분류(홍보식 2001: 78-79)하는 시각이 있는데, 살포와 판상 공부(그림 10-7) 사이에 형태적 유사성이 전혀 없어서 수긍하기는 어렵다(김도헌 2008: 68-69).

제초구인 철서(그림 10-3)는 비교적 최근에 인식(김재홍 1997: 13-15)된 유물로 얇은 판상의 철제 날에 긴 자루가 달린 도구이다. 철서의 인부(刃部)는 직선적인 형태여서 작물 사이의 잡초를 긁어서 제거하거나 흙을 북돋아 주는 데 사용하였다고 추정한다(김재홍 1997: 13-15). 한편, 철서가 제초구임을 뒷받침하는 구체적인 근거가 부족한 것은 사실이다. 그러나 기본적인 형태가 제초 작업에 적합하고 살포와 비슷한 시점에 출현한다는 사실을 고려하면 제초구로 파악하여도 큰 문제는 없다고 생각한다(김도헌 2010: 44).

그리고 중국 동북지방에서 출토되는 전국(戰國)시대 철서와 비슷한 형태의 이른바 서형(鋤形) 철기(그림 10-4)가 영남지역 원삼국시대 분묘에서 출토되었다. 중국에서 이런 형태의 철서를 제초 작업에 사용하였다는 사실(최덕경 2007: 60-66)을 고려하면, 우리나라의 서형 철기도 제초 작업에 사용되었을 가능성이 있다. 그런데 서형 철기의 출토 사례가 너무 적어서 당시의 보편적인 도구였다고 인식하기에는 무리가 있다(김도헌 2008: 70). 이 밖에 이른바 유견(有肩) 철부(鐵斧)를 철서로 분류하는 견해(홍보식 2001: 79-80)가 있는데, 유견 철부의 기본적인 모양이 제초 작업에 적합하지 않으면서 철서와 형태적 유사성도 없다는 문제점이 있다(김도헌 2008: 70).

호미는 우리나라의 대표적인 제초구로 자루를 장착하는 긴 경부(莖部)에 낫처럼 생긴 인부(刃部)가 붙어 있는 모습이다(그림 10-5·6 참조). 아직 출토 사례가 적어 상세한 검토는 어렵지만, 삼국시대의 늦은 시점에 출현한 호미는 통일신라시대와 고려·조선시대를 거치면서 슴베 길이가 짧아지고 날의 폭이 넓어지는 방향으로 변화하였다고 알려졌다(김재홍 2012: 56-57). 한편, 일반적으로 호미는 자루가 짧은 단병서(短柄鋤)라고 인식하지만, 호미 가운데 슴베 길이가 긴 것(그림 10-5)은 단병서로 단정하기 어려운 문제가 있다. 그리고 지역마다 다양한 모양의 호미가 존재한다는 사실(이춘녕 1989: 46-54)을 고려하면 앞으로 새로운 형태의 호미 자료가 증가할 것으로 예상한다.

철겸은 수확구로 날과 자루의 장착 방법을 제외하면 현재의 낫과 큰 차이가 없다(그림 11-1~4 참조). 여러 가지 속성을 기준으로 철겸을 다양하게 분류(김도헌 2001: 9-25; 안재호 1997: 89-96; 천말선 1994:

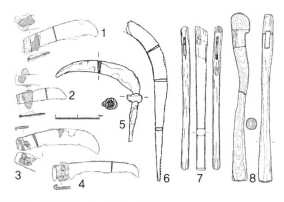

그림 11 철겸(1~4)과 낫(5·6), 철겸 자루(7·8)(김도헌 2008과 김재홍 2012, 송윤정 2007에서 재인용)

5-12)할 수 있지만, 큰 틀의 용도는 장착 각도를 기준으로 설정하는 것이 가장 타당하다고 생각한다. 물론, 장착 각도를 알 수 없는 것이 많지만, 날의 기부(基部)에 남아 있는 목질 흔적(그림 11-1~4 참조)을 통해 장착 각도를 파악할 수 있는 자료도 제법 있다. 이렇게 파악한 장착 각도에 따라 장착 각도가 84도 이하인 것을 예각(銳角) 겸, 85~100도인 것을 직각(直角) 겸, 101도 이상인 것을 둔각(鈍角) 겸으로 구분할 수 있다(김도헌 2001: 11-13). 이 가운데 수확 작업에 적합한 것은 직각 겸이고 둔각 겸과 예각 겸은 곡물 수확에 사용하기에는 부적합한 형태라고 할 수 있다(古瀨淸秀 1991: 72; 김도헌 2001: 13-15). 한편, 철겸 자루는 일반적으로 길이가 40cm 전후인 단병(短柄)이고 자루 한쪽에 구멍[柄孔]이 있어 철제 날을 삽입한 다음 쐐기를 박아 고정하는 구조이다(그림 11-7·8 참조).

그리고 날과 슴베를 함께 만들어 나무 자루에 장착하는 낫(그림 11-5·6 참조)도 확인되는데, 낫은 통일신라시대에 출현한다고 알려졌다(송윤정 2007: 90). 통일신라시대의 낫은 대체로 날과 자루가 둔각을 이루는 모양(그림 11-6)이지만, 고려·조선시대가 되면 날과 자루가 직각인 낫(그림 11-5)이 보편적으로 확인된다(김재홍 2012: 58-60).

한편, 철겸 이외에 수확구로 사용되었을 가능성이 큰 철기로 철도자가 있다. 철도자는 보통 공구로 분류하지만, 석도가 소멸하고 철겸이 널리 보급되지 않았던 기간(원삼국시대)에 수확구로 사용하였을 가능성이 있다고 알려졌다(이현혜 1990: 50-52). 초기철기시대에는 철겸이 확인되지 않으며 원삼국시대의 철겸은 대부분 수확에 부적합한 둔각 겸이라는 사실을 고려하면 철도자가 일정 기간 수확구로 사용되었다고 이해하여도 큰 무리는 없을 것 같다(김도헌 2008: 70-71).

III. 농기구 조합의 변화

여기서는 시간의 흐름에 따라 농기구의 조합이 어떻게 변화하였는지를 알아보려는데, 이를 위해 개개 농기구의 시간 축을 정리하여 제시한 것이 〈그림 12〉이다. 그림에 제시한 개개 농기구의 시간 축을 참고하여 시대별로 농기구 조합의 변화를 살펴보면 다음과 같다.

먼저 신석기시대 농기구로는 석제 굴지구가 유일하다. 물론 석도가 신석기시대에 출현하지만, 출토 사례가 너무 적어서 당시의 보편

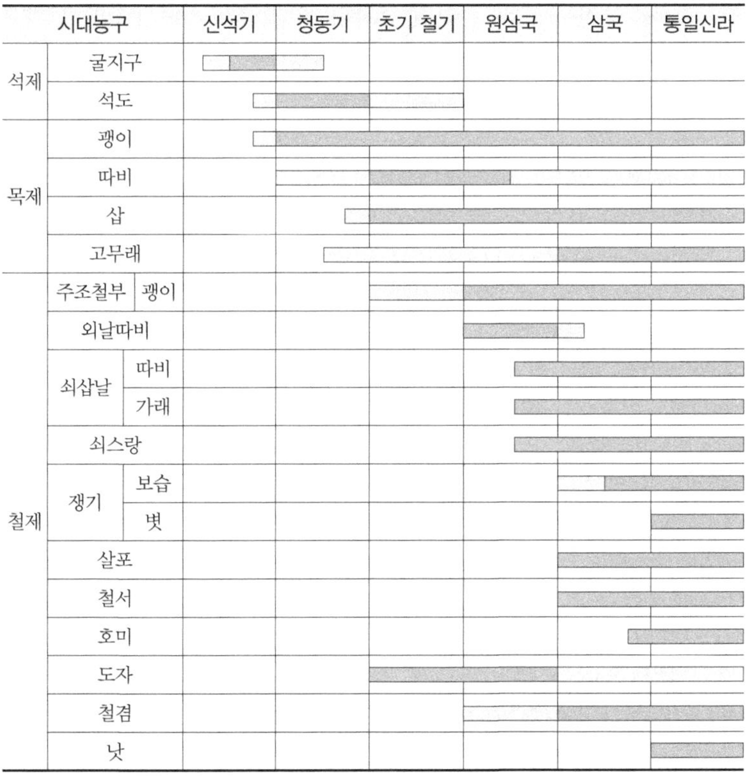

시대농구		신석기	청동기	초기 철기	원삼국	삼국	통일신라
석제	굴지구						
	석도						
목제	괭이						
	따비						
	삽						
	고무래						
철제	주조철부 괭이						
	외날따비						
	쇠삽날 따비						
	쇠삽날 가래						
	쇠스랑						
	쟁기 보습						
	쟁기 볏						
	살포						
	철서						
	호미						
	도자						
	철겸						
	낫						

그림 12 개개 농기구의 시간 축(김도헌 2008에서 수정)

적인 수확구로 인정하긴 어렵다(안승모 1985: 69). 그리고 우리나라에서는 신석기시대 중기부터 농경이 시작되었다(송은숙 2002: 45-52; 이경아 2005: 37-38; 하인수 2006: 194-195)고 알려졌으므로 이때부터 석제 굴지구를 농경 작업에 사용하였다고 이해할 수 있다.

청동기시대가 되면 농경 사회가 시작되었다고 알려졌지만, 농기구로는 목제 괭이와 석도 정도만 확인된다. 물론, 신석기시대에 사용하였던 타제 굴지구가 청동기시대에도 확인되지만, 출토 사례가 적어서 주된 기경구가 아니었음이 분명하다(지건길·안승모 1983: 62). 그런데 청동기시대의 목제 괭이도 출토 사례는 소수에 불과한 상황이다. 그러나 널리 알려진 것처럼 석제 굴지구가 감소하고 석제 목공구가 증가하는 현상을 통해 청동기시대에는 목제 괭이를 많이 사용하였다고 파악(이현혜 1998: 14-18; 지건길·안승모 1983: 62)할 수 있다. 그리고 청동기시대에는 여러 종류의 목제 괭이 가운데 평괭이 장방형(그림 6-1)과 횡장방형(그림 6-2)만 확인되는데, 현재의 자료로 보면 평괭이 장방형은 충청도와 전라도 지방에만 분포하는 특징이 있다. 한편, 목제 괭이 횡장방형을 고무래로 파악하는 견해(김권구 2008: 46-48; 권귀향 2009: 497-498)가 타당하다면 청동기시대부터 고무래를 사용하였다고 볼 수 있다.

그리고 신석기시대에 출토 사례가 드물었던 석도는 청동기시대가 되면 주거지에서 보편적으로 확인된다. 여러 형태의 석도 가운데 삼각형과 제형은 청동기시대 후기(송국리 유형 단계)에 출현하지만, 다른 형태(장방형과 어형, 주형, 즐형 등)는 청동기시대 전 시기에 걸쳐 확인된다(손준호 2006: 76-79). 그러나 형태마다 출토비율은 차이가 있는데, 주형과 어형의 출토빈도가 높은 편이고 삼각형은 송국리 유형과 관련된 유적에서만 출토되는 경향이 있다(동진숙 2001: 72-75; 배진성 2005: 381-387; 손준호 2006: 76-79).

이 밖에 청동기시대 전기의 부삽으로 추정되는 목기의 출토 사례 (김권구 2008: 51-52)가 알려졌지만, 청동기시대에 목제 삽이 존재하였을 가능성은 낮다고 생각한다. 왜냐하면, 마제 석기로 긴 자루가 달린 목제 삽을 만들기는 어렵다고 판단하기 때문이다(김도헌 2010: 49). 이런 이유로 청동기시대에는 〈그림 6〉의 8·9와 비슷한 형태의 목제 삽은 없었다고 파악해 두겠다.

한편, 〈그림 12〉에 제시한 것처럼 청동기시대 전기부터 목제 따비가 사용되었을 가능성도 생각할 수 있다. 물론, 농경문 청동기에 그려진 쌍날따비가 청동기시대에 존재하지는 않았겠지만, 원시적인 굴봉에서 어느 정도 개량된 목제 따비를 사용하였을 개연성은 있다. 왜냐하면, 신석기시대에 석제 굴지구를 삽과 괭이의 형태로 사용하였고 초기철기시대에도 괭이와 따비가 공존하므로 청동기시대에 괭이만 존재하였다고 파악하는 것은 부자연스럽기 때문이다.[1] 이런 맥락에서 보면 청동기시대 전기부터 목제 따비를 사용하였다고 추정할 수 있는데, 이 문제는 앞으로 자료가 증가하면 분명하게 밝혀질 것으로 생각한다.

초기철기시대의 농기구로는 목제 괭이와 목제 따비, 목제 삽, 철도자 등이 있다. 먼저 목제 괭이는 청동기시대부터 널리 사용되었지만, 초기철기시대가 되면 형태가 달라지는 변화가 확인된다. 즉, 청동기시대에 사용되었던 평괭이 장방형과 횡장방형은 사라지고 새롭게 평괭이 세장방형(그림 6-3·4)과 쇠스랑형 괭이 삼각형(그림 6-6)·철자형(그림 6-5)이 출현한다(김도헌 2008: 73-74). 따라서 초기철기시대에는 청동기시대보다 목제 괭이의 종류가 많아졌다고 할 수 있다. 또한, 초기철기시대의 목제 괭이는 청동기시대의 목제 괭이보다 날

---

1 여기에 대해서는 안승모 선생님의 조언이 있었다.

의 폭이 좁고 길어졌으므로 상대적으로 땅을 깊게 팔 수 있는 형태라고 할 수 있다.

그리고 농경문 청동기의 그림을 통해 초기철기시대에 목제 쌍날따비가 존재하였음을 알 수 있다(정연학 2003: 29-30; 최덕경 1994: 102). 또한, 파편이지만 신창동 유적 출토품 역시 목제 따비의 날일 개연성이 크다(이동관 2011: 34). 따라서 초기철기시대에 목제 쌍날따비를 사용하였음은 분명하다고 할 수 있다. 이 밖에 신창동 유적 출토품을 통해 초기철기시대부터 목제 삽이 존재하였음도 확인할 수 있다.

한편, 초기철기시대에는 철기가 보급되면서 철제 농기구도 출현한다. 다시 말해 제한적이지만, 초기철기시대에는 주조 철부 장방형이 철제 괭이의 날로 이용되었을 가능성이 있다(김도헌 2010: 50). 또한, 철도자가 보급되면서 수확구로 사용되었을 개연성도 있다(이현혜 1990: 50-52). 그러나 초기철기시대에 모든 지역에서 철기를 사용하였던 것은 아니므로 철기가 보급되지 않았던 곳에서는 여전히 석도를 수확구로 이용하였다(김도헌 2010: 51).

그리고 원삼국시대가 되면 철제 농기구의 종류가 증가하는 변화가 확인된다(김도헌 2010: 49-51). 즉, 철제 외날따비와 쇠삽날, 쇠스랑 등의 새로운 철제 농기구가 출현하는데, 이때 새로 등장하는 농기구는 모두 기경구라는 공통점이 있다. 그리고 원삼국시대에는 철제 농기구의 종류가 증가하고 보급도 많이 진행되었지만, 목제 괭이와 목제 따비, 목제 삽 등의 목제 농기구도 여전히 사용하였을 것이다. 한편, 원삼국시대에는 철겸이 많이 출토되는데, 이때의 철겸은 대부분 둔각 겸이어서 수확구로 사용되었을 가능성이 낮으므로 수확 작업에는 여전히 철도자를 이용하였다고 추정한다(김도헌 2010: 51).

원삼국시대에는 시기와 지역에 따라 농기구 구성에 차이가 있었음이 확인된다. 먼저 철제 외날따비는 영남 이외의 지역에서는 아직 출토된 사례가 없으므로 원삼국시대의 영남지역에서만 사용하였던 농기구로 인식할 수 있다(이남규 1997: 9-11). 최근 영남 이외의 지역에도 철제 외날따비가 존재한다는 주장(이동관 2011: 43-45)이 제기되었지만, 외날따비의 범주를 너무 넓게 설정하였기 때문에 수긍하긴 어렵다.

한편, 쇠삽날과 쇠스랑은 원삼국시대 후기(영남지역의 목곽묘 단계)에 출현하기 때문에 원삼국시대 전기(영남지역 목관묘 단계)와 후기의 농기구 구성에도 일정한 차이가 있다(김도헌 2010: 47-51). 또한, 쇠삽날은 가래(화가래)와 말굽형 따비 등의 날에 장착된다는 점에서 이러한 농기구도 원삼국시대 후기부터 사용하였다고 추정할 수 있다. 그리고 현재로서는 중부지방(경기도와 강원도)과 서남부지방(충청도와 전라도)의 철제 농기구 자료가 적어 불분명하지만, 영남 이외의 지역에서도 원삼국시대 후기부터 쇠삽날과 쇠스랑을 사용하였을 개연성이 크다(김무중 2012: 118-147; 김재홍 2000: 26-31; 천말선 1994: 19). 이 밖에 철제 외날따비의 용도에 관해서는 이견이 있으므로 철제 따비를 사용한 시점 역시 논란의 여지가 있다. 그러나 쇠삽날이 말굽형 따비의 날로 사용될 수 있다는 사실을 고려하면 철제 외날따비의 용도와 관계없이 늦어도 원삼국시대 후기에는 철제 따비를 사용하였다고 추정할 수 있다.

그리고 삼국시대가 되면 원삼국시대에 사용하였던 철제와 목제 농기구에 새롭게 보습과 살포, 철서 등의 농기구가 추가된다. 먼저 보습은 지역에 따라 사용 시점이 달랐다고 알려졌는데, 고구려와 백제에서는 4세기 후반, 신라에서는 5세기 후반의 어느 시점에 널리 보급되었다고 추정한다(이현혜 1992: 342-348). 그러나 삼국시대의 보습 자료가 적어 아직 구체적인 내용은 밝혀지지 않은 상황이다.

살포와 철서는 4세기를 전후한 시점부터 사용되었다고 파악(김도헌 2010: 50-51; 김재홍 1997: 42-45)하는데, 앞으로 자료 추이에 따라 출현 시점이 상향될 가능성도 있다. 또한, 호미는 삼국시대인 7세기 전반에 존재하였음이 확인(김도헌 2010: 51)되었지만, 삼국시대 호미 자료가 너무 적어서 등장 시점은 상당히 유동적인 상황이다. 그리고 삼국시대가 되면 철겸의 장착 각도가 변화하여 직각 겸이 다수를 차지하는데, 이런 현상을 통해 삼국시대부터 철겸을 수확구로 널리 사용하였다고 파악할 수 있다(김도헌 2001: 9-25). 이 밖에 양장리 유적에서 삼국시대 목제 고무래가 출토되었는데, 이를 제외하면 아직 분명하게 삼국시대 고무래로 알려진 유물은 없는 상황이다. 출토 사례가 적어서 고무래의 출현 시점도 불분명하지만, 다수의 목제 농기구가 출토된 신창동 유적에서 고무래가 확인되지 않았다는 사실을 고려하면 원삼국시대까지는 고무래가 존재하지 않았을 개연성이 있지 않을까 한다(김도헌 2010: 49).

어쨌든 농기구의 기본적인 구성은 삼국시대에 완성되었다고 할 수 있는데, 실제로 통일신라시대 이후에는 고고학 자료를 통해 알 수 있는 농기구 가운데 새로운 종류는 잘 확인되지 않는다. 다만, 부분적인 변화는 파악할 수 있는데, 볏이 등장(송윤정 2009: 211)하여 쟁기가 개량되었음을 알 수 있고 철제 괭이의 날로 사용되었던 주조 철부의 형태가 크게 달라지는 변화(김도헌 2010: 38)도 발생한다. 또한, 호미의 출토 사례가 증가하면서 종류도 다양해지고 철겸이 개량된 형태인 낫이 새로 등장한다(김재홍 2012: 56-58; 송윤정 2007: 90).

그리고 고고학 자료로 보면 고려시대와 조선시대의 농기구도 통일신라시대와 큰 차이가 없었다고 할 수 있다. 다만, 일부 농기구의 세부적인 형태에서는 어느 정도 변화가 확인된다. 먼저 보습은 두부

표 1 농기구 조합의 변화

시대 \ 종류	기경구 목제(석제 포함)	기경구 철제	관개·제초구	수확구
신석기	석제 굴지구	·	·	·
청동기	괭이	·	·	석도
초기철기	괭이, 따비, 삽	괭이(?)	·	석도, 철도자(?)
원삼국 전기	괭이, 따비, 삽	괭이 | 따비	서형철기(?)	철도자, 철겸(?)
원삼국 후기	괭이, 따비, 삽	괭이 | 쇠삽날(가래, 따비 등), 쇠스랑	서형철기(?)	철도자, 철겸(?)
삼국	괭이(?), 따비(?), 삽(?), 고무래	괭이, 따비, 쇠삽날(가래, 따비, 삽 등), 쇠스랑, 쟁기(보습)	살포, 철서, 호미	철겸
통일신라	고무래	괭이, 따비, 쇠삽날(가래, 따비, 삽 등), 쇠스랑, 쟁기(보습+볏)	살포, 철서, 호미	철겸, 낫

(頭部) 가장자리의 귀〔耳〕가 길어지고 전면과 배면(背面)에 각각 하나의 구멍이 뚫려 있는 형태로 변화한다(김재홍 2012: 44-45). 그리고 주조 철부는 날이 더욱 뾰족한 형태로 바뀌는 것 같은데, 이 가운데 일부를 코끼리 이빨 따비로 분류하기도 한다(김재홍 2012: 50-52). 또한, 호미는 슴베가 점차 짧아지면서 날의 폭이 넓어지는 방향으로 변화하고 벌낫이 감소하면서 날과 자루가 직각을 이루는 낫이 많아진다(김재홍 2012: 56-60).

이상에서 살펴본 시대별 농기구 조합의 변화를 정리하여 제시한 것이 〈표 1〉이다. 한편, 고려·조선시대의 농기구 조합은 통일신라시대와 큰 차이가 없어 〈표 1〉에서 생략하였다.

IV. 농기구로 본 농경의 변화

여기서는 농기구를 통해 추정할 수 있는 농경기술을, 농경 작업을 중심으로 간단히 살펴보려고 한다. 농기구를 통해 파악할 수 있는 농경 작업으로는 개간과 기경, 제초, 관개, 수확 등이 있는데, 이를 중심으로 농경의 변화를 살펴보면 다음과 같다.

먼저 신석기시대의 농기구로는 석제 굴지구만 확인된다. 따라서 신석기시대에는 석제 굴지구로 개간과 기경 작업을 진행한 다음, 별다른 제초 작업 없이 수확이 이루어졌다고 추정할 수 있다(이현혜 1998: 10). 또한, 정형화된 수확구가 없다는 사실을 통해 농경 생산의 비중은 그렇게 높지 않았다(송은숙 2001: 100-104; 안승모 2005: 17-19; 이현혜 1997: 11-12)고 이해할 수 있다.

한편, 신석기시대에 숲이나 덤불을 불태우는 방식으로 경작지를 개간하였다는 견해(이현혜 1997: 2-4)가 있다. 남부 내륙 지역에서는 구릉지 화전을 뒷받침하는 농기구가 확인되지 않았다는 지적(송은숙 2001: 107-109)이 있지만, 숲이나 덤불을 불태워 경작지를 만들면 재가 토양 위에 쌓여 흙을 깊이 파지 않더라도 파종할 수 있는 장점(이현혜 1997: 3)을 고려하면 신석기시대에 벌목(伐木) 화경(火耕)의 방식이 존재하였을 가능성을 부정하긴 어렵다고 생각한다(김도헌 2010: 135). 다만, 당시에 벌목 화경의 개간 방식이 얼마나 보편적이었는지에 관해서는 앞으로 검토가 필요하다.

청동기시대가 되면 주된 기경구가 석제에서 목제로 변화하였다. 기경구의 재질이 변화하였다는 사실을 통해 경작지의 양상도 달라졌다고 추정할 수 있는데, 목제 괭이의 사용은 휴경기간 단축을 반영한다고 알려졌다(사회과학출판사 1984: 93; 이현혜 1998: 16). 물론 구체적으로 휴경기간이 어떻게 변화하였는지는 검토가 필요하겠지만, 목제 괭이가 널리 사용되었다는 점에서 청동기시대의 휴경기간은 신석기시대보다 짧아졌을 개연성이 있다.

그리고 청동기시대 농경 작업의 큰 틀은 신석기시대와 별다른 차이가 없었다고 알려졌다. 다시 말해 개간과 기경 이후 별다른 제초 없이 수확이 이루어졌을 것이다. 물론, 청동기시대에 석제 굴지구를 제초 작업에 사용하였다는 견해(이현혜 2002: 14)가 있고 손으로 잡초를 제거할 수도 있기 때문에 청동기시대에 어느 정도의 제초 작업이 이루어졌을 가능성은 있다. 그러나 아직 제초에 사용하였다고 분명하게 밝혀진 유물이 없다는 점에서 청동기시대에 체계적인 제초 작업은 진행되지 않았다고 판단한다.

한편, 개간과 기경 작업에 사용하였던 청동기시대의 목제 괭이(평괭이 장방형과 횡장방형)는 날의 폭이 넓고 두꺼운 편이어서 땅을 깊게 파는 것과는 다소 거리가 있는 형태이다. 특히 부식토가 얕은 구릉지의 토양을 깊게 파는 것은 불가능하였다고 생각한다. 따라서 이러한 형태의 목제 괭이를 통해 청동기시대의 기경 작업은 심경(深耕)과는 다소 거리가 있었다고 추정할 수 있다. 그리고 관개 작업에 사용하였던 농기구는 확인되지 않았지만, 청동기시대 후기(송국리 유형 단계)에 수전이 널리 보급되었다는 사실(안승모 2000: 10-11; 안재호 2000: 51-54; 이현혜 1997: 23-15)과 관개시설의 존재(김도헌 2003: 56-66)를 통해 청동기시대에 일정한 관개 작업이 이루어졌음을 알 수 있다. 또한, 수확 작업에는 석도를 사용하였는데, 석도라는 정형화된 수확구의 존재를 통해 농경 생산의 비중이 이전보다 증가하였다고 추정할 수 있다.

이 밖에 청동기시대 농경과 관련하여 가장 논란이 되는 것은 화전의 존재 여부이다. 여러 연구자의 지적처럼 청동기시대 화전의 존재를 뒷받침하는 구체적인 근거가 없는 것은 분명한 사실이다(김장석 2007: 14-15; 이상길 2002: 55). 그러나 우리나라에서 화전이 소멸한 시점이 1970년대라는 사실(공우석 2003: 184-188)과 발굴을 통해 화전의 흔적을 확인하기 어렵다는 점, 개간과 기경 작업에서 화전이 가진

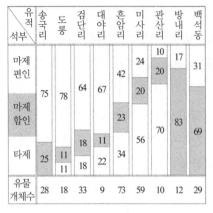

유적 석부	송국리	도롱	검단리	대야리	흔암리	미사리	관산리	방내리	백석동
마제 편인					42	24	10 20	17	31
마제 합인	75	78	64	67	20 23	20 56	70	83	69
타제	25	11 11	18 11	11 22	34		10	12	
유물 개체수	28	18	33	9	73	59	10	12	29

그림 13 유적별 석부의 출토비율(안재호 2000에서)

장점 등을 고려하면 부정할 이유는 없을 것 같다(김도헌 2010: 138).

그리고 석제 목공구와 농기구의 출토비율에 따라 농경 방식이 달랐다는 견해(안재호 2000: 49-51)가 있다. 즉, 합인 석부의 출토비율이 높은 곳은 화전, 편인 석부가 많은 곳은 수도작, 타제 석기가 우세한 곳은 전작 중심의 농경이 이루어졌다고 추정한다(그림 13 참조). 물론 입지로 보면 취락마다 농경 방식이 달랐을 개연성이 크다고 생각하지만, 농기구만으로 농경 방식의 차이점을 설명하기에는 일정한 한계가 있는 것도 분명한 사실이다.

이후 초기철기시대가 되면 목제 팽이의 형태가 변화하면서 종류가 다양해졌고 목제 따비라는 새로운 기경구도 출현하였다. 이러한 농기구의 변천과 동시에 농경 작업에도 일정한 변화가 발생하였다. 먼저 개간 작업은 청동기시대와 같은 방식으로 진행되었겠지만, 초기철기시대에 출현한 주조 철부 장방형을 도끼로 활용하였다면 벌목 작업이 쉬워졌을 것이다. 또한, 주조 철부 장방형을 팽이로 사용하였다면 나무 그루터기 등을 제거하거나 땅을 파는 개간 작업의 효율성도 이전보다 높아졌다고 생각할 수 있다.

그리고 기경 작업에는 새롭게 목제 따비를 사용하였는데, 따비는 입토(入土)와 발토(拔土) 시에 도구가 받는 저항이 상대적으로 적으면서 팽이보다 발토량이 많아 기경 작업에 효율적인 도구로 알려졌다(이현혜 2002: 16). 따라서 목제 따비의 존재를 통해 초기철기시대에는 청동기시대보다 상대적으로 심경(深耕)이 이루어졌으며 밭의 고랑도 높아졌다고 이해할 수 있다. 목제 괭이의 날이 길어지면서 폭도 좁아진 변화도 초기철기시대에 상대적으로 심경이 이루어졌음을 뒷받침하는 하나의 근거라고 생각한다. 그리고 목제 따비와 목제 괭이를 함께 사용할 때에는 양자의 역할이 구분되었을 가능성이 있다. 다시 말해 농경문 청동기에 묘사된 것처럼 목제 따비로 발토한 흙을 목제 괭이로 부수는 방식(이현혜 1998: 19; 최덕경 2002: 3-4)으로 양자의 사용처가 구분되었을 개연성이 있다.

한편, 목제 따비를 충적지의 경작지에서 사용하는 것은 무리가 없었겠지만, 구릉지에 조성된 경작지의 기경 작업에도 사용하였는지에 관해서는 의문이 있다. 다시 말해 부식토가 얕은 구릉지를 목제 따비로 기경하는 것은 쉽지 않았을 것이다. 특히 땅을 깊게 파기 어려운 목제 괭이로 개간한 구릉지의 경작지를 목제 따비로 기경할 수는 없었을 것이다. 이런 맥락에서 보면 초기철기시대의 목제 따비는 충적지의 경작지에서만 사용하였을 가능성이 있다고 생각한다. 그리고 초기철기시대에 분명하게 제초 작업에 사용되었다고 판단되는 농기구는 없지만, 청동기시대와 마찬가지로 어느 정도의 제초 작업은 이루어졌을 것이다. 또한, 수확 작업에는 철도자를 이용하였는데, 철도자가 보급되지 않았던 곳에서는 여전히 석도를 사용하였다.

원삼국시대에는 철제 괭이와 철제 따비, 쇠삽날, 쇠스랑 등이 보급되면서 기경구의 철제화가 진행되었다. 그리고 원삼국시대에는 판상 철부와 단조 철부 등의 철제 목공구도 출현(김도헌 2001: 99-100)하는데, 이런 철제 목공구를 사용하면서 개간 작업, 특히 벌목 작업의 효율성이 높아졌음은 분명하다. 또한, 벌목 작업은 주로 구릉지에서 이루어진다는 점에서 이전보다 구릉지 개간이 쉬워졌다고 추정할 수 있다. 그리고 철제 괭이와 철제 따비, 쇠삽날, 쇠스랑 등의 철제 기경구를 사용하면서 기경 작업에 뚜렷한 변화가 있었음이 분명한데, 작업 효율성이 향상됨(이현혜 1990: 63-64)과 동시에 이전보다 심경이 이루어졌을 것이다. 특히 철제 괭이와 철제 따비가 보급되면서 구릉지 경작지에서도 따비를 이용한 기경 작업이 진행될 수 있었다고 추정한다. 이런 맥락에서 보면 원삼국시대에는 구릉지의 개간이 활발히 진행되었다고 파악할 수 있다(김도헌 2010: 48-149).

그리고 원삼국시대의 제초 도구로 분명하게 밝혀진 유물은 아직 없지만, 앞에서 살펴본 이른바 서형 철기를 통해 제초 도구에 관한 인식이 원삼국시대에 존재하였음을 짐작할 수 있다. 또한, 일반적으로 심경이 이루어질수록 잡초 관리가 편리하다는 사실(구자옥 외 1992: 62)을 고려하면 철제 기경구가 보급된 원삼국시대부터 체계적인 제초 작업이 진행되었을 가능성이 있다. 다시 말해 이전에는 잡초가 너무 무성하여 제초할 엄두를 내지 못하였지만, 이전보다 심경이 이루어지면서 잡초가 감소하였고 이렇게 잡초가 줄어들면서 체계적인 제초 작업을 시작하였을 가능성이 있다고 생각한다. 어쨌든 이 문제는 앞으로 자료와 연구 성과가 축적되면 분명하게 밝혀질 것으로 기대한다. 한편, 원삼국시대의 철겸은 대부분 둔각 겸이어서 수확 작업에는 그다지 사용되지 않았을 것이다. 따라서 수확 작업은 여전히 철도자를 이용한 이삭 따기가 보편적이었다고 생각한다.

삼국시대에는 쟁기와 철서, 살포, 호미 등의 농기구가 새롭게 등장하는데, 기경구뿐만 아니라 제초구와 관개구도 등장한다는 점에서 농경의 양상이 이전과는 뚜렷하게 변화하였다고 이해할 수 있다. 먼저 쟁기가 도입되면서 개간과 기경 작업의 효율이 높아졌을 뿐만 아니라 이전과 구별되는 심경도 이루어졌다(전덕재 2006: 97-98). 그런데 삼국시대 보습의 출토 사례가 너무 적어서(이현혜 1992: 2-8) 모든 지역에서 쟁기를 사용하였다고 파악하기는 어렵다. 따라서 쟁기가 보급되지 않았던 곳과 지형 조건 때문에 쟁기를 사용할 수 없었던 지역에서는 여전히 철제 괭이와 철제 따비로 기경 작업을 진행하였을 것이다.

그리고 철서는 이전과는 구별되는 체계적인 제초 작업이 이루어졌음을 알려주는 유물이다. 또한, 호미의 출현은 철서와는 다른 차원의 제초 작업이 진행되었음을 반영한다. 즉, 짧은 자루 도구인 호미는 앉아서 사용하기 때문에 정밀도가 높지만 많은 시간이 소요된다. 따라서 호미는 제초 작업이 강화되었음을 알려주는데, 이처럼 제초 작업을 정밀하게 진행하면 작물 생육이 좋아지는 효과가 있고 결과적으로 수확량이 증가하게 된다. 따라서 삼국시대에는 제초 작업이 강화되면서 단위 면적당 생산량이 증가하였다고 이해할 수 있다. 다만, 삼국시대 호미는 슴베 길이가 다소 긴 편이어서 단병서로 단정할 수 있을지는 의문이고 이와 연동하여 제초 작업의 방식도 논란의 여지가 있다.

한편, 살포는 이전보다 관개시설이 확충되었음을 반영한다. 살포는 물꼬를 막거나 틔우는 데 사용하는 도구이지만, 이 작업에는 괭이와 삽 등의 다른 농기구를 사용하여도 큰 무리가 없다. 따라서 살포는 관개시설의 확충을 반영하는 상징적인 유물로 인식(김재홍 2000: 32-38)할 수 있다. 이런 맥락에서 보면 삼국시대에는 이전보다 관개시설이 확충되었고 동시에 수전의 면적도 확대되었다고 추정할 수 있다.

그리고 삼국시대에는 수확구로 철겸이 널리 사용되었다. 원삼국시대까지는 둔각 겸이 대부분이었으나 삼국시대에는 직각 겸이 다수를 차지한다는 점(김도헌 2001: 97-98)에서 이때부터 철겸을 이용한 수확 작업이 이루어졌음은 분명하다. 또한, 철겸을 수확에 이용하였다는 것은 줄기를 베었다는 의미인데, 이삭 따기에서 줄기 베기로 수확 방식이 전환되면서 작업 효율성도 향상되었을 것이다. 한편, 이삭 따기의 장점이 낟알의 세세한 관찰이 가능하여 선별을 통한 품종 개량이라는 사실(안승모 1998: 248-250)을 고려하면 줄기 베기로 수확 방식이 바뀌었다는 사실은 품종 개량이 어느 정도 진행되었음을 반영할 가능성이 있다(김도헌 2010: 151).

결국, 삼국시대에는 기경과 제초, 관개, 수확 등 모든 작업에서 이전과 차별되는 뚜렷한 변화가 발생하였음을 알 수 있다. 또한, 삼국시대에 기본적인 농기구 체계가 완성되었을 뿐만 아니라 농경 체계의 큰 틀도 정립되었다고 판단한다. 실제로 통일신라시대의 농기구는 삼국시대와 큰 차이가 없는데, 보습에 볏이 장착된다는 점과 호미의 출토 사례가 증가한다는 점, 낫이 새롭게 출현한다는 점 등의 부분적인 변화만 확인된다. 따라서 세부적인 차이는 있었겠지만, 삼국시대에 정립된 농기구와 농경 체계의 큰 틀은 통일신라시대에도 유지되었을 것이다.

표 2 시대별 농경 작업의 변화

작업 시대	개간	기경	제초	관개	수확	비고
신석기	화경(?)	석제 굴지구	×	×	도구 없음	석제 굴지구 농경 단계
청동기	화경(?)	목제 괭이	×	○	석도 (이삭 따기)	목제 괭이 농경 단계
초기 철기	철기 사용(?)	목제 괭이, 목제 따비 (심경 강화)	×	○	석도 (이삭 따기)	목제 따비 농경 단계
원삼국	철기 사용	철제 괭이, 철제 따비 (심경 강화)	?	○	철도자 (이삭 따기)	철제 따비 농경 단계
삼국	철기 사용	철제 괭이, 철제 따비, 쟁기(심경 강화)	철서, 호미 (제초 강화)	관개시설 확충	철겸 (줄기 베기)	철제 따비와 쟁기 농경 단계
통일 신라	철기 사용	철제 괭이, 철제 따비, 쟁기(심경 강화)	철서, 호미 (제초 강화)	관개시설 확충	철겸 (줄기 베기)	쟁기와 철제 따비 농경 단계

그리고 고고학 자료로 파악할 수 있는 고려·조선시대의 농기구 구성(김재홍 2012: 42-68)은 통일신라시대와 큰 차이가 없다. 그러나 문헌기록 등을 통해 알려진 고려·조선시대의 농경 방식은 통일신라시대와 상당한 격차가 있었음이 분명하다. 이처럼 현재의 고고학 자료를 통해 고려·조선시대의 농경 방식을 파악하기에는 한계가 있지만, 앞으로 자료와 연구 성과가 축적된다면 어느 정도 밝혀질 수 있다고 기대한다.

이상에서 농기구를 통해 파악할 수 있는 농경 작업을 살펴보았다. 농기구로 보면 기경과 제초 작업에서 시대에 따른 변화가 가장 많이 확인되는데, 이를 정리하여 제시한 것이 〈표 2〉이다.

V. 맺음말

지금까지 농기구와 농기구를 통해 파악할 수 있는 농경 문제를 살펴보았다. 이상에서 살펴본 내용 가운데 농기구로 추정할 수 있는 농경의 주된 변화를 정리하는 것으로 맺음말을 대신하려고 한다.

첫째, 여러 종류의 농기구 가운데 가장 뚜렷한 변화가 확인되는 것은 기경구이다. 기경구의 변화는 심경과 밀접한 관련이 있는데, 심경은 지력 회복과 작물 생육 증진의 효과가 있을 뿐만 아니라 잡초 억제의 기능도 있다고 알려졌다. 결과적으로 심경은 생산량 증가로 연결되는데, 전 시대에 걸쳐 점진적으로 심경이 진행된 것도 이런 이유 때문이다.

둘째, 제초 작업의 변화이다. 우리나라에서 언제부터 체계적인 제초 작업이 진행되었는지는 알 수 없지만, 철제 기경구가 확산되는 원삼국시대부터 체계적인 제초 작업이 이루어졌을 개연성이 있다.

그리고 삼국시대가 되면 장병의 철서가 출현하고 뒤이어 단병(?)의 호미가 등장한다는 사실을 통해 제초 작업이 점차 강화됨을 알 수 있다. 제초 역시 작물 생육이 향상되는 효과가 있어서 결과적으로 생산량 증가로 연결된다. 그런데 호미가 출현한 이후에도 상당 기간 철서와 호미가 공존하며 자루 길이가 분명하게 짧은 이른바 단병서의 출현 시점도 상당히 늦을 가능성도 있다. 이런 현상은 농경 작업에 투입할 수 있는 노동력의 한계와 관련이 있다고 추정한다.

한편, 여기서 검토한 농기구는 대부분 밭에서 사용하는 것으로, 논에서만 사용하는 농기구는 목제 삽과 살포 정도만 있다. 따라서 농기구로 논농사의 양상을 파악하기에는 많은 한계가 있는데, 결과적으로 여기서 검토한 내용은 밭농사를 중심으로 한 농경의 양상이라고 할 수 있다.

※ 이 글은 2012년 11월 3일에 개최된 제36회 한국고고학전국대회에서 발표한 글을 수정·보완한 것임을 밝혀둔다. 발표 당시 많은 분의 지적과 조언이 있었고 이를 최대한 수용하려고 노력하였지만, 필자의 능력 부족으로 모두 담을 수는 없었다. 여기에 대해서는 양해를 구한다.

| 참고문헌 |

공우석, 2003, 『한반도 식생사』, 대우학술총서556.

郭鍾喆, 1992, 「한국과 일본의 고대 농업기술 – 김해지역과 북부 구주지역과의 비교검토를
　　　위한 기초작업」, 『韓國古代史論叢』4, 韓國古代社會研究所.

具滋玉 외, 1992, 「主要 古農書를 通한 朝鮮時代의 稻作技術 展開 過程 研究 – Ⅶ. 中耕
　　　除草 方式의 轉換」, 『韓國雜草學會誌』12-1, 한국잡초학회.

권귀향, 2009, 「Ⅴ-5. 창원 신방리 저습유적 출토 목제품 소고」, 『昌原 新方里 低濕遺蹟』, 東
　　　亞細亞文化財研究院 發掘調査 報告書 第33輯.

국립가야문화재연구소, 2008, 『한국의 고대 목기 – 함안 성산산성을 중심으로』, 연구자료집
　　　제41집.

金建洙, 1998, 「우리나라 骨角器의 分析的인 研究」, 『湖南考古學報』8.

_____, 2012, 「농업의 고고학에 대한 토론」, 『농업의 고고학』 제36회 한국고고학전국대회.

金光彦, 1987, 「신라시대의 농기구」, 『新羅社會의 新研究 – 新羅文化祭學術發表會論文集
　　　第八輯』, 新羅文化宣揚會.

김권구, 2008, 「한반도 청동기시대 목기에 대한 고찰 – 남한지역의 목기를 중심으로」, 『한국
　　　고고학보』67.

金度憲, 2001, 「古代의 鐵製農具에 대한 研究 – 金海·釜山地域을 中心으로」, 釜山大學校
　　　史學科 碩士學位論文.

_____, 2002, 「三韓時期 鑄造鐵斧의 流通樣相에 대한 檢討」, 『嶺南考古學』31.

_____, 2003, 「先史·古代 논의 灌漑施設에 대한 檢討」, 『湖南考古學報』18.

_____, 2008, 「선사·고대의 농구 조합과 생산력의 변화 – 영남지역을 중심으로」, 『嶺南考
　　　古學』47.

_____, 2010, 「嶺南 地域의 原始·古代 農耕 研究」, 釜山大學校 考古學科 博士學位論文.

_____, 2013, 「고대 따비형 철기의 용도 재검토」, 『韓國上古史學報』79.

김두철, 2009, 「변진한의 철기문화」, 『考古學誌』特輯號.

金武重, 2012, 「嶺東地域 鐵器生産」, 『강릉 안인리유적 발굴 20주년 기념 학술대회』.

金相冕, 1985, 「三角形石刀의 一研究」, 嶺南大學校 文化人類學科 碩士學位論文.

김용간·서국태, 1972, 「서포항원시유적발굴보고」, 『고고민속론문집』4, 사회과학출판사.

金元龍, 1972, 「韓國 半月形石刀의 發生과 全開」, 『史學志』6-1, 단국사학회.

金壯錫, 2007, 「청동기시대 취락과 사회복합화과정 연구에 대한 검토」, 『湖西考古學』17.

金在弘, 1991, 「新羅 中古期의 村制와 지방사회 구조」, 『韓國史研究』72.

_____, 1997, 「살포와 鐵鋤를 통해서 본 4~6세기 농업기술의 변화」, 『科技考古研究』2, 아주대학교 박물관.

_____, 2000, 「農業生產力의 발전단계와 戰爭의 양상 – 철제 농기구의 발달과 소유를 중심으로」, 『百濟史上의 戰爭』, 忠南大學校百濟研究所.

_____, 2005, 「高句麗의 鐵製 農器具와 農業技術의 발전」, 『북방사논총』8, 고구려연구재단.

_____, 2012, 「中 · 近世 農具의 종합적 분석」, 『中央考古研究』10, 中央文化財研究院.

길경택, 1985, 「한국선사시대의 농경과 농구의 발달에 관한 연구」, 『古文化』27.

董眞淑, 2001, 「半月形石刀의 一考察」, 『博物館研究論集』8, 釜山博物館.

류위남, 2009, 「삼한시대 영남지역 출토 주조철부와 판상철부 연구」, 『嶺南考古學』51.

박영초, 1988, 『조선인민경제사(원시-고대편)』, 사회과학출판사.

朴鍾振, 1991, 「韓半島 先史時代 骨角器 研究」, 慶熙大學校 史學科 碩士學位論文.

박호석 · 안승모, 2001, 『한국의 농기구』, 語文閣.

裵眞晟, 2005, 「無文土器時代 石器의 地域色과 組成變化」, 『머나먼 진화의 여정 사람과 돌』, 특별전 도록, 국립대구박물관.

사회과학출판사, 1984, 『조선의 청동기시대』.

孫明助, 1997, 「慶州 隍城洞 製鐵遺蹟의 性格에 대하여」, 『新羅文化』14.

孫晙鎬, 2002, 「韓半島 出土 半月形石刀의 變遷과 地域相」, 『先史와 古代』17.

_____, 2003, 「半月形石刀의 制作 및 使用方法 研究」, 『湖西考古學』8.

_____, 2006, 「韓半島 青銅器時代 磨製石器 研究」, 高麗大學校 文化財協同課程 博士學位論文.

_____, 2008, 「石器 組成比를 통해 본 青銅器時代 生計와 社會經濟」, 『韓國青銅器學報』3.

孫晙鎬 · 조진형, 2006, 「고배율 현미경을 이용한 반월형석도의 사용흔 분석」, 『야외고고학』 창간호.

송계현, 2002, 「嶺南地域 初期鐵器文化의 收容과 展開」, 『영남지방의 초기철기문화』第11回 嶺南考古學會 學術發表會.

宋閨貞, 2007, 「統一新羅 鐵製 農 · 工具의 特性과 發展樣相 – 生活遺蹟을 中心으로」, 한신대학교 國史學科 碩士學位論文.

_____, 2009, 「統一新羅時代 鐵製 牛耕具의 特徵과 發展樣相」, 『한국고고학보』 72.

송은숙, 2001, 「신석기시대 생계방식의 변천과 남부 내륙지역 농경의 개시」, 『湖南考古學報』 14.

_____, 2002, 「한국 빗살무늬토기 문화의 확산과정 연구」, 서울대학교 고고미술사학과 박사학위논문.

安承模, 1985, 「韓國半月形石刀의 研究 - 發生과 變遷을 중심으로」, 서울大學校 考古美術史學科 碩士學位論文.

_____, 1998, 「東아시아 初期收穫具의 種類와 分布」, 『東아시아 先史時代의 農耕과 生業』, 學研文化社.

_____, 2000, 「稻作의 出現과 擴散」, 『韓國 古代의 稻作文化』, 국립중앙박물관 학술심포지움 발표요지.

_____, 2005, 「韓國 南部地方 新石器時代 農耕 研究의 現狀과 課題」, 『韓國新石器研究』 10.

安在晧, 1997, 「鐵鎌의 變化와 劃期」, 『伽耶考古學論叢』 2, 伽耶文化研究所.

_____, 2000, 「韓國 農耕社會의 成立」, 『韓國考古學報』 43.

_____, 2004, 「中西部地域 無文土器時代 中期聚落의 一樣相」, 『韓國上古史學報』 43.

兪炳琭, 2006, 「一名 '부리형석기'用途에 대한 小考」, 『石軒 鄭澄元教授 停年退任記念論叢』, 釜山考古學研究會 論叢刊行委員會.

유병일, 2007, 「三韓·三國時代의 骨角器 - 嶺南地域 資料를 中心으로」, 『선사·고대의 骨角器』, 제11회 복천박물관 학술세미나.

李健茂·李榮勳·尹光鎭·申大坤, 1989, 「義昌 茶戶里遺蹟 發掘進展報告(I)」, 『考古學誌』 第1輯.

李旻娥, 2005, 「植物遺體에 基礎한 新石器時代 '農耕'에 대한 觀點의 再檢討」, 『韓國新石器研究』 10.

李南珪, 1997, 「前期加耶의 鐵製 農工具 - 洛東江 下流地域을 中心으로」, 『國史館論叢』 74.

李東冠, 2011, 「古代 따비에 대한 考察」, 『한국고고학보』 78.

李相吉, 1998, 「無文土器時代의 生活儀禮」, 『환호취락과 농경사회의 형성』, 영남고고학회·구주고고학회 제3회 합동고고학대회.

_____, 2002, 「南部地方 初期農耕의 現段階 - 遺構를 中心으로」, 『韓日 初期農耕 比較研究』, 韓日合同심포지움 및 現地檢討會 발표요지.

李宣昧, 2007, 「소위 '부리형석기'의 用途에 관한 研究」, 慶南大學校 史學科 碩士學位論文.

李春寧, 1989, 『한국農學史』, 민음사.

이하나, 2013, 「신라 철제농구의 변천과 확산」, 『한국고고학보』 86.

이한상, 2000, 「4세기 전후 신라의 지방통제방식 - 분묘자료의 분석을 중심으로」, 『역사와 현실』 제37호, 한국역사연구회.

李賢惠, 1988, 「韓半島 靑銅器文化의 經濟的 背景 - 細形銅劍文化期를 중심으로」, 『韓國史硏究』 56.

_____, 1990, 「三韓社會의 농업 생산과 철제 농기구」, 『歷史學報』 126.

_____, 1991, 「三國時代 농업기술과 사회발전 - 4〜5세기 新羅社會를 중심으로」, 『韓國上古史學報』 8.

_____, 1992, 「韓國古代의 犁耕에 대하여」, 『國史館論叢』 8.

_____, 1997, 「韓國 古代의 밭농사」, 『震檀學報』 84.

_____, 1998, 「한국 농업기술 발전의 諸時期」, 『韓國 古代의 생산과 교역』, 一潮閣.

_____, 2002, 「한반도 청동기시대의 밭농사 - 진주 대평리 밭유적을 중심으로」, 『震檀學報』 94.

林尙澤, 2001, 「中西部 新石器時代 石器에 대한 初步的 檢討 I - 석기조성을 중심으로」, 『한국신석기연구』 창간호.

전덕재, 2006, 『한국고대사회경제사』, 태학사.

정연학, 2003, 『한중농기구 비교연구 - 따비에서 쟁기까지』, 민속원.

趙現鐘, 1997, 「湖南地方 稻作農耕硏究의 現段階」, 『호남고고학의 제문제』, 제21회 한국고고학전국대회.

_____, 2000, 「農工具의 變遷과 生産量의 增大 - 稻作과 관련하여」, 『韓國 古代의 稻作文化』, 국립중앙박물관 학술심포지움 발표요지.

_____, 2008, 「韓國 初期 稻作文化 硏究」, 全南大學校 史學科 博士學位論文.

池健吉·安承模, 1983, 「韓半島 先史時代 出土 穀類와 農具」, 『韓國의 農耕文化 - 京畿大學 博物館 開館 特輯』, 京畿大學 出版部

千末仙, 1994, 「鐵製農具에 대한 考察 - 原三國·三國時代 墳墓出土品을 중심으로」, 慶北大學校 考古人類學科 碩士學位論文.

최덕경, 1994, 『中國古代農業史硏究』, 백산서당.

_____, 2002, 「古代韓國의 旱田 耕作法과 農作制에 對한 一考察」, 『韓國上古史學報』 37.

_____, 2007, 「古代 遼東지역의 農具와 農業技術」, 『中國史硏究』 49, 중국사학회.

河仁秀, 2006, 「嶺南海岸地域의 新石器文化 硏究」, 釜山大學校 考古學科 博士學位論文.

_____, 2010, 「凡方遺蹟의 石器 檢討」, 『釜山大學校 考古學科 創設20周年 記念論文集』, 釜山大學校 考古學科.

한국고고학회, 2010,『한국고고학강의』개정신판, 사회평론.

韓炳三, 1976,「農耕文靑銅器에 대하여」,『韓國史論文選集(先史篇) I』, 一潮閣.

洪潽植, 2001,「농기구와 부장유형 - 영남지역의 2세기 후반~4세기대 분묘부장품을 대상
  으로」,『韓國考古學報』44.

古瀨淸秀, 1991,「4. 農工具」,『古墳時代の硏究8 - 古墳 II 副葬品』, 雄山閣.

東 潮, 1979,「朝鮮三國時代の農耕」,『橿原考古學硏究所論集』4, 吉川弘文館.

有光敎一, 1999,「朝鮮半島における鐵製農具の變遷について」,『有光敎一著作集』第三
  卷, 同朋舍.

【보론】한국 중·근세의 농구(農具)

김재홍*

농구의 분석

한국 중·근세의 농구는 쟁
기(보습과 볏)·'U'자형쇠날
(따비·화가래·가래)·괭이 등
의 갈이농구(起耕具), 써레·
쇠스랑과 같은 삶는 농구
(治田具), 살포와 같은 물 대
는 농구(灌漑具), 호미와 같
은 김매는 농구(除草具), 낫

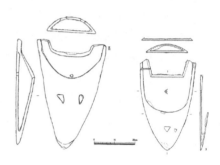

그림 1 보습(신라 통일기 → 고려)

과 같은 거두는 농구(收穫具), 그리고 도리깨·개상과 같은 터는 농
구(打作具)로 구성되어 있었다. 이로 보아 고려·조선에서는 갈이(起
耕) – 삶기(摩田) – 물대기(給水) – 김매기(除草) – 거두기(收穫) – 털이
(打作) 작업이 체계적으로 이루어졌음을 알 수 있다.

우리 나라의 지형 및 기후와 관련하여 가장 발달한 농구는 쟁기,
따비, 호미이다.

신라 통일기의 보습은 세장한 삼각형이고 양 가장자리 귀[耳]가 돌
출하며 전면에 1개, 배면에 2개의 구멍이 뚫려 있다. 고려시대의 보
습은 세장한 삼각형에 양 가장자리 귀[耳]가 심하게 돌출하고 전면과
배면에 각각 1개의 구멍이 뚫려 있어 쟁기술에 고정하게 되어 있다.
전체적으로 신라 통일기의 보습을 계승하고 있으나 세부 형태에서

---

* 국민대학교 국사학과

차이를 보이고 있다. 조선 말기에는 두부(頭部)의 귀가 없어져 직선을 이루며 배면에 역사다리꼴의 구멍이 뚫리는 개량형도 나타난다.

고려·조선시대의 보습은 세부적으로 두 가지의 형태로 나눌 수 있다. 하나는 전체적으로 삼각형이며 두께가 두터운 것으로 대부분의 보습이 이에 해당한다. 다른 하나는 끝이 뾰족하면서도 작으며, 두께도 얇은 편으로 용인 마북리사지에서 출토된 보습이다. 이러한 차이는 지역이나 용도에 따른 것일 가능성이 높다. 조선시대 산간지대의 보습들은 그 형태가 두터우면서도 둥글고 길어 쟁기에 두마리의 소를 횡렬로 나란히 세워 끌었다. 이는 출토 쟁기의 대부분을 차지하는 삼각형 보습의 형태와 일치하고 있다. 그런데 평야가 많은 경기지방의 보습은 끝이 뾰족하면서도 작으며 한 마리의 소로 끄는 것이 특징이라고 하였다. 이러한 형태의 쟁기는 마북리사지에서 발견된 보습의 형태와 일치하고 있다.

기록상으로 쟁기는 볏이 달린 보습이 일반적이지만 고고학 자료상으로는 보습만 출토되는 경우가 많다. 현재 상황으로는 볏 없는 쟁기가 보편적이었다고 해석할 여지도 있다. 이는 우리나라의 지형상 무상무벽리(無床無鐴犂)가 더 효과적일 수 있으므로 볏 없는 쟁기로도 충분히 경작이 가능하였을 것이라는 추측도 가능하게 한다.

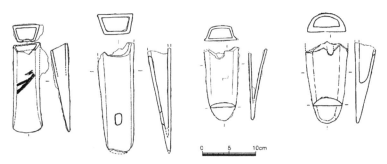

그림 2 주조괭이와 따비날의 변화(삼국 → 신라 통일기 → 고려 → 조선)

그러나 현재 발견된 보습도 충주 노계(老鷄)마을 야철유적과 대전 상대동 고려시대 보습을 제외하고는 대부분 편으로 출토된 것이므로 볏도 편으로 발견되어 확인하지 못하였을 가능성도 있다.

주조괭이는 초기철기시대부터 사용된 가장 오래된 농구의 하나이며, 고려·조선시대에는 날끝의 폭이 좁아지면서 2개가 하나로 사용되어 따비의 기능으로 변하게 된다. 그 형태는 유사하나, 2점을 함께 사용하는 코끼리이빨따비로 전환되었다. 주조괭이와 코끼리이빨따비는 그 형태가 유사하여 구별하기 곤란한 측면도 있으나 평면 및 단면형태로 보아 기능을 구별할 수 있다. 횡단면의 형태는 사다리꼴(주조괭이) → 모죽인 사다리꼴·각진 반타원형(따비, 고려) → 반타원형·반원형(따비, 조선)으로 변화한다. 특히 단면의 형태는 고려시대와 조선시대의 따비를 구별하는 가장 중요한 요소이다.

호미는 김매는 작업이 가장 긴요한 우리나라의 기후와 지형에 맞는 농구이다. 고려·조선시대에 호미의 발전방향은 슴베가 긴 것에서 짧은 것으로 변하고 있으며, 날의 너비에 비해 길이가 지나치게 긴 낫형 호미에서 길이가 점차 짧아지는 호미로 변하고 있다. 그리고 슴베의 길이도 짧아지는 것으로 보아 나무자루도 짧은 단병서로 변해 갔을 것으로 추정된다.

농구의 조합

고려·조선시대에는 수경구(手耕具)와 축력구(畜力具)를 조합하여 다양한 농작업을 수행하였다. 특히 쟁기-가래, 쟁기-쇠스랑, 화가래-쇠스랑 등을 조합한 농작업은 갈이와 삶는 작업이 철제 농구를 중심으로 이루어진 것을 잘 보여주고 있다. 영조대 청계천을 준설하면서 그린 〈어전준천제명첩(御前濬川題名帖)〉에는 한 마리의 소가 끄는 쟁기질과 더불어 세손목 한카래의 가래질이 묘사되어 있다. 쟁기와 쇠스랑의 작업은 조선 후기에 김홍도의 풍속도첩(風俗圖帖)에서 확인된다. 두 마리의 소가 끄는 삼각형 보습과 볏이 달린 쟁기질이 이루어진 뒤에 두 사람이 쇠스랑을 이용하여 흙을 삶고 있다. 조선시대 이방운의 〈빈풍칠월도〉에 보이는 화가래와 쇠스랑으로 수행하는 농작업은 목곽묘(木槨墓)단계에서 출토된 U자형쇠날과

그림 3 단원 풍속화첩의 논갈이

쇠스랑의 조합과 잘 부합된다.

15세기 양반가 갈이 농구로 쟁기·괭이, 삶이 농구로 쇠스랑, 김매는 농구로 호미, 거두는 농구로 낫을 사용하고 있었다. 그리고 15세기 양반가는 2필 정도의 소와 쟁기를 이용하여 경작하는 소농경영을 유지하고 있었다〔하위지(河緯地)가 양자인 귀동(龜童)에게 물려준 재산 목록인 유권(遺券)〕.

출토유적

철제 농구가 출토된 유적은 무덤유적과 생활유적으로 나눌 수 있다. 무덤유적에는 토광목관묘(土壙木棺墓)와 석곽묘(石槨墓)가 있는데, 고려·조선시대의 대표적인 무덤이다. 생활유적은 사찰터, 관청터, 야철지(冶鐵址), 주거지(住居址), 성(城), 다리(石橋) 등이 있다. 삼국시대에는 주로 무덤유적에서 철제 농구가 출토되는 비율이 높으나, 고려·조선시대에는 사찰·건물지·성과 같은 생활유적에서 출토되

는 양이 많아지고 있다.

농경의례

건물지에서 출토된 농구 중에서 매납의례(埋納儀禮)와 관련하여 중요한 성격을 가진 것이 있으며, 일반적으로 지진구(地鎭具 혹은 鎭壇具) 혹은 농경의례(農耕儀禮)의 성격을 보여주고 있다. 매납의례에 해당하는 농구는 대부분 구덩이(竪穴) 내부와 대옹이나 쇠솥 등에 넣어 매납하는 경우가 있다. ① 대옹(大甕)과 나란히 또는 그 안에 매납하는 경우로서, 포천 영송리 건물지에서는 대옹의 옆에서 호미 2점과 낫 1점이 가지런하게 놓여 있었다. ② 쇠솥에 넣어 묻는 경우로서 충주 노계(老鷄)마을 야철유적(冶鐵遺蹟)에서는 철기(보습과 볏, 코끼리이빨따비, 낫)를 다량으로 묻은 매납유구가 3기 발견되었다. 농구를 묻기 위해 사용하거나 구덩이에 함께 묻은 용기는 대옹, 시루, 무쇠솥 등으로 곡물을 담아두거나 취사(炊事)와 관련된 용기이다. 곡물을 갈고 수확하는 농구와 이를 저장하거나 취사하는 용기가 함께 매납되었다는 것은 농경과 관련된 행위로 볼 수 있다.

| 참고문헌 |

김재홍, 2012, 「중·근세 農具의 종합적 분석」, 『중앙고고연구』 10, 중앙문화재연구원.

경작유구를 통해 본 경지이용방식의 변천 연구

윤호필*

I. 머리말

인간 생존에서 가장 중요한 것은 '식량을 어떻게 지속적으로 확보할 것인가?'이다. 이는 인류가 등장하는 시점부터 지금의 현대사회에 이르기까지 인간 생존의 가장 중요한 문제이자 해결해 나아가야 할 과제이다. 따라서 식량 확보 방법에 대한 변화양상을 살펴봄으로써 인류의 생존방식 변화를 이해하고, 이로 인한 사회·문화적 변천 과정도 살펴볼 수 있다. 식량을 확보하는 방법은 크게 자연적으로 생산된 식량을 확보하는 것(수렵·어로·채집 등)과 인위적인 방법으로 식량을 생산하여 확보하는 것(농업)으로 나눌 수 있다. 이 중 식량을 지속적이고 안정적으로 확보할 수 있는 것은 후자의 방법으로 선사시대부터 조금씩 보급되기 시작하여 현재는 식량생산의 대부분을 차지하고 있다.

농업에 대한 고고학적인 관심은 1990년대 이후 하남 미사리 유

---

* 경남발전연구원

적, 진주 대평리 유적, 진주 평거동 유적 등 대규모 경작유적들의 조사로 인해 단편적으로만 확인되던 경작유구의 전모를 조금이나마 확인할 수 있었고, 또한 취락이라는 큰 틀에서 경작유구를 바라보기 시작하면서 부터이다. 이후 경작유적의 조사사례가 증가하고 조사방법과 분석방법이 다양해지면서 농업에 대한 관심과 연구는 활발히 진행되고 있다. 농업연구는 식량생산을 담당하는 논과 밭이 중심이 되며, 주로 경작유구의 판정, 조사방법, 유구형태, 농경문화, 농경과 사회 등 다양한 관점에서 진행되고 있다. 특히 최근에 강원도 고성 문암리에서 신석기시대 경작유구인 '밭'이 확인되었고(국립문화재연구소 2012), 국책사업인 '4대강 살리기 사업'의 일환으로 4대강의 본류와 지류에서 많은 경작유적들이 조사되면서, 자료증가와 더불어 시대별로 편중되었던 경작유구의 자료 공백이 조금은 해소되었다(한국문화재조사연구기관협회 2011a, 2011b, 2011c, 2011d, 2011e, 2011f).[1] 하지만 이러한 자료의 증가에도 불구하고 아직 경작유구에 대한 세부적이고 구체적인 자료는 많이 부족한 편이다. 그것은 대부분의 경작유구 조사가 전체면적의 일부만 조사되거나 층위조사 또는 유구확인 조사를 통해 경작유구의 존재 유무만을 확인하기 때문이다.[2]

따라서 현재 확인된 자료만으로는 경작유구의 정확한 구조나 경작기술, 경지이용방식 등을 보다 구체적으로 파악하기 힘든 상황이다. 또한 문헌사료에 나타난 농법이나 농업활동을 검증하는 것도 어려운 점이 있다. 하지만 시대별로 경작유구의 조사사례가 많이 증가하여, 현 시점에서 경작유구 현황을 새롭게 정리할 필요성이 있고, 이를 토

---

1 '4대강 살리기 사업'에서는 대부분 중·근세 경작유구가 조사되었다.
2 시대별로 보면 중·근세 경작유적이 가장 심하며, 대부분이 일부 또는 층위조사만 이루어졌다.

대로 대략적이나마 시대별 농업기술의 발전과정에 대한 방향성과 보편성을 살펴볼 수 있을 것으로 생각한다. 따라서 본고에서는 고고학적 관점에서 경작유구(논과 밭)의 세부속성을 검토하여, 시대별 농업기술의 특징과 경지이용방식의 변천에 대해서 살펴보고자 한다.

II. 시대별 경작유구 현황 및 세부속성 검토

시대별 경작유구의 특징은 현재까지 확인된 모든 경작유적을 대상으로 현황을 정리하고 세부속성을 검토하여 파악하였다.[3] 세부속성은 입지, 형태, 규모, 내부흔적, 관련시설, 특징 등으로 구분하였다. 본고에서는 지면 관계상 정리된 세부속성 현황을 모두 게재하지 않고, 각 시대별로 경작유구의 특징만을 요약하여 간략하게 제시하였다.[4]

---

3 현재(2012년)까지 필자가 확인한 경작유적은 약 130여 개 유적으로, 이 중에는 시기가 불명확한 유적, 논과 밭이 함께 확인된 유적, 여러 시대의 유적이 중첩되어 확인된 유적 등이 포함되어 있다. 따라서 세부속성 검토는 시굴조사 및 발굴조사된 유적을 중심으로 경작유구의 분석이 가능한 유적을 대상으로 하여 시대별로 정리하였다. 자료집성은 기존의 경작유구 집성자료를 참고하여 보완하고, 새롭게 조사된 유적과 유구를 추가하였다. 하지만 시대를 알 수 없거나 정식 보고서가 발간되지 않아 세부적인 내용을 알지 못하는 유적은 일부 제외하였다. 경작유구에 대한 자료 집성은 다음의 논고를 참고하였다. (곽종철 2001, 2010; 곽종철·이진주 2003; 윤호필·고민정 2006; 안재호 2010; 김도헌 2010; 한국문화재조사연구기관협회 2011a, 2011b, 2011c, 2011d, 2011e, 2011f)
4 시대별 경작유적 세부속성 현황표는 부록으로 정리하고자 한다.

1. 시대별 경작유구 현황

1) 신석기시대 경작유구

신석기시대 농경과 관련된 고고학적 자료는 주로 석제와 골제로 만든 굴지구와 탄화된 곡물 등이 대부분이었으나, 2012년 강원도 고성 문암리 유적에서 신석기시대 중기의 '밭'이 확인되어 실질적인 경작활동의 증거를 확인하게 되었다(국립문화재연구소 2012).[5] 논과 관련해서는 탄화된 쌀만 확인되었을 뿐, 논유구는 아직 확인되지 않았다.

표 1 고성 문암리 유적 밭의 특징[6]

종류			내용
밭	배치형태		주거지와 인접해 배치
	작휴형태		이랑밭
	이랑	방향	등고선과 직교
		형태	직선형
	경작흔적	내부흔적	작물식재흔

그림 1 고성 문암리 유적 신석시기대 밭

2) 청동기시대 경작유구

청동기시대는 농경활동이 본격적으로 시작되는 단계로 크게 송국리형 문화와 점토대토기 문화를 중심으로 시기가 나뉜다. 청동기시대의 시기는 전기, 중기, 후기의 3시기로 나눌 수 있다.[7] 경작유구는 청

---

5 현재 문암리 유적에서 확인된 '밭'에 대한 정확한 분석이 나오지 않은 상태로, 아직 밭의 조성시기에 대한 논란이 있다. 여기서는 조사단의 의견을 수용하여 '신석기시대 밭'으로 상정하여 논지를 전개하고자 한다. 향후 추가조사를 통해 보다 정확한 조성시기가 밝혀질 것으로 기대한다.

6 〈표 1〉은 「고성문암리유적(사적426)발굴조사」 현장설명회자료집의 내용을 정리한 것이다.
국립문화재연구소, 2012, 「고성문암리유적(사적426)발굴조사」 현장설명회자료집.

7 필자의 이전 논고들에서 청동기시대 시기구분은 모두 송국리형문화를 후기로 설정한

동기시대 전기와 중기에 주로 확인되며, 후기에는 아직 확인된 사례가 없다. 따라서 여기서는 전기와 중기의 시기별 농경 특징을 간략하게 정리하고자 한다. 청동기시대는 도구체계가 일부 금속기(청동기)로 바뀌었지만, 농경도구에는 적극적으로 활용되지 못해 경작지 조성이나 농경기술은 초보적인 단계에 머물렀다. 따라서 경작지의 입지와 규모가 한정적으로 나타난다.

표 2 청동기시대 전기 농경의 특징

	종류	내용
논	지형적 입지	개석곡저, 충적지의 배후습지
	유구형태	계단식 논, 소구획 논
	농경지 규모	소·중규모
	관련시설	수로시설
	주요 유적	울산 야음동 유적, 밀양 금천리 유적, 대구 동호동 유적
밭	지형적 입지	충적지, 구릉정상부
	배치형태	주거지와 인접 배치
	농경지 규모	소규모
	작휴형태	이랑밭
	주요 유적	대구 동천동 유적, 진주 옥방1지구 유적

그림 2 밀양 금천리 유적 논 전경(경남대학교 박물관 2003)

2분기설을 따랐지만, 최근 점토대토기 문화의 연구성과와 2분기설의 비판적 견해들을 수용하여 전기 – 중기 – 후기의 3분기설을 사용하고자 한다(윤호필 2013: 9).

표 3 청동기시대 후기 농경의 특징

종류		내용
논	지형적 입지	구릉사면 말단부, 개석곡저, 충적지의 배후습지
	유구형태	계단식 논, 소구획 논
	농경지 규모	소규모, 중규모(?)
	관련시설	수로시설의 다양화, 저수지
	주요 유적	울산 옥현 유적, 논산 마전리 유적, 부여 구봉리 유적, 보령 관창리 유적
밭	지형적 입지	구릉정상부, 개석곡저, 충적지의 자연제방
	배치형태	주거지와 인접해 배치, 별도의 공간에 경작지 조성
	농경지 규모	소·중·대규모
	작휴형태	이랑밭, 소구획밭, 소형수혈밭
	이랑방향	경사면에서는 등고선과 직교, 평탄면에서는 다양한 방향
	경작 흔적 내부시설	경계구, 수혈, 집석
	경작 흔적 내부흔적	작물식재흔
	주요 유적	진주 대평리 유적, 진주 평거3지구 유적, 진주 평거4지구 유적, 밀양 살내 유적, 진안 여의곡 유적, 마산 진동 유적

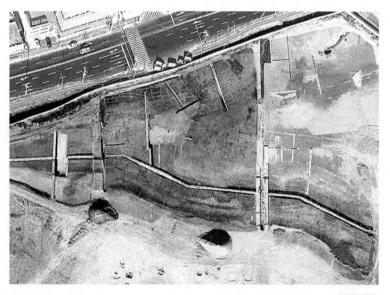

그림 3 진주 평거3-1지구 유적 청동기시대 1층 논(중기)(경남발전연구원 역사문화센터 2010)

그림 4 진주 대평리 어은1지구 유적 청동기시대 밭(중기)(경남대학교박물관 1997)

3) 삼국시대~통일신라시대 경작유구[8]

삼국시대는 철기의 보급으로 철제 농경도구가 개발되고 이를 적극적으로 활용하면서 다양한 입지에서 농경지가 만들어지고 확대되어진다. 또한 우경의 본격화로 경작기술에도 많은 변화가 생긴다.

표 4 삼국시대~통일신라시대 농경의 특징

종류		내용
논	지형적 입지	구릉말단부, 곡간평야, 충적지의 배후습지
	유구형태	계단식 논
	농경지 규모	중규모
	경작흔적 내부시설	논둑, 물꼬
	경작흔적 내부흔적	우족흔, 족적, 기경흔, 수레바퀴흔
	관련시설	수로, 보, 집수유구, 제방
	주요 유적	창원 반계동 유적, 울산 굴화리 유적, 울산 서부리 남천 유적, 부여 합송리, 연기 대평리, 진주 평거3지구 유적, 진주 평거4지구 유적

---

8 대상유적을 삼국시대와 통일신라시대로 구분하지 않은 것은 실제 경작유구 조사에서

종류			내용
밭	지형적 입지		구릉사면, 개석곡저, 충적지의 배후습지(논과 밭 전환)
	배치형태		주거지와 인접해 배치, 별도의 공간에 경작지 조성
	농경지 규모		소·중·대규모
	작휴형태		이랑밭, 소구획밭, 소형수혈밭
	이랑방향		경사면에서는 등고선과 평행, 평탄면에서는 다양한 방향
	이랑밭 형태		직선형, 곡선형
	경작 흔적	내부시설	경계구, 경계둑
		내부흔적	소형 수혈, 식재흔, 논·밭 전환흔적, 수레바퀴흔
	주요 유적		하남 미사리 유적, 경주 금장리384-23번지 유적, 진주 대평리 옥방3지구 유적, 진주 대평리 옥방9지구 유적, 창원 반계동 유적, 진주 평거3지구 유적, 진주 평거4지구 유적, 산청 평촌리 유적

그림 5 진주 평거3-1지구 유적 삼국시대 논과 밭(경남발전연구원 역사문화센터 2010)

출토유물이나 경작유구의 구조만으로는 두 시대를 구분하기 어려운 점과 기 보고된 사례에서도 이를 뚜렷하게 구분하여 보고한 것이 적기 때문이다. 이에 본고에서는 두 시대를 통합해서 살펴보고자 한다.

그림 6 진주 평거3-1지구 유적 삼국시대 밭(경남발전연구원 역사문화센터 2010)

4) 고려시대 경작유구

고려시대 경작유구는 현재 밭유구만 확인되었으며, 논유구는 확인되지 않았다. 대규모의 경작지가 많이 확인되며, 경작지 내부에서도 다양한 흔적들이 확인된다.

표 5 고려시대 농경의 특징

종류		내용
밭	지형적 입지	구릉사면, 개석곡저, 곡간평야, 충적지의 자연제방
	배치형태	별도의 공간에 독립적으로 배치
	농경지 규모	대규모
	작휴형태	이랑밭
	이랑방향	경사면에서는 등고선과 평행, 평탄면에서는 다양한 방향
	이랑밭 형태	직선형
	경작흔적 내부시설	경계구, 경계둑, 농로, 수로
	경작흔적 내부흔적	소형수혈, 식재흔, 수확공, 족적, 경운흔적(쟁기)
	주요 유적	대구 달성 죽곡107번지 유적, 진주 평거3지구 유적, 진주 종합경기장 건립부지내 유적, 진주 혁신도시 개발사업지구내 유적

그림 7 진주 평거3-1지구 유적 고려시대 밭(경남발전연구원 역사문화센터 2010)

5) 조선시대 경작유구

조선시대 경작유구는 고려시대와 같이 대규모로 조성되며, 보다 다양한 입지에서 확인된다. 내부흔적들은 비교적 잘 나타나며, 경작 관련 시설물도 많이 확인된다.

표 6 조선시대 농업의 특징

종류			내용
논	지형적 입지		구릉사면 말단부, 개석곡저, 곡간평야, 충적지의 배후습지
	유구형태		계단식논
	농경지 규모		대규모
	경작흔적	내부시설	논둑, 물꼬
		내부흔적	우족흔, 족적, 기경흔
	관련시설		수로, 보, 집수시설, 제방
	주요 유적		부여 구봉·노화리 유적(A지구), 연기 대평리 유적, 진주 평거3지구 유적, 진주 평거4지구 유적

종류		내용
	지형적 입지	구릉사면, 개석곡저, 곡간평야, 충적지의 자연제방
	배치형태	별도의 공간에 독립적으로 배치
	농경지 규모	대규모
	작휴형태	이랑밭
	이랑방향	경사면에서는 등고선과 평행, 평탄면에서는 다양한 방향
밭	이랑밭 형태	직선형
	경작흔적 내부시설	경계구
	경작흔적 내부흔적	식재흔, 족적흔, 우족흔, 소형수혈, 수레바퀴흔, 이랑조성흔
	주요 유적	양산 증산리 유적, 함안 이룡리 유적, 창녕 장천리 유적, 진주 평거3지구 유적, 부여 구교리·중리 유적, 부여 정동리 오얏골·펑바위골 유적, 여주 2지구 유적

그림 8 진주 평거3-1지구 유적 조선시대 논(경남발전연구원 역사문화센터 2010)

2. 세부속성 검토

1) 논

(1) 입지

논은 재배작물인 '벼'의 특성상 배수가 불량하고 주변에서 물을 쉽게 구할 수 있는 곳인 충적지의 배후습지, 개석곡저, 구릉말단부 저지 등에 입지한다. 따라서 선사시대 이래로 논의 입지는 크게 변하지 않는다. 다만 청동기시대는 도구체계가 석기와 목기가 주로 사용되었기 때문에 형질변경이 어려워 원지형을 최대한 유지하여 조성된다. 따라서 논의 규모가 작고 입지하는 곳도 한정적이다. 삼국시대부터 도구체계가 철제로 바뀌고, 축력을 경작에 사용하면서 논 경작지가 확대된다. 하지만 입지적으로는 크게 변하지 않는다. 고려시대와 조선시대는 수리시설이 활발히 축조되면서 논 경작지의 입지가 보다 다양해지고 경작 면적도 획기적으로 증가한다. 전체적으로 보면, 기본적인 입지양상은 비슷하지만 도구체계의 변화, 농경기술의 발달, 수리시설 확충, 사회제도의 변화 등으로 인위적인 형질변경이 증대되면서 보다 넓고 다양한 입지에 논 경작이 이루어진다.

(2) 유구형태

논의 기본 구조는 논둑으로 논면을 구획하고 수로를 통해 물을 끌어들인 다음, 각 논면에는 물꼬를 통해 물을 전달한다. 청동기시대는 방형과 장방형의 규모가 작은 소구획 논과 폭이 좁은 계단식 논이 조성되며, 삼국시대부터 논 한 면의 면적이 증가하여 폭이 넓은 구획논이나 계단식 논으로 바뀌게 된다. 이는 철제 농기구와 우경을 통한 경작활동이 논의 형태변화에 중요한 역할을 한 것으로 보인다. 고려시대와 조선시대는 논의 형태가 보다 정연해지고 규격화되며,

논 한 면의 면적도 더 넓어진다.

2) 밭
(1) 입지 및 배치

밭은 토양 및 지형조건이 까다롭지 않아 다양한 지형에 입지한다. 주로 구릉사면, 개석곡저, 충적지 등이다. 이 중 대규모 밭은 지형적으로 개방적인 개석곡저나 충적지에 주로 입지한다. 이 중 충적지에 입지한 밭은 자연제방을 중심으로 분포한다. 신석기시대 밭은 고성 문암리 유적 한 곳이 확인되었다. 문암리 유적 밭은 해안에 위치한 사구지형의 배후저지에 입지하고 있어 일반적인 밭의 입지형태는 아니지만, 토양조건이나 인접한 하천으로 볼 때 밭 경작에 유리한 조건을 갖추고 있다. 또한 주거지가 인접해 배치된 것도 특징이다. 청동기시대 밭은 주거지와 인접해서 밭이 조성되며, 주로 미고지의 평탄면, 자연제방 사면, 미고지와 미고지 사이의 경사면에 입지한다. 대규모로 조성된 밭은 경계구를 이용하여 구획된다. 삼국시대에서 통일신라시대의 밭은 입지적으로 큰 차이가 없으나, 밭 경작지의 면적은 훨씬 넓어진다. 이는 철제 농기구와 우경을 통해 새로운 경작지가 많이 개간되었기 때문이다. 충적지에서는 자연제방을 중심으로 전 면적에 조성되기 시작한다. 대규모 밭은 경계구나 경계둑으로 구획되는데, 청동기시대에 비해 보다 규격화된다. 고려시대와 조선시대는 밭의 입지가 보다 다양해지고, 경작지의 면적도 더 증가한다. 대규모 밭의 경우 구획되는 면적이 전 시대에 비해 훨씬 넓어진다.

(2) 작휴형태(이랑짓기)

작휴형태는 크게 이랑밭, 소구획밭, 소형수혈밭 등으로 구분된다(윤호필·고민정 2006: 40). 이랑밭은 신석기시대부터 확인되는 가장 기본적인 밭의 형태로서 고랑과 두둑이 병렬적으로 길게 늘어선 형태이다. 대부분의 밭이 여기에 해당된다. 이랑밭을 만드는 방법으로 평휴법(平畦法), 휴립법(畦立法), 성휴법(盛畦法)이 있다. 평휴법은 고랑과 두둑의 높이를 같게 하는 방식, 휴립법은 두둑을 세워 고랑을 낮게 하는 방식, 성휴법은 두둑을 보통보다 넓고 크게 만드는 방법이다(채제천 외 2006: 318-319). 신석기시대부터 조선시대까지 일반적으로 조성된 작휴형태는 휴립법이다. 평휴법은 주로 삼국시대 이후에 사용된 것으로 보이며, 성휴법은 고려시대 이후에 주로 사용된 것으로 보인다. 이러한 작휴형태의 변화는 경작도구 및 이랑조성 방법의 변화와 밀접한 관련성이 있는 것으로 생각된다. 즉, 석제 및 목제 농기구에서 철제 농기구로 변화하고, 이랑조성 방법도 인력에서 축력으로 변화하면서 이랑조성이 보다 다양화되고 규격화된 것으로 보인다.

표 7 이랑밭 조성방법 및 특징

명칭		모식도	고랑과 두둑 특징	재배작물 및 특징
평휴법			두둑높이 = 고랑깊이	채소, 벼 재배 건조해, 습해 동시완화
휴립법	휴립 휴파법		두둑높이 > 고랑깊이 두둑에 파종	조, 콩 재배 배수와 토양 통기 양호
	휴립 구파법		두둑높이 > 고랑깊이 고랑에 파종	맥류 재배 寒害, 凍害 방지
성휴법			두둑을 크고 넓게 만듦	중부지방에서 맥후 작콩의 파종에 유리 답리작 맥류 재배 건조해, 장마철 습해방지

(3) 이랑

신석기시대와 청동기시대의 이랑은 가장자리가 울퉁불퉁한 경우가 많으나 철제 농기구가 일반화되는 삼국시대 이후부터는 직선적으로 매끄럽게 조성된다. 이랑방향은 자연방위 및 지형의 영향을 많이 받게 되는데, 이는 작물의 성장, 경작지 조성 및 유지와 밀접한 관련성이 있다. 경사면에 입지한 밭의 경우 신석기시대와 청동기시대 밭의 이랑방향은 등고선과 직교되게 조성되며, 삼국시대 이후의 밭은 등고선과 나란하게 조성된다. 평탄면에 입지한 밭의 이랑방향은 모두 다양하게 조성되나 대체적으로 남북방향이 많다.[9]

이랑규모의 변화는 전체적으로 후대로 갈수록 두둑과 두둑 간의 거리, 두둑폭, 고랑폭 등이 넓어지는 경향을 보이며, 고랑의 깊이는 후대로 갈수록 깊어진다(윤호필 2012).[10] 이러한 이랑규모의 변화는 도구체계의 변화(농공구의 발달), 관계시설(수리시설) 확충, 토지제도(수취제도)의 변화, 농경기술의 발달(휴경의 극복) 등이 중요한 요소로 작용한 것으로 보인다. 이랑규모의 변화 시점은 도구체계가 철제로 바뀌어 보편화되는 삼국시대와 수리시설이 활발히 건설되고 토지제도가 획기적으로 바뀌는 고려시대로 경작유구에서 가장 많은 변화를 보인다. 또한 이랑의 규모가 점차 커지는 것은 생산력의 확대를 의미하는 것으로 두둑을 중심으로 경작이 이루어지고 재배작물도 다양하게 바뀌는 것을 알 수 있다. 또한 고랑깊이가 깊어지는 것은 심경이 보편화되었음을 말해준다.

---

9 이는 '수광량(受光量)'과 관련이 있는 것으로 생각된다. 작물을 고랑에 파종하는 '견종법(畎種法)'의 경우는 태양빛을 상대적으로 많이 받아야 하기 때문이다. 예를 들어 보리의 경우 식물체가 작은 월동중의 수광량은 남북이랑이 동서이랑에 비해 40% 정도 적지만, 식물체가 커진 봄여름의 수광량은 70%가량 많고 지온(地溫)도가 1~3℃ 높아서 유리하다고 한다. 趙載英 외, 『田作』(鄕文社, 2004), p.93.

10 두둑 및 고랑의 변화는 조사사례 분석을 통해 확인된 바 있다.

III. 시대별 경지이용방식 검토

농업은 땅을 이용하여 살아있는 생명체를 생산하는 것으로 수공업 생산과는 다른 농업만의 특수성을 가진다. 즉, 자연환경으로부터 많은 영향을 받기 때문에 다양한 자연환경 속에서 살아있는 유기생명체를 조화롭게 성장시키는 것이 중요한 것이다.[11] 따라서 작물을 성장시키는 농업기술과 더불어 작물생산의 기반이 되는 논과 밭의 경지이용방식도 중요한 농업기술로 생각된다. 경지이용방식은 경작지가 중심이 되기 때문에 지형형태 및 토양양상이 중요하다. 그것은 형질변경되는 농경지의 양상에 따라 투입되는 노동력이나 시간, 그리고 형질변경 후 작물생육에 많은 영향을 미치기 때문이다. 이와 더불어 다른 관점인 사회적 맥락에서도 경지이용방식을 생각해 볼 수 있다. 농업은 중요한 사회적 생산기반으로 사회제도(토지제도·수취제도)에 따라 많은 변화가 일어날 수 있다. 다시 말해 사회제도의 변화가 농경지의 이용방식에 많은 영향을 미치는 것이다. 따라서 여기서는 현재까지 조사된 경작유구의 양상을 바탕으로 자연선택적 입지와 사회적 맥락에 의한 입지를 함께 고려하여 논과 밭의 시대별 경지이용방식의 변천에 대해 살펴보고자 한다.

1. 시대별 경작지의 변화양상

논은 재배작물인 '벼'의 특성으로 인해 대부분 특정 조건하에서 재배가 이루어진다. 즉, 물의 확보가 용이하고 물을 가둘 수 있는 토양

---

11 기온, 강수량, 일조량, 일장(日長) 등의 환경적 요인과 유기생명체의 적절한 조화가 중요하다.

과 지형조건이 필요하다. 따라서 논은 특정 지형에 한정해서 입지하게 되며,[12] 경작지의 변화는 이러한 특정 지형을 확대하거나 경작에 필요한 시설(수로, 보, 제방 등)을 설치하는 것으로 나타난다. 따라서 경작지를 확장하거나 토질을 바꾸는 것은 매우 어려운 작업으로 개인보다는 집단의 노동력이나 축력이 필요하며, 형질변경을 위해서는 적절한 도구도 필요하다. 밭은 물을 넣지 않고 작물을 심어 가꾸는 땅(신기철·신용철 1987: 1,375)을 말하는 것으로 물의 사용량이 적고 재배작물이 다양하며, 토양 및 지형조건이 까다롭지 않다. 또한 경작에 있어서도 형태(이랑밭)가 간단하고 논농사에 비해 상대적으로 재배방법이 쉽고 노동력도 많이 필요하지 않다. 따라서 다양한 입지환경과 경작기술이 나타난다. 밭유구의 입지는 크게 충적지, 개석곡저, 구릉사면으로 구분되며, 각각 입지양상에 따라 다양한 형태의 경작이 이루어진다.

신석기시대는 아직 논유구가 확인되지 않았지만, 탄화곡물로서 '벼'가 확인되어[13] 논농사가 이루어졌을 가능성도 있다고 생각된다. 밭은 초기 농경의 형태로 화전경작이 주로 이루어졌을 것으로 생각되었지만, 고성 문암리 유적에서 이랑밭이 확인됨으로써 신석기시대에도 체계적인 밭 경작이 이루어졌음을 알 수 있다. 특히, 인접해서 주거지가 위치하는 것으로 보아 지속적인 경작이 이루어졌을 가

---

12 곽종철은 논유구의 입지양상을 6가지로 분류하였다. 분류안은 ① 구릉사면 말단을 개석한 곡저, ② 다소 규모가 큰 고저 평야 내지는 중소 규모 하천의 범람원(배후습지), ③ 단구면 또는 선상지를 개석한 곡저, ④ 대하천의 범람원 일부(주로 배후습지 연변부이거나, 미고지에서 배후습지에 이르는 경계부), ⑤ 구릉사면부 입지, ⑥ 세부지형조건 불명 등으로 크게 보면 구릉 사이의 개석곡저와 충적지의 배후습지로 구분된다. 이들 지형은 모두 물의 확보가 용이하고, 물을 가둘 수 있는 토양조건을 가지고 있다(곽종철 2001).

13 충북 옥천 대천리 유적의 주거지에서 조, 보리, 밀, 벼 등의 탄화곡물이 출토되었다. 한남대학교중앙박물관, 2003, 『옥천대천리신석기유적』, pp.125-126.

능성이 높다. 또한 밭의 입지가 해안 사구의 배후저지로서 토양에 유기물과 모래가 많이 섞여 있어, 밭 경작지를 조성하기에 유리한 조건이다. 따라서 향후 비슷한 지형이나 토지조건에서 신석기시대 밭의 출토가능성이 높아졌다.

청동기시대는 기본적인 도구가 석기, 목기, 골각기, 청동기로 신석기시대의 도구와 비슷하지만, 기능적으로는 더 분화되고 발전된 형태의 도구가 만들어진다. 하지만 아직 형질변경의 적극적인 도구로 사용하기에는 부족한 점이 있다. 따라서 경작지 조성 및 확대는 지형이나 토질에 따라 차이가 있을 것으로 생각된다. 즉, 논이 주로 입지하는 배후습지나 곡간평지는 공간적 범위가 제한적이고 토질도 점토가 많이 포함되어 있어 형질변경에 어려운 점이 있으며, 개석곡저 지형은 할석이나 쇄설물이 많이 포함된 토질로서 역시 형질변경이 어렵다. 이에 비해 충적지는 지형적으로 개방되어 있으며, 토질도 사질이나 실트성분이 많이 포함되어 비교적 형질변경이 쉬운 편이다. 따라서 청동기시대의 경작지 조성은 작물조건에 맞는 지형과 토질을 찾아내어 원지형을 최대한 활용하면서 최소한의 노동력과 시간으로 경작지를 조성하는 것이 가장 효율적인 방법이었을 것이다. 논은 대부분 입지형태가 한정적이기 때문에 원지형과 비슷한 형태로 조성되는 경우가 많다. 또한 그 형태도 소구획 논이나 폭이 좁은 계단식 논으로 조성하여 원 지형을 최대한 유지하면서 최소한의 노동력으로 경작할 수 있게 하였다. 이는 청동기시대 논 경작지 조성방식의 특징으로 생각된다. 이러한 논 경작지 축조플랜은 진주 평거3-1지구 유적과 진주 평거 4-1지구 유적의 청동기시대 논에서 잘 확인된다. 밭은 논에 비해 경작지의 구조와 경작방법이 간단하고 재배작물의 종류가 다양하며, 지형의 영향도 많이 받지 않는다. 다만, 입지하는 지형에 따라 경작지의 규모가 달라진다. 구릉사면이나 개석곡저에 입지한 밭은 대체적으로 소규모의 형태로 조성되며, 강변 충적지에 입지한 밭은 자연제방의 양쪽사면을 중심으로 대규모의 형태로 조성된다.[14] 특히, 충적지에 입지한 밭은 이랑의 길이가 길고,[15] 형태가 정연하며, 여러 개의 밭으로 구획된 것으로 보아 일정한 축조플랜을 가지고 조성되었음을 알 수 있다. 이러한 농경양상을 종합해 보면 청동기시대는 논 경작지보다는 밭 경작지에 대한 조성활동이 보다 활발히 이루어졌던 것으로 보이며, 이는 도구체계 및 취락의 발전과 밀접한 관련성이 있는 것으로 생각된다. 즉, 당시의 도구체계로는 논 경작보다는 밭 경작이 보다 유리했던 것으로 생각된다. 또한 사회가 발전하면서 대규모의 취락들이 충적지를 기반으로 성립되어 식량의 수요가 증가하였다. 이에 당시의 도구체계 및 식량생산 체계로는 밭 경작이 가장 빠르고 안전한 식량생산 방법으로, 밭 경작지의 확대를 통해 식량생산 기반을 충족했던 것으로 보인다.[16]

삼국시대에서 통일신라시대는 고대국가의 단계로 도구체계가 석기, 목기, 골각기에서 철기로 변화하고,[17] 사회제도 및 토지제도가 정립되어 체계화된 농업활동이 이루어지게 된다. 이와 더불어 가축을 이용한 축력이 사용됨으로써 농업활동뿐만 아니라 경작지 조성 및 확대에도 획기적인 변화가 이루어진다. 즉, 지형을 최대한 훼손하지 않는 범위 내에서 경작지를 조성하는 방식에서 인위적 형

---

14 밭은 충적지의 모든 공간을 경작지로 활용할 수 있다. 하지만 대부분 취락과 함께 분포하기 때문에 주거공간인 자연제방의 상면에서 조금 떨어진 자연제방의 전·후사면에 주로 분포하게 된다(윤호필 2005: 104).

15 진주 평거3-1지구 유적 청동기시대 밭에서는 길이가 약 130m 정도 되는 것도 확인된다(경남발전연구원 역사문화센터 2011).

16 청동기시대는 휴한농법으로 연속적인 작물재배가 불가능하였다. 따라서 경작지를 넓게 확보하여 재배과정에서 휴경지를 확보하는 것이 좀더 안정적으로 식량을 확보하는 방법이었을 것이다.

17 철제 농기구의 대량 보급이 이루어진 시기는 4세기 이후이다(이현혜 2010: 383).

질변경을 통해 지형을 최대한 효율적으로 이용하는 방식으로 변화하는 것이다. 논은 충적지의 배후습지와 곡저평지를 중심으로 다양한 입지에서 확인되며, 그 범위도 점차 확대되는 것을 알 수 있다. 또한 구조적으로도 청동기시대의 소구획 논이나 간격이 좁은 계단식 논에서 면적이 넓은 구획 논이나 계단식 논으로 변화한다. 이는 자연지형을 그대로 이용하여 논을 구획하는 것이 아니라 적극적인 형질변경을 통해 최대한 넓은 면적의 논을 조성하여 구획하는 것이다. 진주 평거3-1지구 유적의 경우, 청동기시대 논 한 면의 평균 면적이 약 22m²(청동기시대 1층)인데, 삼국시대가 되면 1,509m²(삼국시대 1층)으로 70배 가까이 증가한다(경남발전연구원 역사문화센터 2011:438). 이러한 변화는 도구체계의 변화와 더불어 경작방식의 변화를 말해주는 것이다. 즉, 소규모의 논 경작에서 대규모의 논 경작으로 경작형태가 바뀌는 것으로 인력과 더불어 축력이 보다 적극적으로 사용되었음을 말해준다. 실제 조사사례에서도 삼국시대 논면에서 쟁기자국과 함께 소발자국, 사람발자국이 많이 확인되었다. 이러한 논 경작지의 조성과 더불어 수리시설의 설치도 이루어지기 시작하여, 논 경작지의 확대 및 논 경작기술 발달에 기여하였다(한국고고환경연구소편 2010). 하지만 이러한 큰 변화에도 불구하고 논 경작지는 아직 논 경작에 유리한 일부 지역에 한정되어 조성되고 확대된 것으로 보인다.[18] 밭은 경작지 및 경작방법의 특징으로 논보다 더 적극적으로 경작지의 확대가 이루어졌다. 이 중 충적지와 곡저평지는 지형적으로 범위가 넓어 대규모의 밭 경작지가 입지하기에 좋은 조건이다. 또한 토질에서도 밭 경작에 유리한 곳으로 청동기시대부

---

18 그것은 현재까지 조사된 삼국시대~통일신라시대 논유구에서 새로운 경작지를 조성한 '개간'의 흔적을 찾기 어렵고, 농경지 확대의 경우에도 원지형을 변경 사용하는 정도이기 때문이다.

터 대규모 밭 경작이 이루어졌다. 삼국시대에도 대규모 밭이 조성되었는데, 그 범위는 충적지형 전체에서 확인된다. 특히 청동기시대에 비해 경작지의 범위가 강변 쪽으로 확대되는 것이 특징이다. 대규모 밭 경작은 경작지에서 소발자국이 확인되는 것으로 보아 인력과 더불어 축력이 사용된 것으로 보이며, 이는 이랑 조성에 땅을 깊이 가는 '심경(深耕)' 농법이 사용되었음을 알 수 있다. 전체적으로 보면 도구체계, 사회제도, 토지제도의 변화가 농업활동에 획기적인 변화를 가져온 것으로 생각되며, 고대국가의 성립과 발전에 따라 경작지의 조성과 확대가 연동되어 이루어진 것으로 보인다.

　고려시대는 아직 논유구의 조사 사례가 없지만,[19] 철제 농기구 및 논 경작 기술의 발달 정도로 볼 때 논의 형태는 계단식 논으로 조성되고 축력을 이용한 경작이 보편화되었을 것으로 생각된다. 또한 논 경작지는 다양한 입지에서 점차 확대되었을 것으로 보인다. 이러한 양상은 사회적으로는 토지제도(전시과제도) 및 수취제도의 변화와 사회 간접시설인 수리시설(제언)의 활발한 건설(이종봉 2005), 고려시대 말부터 남부지방을 중심으로 보급되기 시작한 '이앙법', 농법관련 농서(농상집요) 소개 등 새로운 다양한 변화들이 논 경작지의 조성과 확대에 많은 영향을 준 것으로 생각된다. 밭 경작지도 논 경작지와 같이 농업기술의 발전과 다양한 사회제도의 변화로 점차 확대된 것으로 보인다. 특히, 전시과제도의 실시는 농경지의 확대, 새로운 농경지 개간, 농업기술의 발달에 주도적인 역할을 한 것으로 생각된다 (윤호필 2012: 22). 고려시대 밭 조사는 조사사례가 많지 않고, 조사된 밭유적도 대부분 부분적으로만 이루어져 구체적인 농업기술이나

---

19 현재까지 확인된 고려시대 논유구는 없지만 여러 가지 역사기록이나 출토유물로 보면 매우 활발하게 이루어졌던 것으로 보이며, 향후 조사사례가 증가할 것으로 생각된다.

경지이용 방식을 파악하는 것은 현재로서는 매우 힘든 일이다. 다만 일부 사례를 통해 대략적인 양상을 파악하면, 밭 경작지의 확대 및 개간이 많이 이루어진 것을 알 수 있다. 충적지의 경우는 전 면적에서 경작이 이루어지며, 특히 강변과 가까운 곳까지 경작이 이루어진다.[20] 이는 경작면적을 최대한 확대하려는 의도로 생각된다. 그것은 강변에 가까운 지역은 지속적인 퇴적작용으로 모래성분이 많아 작물성장이 좋지 않고, 범람의 위험도 가장 높은 곳이기 때문이다. 또한 충적지에는 취락이 거의 조성되지 않고 경작지만 조성되는 것도 중요한 특징이다. 이는 경작지와 취락이 완전히 분리된 상태로, 경작지는 전문화된 집단에서 경작되고 관리된 것으로 생각된다.

조선시대는 국가적으로 권농정책, 수리시설, 농서편찬(농사직설, 금양잡록, 사시찬요초) 등으로 농업에 대한 관심과 지원이 높았고, 농업기술적으로는 이앙법의 보급, 작물의 다양화, 농공구의 발달, 축력기술의 발달, 시비법의 발달, 연작법의 일반화 등으로 전 시대에 비해 농업기술이 현저히 발전했다(염정섭 2002). 이에 따라 경작지의 확대도 가장 활발하게 진행되었다. 특히, 충적지를 비롯한 다양한 지형에서 경작지를 적극적으로 개간하여 조성한 것으로 보인다. 따라서 취락을 둘러싼 대부분의 지형에서 경작이 이루어졌을 것으로 생각된다. 하지만 고고학적 조사는 미미한 편으로 조선시대의 다양한 농업기술을 경작유구를 통해 파악하는 것은 자료부족으로 매우 어려운 형편이다. 물론 관련 기록과 농서가 존재하고 지금의 경작방식과도 유사한 점이 있지만, 농업을 다양한 관점에서 물질자료를 통해 살펴보는 것도 매우 중요한 작업으로 생각된다. 향후 조사사례의

---

20 삼국시대 밭과 비슷한 양상이지만, 삼국시대 밭보다 더 강변 쪽으로 확대되어 경작된다.

증가와 학제 간의 연구를 통해 기록에 나타난 여러 농업기술과 수리시설을 검증하고 나아가 보다 구체적이고 실증적인 자료를 통해 조선시대 농업을 파악하는 것도 매우 중요한 것으로 생각된다.

2. 경지이용방식의 변화

농업기술의 발달과정에서 경지이용방식의 변화양상을 한 마디로 요약하면, '휴한단계(休閑段階)에서 연작단계(連作段階)'로의 전환과정이라고 볼 수 있다. 즉, 인간생존에서 가장 중요한 식량을 지속적으로 대량 생산하기 위한 인간의 노력과정이라 하겠다. 따라서 경지이용방식의 변화양상을 보다 다양한 관점에서 살펴보는 것이 필요하다.[21] 경지이용방식의 시대별 변화를 설명하기 위해서는 다양한 검토들이 필요하지만, 현재의 경작유구 자료만으로는 세부적인 분석을 진행하기가 어려운 점이 있다. 따라서 여기서는 기 조사된 경작유구 자료와 관련 연구 성과를 함께 검토하여 경지이용방식에 대한 전체적인 흐름을 파악해 보고자 한다. 경지이용방식의 발전단계에 대한 최근의 연구 성과로는 이현혜(2010)의 연구가 있다. 이 연구에서는 Ester Boserup의 경지이용방식 발전단계인 "장기휴경(長期休耕, Forest Fallow) - 중기휴경(中期休耕, Bush Fallow) - 단기휴경(短期休耕, Short Fallow) - 1년1작(1年 1作, Annual cropping) - 다모작(多毛作, Multicropping)" 이론을[22] 한국 고대 밭농사 기술의 발전과정(신석

---

21 현재 한국 농업사의 주요 쟁점 중에 하나가 '경지이용방식'의 문제로 '어느 시기부터 휴한단계를 극복하고 연작단계로 들어섰는가 하는 점이다. 이는 문헌사학적인 관점과 더불어 고고학적 관점에서도 함께 논의되어야 할 것으로 생각되며, 학제 간의 공동연구도 필요할 것으로 보인다.

22 Boserup, Ester, 1981, *Population and Technological Change*.

기시대~통일신라시대)에 적용하여 경지이용방식의 변화를 검토하였
다.[23] 검토결과 신석기시대는 장기휴경(10년 이상), 청동기시대와 초
기철기시대는 중기휴경(5년 이하), 삼국시대와 통일신라시대는 단기
휴경(3년)의 단계로 정리하였다. 즉, 장기적인 휴경농법에서 단기적
인 휴경농법인 '휴한법'이 성립되는 변화과정을 시대별로 설명한 것
으로 경지이용방식의 특징과 흐름이 잘 파악되어 있다. 〈표 8〉은 시
대별 경지이용방식 발전단계와 특징을 이현혜의 연구성과를 바탕으
로 경작유구의 속성분석, 시대별 사회변화 양상 등을 종합하여 정리
한 것이다. 하지만 〈표 8〉은 경지이용방식의 시대별 변화의 큰 흐름
을 정리한 것으로 경작유구를 통한 세부적인 검토는 자료의 한계로
구체적으로 파악하지 못하였다. 이는 향후 경작유구 자료 및 연구
성과의 증가를 통해 세부적인 검토가 이루어질 것으로 보인다. 전체
적인 경지이용방식의 흐름은 앞서 살펴본 대로 '휴경의 극복'과 '연
작의 일반화'이다. 이는 식량생산을 극대화하기 위한 가장 기본적인
방법이자 가장 어려운 문제였다고 생각된다. 그것은 농업이라는 것
이 살아있는 생명체를 생산하는 것으로 인위적인 방법만으로는 한
계가 있기 때문이다. 즉, 경작활동에서도 자연과의 조화가 중요한
것이다. 휴경을 극복하기 위한 가장 중요한 방법은 지력을 지속적으
로 유지시키는 일이다. 따라서 지력유지를 위한 다양한 방법들이 시
행되었다. 그중 가장 효과적인 방법인 '시비법'은 고려 말이나 되어
서야 본격적으로 시행되기 시작한다. 그럼 이전시대에는 시비법을

---

23 이 이론은 인구밀도와 농업생산기술의 상호관계를 도식화한 것으로 시대별 농업기술
의 발전과정을 이해하는 데는 좋은 방법으로 생각된다. 하지만, 이현혜의 지적처럼 한
국에서 이와 같은 연구사례가 없어 검증에 어려움이 있고, 또한 연구대상 지역이 밭
농사지역으로 우리나라처럼 밭농사와 논농사가 함께 경작되는 지역과는 차이가 있다.
따라서 여기서는 세부적인 검토보다는 시대별 경지이용방식의 흐름을 파악하는 정도
로 살펴보고자 한다.

몰랐을까? 청동기시대에 이미 불지르기와 고랑과 두둑의 교대 경작 등 다양한 지력보강 방법을 알고 있었다(이상길 1997: 185).[24] 또한 삼국시대와 통일신라시대도 반복기경, 심경, 불지르기 같은 수단

표 8 시대별 경지이용방식의 발전단계 및 특징

시대	발전단계	도구 및 사회적 변화	특징
신석기시대	장기휴경 (10년 이상)	• 도구변화 - 도구: 석기, 목기, 골각기 - 굴지구가 주를 이룸 • 사회적변화 - 정주취락 형성	1. 경작지의 입지: 구릉, 충적지 2. 경작방법: 논(?), 밭(이랑밭, 화전?) • 논은 주거지에서 볍씨가 출토된 것으로 보아 논경작이 이루어졌을 가능성이 있으며, 화전은 초기농경의 세계사적 형태로 충분한 개연성이 있는 보임 - 농업 의존도 낮음: 수렵, 채집, 어로가 주요 생계수단
청동기·초기철기시대	중기휴경 (5년 이하)	〈청동기시대〉 • 도구변화 - 도구: 석기, 목기, 골각기, 청동기 - 도구상의 변화 · 석제굴지구의 급격한 소멸 　→ 목제굴지구 증가? · 수확구(석도)의 증가 · 공구류의 증가 　→ 종류가 많아지고 정교해짐. • 사회적변화 - 대규모 취락형성 　→ 취락간 네트워크 형성 〈초기철기시대〉 • 도구변화 - 청동기가 대량으로 보급되고 일부 철기가 보급 　→ 하지만 농기구는 목제가 주류 목제 농기구의 기능분화 및 정밀도 증가 - 목제 따비사용: 심경 • 사회적 변화 - 고조선의 멸망과 주민이동, 지역별 인구의 변화 등	1. 경작지의 입지: 구릉사면, 충적지, 개석곡저 2. 경작유구 특징 · 논(소구획논, 폭이 좁은 계단식 논) · 밭(이랑밭, 소구획밭, 소형수혈밭) - 논유구 · 소규모 논 경작지: 원지형의 형태를 유지하면서 조성됨 · 수리시설 설치: 개별유구나 소하천에 소규모로 설치 - 밭유구 · 구릉이나 개석곡저에 입지한 밭은 대체로 소규모의 형태이며, 충적지에 입지한 밭은 대규모의 형태로 조성 · 충적지에 입지한 밭은 이랑의 길이가 길고 정연하며, 여러 개의 밭으로 구획되어 있음(일정한 축조플랜을 가짐) · 논보다는 밭 경작 활동이 더 활발히 이루어짐 3. 전체적인 변화의 특징 - 석제굴지구의 급격한 소멸과 석제공구류의 증가는 목제기경구의 증가와 순환경작체계로 변화를 의미함 - 경작지 조성 방식: 작물조건에 맞는 지형과 토질을 찾아내어 원지형을 최대한 활용하면서 최소한의 노동력과 시간으로 경작지를 조성 - 지력보강을 위해 불지르기 및 고랑과 두둑의 교대경작

24 진주대평리 어은 1지구 밭에서 초본과의 식물을 태운 것으로 보이는 작은 목탄 부스러기가 확인되었다.

시대	발전단계	도구 및 사회적 변화	특징

삼국시대·통일신라시대	단기휴경(3년 이하)	• 도구변화
		– 도구체계가 철기로 변화
		  → 철제 농기구의 대량 보급
		– 새로운 농공구의 등장
		  → 쟁기에 볏이 장착되고,
		  철제 낫이 출현(통일신라시대)
		– 가축을 이용한 축력이 사용
		  (우경)
		• 사회적변화
		– 고대국가의 성립
		– 사회제도 및 토지제도가 정립
		  되어 체계화된 농업활동
			1. 경작지의 입지: 구릉사면, 충적지, 개석곡저
			2. 경작유구 특징
			·논(면적이 넓은 구획논이나 계단식 논)
			·밭(이랑밭)
			– 논유구
			·청동기시대보다 인위적 형질변경을 통해 경작지의 규모는 훨씬 커졌지만 한정된 지역에서만 확대됨
			·우경이 본격적으로 이용됨(경지조성·확대, 경작활동)
			·수리시설의 설치가 본격으로 이루어지 시작함
			– 밭유구
			·충적지와 곡저평지를 중심으로 대규모의 경작지조성
			  → 충적지에서는 전체 면적에 조성됨. 청동기시대에 비해 경작지의 범위가 강변 쪽으로 확대됨
			·밭 경작에도 축력(우경)이 사용됨 → 심경(深耕)
			·밭의 형태가 청동기시대에 비해 곧고 매끄러움(우경)
			3. 전체적인 변화와 특징
			– 휴경 극복을 노력(지력보강): 반복기경, 심경, 불지르기 → 지력보강을 위해 인공시비를 할 경우 잡초가 번성하여 제초작업에 노동력이 투입되어야 하며, 거름확보에도 노동력이 필요함. 따라서 노동력이 부족한 단계에서는 인공시비가 부적절함
			– 맥류(보리, 밀)의 재배 증가 → 넓은 경작지 활용, 식량의 안정성 확보, 노동력의 분산투입

고려시대	단기휴경(1~2년 이하)
	+
	연작
		• 도구변화
		– 철제 농기구의 보편화
		– 우경의 보편화
		– 수리시설의 건설 활성화
		  (제언)
		• 사회적변화
		– 토지제도(전시과제도) 확립
		– 수취제도의 변화
		– 농서(농상집요) 소개
			1. 경작지의 입지: 구릉사면, 충적지, 개석곡저(곡간평야)
			2. 경작유구 특징
			·논(면적이 넓은 구획논이나 계단식 논)
			·밭(이랑밭)
			– 논유구
			·제언의 건설이 활성화된 것으로 보아 논 경작지도 대규모로 확대된 것으로 보임.
			  → 충적지의 배후습지와 더불어 곡간평야도 수전이 대규모로 확대됨
			– 밭유구
			·사회적 변화로 농경지의 확대 및 새로운 농경지 개간이 많이 이루어짐
			·충적지의 경우 강변과 가까운 곳까지 경작지 확대
			3. 전체적인 변화와 특징
			– 충적지에는 취락이 거의 조성되지 않고 경작지만 조성 → 경작지와 취락이 완전히 분리된 상태로, 경작지는 전문화된 집단에서 경작되고 관리된 것으로 생각됨
			– 지력보강을 위해 반복기경, 심경, 불지르기, 고랑과 두둑의 교대 경작, 시비법 사용

시대	발전단계	도구 및 사회적 변화	특징
조선시대	연작	• 도구변화 - 철제 농기구의 보편화, 발달 - 우경의 보편화 - 수리시설의 건설 활성화 • 사회적변화 - 권농정책 - 농서편찬(농사직설, 금양잡록, 사시찬요초) - 이앙법의 보급, 작물의 다양화, 농공구의 발달, 시비법의 발달, 연작법의 일반화	1. 경작지의 입지: 구릉사면, 충적지, 개석곡저(곡간 평야) 2. 경작유구 특징 ·논(면적이 넓은 구획논이나 계단식 논) ·밭(이랑밭) - 논유구 ·이앙법 보급 ·경작지를 적극적으로 개간: 취락을 둘러싼 대부분의 지형에서 경작 - 밭유구 ·지력보강을 위해 시비법 일반화, 반복기경, 심경, 불지르기, 고랑과 두둑의 교대 경작사용 → 연작법의 일반화

을 이용하여 지력을 지속적으로 보강하였다. 이는 시비법의 존재를 몰라서라기보다는 당시의 경작 상황(도구체계, 인구밀도, 재배작물 등)으로 인해 선택적으로 다른 지력보강 방법을 사용한 것으로 생각된다. 지력보강을 위한 시비는 한 번만 이루어지는 것이 아니라 작물 재배기간이나 전후에 주기적으로 이루어진다.[25] 또한 시비가 이루어지면 작물이 잘 자라게 되지만 그와 더불어 잡초의 성장도 잘 이루어진다. 따라서 작물에 대한 지속적인 관리가 필요하게 된다. 즉, 시비법을 실시할 경우 경작활동에 많은 노동력이 투입되게 된다. 이는 인구밀도가 높아 노동력이 풍부할 경우 좋은 경작방법이지만, 노동력이 부족할 경우 오히려 해가 되는 경작방법이다. 특히, 우리나라처럼 논경작이 함께 이루어지는 경우 노동력이 부족할 수밖에 없다. 또한 주요 밭작물인 조, 기장, 수수 등은 벼의 생육기간과 같기 때문에 노동력이 더욱 부족하게 된다(이현혜 2010: 382-284). 따라서 이러

---

[25] 시비의 시기는 2가지로 구분되는데, 파종 또는 이식할 때 주는 것을 기비(基肥, 밑거름)라고 하고, 생육 도중에 주는 것을 추비(追肥, 웃거름)라고 한다. 추비는 1번만 주는 경우와 여러 번 나누어 주는 경우가 있다.

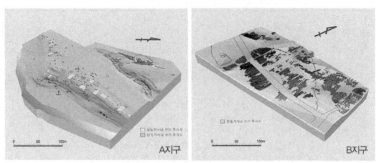

〈신석기시대~청동기시대〉

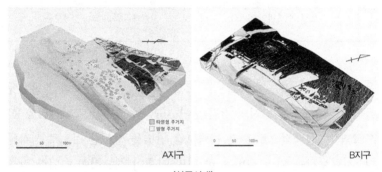

〈삼국시대〉

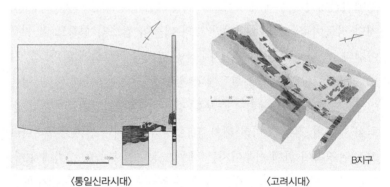

〈통일신라시대〉　　　　　　　　〈고려시대〉

그림 9 진주 평거3−1지구 경작지의 변천과정

한 노동력 문제가 해결되어야만 시비법이 일반적으로 시행될 수 있는 것이다. 신석기시대부터 고려시대까지 시비법이 보편화되지 못한 이유는 경작에 필요한 노동력이 부족했던 것이 가장 큰 이유로 생각되며, 이를 조금이라도 해결하기 위한 방편으로 반복기경, 심경, 불지르기, 고랑과 두둑의 교대 경작 같은 방법을 사용한 것으로 보인다.

IV. 맺음말

본고는 현재까지 확인된 경작유적의 현황을 정리하고 세부속성을 검토하여, 시대별 농업기술의 특징과 경지이용방식의 변천에 대해 대략적으로 살펴보았다. 전체적인 경지이용방식의 변화흐름은 '휴한단계(休閑段階)의 극복'과 '연작단계(連作段階)의 보편화'로 볼 수 있겠다. 이는 식량생산의 증대와 더불어 식량의 안정적인 확보가 가장 중요했던 것으로 생각된다. 또한 이러한 변화과정 속에서 다양한 사회적 변화도 함께 일어났던 것으로 보인다. 하지만 필자의 능력부족과 경작유적의 수에 비해 세부적인 검토를 할 수 없는 유적이 많아 보다 구체적인 내용은 살펴볼 수 없었다. 따라서 한국 농업연구의 기초자료가 되는 경작유구에 대한 새로운 인식과 많은 조사가 필요하며, 이를 위해 자연과학분석이나 새로운 조사법, 문헌사학과의 공동 연구 등을 통해 해결해 나아가야 할 것으로 생각된다.

| 참고문헌 |

경남대학교박물관, 2003, 「대구 - 부산간 고속도로 제7공구 내 밀양 금천리유적」.

경남발전연구원, 2011, 『진주 평거3 - 1지구유적』.

_____, 2012, 『진주 평거4 - 1지구유적』.

국립문화재연구소, 2012, 「고성문암리유적(사적426)발굴조사」 현장설명회자료집.

곽종철, 2001, 「우리 나라의 선사~고대 논 밭유구」, 『한국 농경문화의 형성』, 제25회 한국
      고고학전국대회, 한국고고학회.

_____, 2010, 「시대별·지역별 각종 수리시설」, 『한국고대의 수전농업과 수리시설』, 서경문
      화사.

곽종철·이진주, 2003, 「우리나라 논유구 집성」, 『韓國의 農耕文化』 6, 경기대학교박물관.

신기철·신용철, 1987, 『새 우리말 큰사전』, 삼성출판사.

안재호, 2010, 「각 지역의 경작유구」, 『한국고대의 수전농업과 수리시설』, 서경문화사.

염정섭, 2002, 『조선시대 농법 발달 연구』, 태학사.

윤호필, 2005, 「沖積地形에 입지한 유적 조사법 및 분석방법」, 『발굴사례·연구논문집』 제2
      집, 한국문화재조사연구전문기관협회.

_____, 2010, 「농경으로 본 청동기시대의 사회」, 『경남연구』 제3집, 경남발전연구원 역사
      문화센터.

_____, 2011, 「삼국시대 밭경작 기술 검토」, 『무주 철목리 철목유적』, 대한문화유산연구센
      터.

_____, 2012, 「경작유구를 통해 본 중·근세 농업의 경지이용방식 연구」, 『중앙고고연구』
      제10집, 중앙문화재연구원.

_____, 2013, 「축조와 의례로 본 지석묘사회연구」, 목포대학교대학원 박사학위논문.

윤호필·고민정, 2006, 「밭유구 조사법 및 분석방법」, 『야외고고학』 창간호, 한국문화재조사
      연구기관협회.

이상길, 1997, 「진주대평리 전작지의 구조와 의의」, 『호남고고학의 제문제』, 제21회 한국고
      고학전국대회발표요지.

李宗峯, 2005, 「高麗時代의 農業技術과 水田農業」, 『釜大史學』 第28·29合輯.

이현혜, 2010, 「토지활용방식을 통해 본 한국고대 농업기술의 발전과정」, 『한국고대의 수전

농업과 수리시설』, 서경문화사.

趙載英 외, 2004, 『田作』, 鄕文社.

채제천 외, 2006, 『재배학원론』, 鄕文社.

韓國考古學會, 2001, 『한국 농경문화의 형성』, 제25회 한국고고학전국대회.

한국고고환경연구소 편, 2010, 『한국고대의 수전농업과 수리시설』.

한국문화재조사연구기관협회, 2011a, 『4대강(한강)살리기 사업 문화재발굴(시굴)조사 종합
보고서』.

한국문화재조사연구기관협회, 2011b, 『4대강(섬강 및 북한강)살리기 사업 문화재발굴(시
굴)조사 종합보고서』.

_____, 2011c, 『4대강(금강)살리기 사업 문화재발굴(시굴)조사 종합보고서』.

_____, 2011d, 『4대강(영산강 및 섬진강)살리기 사업 문화재발굴(시굴)조사 종합보고서』.

_____, 2011e, 『4대강(낙동강)살리기 사업 문화재발굴(시굴)조사 종합보고서(I)』.

_____, 2011f, 『4대강(낙동강)살리기 사업 문화재발굴(시굴)조사 종합보고서(II)』.

한남대학교중앙박물관, 2003, 『옥천대천리신석기유적』.

Boserup, Ester, 1981, *Population and technological change*.

※ 여기서는 본문 각주와 관련된 참고문헌만을 게재하고, 경작유적 관련보고서는 '부록〔경
작유구(논과 밭) 집성표 및 참고문헌〕'에서 일괄로 정리하고자 한다.

토양을 활용한 고대 농경 복원

이희진*

I.머리말

토양은 농작물이 자라는 기반으로서 농경의 필수요소이자 환경을 구성하는 중요한 인자이다. 이러한 점에서 토양은 과거 농경에 관한 직접적 혹은 간접적인 정보를 포함하고 있다. 직접적으로는 발굴시의 관찰과 분석적 연구를 통하여 고대 경작층과 잔존유구를 인지하여 농경기술과 토지이용을 추정하는 데 응용될 수 있다. 보다 넓게는 토양을 통해 고환경과 고지형의 변화의 추이를 파악하고 이를 기반으로 농경활동의 개시와 지속에 결정적인 역할을 하는 기온, 강수량, 그리고 지형의 시간에 따른 변화상 등에 관한 정보를 얻을 수 있다.

한국고고학에서 농경과 관련하여 토양에 관한 관심은 크게 두 가지 면에 집중되어 왔다. 첫째, 토양의 관찰과 연구를 통해 경작층 및 관련 유구의 판정, 경작법과 고환경 등 일차적 기초정보를 파악하는 것이다. 유적 단위에서 층위의 판별을 기본으로 하며, 현재에는 육

* 고려대학교 고고환경연구소

안관찰이 가능한 범위 내에서 최대한 정밀한 수준에 이르고 있다. 보충적으로 유적지에서 화분 및 입도분석 등의 지리·지질학적 연구방법으로서 장기간에 걸친 고환경, 지형형성, 인간의 간섭에 의한 미지형변화 및 퇴적상을 복원해 오고 있다.

둘째, 토양자료를 활용하여 고경제를 복원하는 것이다. 유적 인근의 토양에 관한 정보는 비옥도를 위시하여 농지로서의 생산성과 주위 환경의 잠재적 가용자원을 추측하는 대표적 척도로서 종종 사용되고 있다. 특히 청동기시대의 취락 연구에서 GIS 및 현재 농업 자료 등을 활용하여 주변 지형 및 작물재배 적합성 등을 분석하고 유적지별 생업경제의 기반과 도작의 생산성을 추론하는 데 기초자료로서 활용해 오고 있다(김범철 2006; 이홍종·허의행 2010).

이와 같은 기존 토양자료의 쓰임에 더하여 토양의 인위적 발달과정의 원리를 적극적으로 응용한다면, 과거 경작토에서 보다 다층적인 정보를 추출해 낼 수 있다. 문화적 토양경관(cultural soilscape)은 특정 지점의 지표면을 공간·시간적으로 변화하는 지형, 토양생성과정 그리고 문화과정의 복합적 결과로서 인식하는 개념이다(Wells 2006). 기후와 지형에 영향을 받는 자연적인 토양생성과정 외에도 매몰된 구지표면에서는 당시의 인위적이고 반복적인 인간 활동의 흔적이 더해지게 되며, 이는 토양의 발달과정, 토층의 형성 및 구조와 성분변화에 영향을 미치게 된다. 이를 토양학에서는 인간에 의한 교란(anthropoturbation)이라고 칭하기도 하며, 경작행위는 집적된 미사(silt)를 포함한 세립입자와 부식이 풍부해지는 감식차표층 (鑑識次表層, diagnostic subsurface horizon)[1]의 하나인 아그릭 층(agric

---

1 감식층위는 토양단면의 특징적인 층위를 식별해 토양을 분류하는 단위이다. 주로 지표면에 존재하는 감식표층(diagnostic horizon과 epipedon – 토양층위 구분에서 주로 A층)과 표층 하부에 발달하는 감식차표층(diagnostic subsurface horizon – 토양층위 구

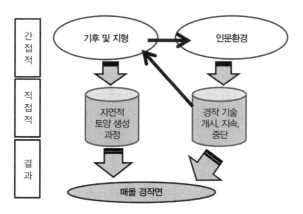

그림 1 농경과 토양의 문화경관 형성 모식도

horizon)을 형성한다(Schaetzl & Anderson 2005: 292-93). 따라서 토양의 분석적 연구는 일차적으로 과거 농경에 영향을 준 고환경 변화를 비롯하여 경작활동과 같은 인간행위를 추론할 수 있는 기반을 제공한다. 더 나아가 이들 정보는 농경활동의 변화에 관여했던 의식적 결정의 배후 및 농경을 매개로 한 인간과 환경 간의 상호관계에 대한 검토에까지 적용할 수 있다(그림 1).

　본고에서는 기존에 많이 주목되지 않았던 경작행위에 의해 일어나는 일반적인 토양의 변화를 검토하고, 이들을 인식할 수 있는 분석법들, 그리고 이를 응용한 국내외의 연구사례들을 소개하였다. 이를 통하여 향후 토양의 분석적 연구가 고환경, 고대의 경작과 토지 이용에 대한 정보가 함축된 문화적 토양경관의 복원에 활용되는 도구로서 널리 활용될 수 있기를 기대해 본다.

분에서 주로 B층)으로 나뉘지만 agric 층의 경우 A층과 B층을 모두 포함하기도 한다(류순호 외 2000: 7).

II. 토양에 남는 농경행위의 흔적

토양에서는 동·식물자료보다 농경행위를 지시하는 일률적인 지표 (marker)를 제시하기가 상대적으로 더 어려운데, 이는 발달과정에서 모재와 기후의 영향을 받는 토양의 특성에 기인한다. 그럼에도 토양학, 농학, 고고학적 토양의 연구에서 농경행위와 관련하여 몇 가지 현상들이 높은 빈도로 나타나고 있다. 이론적으로 지표면의 변화에 민감한 토양의 미세구조는 공극과 기질 그리고 그 내부에 형성되는 토양상들로 구성되며(그림 2), 개간, 경지조성, 경운 등이 연차적이고 반복적으로 이루어지는 농경활동은 토성의 변화에 직·간접적 영향을 미친다. 이러한 변화는 고고학자들이 매몰된 선사와 고대의 농경지를 발굴할 때 기본적으로 판별요소로 보는 이랑과 고랑 같은 농경유구나 육안으로 확인할 수 있는 경작면의 형성 외에도 더 미세한 단위에서 이루어진다.

고고학적으로 경작토의 특성에 관한 연구는 농학과 토양학에서의 현대 경작토에 대한 분석결과 및 원리를 토대로 하여, 1980년대

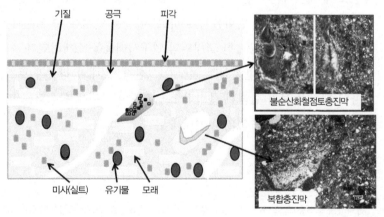

그림 2 미세토양구조의 예시

후반 이후에 대표적으로 유럽지역에서의 고대 경작토(Macphail 외 1990)의 분석, 그리고 프랑스 Brittany 지역과 영국 Butser, 덴마크 Lejre와 스웨덴 Umeå의 고대 농장 외 다수의 지역에서 다양한 종류의 토양을 대상으로 복원 제작된 농기구들로서 경작실험을 한 토양의 분석을 통해 고대 경작토의 특징들이 논의되었다. 그리고 점차 지역별·시대별로 고대농경연구에 있어서 토양분석이 활발하게 적용되면서, 관련 연구성과들이 계속적으로 축적되고 있는 상황이다 (Lewis 1998, 2012; Gebhardt 1993; Adderley 외 2010).

이들 연구를 통하여 알려진 일반적인 농경에 의한 토성의 변화를 간단하게 살펴보도록 하겠다. 경작은 물리·화학적으로 토양을 변화시키며, 그 양상은 경작법에 따라 상이하고 토지사용 연한이 증가할수록 강도가 높아진다(그림 3, 표 1). 일반적인 농경행위의 순서와 그 결과를 보면 다음과 같다. 개간을 하기 위해 지표의 식생을 제거하여

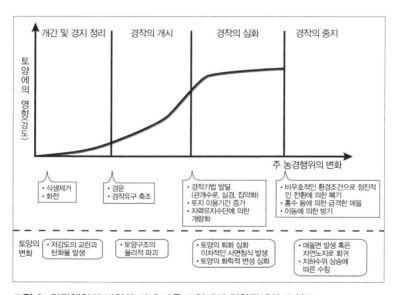

그림 3 경작행위의 변화와 이에 따른 토양에의 영향관계의 모식도

표 1 경작관련 주요 연관과정들과 토양상들

	주요 관련행위	연관과정들과 현상 (processes)	미세토양상	토층상에서의 주요 현상	일반적인 물리적 화학적 특성
개간 및 식생 제거	• 개간시 나무 뿌리 제거	• 근권의 토양이 제거된 공간이 빠른 속도로 충진됨	• 표토층과 하부층 기원의 토양이 혼재 • 비교적 대형 탄화물 포함 • 급속히 충진되는 퇴적상을 보이며 지표에서 유래한 불순점토양 발생	• 일종의 수혈로 착시됨	• 내부 충진토에서 대자율의 증가
	• 경운/화전/ 표면노출/ 경지정리	• 탄화물의 다량 첨가 • 비에 의한 노출 영향 • 층간 뒤섞임	• 미세 및 대형 탄화물 증가 • 표면의 피각 생성	• 인위적으로 정면한 층위 형성	• 대자율과 유기물 증가
경작	• 물리적 압축 도구의 사용토양 뒤섞임 및 경운	• 토양입단 파괴 • 뒤섞임에 따른 동일화 • 점토의 이동과 집적 • 지속적으로 물과 바람에 의한 소규모 표면 침식 • 식물생장에 의한 표토층의 미세구조 변화 경반층 형성 • 토양의 산성화	• 피각형성 • 공극의 변화 • 구지표면에서의 변화 • 불순점토피막 • 도구에 의한 절단흔 • 기경흔	• 가공면 • 기능면 • 둑 • 이질의 혼합토	• 높은 대자율 • 인의 증가
수도작	• 건조침수의 반복 • 표면 써레질	• 표토 및 토양 내부에서의 비화작용 (slaking) • 수성변성과정 • 포드졸화 • 이철점토분해 작용 • 점토, 규소 등의 경반층 형성	• 점토와 실트의 이동 • 라미나가 불분명해짐 • 철 • 망간 결핵 및 반문 생성 • 토양 내부에서 회색의 박락(depletion) • 백색(ablan) 반문 • 미사점토집적상	• 가공면 • 기능면 • 침수와 용탈에 의한 회색층의 발달	• 수용성 물질 등의 축적

	주요관련행위	연관과정들과 현상 (processes)	미세토양상	토층상에서의 주요 현상	일반적인 물리적 화학적 특성
시비	• 이질물 첨가 • 유기물의 증가	• 인산의 증가 • 토양동물과 미생물의 활동 증가 • 분변에서 유래한 유기질과 무기질 • 보다 일정하게 뒤섞인 유기물질	• 철과 인의 증가 • 분변이 포함된 유기물덩어리		• 인과 칼슘의 증가
가축의 방목지		• 인위적 방목지 조성에 따른 하부에의 압력과 식생의 변화	• 얇게 퍼져 있는 부식화된 물질 • 잔존유기물과 섞여 있는 규산체 및 균류들의 흔적이 집중된 양상 • 압축에 의한 판상구조의 발달	• 뿌리편이 다량으로 잔존하고 생물작용이 활성화된 초지의 식생을 지시하는 구지표층	
가축우리	• 분뇨 등이 축적되며, 깔개로 쓰이는 식물을 인 등의 물질이 피복 • 고밀도의 인과 칼슘의 농축으로 후에 이차광물 생성		• 식물의 줄기 등으로 이루어진 조밀한 띠층 • 깔개인 식물체에서 유래하는 인위적 퇴적상을 보이는 규산체 • 분변기원의 반문들 • 하부층에 고밀도의 인의 집적 • 인과 칼슘으로 이루어진 구형의 결정생성	• 반복적인 유기물층의 얇은띠 (bedding)	• 인의 증가

Macphail 외 1990, Holliday 2004, Stoops 외 2010 참조하고 가필하여 작성

노지 상태가 만들어지고, 경지 정리의 행위는 이러한 노출된 지표면을 다져 기반층과 단절성을 보이는 일종의 가공면을 형성시킨다. 이어서 도구 및 축력을 활용하여 지표 이하 수십cm의 땅을 갈아 섞는 경운이 일반적으로 행해진다. 이 과정에서 도구에 의해 기존의 토양 조직이 파괴되고 재조직되며, 미사의 분산이 야기된다. 즉 강도 높은 지표교란이 발생하는 것이다. 이 과정에서 점토 및 수용성 물질 등의 집적 혹은 도구의 압력에 의한 경반층과 반층 및 경작층 내부 혹은 직하부에 미사와 미세탄화물이 다량 포함되는 불순점토토양상(dusty

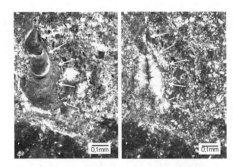

그림 4 불순산화철점토충진막(화살표 부분)

그림 5 불순산화철점토충진막과 피막

clay features)[2]과 복합충진막의 생성이 더욱 촉진된다(그림 4와 5). 불순점토토양상은 지표교란을 나타내는 하나의 중요한 표지이다. 경작 시에 도구로 지표면을 뒤섞는 한편 식생제거에 의해 노출된 지면이 비에 의한 분산작용(raindrop effect)을 거치며, 입단이 파괴되어 미사와 점토의 이동성이 크게 증가하는데, 이들이 공극 내부에서 특유의 불순점토피막(산화철을 포함하면 산화철불순점토피막)과 여러 겹의 피막층인 충진막을 발생시키거나, 분산된 입자들이 상향 세립화 등으로 형성되는 피각(soil crust) 등을 발달시킨다. 분산된 입자들은 일정 정도 분급화되어 파이와 같은 모양을 이루는 피각, 경작층 혹은 그 하부에 집적된 피막(coating)과 충진막(infilling), 띠(lens와 pan) 등의 형태로 재퇴적된다. 다만 이들이 토양의 점토 및 미사 비율과 미세구조에 따라서 기질 및 공극 내에 생성되는 모습은 차이가 있

---

2 이론적으로 안정화된 지표에서는 물이 공극을 통과하며 하부에 순질의 점토토양상(limpid or pure clay features)을 발생시킨다. 그러나 식생이 제거되고 지표면 교란이 강화되어 미사 및 점토의 분산이 심화되면, 이들이 함께 이동하여 불순의 점토토양상이 생성된다. 경작토에서는 미사나 작은 모래 크기의 미세탄화물 등이 함께 집적되기도 한다.

다. 이는 현대 농경토에서 관찰되어(Jongerius 1983), 경작에 의해 발달하는 경작층(agric horizon)의 특징적 표지상으로 알려져 있고(Kühn 외 2010), 여러 지역의 고대 경작토에서도 빈번히 나타난다(Macphail 외 1990; Lewis 1998; Adderley 외 2010). 가장 대표적인 농경토의 토양상이지만, 토양의 종류에 따라서 판별이 난해하거나 간혹 자연적으로 발달하는 경우도 드물게 있어서[3] 경작의 단독적인 증거로 사용하기보다 해당 토양의 다른 지표도 함께 고려할 것이 권고되고 있다 (Adderley 외 2010). 한편, 종종 경작토의 특성으로 경작 도중에 도구 등에 의한 굴림(rolling)에 의해 조질의 입자를 세립의 입자가 감싸는 원형의 입단이 경작의 초기에 발달하지만, 장기간 경작될수록 토양은 무구조로 변하는 특성을 보이기도 한다(Adderley 외 2010). 그리고 수도작의 경우에는 침수에 의한 미세구조붕괴가 발생하여 다면의 공극이 발생한다. 농경도구에 의해 심경이 행해지거나 하부토와의 섞임이 이루어지는 경우, 물리적으로 도구의 면이 닿는 지점과 그 하부에 압력에 의해 기질이 치밀해지고, 편평한 공극이 발달하는 등의 미세구조가 변형되는 현상 또한 보고되었다(Lewis 1998, 2012).

한편 사면에서의 경작은 침식을 활성화시켜 붕적토(colluvium)의 발달을 가져온다. 붕적토는 기존의 토양과는 다른 이질적인 토양의 혼입상을 보이며 광물의 파편에서 풍화현상이 나타나지 않거나 운반과 이동과정에서 구름(rolling)에 의해 발생하는 원형의 입단에 기원지의 토양과 인공물 등이 첨가되어 있는 등의 특징을 보인다

---

3 점토의 비율이 낮거나, 경작기간이 짧거나, 혹은 토양 모재의 종류에 따라 세탈현상 (leaching)이 강하게 발생했던 곳에서는 점토토양상의 발달이 미미한 편으로 보고되었으며, 이러한 경우에는 굴지, 정면 도구의 사용 등에 의해 발생하는 공극의 변화 및 미사 이상의 입자들의 변화상이 보다 경작의 영향을 더 잘 반영한다고 보인다(Lewis 2012; Usai 2001).

(Mücher 외 2010).

개간과 화전 시의 불지르기(burning)는 토양 내 자성물질과 탄화물의 양을 현저하게 증가시킨다(Crowther 2003; Juo & Manu 1996). 수도재배(水稻栽培)의 경우에도 양자강 하구의 유적들에서 신석기시대부터 경지정리를 겸하여 주기적으로 불지르기가 행하여졌다고 추정되고 있다(Zong 외 2007; Zheng 외 2009).

관수와 낙수를 반복하는 관개형 수도작의 경우, 산화환원 환경의 교차빈도가 인위적으로 빈번해지며 이에 의해 일반적으로 철과 망간의 결정화가 발생한다. 전작(田作)과 마찬가지로 경작면 하층부에 집적된 점토에 의해 불투과성 경반층이 생성되고, 과습한 경우에는 지역에 따라 용탈층 혹은 경작토 하부에 반층 등이 분화발달하기도 한다(Moormann & Van Breeman 1978; Vepraskas 외 1994; Kyuma 2004; Kögel-Knabner 외 2010). 써레질 등의 경운은 미사와 미세탄화물의 분산을 야기하고, 수경재배(水耕栽培)에 의한 인위적 담수 환경의 조성과 빈번한 산화환원 환경 교차에 의해 점토광물의 화학적 풍화가 가속화되어 경우에 따라서 미사점토집적상[4]과 같은 이형의 불순점토토양상이 발생한다(그림 3). 수성토양변성과정에 의해 일반적으로 발생하는 철과 망간의 결정화 및 용탈보다 더 나아가 이철점토분해작용(ferrolysis)[5] 등이 토양퇴화의 하나로서 나타나며 결과적으로 규소가 집적되는 회백색 층을 생성시킨다(Brinkman 1977; Kyuma 2004). 건조한 기후에서는 염화에 의한 토양퇴화, 즉 소금 및 탄산칼슘, 석회 등

---

4 일반적인 불순점토토양상보다 미사가 더욱 군집하고 분급이 불량하여 미사입자들이 일정간격으로 배열되며, 때로는 점토기질에서의 화학적 변화를 수반한다.

5 계절적 혹은 주기적 침수에 의하여 산화환원과정이 반복되면서 산화철과 교환성 수소가 점토광물에서 알루미늄(Al) 및 마그네슘(Mg)을 방출시키고, 결과적으로 규소(Si)가 집적되는 현상으로 동남아지역의 수전에서는 회백색의 용탈층을 발생시키기도 한다(Brinkman 1977).

의 수용성 물질이 지표면
에 집적하는 현상이 나타
난다.

시비(施肥)는 다량의
유기물을 토양에 투입함
으로써 점진적으로 토성
에 변화를 불러오며 잔존
유기물(퇴비, 추수 후 발생
하는 볏짚, 녹비 등) 및 생

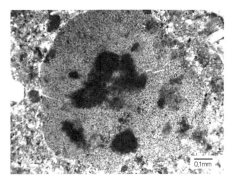

그림 6 미사점토집적상의 한 종류

활폐기물을 비롯한 이질물질(토기편과 이질토) 등이 그 영향을 받은
경작토에서 빈번히 관찰된다. 특히 퇴비화된 시비는 분변의 잔존
물, 뼈, 규산체 등이 포함된 혼합유기물 덩어리가 토양 내 혼입된 형
태로 나타나며, 화학적으로 인산의 증가로서 표출된다(Goldberg &
Macphail 2006; Devos 외 2009; Nicosia 외 2012). 특히 시비행위는 유
럽의 중세시기 이후의 검은 토양(Dark Earth)과 플라겐 토양(Plaggen
soil)을 만드는 주요한 인위적 생성 기제이다.

제초기술로는 김매기 외에도 지력 강화와 해충 방제를 위해 불지
르기가 경지정리 전과 추수 후에 주로 활용되어 오고 있다. 수도작
의 경우에도 화전과 결합된 형태인 화경수누(火耕水耨)등이 시행되
어 왔고(김미희 외 2010), 이는 경작토에서 대형 및 미세탄화물의 증
가를 불러온다. 언제부터 선사인들이 경험적으로 시비의 행위를 시
작했는지 단정하기 어렵지만, 초기 농경유적에서 급격한 탄화물의
증가와 대자율의 변화는 개간의 증거일 뿐만 아니라, 시비를 강화하
는 측면에서 이루어진 불지르기의 흔적일 개연성이 높다.

위에 열거한 대표적인 토양상 및 경작토의 특성을 선사와 고대의
농경토의 분석에 적용하면 각 유적의 환경적 맥락하에서 다양한 정

보를 얻을 수 있다. 다만 이들의 단편적이고 기계적인 적용을 지양하고, 토양 모재와 후퇴적 과정에서의 변형과 제반적인 토양변화(공극, 기질, 그 외 토양상 발달, 광물의 변화)들 또한 같은 영향하에서 이루어졌는지 복합적으로 고려해야 한다. 생태유물은 인공유물과 달리 생성 전과 후에 자연적인 후퇴적 과정의 영향을 강하게 받으며, 그중 토양은 더욱 그러하다. 따라서 각 채취지점에서의 주요 후퇴적 기제, 교란 등의 인자를 늘 고려하여, 복합적인 토양(pedo-complex)의 생성과정을 살펴보는 것이 요구된다. 이와 더불어 당시 지표식생의 종류를 직접적으로 보여줄 수 있는 식물규산체 및 화분분석을 병행하여 경작행위의 증거를 다중으로 확보하는 것이 더욱 바람직하다.

III. 농경에 의한 토양변화의 인지

토양의 관찰은 일차적으로 현장에서 이루어지며, 일반적인 토양학 개론서에서 찾아보기 어려운 농경관련 경작유구 내 퇴적상과 경작토에 대한 실질적이고 상세한 토양학적 원리들과 관찰 사례에 관한 대표적 저작은 *Soils in Archaeological Research*(Holliday 2004)와 『고고학에서의 층』(이진주·곽종철 2012) 등이 있다. 이에 더해 앞장에서 설명한 농경에 의한 물리·화학적 변화를 탐지하기 위해, 화학분석 및 현미경 관찰이 수반되어야 한다. 그중 고고학적 연구에 활용도가 높은 몇 가지 분석들을 간단히 살펴보도록 하겠다.

가장 기본적으로 토양성분을 알기 위해 모든 화학반응의 증감을 조절하는 토양의 산성도(pH)를 비롯하여 수용성 성분의 집적상을 파악할 수 있는 전기전도도(Electrical Conductivity), 산화환경의 지표인 산화환원전위(Redox Potential), 토양 내 유기물의 함량을 알아

보는 작열감량분석(Loss on Ignition), 각 층에서의 퇴적토의 구성비를 알 수 있는 입경 혹은 입도 분석이 수행된다(Schaetzl & Anderson 2005; 권동희·박희두 2007).

대자율(Magnetic Susceptibility)분석은 경작과 관련된 주제에서 두 가지 면에서 활용할 수 있다. 하나는 불지르기 등에 의한 토양 내 자성광물의 비율 증가를 추적하는 것으로 화전경작(slash-burn)을 비롯하여 제초·추수 등의 목적으로 빈번히 불지르기가 행해졌던 고대 경작지의 추정과 그 영향을 받은 토양의 식별에 활용되고 있다 (Crowther 2003; Goldberg & Macphail 2006; Oldfield & Crowther 2007). 다른 하나는 습한 환경에서 형성되는 침철광물(goethite) 등의 증감에 기반하여 과거의 강수량의 변량을 추정하는 것으로(Maher 1998; Balsam외 2011) 황토층(loess)이 발달한 중국 등지에서 과거의 기후(건습) 및 몬순의 변화를 추정하는 데 이용하고 있다(Rosen 2008). 다만 이의 적용에 토양 모재의 자성, 퇴적층의 기원과 퇴적연속성 등을 해석 시에 고려하여야 한다. 토양 내 화학성분의 증감은 원소 분석의 하나인 유도결합 플라즈마 원자분광분석(ICP-AES 및 ICP-MS) 등을 통하여 인식되며, 시비에 따른 변동폭이 큰 인(Phosphorous)과 칼슘(Calcium)과 같은 주요 토양성분의 변화상을 파악할 수 있다. 인은 분변과 뼈를 포함한 퇴비에서 기원하고, 탄화물은 일반적으로 화학적 성분구성비에서 칼슘의 함유량이 높으므로 시비한 토양은 대체로 인과 칼슘의 양이 증가한다(Goldberg & Macphail 2006; Wilson 외 2008).

그리고 다양한 경작행위에 의한 미세층위의 형성과 토양상의 형성, 토양의 시간적 발달 등을 구조파괴 없이 박편화시켜 현미경 관찰하는 토양미세형태분석이 있다. 토양미세형태분석은 화학분석이나 입도분석같이 정량적 분석에서는 입자구성비율의 수치 증감으로

만 보여지는 토양 내의 변화를 앞에서 언급한 토양상의 발달을 포함하여 구체적 이미지로서 상세하게 관찰할 수 있는 이점이 있다(이희진 2006; 권동희·박희두, 2007).[6] 또한 박편을 이용하여 경작토 단면의 전반적인 성분변화상을 알아볼 수 있는 여러 종류의 엑스레이 검사가 있다. 원소 분석(Energy Dispersive X-ray Analysis – EDS, 혹은 EDAX)으로 관찰된 특이 토양상의 화학성분을 측정하거나, 박편 전면에서 특정 성분의 집중 양상과 정도를 스캔(micro-probe)하거나(Goldberg & Macphail 2006), 기질의 조밀도를 알아보는 방식(別所 秀高 2009) 등으로 활용되고 있다.

위의 분석기법들은 세 가지 측면, 즉 ① 경작 당시의 고환경(지형 형성, 지하수위의 변동, 기온과 강수량)의 복원, ② 정밀한 토양변화상의 관찰을 통해 경작기법과 경작의 심화 등에 관한 추가적인 정보습득, ③ 전면발굴이 어렵거나 경작유구가 불명확하게 잔존하는 경우에 농경의 증거를 확보하는 데 대안적으로 활용될 수 있다는 점에서 특히 유용하다.

그 외에 최근 발달하는 동위원소분석을 통해 우회적으로 작물유체에 반영된 경작행위의 변화를 추측하는 방편이 있다. 수리(水利)에 의해 수분이 풍부한 환경에서의 경작은 산소동위원소의 증가(Bogaard 외 2007)를 통하여, 퇴비의 사용은 질소동위원소 수치의 증가(Fraser 외 2011)와 분변에서 기원한 기생충의 검출 등을 통해서 가

---

6 미세구조, 공극의 종류 및 토양상들을 판별하고 기술하는 데 있어 Bullock 외 (1985), Fitzpatrick(1993), Stoops(2003)의 저서들이 일반적으로 참고하는 서적들이다. 이 중 *Guidelines for analysis and description of soil and regolith thin sections*(Stoops 2003)에는 기존의 토양학에서 혼용되어 오던 복수의 토양 용어들이 생성기제와 형태에 따라 단순하게 재정비되어 있다. 그리고 현재까지의 연구 성과를 바탕으로 자연적 발달상과 인위토의 특성과 사례에 관하여 분야별로 설명된 *Interpretation of Micromorphological features of soils and regoliths*(Stoops 외 2010)는 해석 시에 참조하는 일종의 도감의 역할을 하고 있다.

늠할 수 있다.

이러한 분석법의 유용성에도 불구하고, 다양한 토양 모재와 기후, 그리고 일률적이지 않은 인간의 교란이 형성하는 고대의 경작토에 하나의 방법만을 해석의 잣대로서 적용하는 것의 위험성에 대한 비판이 있으며(Davidson & Carter 1998), 분석결과는 시료 채취 지점의 생태적 환경(field ecology) 및 잔존유구 등의 보다 폭넓은 환경 및 문화의 정황적 맥락하에서 해석할 것이 권고된다. 또한 상기한 분석법들이 토양의 정밀한 연구에 일반적으로 활용되어 오고 있으나, 앞으로도 얼마든지 지질·지리학에서 유용한 방법을 차용할 수 있으며, 한편으로 복잡다양한 '인간에 의한 교란'을 해석하기 위해 고고학계 내부에서 차용된 분석법을 적절히 활용하고 발달시키려는 노력이 수반되어야 할 것이다.

IV. 토양을 통한 과거 농경의 연구사례

경작기법의 발달과 토지이용의 흐름에 따라 토양에의 영향의 종류와 강도가 달라지며, 이를 개간 – 경작의 개시 – 경작의 심화 – 경작의 중단기로 구분할 수 있다(그림 3). 이와 연계하여 ① 농경의 개시기 및 고환경의 인지, ② 경작기간 내 경작기술 및 토지이용방식에 따른 영향과 이의 인지, ③ 경작지의 폐기 및 경작의 중단과, 부가적으로 ④ 농경 부산물의 사용 및 관련시설의 유추에의 측면으로 나누어 살펴보도록 하겠다.

1. 농경의 개시

개간 혹은 초기 농경의 토지이용의 흔적은 유적 인근 매몰층과 붕적토의 다각적 분석에서 실마리를 찾을 수 있다. 일반적으로 특정 지점의 지형이 형성되는 동안 침식, 퇴적 등이 반복적으로 발생하며, 상대적으로 지면의 식생이 발달할 수 있는 안정되는 시기와 다시 퇴적과 침식이 일어나는 불안정한 시기가 번갈아 나타난다. 초기의 농지와 목초지를 확보하기 위한 개간과 농경은 자연적으로 발생했던 안정화된 시기의 식생을 제거하여 토양에서의 지표면 교란을 가속시킨다. 따라서 토층의 형성에 있어서 안정과 불안정기의 반복을 파악하고, 지표에서의 교란상을 인지함으로서 특히 초기 농경의 시작과 그 주변으로의 영향을 인식할 수 있다.[7]

초기 유목문화로 유명한 카자흐스탄의 보타이(Botai) 유적 인근 토층의 고토양 조사에서 미사와 점토의 유입역 등이 급격히 증가하는 등 지표면 교란의 흔적이 확인되었고, 이와 같은 기원전 3500여 년경의 토양상과 퇴적상의 변화를 야기한 것은 삼림개간 농경/목축/점유 등으로 인한 삼림 및 초지 개간의 영향과의 연관 가능성이 시사된 바가 있다(French 2003). 현재 이 지역에서 보타이 유적의 점유기와 연관하여 잡곡 농경의 개시기를 재고하려는 고식물학 및 생물고고학적 연구가 진행되고 있다(Jones 외 2012, http://www.foglip.mcdonald.

---

7 특히 이른 시기의 농경에서는 화전과 같이 개간 이후에도 본격적으로 경작 시설을 구비하지 않고 농경이 이루어지는 경우도 많고(Smith 2001), 밭과 논은 인위적인 유구이되, 주거를 위한 수혈처럼 극히 인공적으로 굴착한 구조물이 아닌 작물이 잘 생장하도록 서식처를 조성한 자연에 가까운 상태의 유구이다. 따라서 경작이 중지된 이후에 급격하게 매몰되지 않거나, 지하수위의 변동처럼 특수한 환경하에 있지 않으면 대개 자연의 상태로 돌아가 유구의 보존률이 높지 않다. 주위에서 방기되는 논이나 밭을 살펴보면 시간이 흐름에 따라 흔적 없는 노지로 변화하는 모습을 쉽게 관찰할 수 있다.

cam.ac.uk/areas.html). 조를 비롯한 작물의 본격적 농경단계로 전환되는 중국 신석기 앙소문화기의 토지이용상 등에 관한 연구에서 황하 지류의 일부 황토 퇴적층에서 강한 지표교란에 의한 토양상의 발달 및 탄화물 증가와 같은 지표에 의거해 해당 지점에서의 신석기와 청동기 시기의 농경 가능성 및 후대의 경작강도의 양상이 확인되었다(Huang 외 2004, 2006 ; Rosen 2008 ; Macphail & Crowther 2007).

한편, 유럽의 선사시대 붕적토 및 거석 기념물, 고대의 성벽 하층 매몰면의 경작면에서는 다양한 종류의 미세탄화물이 풍부한 불순점토토양상들이 관찰되어 초기 경작(Macphail 외 1990 ; Goldberg & Macphail 2006)에 의한 영향을 보존하고 있으며, 단면에서 기경흔의 분석을 통하여 당시 사용된 농기구를 추론하는 데 응용하고 있다. 이는 앞서 말한 실험연구와 병행하여 이루어지고 있다.

한국에서 토양분석으로서 고대 경작층의 존재가능성을 탐색해 본 연구로는 천안 백석동 고재미골 전기 청동기시대 취락유적 내 곡부지역의 조사(프렌치·이희진 2009)를 들 수 있다. 주거지에서 다량의 탄화미 출토에도 불구하고 취락범위 내 곡부에서 수전면은 확인되지 않았다. 곡저의 퇴적상에서 가장 주목할 만한 변화는 미세토양분석을 통해 곡부의 정중앙에서 지표 아래 약 220~200cm 지점의 흑색층에서 관찰되었다. 습지가 건륙화되기 시작하는 지점으로 풍부한 부식과 더불어 다양한 종류의 지표 교란상이 관찰되어 교란의 흔적 없이 라미나가 있는 하부의 환원성 퇴적층들과는 크게 대별된다. 다형적 미세입단구조 및 공극 충진막에서 보이는 사면에서 유래한 이질적 붕적토의 혼입, 경작 행위에 따른 지표면 교란의 지표 중의 하나인 불순점토토양상과 미사집적상의 일환인 미사를 소량 포함한 점토유입역이 일부에서 확인되었다. 즉, 상시적으로 침수상태에 있던 곡부가 건륙화되어가는 과정에서 계절적으로 얕은 물이 고여 있는 단계로 변화하기 시작했던 지점으로 보여진다. 종합하면 이 층은 구지표면 당시 반습반건의 생태환경을 갖추었을 뿐 아니라, 지표에서의 교란상도 다수 관찰되어 원시적인 벼의 경작지로서 사용되었을 가능성을 배제할 수 없다.[8] 다만 이 층에서의 절대연대의 부재로 인해 청동기시대와 동시기임을 확인하기 어려우나, 곡부지역이 이른 시기부터 수전으로 이용할 수 있는 환경여건이 되었음을 알 수 있다.[9]

또한, 초기 사면경작의 영향은 대자율 분석을 통해 가늠해 볼 수 있다. 중국 허난성의 황하 인근 이락하(伊洛河) 부근에 분포하는 홀로세 중기의 뢰스퇴적층 중 신석기 – 청동기시기의 퇴적토의 일부 구간에서 대자율 수치와 유기물 함량(LOI)이 상승하는 양상이 보이는데 이는 사면침식된 경작토 및 문화층의 영향으로 해석된다(Rosen 2008). 또한, 연속적인 황토퇴적층에서 대자율 수치의 증가를 통해 당시 몬순의 이동과 이에 따르는 강수량의 증감을 추정하고, 이에

---

8 반면, 육안상 비슷한 색조와 입자구성비를 보이는 상부의 또 하나의 암흑갈색 토층(지표 아래 177~167cm)은 현미경 관찰에서 이 층과 크게 대조되는 양상을 보이는데, 단기적 지하수위 상승에 의해 발생한 수평하게 퇴적된 부식질이 풍부한 토탄면(silty peat)으로 교란상이 전혀 확인되지 않았다. 이와 비교하면 하층의 흑갈색 토층에서의 교란상은 불안정했던 지표상황을 반영하고, 그리고 그 원인 중 하나로서 경작을 생각해 볼 수 있다.

9 동 유적의 곡부의 상류에서 행해진 입도분석에서도 몇 차례의 건류화와 습지화가 감지되었으며, 2000 yrs B.P.를 전후한 시기의 대규모 사면물질이동을 추정하고 있다. 그리고 그 원인을 주거의 확장과 삼림남벌 등에 의한 식생의 제거로 인해 취약해진 사면에서 자연재해에 의한 영향이 증폭되어, 토사의 대규모 이동이 있었던 것으로 파악하고 있다(박지훈 2009). 그리고 화분상에서 소나무와 벼과화분의 동반상승이 나타나고 있다. 이는 개연성이 있는 가설이나 실제 사면에 입지한 취락의 점유시기(주거지 내 출토 탄화목재에서의 방사성탄소측정연대)보다 최소 500년 이상의 시기적 차이를 보인다. 백석동 유적의 토양분석 결과로서 알 수 있는 것은 주요 도작방식이 육도 혹은 수도에 관계없이, 곡부지역은 수도를 실시할 여건을 일찍이 갖추었다는 점이며, 아직 미약한 근거이긴 하지만, 교란양상이 강하게 나타나는 지표 아래 200cm 지점부터 경지로서의 이용도 조심스럽게 그 가능성을 상정해 볼 수 있다.

연동한 신석기시대 잡곡 농경의 확산과 쇠퇴를 설명한 연구가 있다 (Huang 외 2004).

한국의 경우, 과거 몬순의 이동과 이에 연동하는 건습의 변화의 단초를 구하기 위해, 퇴적물질에서의 기온에 따라 증발량이 달라지는 $\delta^{18}O$ 산소동위원소의 분석이나 기온의 고저와 건습에 의해 달라지는 C_3와 C_4 식물의 우점률에 따른 탄소동위원소의 비율변화를 통해 곡부 및 호수 퇴적층 인근에서의 점유 및 농경행위를 인지하려는 시론적 연구들이 최근 그 원리가 소개되고, 시도되었다. 보다 건조한 기후에서는 C_4 식물이 번성하고, 습윤한 기후로 변하면 상대적으로 C_3 식물의 식생 내 비율이 높아진다. 벼과는 C_3 식물에 속하며, 개간행위는 전반적으로 C_4 식물의 비율을 높이고 퇴적물이 급증하는 현상으로서 주변에 영향을 줄 수 있다(박정재 2008). 이들이 토양에 유기물로서 퇴적되면 C_3와 C_4의 탄소동위원소의 비율을 통해서 당시의 기후와 건습의 변동을 복원할 수 있으며, 부여 가탑리 일대의 선상지의 퇴적물을 대상으로 한 시범적 연구가 있다(박경·박지훈 2011). 그러나 인지되는 변화의 시간단위의 폭이 넓고,[10] 결과의 해석 시에 인과관계의 설정에 있어서 기후변화와 경작 외의 변인들, 즉 경작의 영향이 시차를 두고 나타나는 현상, 연속적 퇴적 환경이 아닌 곳에서의 활용 가능성 등을 검토해야 하므로, 고고학에서 바로 유효하게 수용되기에는 아직 이르다. 다만 추후에 이를 극복한다면, 고기후의 변화와 농경행위의 주변으로의 파급효과에 대한 국지적이

---

10 부여 가탑리 퇴적층의 $\delta^{13}C$분석에서 8,400 yrs B.P.에서 현재까지 약 5기의 건습 변동기가 확인되었으며, 대자율 분석의 경우, 현재의 경작층에서 증가하는 양상을 보이나 하부층에서는 2000 yrs B.P.를 제외하고 증감률이 뚜렷하지 못하다(박경·박지훈 2011). 동해안 고성군 일대의 화분 및 토양분석에서도 벼 화분이 증가하는 시점에 대자율이 함께 동반상승하는 것으로 보고되었으나 시기는 AD 600년으로 농경이 본격화된 이후이다(박정재 2011).

고 실증적인 정보를 축적할 수 있는 잠재력이 매우 크므로 향후 관련연구의 축적과 활용을 기약해 볼 수 있다.

추가적으로 농경의 개시와 관련해 고려할 사항은 토양의 종류가 기술적으로 취약한 초기 농경의 전파과정과 이동속도 및 국지적 발달을 가늠할 때 하나의 중요한 변수라는 점이다. 국지적 토양의 특성에 따라 수분함유량, 양분함량 및 작물의 재배적합성이 달라진다는 측면에서, 토양이 기후와 더불어 이른 시기 경작의 성패, 경작방식, 지속성, 토양에의 적응력에 따른 작물조합의 구성과 작물 아종(variety)의 지역별 미진화(microevolution)에 결정적인 요인이었을 가능성을 제기하는 시각이 있다(Limbrey 1990; Thomas 1990). 관련하여 한반도 초기 농경의 형태에 관한 논의에서 기후영향과 함께 토양의 수분함유량, 물리적 토성에 기반한 경작방식과 생산성 등이 농경발달의 전개에 있어서 주요 변인으로 언급된 바가 있다. 신석기시대 조 농경의 전파과정에서 비옥한 강변 충적지로의 입지선정과 농경토의 사용주기(송은숙 2001), 청동기시대 삼림개간의 용이성 및 비옥도에 따른 화전의 생산성과 생업경제에서의 비중(安在晧 2012), 철제 농구의 도입으로 가능해진 심경(深耕)에 따른 육도작의 파생여부(趙現鐘 2008), 수문환경과 수전의 입지에 따른 초기 수전의 경작방식(郭鐘喆, 1993, 2002) 등의 논제는 향후 분석적 연구와 민족지적 조사를 통하여 토양의 역할에 대해 실증적으로 검토하고, 이를 기반으로 초기 농경의 도입과 개시과정에 관한 논의를 더욱 심화시킬 수 있는 부분이다.

2. 경작토의 형성

경작토의 발달은 인간의 장기적 혹은 고강도의 경작활동에 따른 토양의 물리·화학적 변성과 퇴화현상의 원리에 기반한다. 농경활동에 의해 변성이 강하게 이루어진 토양을 인위토(anthrosol)[11]라 하며, 가장 유명한 예는 수 세기간 비료에 의해 개량된 북부유럽에 분포하는 플라겐(plaggen)층이고, 경작층은 아그릭(agric)층으로서 인지되고 있다. 수도경작의 계절적 관개에 의해 기질이 치밀해지고, 산화철과 망간의 함량이 높아지는 등의 특성을 보이는 안스라귁(anthraguic), 하이드라그릭(hyragric), 이라그릭(irragric) 등이 현대의 대표적 인위토이다. 이들의 형성과정의 원리를 기반으로 하여, 지역과 시대에 따라 다양한 특징을 지난 과거의 매몰된 인위토를 인지해 내고, 이를 통하여 과거 농경에 관한 정보를 추출해 내는 것이 고고학에서의 주요 연구과제라 하겠다.

고고학적으로 연구되고 있는 과거 인위토의 대표적인 예는 유럽, 인도 일부 및 남아메리카에서 넓은 면적에 걸쳐 분포하는 이질적인 검은 토양(dark earth)이라 불리는 문화층을 들 수 있다. 아마존 유역에서 짙은 색조를 띠며 부분적으로 토기편 등이 섞여서 출토되는 이 문화층은 그 경계가 하나의 유적에 국한되지 않고, 넓게는 수 십 헥타르에 걸쳐 분포하고 있다. 초기에는 자연적으로 형성된 비옥한 토양으로서 원시부족들이 화전 경작지를 찾아 이동생활을 했었던 터전으로 여겨졌으나 근래 토양 및 식물고고학적 연구는 상반되는 결과를 도출했다. 오히려 척박한 토양에서 구근류 식물인 카사바의 지속적인 원경식 재배의 영향으로 다량의 유기물이 투입되고, 환경

---

11 인위토(anthrosol)는 경작과 거주 등에 의해서 생성되며, 또한 경작 외에도 도시화되어 거주지 및 도로로서 사용되었거나 금속 잔여물들이 많이 축적된 표층에서 발달하는 기술토(technosol)를 따로 구별하기도 한다. 이들은 일차적으로 생성기제에 따라 크게 위의 두 가지로 분류되지만, 토양성분은 시기와 지역에 따라 차이가 있다. 현재까지 인위적 토양에 관한 국제 연구회(International committee on anthropogenic soils)에서 그 성격과 특성이 연차적으로 논의되어 왔고, 관련 자료는 http://clic.cses.vt.edu/ICOMANTH/ 에 일부 공개되어 있다.

적 요인과 함께 서서히 토성변화가 일어나면서 탄화물이 주로 포함된 암갈색토층(*terra mulata*)이 일차적으로 발달하였다. 이에 카사바의 재배와 증가한 인구의 거주행위에 따른 유기물의 투입에 의한 토성변화가 더욱 강화되어, 마침내 뼈, 각종 인공유물편, 보다 다량의 탄화물을 포함하고 인과 칼슘의 수치가 높아지는 흑색토층(*terra preta*)이 형성되었다(Neves 외 2003; Arroyo-Kalin 2010). 특히 암갈색토의 생성은 이동식 화전경작에 의해서 서서히 순화된 카사바와 옥수수의 농경에 유리하도록 토양의 성질과 지형이 길들여지는 과정(domestication of landscape)의 결과로 해석되고 있다.

이와 일견 유사한 양상이 유럽에 분포하는 중세시기의 흑색토(Dark Earth)에서도 보이고 있다. 주로 로마시대층과 근세층 사이에 위치하는 검은 토양층은 일차적으로 중세시기의 경작, 비료투입 및 쓰레기 폐기 등에 의해 인산과 유기물의 함량이 극히 높아진 표토층으로서 서서히 형성되기 시작하였다. 그러나 그 후의 지하수의 상승에 의하여 유기물의 분해가 저지되고, 넓은 지역에 걸쳐서 토양 구조 및 구성성분이 상대적으로 동일해지는 이차과정을 거치면서 발달하였으며 지역마다 흑색토의 발달과정과 후퇴적과정이 조금씩 상이하다(Holliday 2004; Nicosia 외 2012).

양자강 하구 델타에 위치한 중국 량주시대의 유적 모산(茅山)의 수전지(2300 BC 혹은 1960~1600 BC)에서는 시기별 경작방식의 변이와 고환경의 변화상이 미세토양분석을 통해 일부 간취되었다. 이른 시기의 하층에서는 공극의 복합충진막에서 불순점토피막이 나타나며, 공극 내에 퇴적된 탄화물이나 미세탄화물을 다량으로 포함한 피막의 존재로 보아 해당 지점에서의 불지르기 행위를 추정할 수 있다. 늦은 시기의 수전면인 상층에서는 경작기술에 의한 보다 인위적인 퇴적상 및 토양상의 흔적이 나타난다. 도구로 절단한 듯한 가공면이 있으며, 보다 윗면에서 생성된 미사점토면과 층간의 유기물의 띠 및 미사점토집적상으로서 주기적 침수와 관개수 조절 양상을 읽어낼 수 있다. 이에 더해 분변의 잔존물이 다량 포함된 아각형의 유기물 덩어리가 관찰되어, 당시 인위적 시비의 가능성을 상정하고 있다(Zhuang 외 출간예정).

한국의 울산 굴화리 유적과 진주 평거동 3-1지구 수전유적의 청동기시대에서 현대층에 이르는 토층의 토양분석 결과도 시기별로 달라지는 경작방식에 따른 토양 변화를 보여준다. 굴화리 유적의 경우, 청동기시대층에서는 산화철 망간 집적으로 보이는 수침과 건조의 환경조건하에서 불순점토토양상 등의 물리적 교란상이 발생하고, 이는 관개수전이라기보다는 천수답에서의 제한적인 도작을 반영한다고 보인다. 평거동의 경우, 이르면 청동기시대, 늦으면 삼국시대에 이르러 미사점토집적상이 발달하며, 이러한 양상은 굴화리 유적에서는 통일신라시대 층에서부터 확연히 나타난다. 미사점토집적상의 출현은 안정적 용수공급을 통해 관수와 낙수를 반복하며 벼의 생산성을 증대하는 수경(水耕)법과 같은 수도작 기법의 영향과 연관시킬 수 있으며(李僑珍 2012), 이 같은 토양상의 관찰을 통하여 경작방식이 모호한 이른 시기 수전에서의 토지이용상의 복원을 시도해 볼 수 있다.

3. 경작의 중단

한 지역에서 경작의 지속성을 저해하는 요인들로는 과도한 경작에 의한 지력의 상실, 단기적으로는 홍수나 급격한 토사의 유입에 의한 경지구획의 파괴, 장기적으로는 지하수위의 상승, 기온변화 및 강수 패턴의 변화와 같은 환경조건의 쇠퇴, 그리고 그에 연동한 관개를 비롯한 농업체계의 붕괴(Madella & Fuller 2006; Weiss 외 1993), 그리고 사회문화적 요인 등 여러 변수를 들 수 있다.

그러나 한국 선사 농경 유적지의 토양분석에서 극단적인 대규모 환경변화나 지력 상실에 의한 경지의 폐기가 극명하게 나타나는 예는 찾아보기 힘들다. 충적지상의 유적처럼 홍수에 의해 급격하게 사용 당시 폐기된 상태거나, 설령 토지 생산성 상실로 인한 인위적 폐기일지라도 후에 자연적으로 지력을 회복한 상태로 방치되어 토양에 더 이상 특정 성분의 결핍 현상으로 나타나지 않았을 가능성이 있다. 실상 분석사례를 보자면 중국 초기 수전인 작돈(綽墩) 유적의 마자방기의 수전면층에서는 현대 수전층보다 탄질률(C/N, 炭窒率)이 높고, 인의 수치가 높게 검출되었으며(Lu 외 2006), 한국의 진주 평거동 3-1지구의 수전에서도 청동기와 삼국시대의 수전층에서 후대보다 인 검출량이 상회하는 결과를 보였다(李僖珍 2012). 따라서 염화 혹은 용탈층의 발달 같은 극단적인 토양퇴화 외에는 지력 상실에 의한 방기는 잘 감지되지 않으며, 현재 발굴된 매몰면에서 이러한 식의 폐기양상은 분간하기 어렵다. 또한 청동기시대부터 윤작, 이랑과 고랑의 교차경작, 휴경, 불지르기 등의 지력회복 수단이 존재하였을 가능성이 높아(곽종철 2002; 이현혜 2010), 단순한 토지생산성 저하로 인한 폐기는 상대적으로 설득력이 약하다. 이를 고려하면 직상부에 연속 경작층이 없는, 즉 폐기 후 장기간 방치되었던 유구의 경우는 토양보다는 일시적인 국지적 기후환경의 쇠퇴 및 인문환경의 변화에 의한 영구적 방치로 이해될 가능성도 있다. 즉 일상적 환경진동[12]이 아닌 한랭화나 건조화, 지하수위상승 등의 경작에의

---

12 삼국사기와 고려사의 문헌기록의 기상관련 기사 분석으로는 약 5년의 주기로 가뭄 등이 발생했으며, 수십 년 단위의 가뭄 빈발기와 같은 기후 악화기는 신라와 고려에 걸쳐 약 세 번(500여 년에 한 번)이 있었던 것으로 파악된다(윤순옥·황상일 2010). 실

비우호적 환경으로의 변화가 당시 사회의 경작체계 및 토양관리가 그 충격을 흡수할 수 있는 범위를 넘어선 경우로 봐야 할 것이다. 일례로 기후변화에 따른 농경활동의 위축 및 문화상 변화의 요인으로 청동기 전·후기의 전환기와 초기 철기시대–원삼국기의 한랭화 등의 가능성(安承模 2006; 趙現鐘 2008)이 제기되었으며 이에 관해 보다 분석적 연구의 수행이 요구된다.

기온과 기후의 변화를 살펴볼 수 있는 문헌기록이 비교적 풍부한 중세시대의 경우, 기사기록의 분석에 의해서 기온의 고저 및 소빙하기 등의 존재를 확인해 볼 수 있으나(김연옥 1984, 1990) 선사시대의 경우, 활용할 자료가 없고, 또한 문헌기록의 경우에도 시기가 올라갈수록 기사의 정확성이 떨어지는 난점이 있다.

식생대의 변화를 살펴볼 수 있는 화분분석의 경우, 확연한 식생의 변이가 탐지되는 시간폭이 일반적으로 수백 년 이상이며(공우석 2010), 충적세의 Magney의 호소 수위 상승주기나 Bond의 한랭화 주기 또한 수백 년의 간격을 두고 발생하였다(김주용 2012). 이러한 규모의 기후변화는 공간·시간적으로 대단위(macro-scale)에서 농경의 쇠퇴를 포함한 기존 생계방식의 해체와 제한적으로 상관관계가 인정되고 있다. 일례로 광역적 규모의 환경변화로서 북반구의 기후환경에 영향을 미친 북대서양의 냉각에 따른 주기적 한랭화의 한 분기(Bond Event 3)에 해당되는 신석기시대 후기에 한랭건조한 기후로의 전환이 전반적인 농경문화의 쇠퇴에 일정 역할을 했을 것으로

제현상이 문헌에 그대로 반영되지 못했을 가능성을 감안하더라도, 한반도의 장·단기 기후환경 변화주기의 복원과 이에 연동하는 농업생산력에의 파급 및 사회변화에 주목할 필요가 있다. 역으로 사회체계의 붕괴가 일상적 환경진동의 관리를 어떻게 취약하게 하고, 별다른 이상기후 없이도 농경활동의 쇠퇴에 일정 역할을 하였는가에 관한 측면도 고려해야 한다. 이를 통해 궁극적으로 장·단주기의 기후변화가 선사와 고대 문화상과 생업체계의 변화에 미친 영향에 관한 단서를 얻을 수 있을 것이다.

추정되고 있다(안승모 2011).[13] 또한, 서해안 일대 신석기시대 유적의 토층퇴적상의 검토를 통하여, 한랭건조화와 맞물리는 신석기시대 중후기에 약 200여 년 주기의 해수면 변동이 야기했던 빈번한 해침과 해퇴의 정황이 확인된다. 그리고 이러한 지표환경변화가 거주지의 이동을 통해서 생계방식의 전환을 추동하였다고 생각해 볼 수 있다(김주용 2012). 현재까지의 토지이용, 농경 및 물질문화의 변동상과 기후변화를 연동시킨 연구들 또한 수백 년 단위 규모에서의 환경변화를 적용하고 있으며 주로 문헌사료나 일본을 위시한 외국의 환경자료를 인용하고 있다(安承模 2006; 安在晧 2012; 이홍종·손준호 2012). 이러한 거시적인 기후변화와 농경에의 영향을 인식하는 작업의 중요성과는 별개로, 유적단위에서 농경의 중단 원인을 논하기 위해서는 보다 작은 시간적·공간적 규모에서의 환경변화의 이해가 선행되어야 한다. 농경이 본격화되는 청동기시대 이후 물질문화의 변이 속도는 상기한 광역적 기후변화의 주기보다 빠르다. 또한, 미시적으로 인간집단의 환경에 대한 적응전략을 이해하는 데 유용한 수준의 환경변화는 비교적 작은 규모(〈100 years)이고,[14] 환경변화의 규모가 작아질수록 국지적 변이가 높은 편이다(Dincauze 2000: 143). 따라서 가능한 한국에서의 정밀한 프럭시 자료와 국지적인 환경자료의 축적이 유적 단위에서의 경작의 중지와 기후와의 상관관계를 살펴보는 데 더욱 긴요하다. 관련하여 주목할 만한 연구는 제주도

---

13 Bond Event 3기에 해당하는 4300~4000 yrs BP경의 신석기시대 말기 기후변화의 영향은 중국 북부 내륙지역에서는 작황의 부진을 유발하는 심각한 가뭄으로, 중국 남부의 양자강을 위시한 강변 충적지에서는 잦은 홍수범람에 따른 농경지의 훼손(Wu&Liu 2004; Huang 외 2010)으로 지역적 차이를 보이며 발현하였고, 신석기시대가 소멸하게 되는 원인을 제공하였다.

14 이론적으로 개인이나 작은 공동체 단위에서 체감을 통하여 농경의 형태 및 문화상에 직접적 변화를 야기하는 것은 주로 수년에서 수십 년 주기의 환경진동(oscillation)이다(Dincauze 2000: 156~157).

에 소재한 동굴들에서 자라는 석순(speleotherms)의 분석으로서 이를 통하여 수년에서 수십 년 단위의 강우량 패턴과 기후진동의 양상을 규명할 수 있다. 현재는 중세시기의 변화까지 해석되었으며, 보다 연대가 상향하는 석순의 분석으로 기원 이전부터의 강우량 변화에 대한 후속연구가 진행 중으로 발표된 바 있다(지효선 외 2010; 우경식 외 2012). 이는 토양에서의 탄소 및 산소동위원소분석과 더불어 추후 한반도의 과거 동아시아 몬순의 변동, 강수의 패턴, 그리고 이들과 연동하는 기온의 변화상을 세밀하게 복원할 수 있는 기반을 제공한다. 추후 이를 토대로 하여 농경의 발달상 및 문화변동[15]과 장·단기적 환경변화의 상관관계를 실질적으로 탐색해 볼 하나의 기회가 될 수 있을 것이다.

그리고 농경중단의 원인으로 전쟁이나 집단의 이동 및 내부적 혼란과 같은 사회적 측면이 있으며, 이에 의한 영향이 토양자료에 그 흔적을 남기는 경우도 생각해 볼 수 있다. 중국 운남성의 이원현(洱源縣) 지역을 대상으로 석순의 분석에 기반한 산소동위원소, 대자율, 입경, 화분분석을 통해 청동기시대에서 청에 이르는 3000년간의 환경변화와 사면경작지에서의 침식량을 비교한 결과, 명말 청초의 혼란기에 별다른 환경변화 없이 침식량이 증폭한 점으로 미루어 농경체계의 붕괴로 인한 경작면의 방기가 사면침식을 강화시킨 요인이 된 것으로 보고 있다(Dearing 2008). 한편으로 초기철기 – 원삼국시대 및 중세의 소빙기처럼 환경조건의 불리에도 불구하고 새

---

15 최근 과거 선사 문화변동의 연구에서 농경을 포함한 생계방식의 전이와 붕괴에 환경변화의 역할을 중요시하는 시각이 확대되고 있으며(安在晧 2012), 문화상의 변화를 논할 때 일정 정도 환경의 역할을 검토해야 할 필요가 대두되고 있다(宋滿榮 2011). 이를 위해서 고환경의 변화상에 대한 보다 세밀한 기초적 환경자료의 구비가 선행되는 것은 필수적이다.

로운 농법의 적극적 도입과 작부체계의 변화로서 이를 극복하고 농경 지속성을 견인했다고 보는 견해도 있으므로(趙現鐘 2008; 김재호 2010),[16] 특정 지점에서의 농경활동 중지의 원인을 모두 환경적 요인으로 귀결시킬 수는 없다.

사실상 농경의 중단원인을 파악하는 것은 해당 지역의 환경조건과 취락입지 선정의 원인을 찾는 것보다 더 어려운 일이다. 토양과 환경의 조건에서 유리한 위치에 있었던 취락들도 쇠락을 겪는데, 환경조건에서 두드러지는 변화가 나타나지 않는다면, 단순한 토양의 분석으로서 무엇이 농경의 지속성을 좌우했던 변인이었는지를 해석해 내기란 무리이다. 다만 개별유적 단위에서는 토층의 퇴적상을 이해함으로써 폐기 시 발생했던 홍수나 사태 등의 현상에 대한 일말의 단서를 얻을 수는 있을 것이다.[17] 이와 관련하여 청동기시대에서 조선시대에 걸치는 다수의 논 유적에서의 경작층이 시기적으로 단절된 양상이 보고되었고, 이를 초래한 원인에 관해 이동식 경작, 방기, 휴경 등의 원인이 제기되었다(곽종철 2002). 이러한 기존의 가설과 함께 장·단기적 기후환경 변화에 의한 지하수위의 변동, 집중호우에 의한 사태 등 국지적 지형환경 변화의 영향 또한 다각적으로 검증해 볼 수 있다. 이 같은 연구가 축적되면 시대별·지역별로 농경지 폐기의 주 원인에 대한 경향파악이 가능할 수 있으므로 면밀한 재검토와 향후 현장조사에서의 관심이 필요하다.

---

16 시론적인 견해이나 김재호는 조선 후기 이앙법의 도입과 보리 파종법 등의 전환을 한랭건조한 소빙기의 건조한 봄기후에 적응하기 위한 일련의 조치로 해석하였다.

17 홍수 및 사태에 의한 퇴적층은 구성물질, 입도변화, 토양상(예를 들어, 급격한 침수에 의해 얇은 라미나가 반복되어 형성되는 flood coating-Nicosia 외 2012) 등에서 구별된다. 유적 단위에서 문화층과 경작층의 상·하부에 위치한 퇴적층의 토양분석 조사는 대홍수 및 홍수빈도수 등을 파악하여 경작과 점유의 단절양상을 이해하고, 통시적인 토지이용상을 복원하는 데에 활용되고 있다(Huang 외 2010; Nicosia 외 2012).

4. 농경산물의 소비양상

경작토에 한정하지 않고 보다 광범위하게 토양의 연구를 농경에 적용한다면 농경산물의 소비양상의 일부를 규명해 볼 수 있다. 주거지나 저장구덩이 내에 사용된 가마니 등에서 유래한 규산체의 인위적인 퇴적상과 분해가 덜 이루어진 깔개의 퇴적 모습으로서 이차적 가공과 식물의 소비와 저장에 의한 내부공간의 이용상에 관한 정황을 파악할 수 있다. 이러한 정황은 식물의 줄기가 수평한 상태로서 퇴적되거나, 대부분의 유기물이 분해된 후에도 규산체가 인위적으로 수평하게, 그리고 군집하여 퇴적된 모습으로서 나타난다(Matthews 외 1997; Goldberg & Macphail 2006, 264). 따라서 저장구덩이나 주거지 등에서의 규산체 분석과 동시에 토양분석을 행한다면 식물의 용도와 연관된 퇴적상을 밝힐 수 있을 것이다.

또한 가축이 머물던 헛간 등지에서 동물의 분뇨에서 유래하는 인과 칼슘 등이 결합하여 생성되는 구형체(micro-spherulite)와 같은 이차광물의 존재, 유기물의 피복양상을 통하여 식물체를 동물의 거처에서 깔개로 활용했던 정황도 포착할 수 있다(Goldberg & Macphail 2006; Nicosia 외 2012).

V. 맺음말

토양의 연구는 경작토의 보다 정밀한 관찰과 그 생성과정을 규명함으로써 경작지의 발굴내용을 보완하는 기술적인 측면에서 큰 도움이 될 수 있다. 그리고 토양연구를 통해 보다 더 고대 농경의 실체에 접근하기 위해서는 두 가지 면에서 진전이 이루어져야 한다.

첫째로는 토양분석의 해상도를 높이는 것이다. 분석법의 정밀화를 통해 오차의 폭을 줄이고, 이와 더불어 각종 형태의 경작실험과 폐기 후의 경작유구의 파괴양상과 토양 변화양상에 대한 장·단기간의 모니터링이 이루어져야 한다. 이를 통하여 전반적으로 양토가 우세하고 유기물의 성분이 비교적 적은 한국의 수전토양 및 지형·환경적 특성하에서(허봉구 외 1997) 경작과 관련된 토양의 변화에 대한 보다 실질적인 자료를 축적하고 응용 가능성을 높일 수 있을 것이다. 더불어 기존의 분석법들과 토양퇴적물에서 산소 및 탄소 동위원소분석 등을 활용하여 기온과 강수량 변화처럼 작황에 영향을 미치는 요소들을 최대한 세밀한 시간단위에서 복원하는 방향으로 나가야 할 것이다. 이들에 기반하여 통시적인 경작기술의 발달과 농경문화의 변천상을 고환경변화의 궤적과 유기적으로 연동시켜 바라볼 수 있을 것이다.

두 번째로는 고환경의 변화가 농경을 매개로 하여 규모와 기술수준이 제각기 달랐던 고대 사회와 이루었던 상호관계에 대한 근본적인 고찰이 필요하다. 환경의 영향이 농경의 지속에 결정적인 한편, 인간사회에 발현하는 방식이 직접적 혹은 여러 단계를 거치는 복합적이라는 점을 감안한다면(그림 5), 아무리 분석법 자체의 해상도를 높인다 하더라도, 토양을 통한 과거 농경의 전개와 쇠퇴에 대한 답을 구하는 데에는 한계가 존재할 수밖에 없다. 따라서 토양연구의 자료를 당시 사회의 생계전략 및 환경변화에 대한 적응력 등을 감안하여 해석한다면 개별 혹은 복수의 유적단위에서 경작층의 생성과 소멸과정, 그리고 배후의 기제를 복합적으로 복원할 수 있을 것이다.

이와 같이 분석법의 기술적 향상과 보다 다층적인 자료해석이 함께 이루어지면 궁극적으로 앞서 말한 문화적 토양경관의 완성을 도모할 수 있을 것이며, 토양분석의 효용성을 극대화시킬 수 있을 것으로 전망한다. 본고는 그동안의 농경에 관한 토양연구의 집성과 비판적 검토보다는 앞으로의 토양분석의 활용가능성과 연구방향에 대한 필자 나름의 제언에 가깝다. 농경과 관련해 토양에 대한 분석적 연구성과가 상대적으로 적은 편이어서, 고고학에서 과거 농경연구와 관련하여 사용되는 유용한 분석법과 국·내외 적용사례들을 중심으로 작성하게 되었다. 향후 고대 농경연구에서 조금이나마 보탬이 되기를 소망하며 졸고를 마친다.

| 참고문헌 |

공우석, 2010, 「고대의 기후와 생태」, 『한국고대의 수전농업과 수리시설』, 한국고고환경연
    구소 편, 89-114쪽, 서경문화사.

郭鐘喆, 1993, 「先史·古代 稻 資料 出土遺跡의 土地條件과 稻作·生業」, 『古文化』 42·43.

_____, 2002, 「우리나라 선사-고대 논밭유구」, 『한국농경문화의 형성』, 한국고고학회 편,
    학연문화사.

권동희·박희두, 2007, 『토양지리학』, 한울아카데미.

김미희·구자옥·이상영·노경희·강방훈, 2010, 「고농서에 나타나는 잡초방제 기술 고찰」,
    『농업사연구』 9(2).

김범철, 2006, 「중서부지역 靑銅器時代 水稻 生產의 政治經濟 - 錦江 중·하류역 松菊里型
    聚落體系의 위계성과 稻作集約化 - 」, 『韓國考古學報』 58.

김연옥, 1984, 「한국의 소빙기 기후: 역사 기후학적 접근의 일시론」, 『지리학과 지리교육』
    14(1).

_____, 1990, 「古日記에 依한 古氣候 硏究」, 『韓國文化硏究院 論叢』 58.

김재호, 2010, 「조선 후기 한국 농업의 특징과 기후생태학적 배경」, 『비교민속학』 41.

김주용, 2012, 「영종도 일대 신석기시대 제4기 지질과 환경변화」, 『인천 중산동 유적』, 한강
    문화재연구원 유적조사보고 제20책.

류순호 편, 2000, 『토양사전』, 서울대학교 출판부.

박경·박지훈, 2011, 「충남 부여지역의 홀로세 기후변화: 탄소동위원소분석과 대자율분석을
    이용하여」, 『대한지리학회지』 46(4).

박정재, 2008, 「우리나라의 고기후 복원을 위한 습지 퇴적물의 안정동위원소분석 가능성 연
    구」, 『대한지리학회지』 43(4).

_____, 2011, 「홀로신 후기 동해안(고성군 남부) 지역의 농경 시작과 토지이용변화」, 대한
    지리학회 학술대회 논문집.

박지훈, 2009, 「지리적 관점에 본 고재미골 유적에 있어서 청동기시대 취락의 소멸원인」,
    『천안 백석동 고재미골 유적』, 충청문화재연구원.

宋滿榮, 2011, 「中部地方 粘土帶土器 段階 聚落 構造와 性格」, 『韓國考古學報』 80.

송은숙, 2001, 「신석기시대 생계방식의 변천과 남부 내륙지역 농경의 개시」, 『湖南考古學

報』14.

安承模, 2006, 「長興 上芳村 炭火穀物의 經濟的 解釋」, 『한국상고사학보』54.

안승모, 2011, 「신석기문화의 성립과 전개」, 『한국 신석기문화 개론』, 중앙문화재연구원 편, 서경문화사.

安在晧, 2012, 「墓域式支石墓의 出現과 社會相－韓半島南部의 靑銅器時代生計와 墓制의 地域相－」, 『湖南考古學報』26.

우경식·조경남·지효선·홍석우·이상헌, 2012, 「Paleoclimatic Investigation using cave speleotherms in South Korea」, 한국제4기학회 추계학술대회 발표.

윤순옥·황상일, 2010, 「고려사를 통해 본 한국 중세의 자연재해와 가뭄주기」, 한국지형학회지』17(4).

이진주·곽종철, 2012, 『고고학에서의 층－이론, 해석, 적용－』, 사회평론.

이현혜, 2010, 「토지활용방식을 통해 본 한국고대 농업기술의 발전과정」, 『한국 고대의 수전농업과 수리시설』, 한국고고환경연구소 편, 서경문화사.

이홍종·손준호, 2012, 「충적지 취락의 지형환경」, 『嶺南考古學』63.

이홍종·허의행, 2010, 「청동기시대 전기취락의 입지와 생업환경」, 『韓國考古學報』74.

이희진, 2006, 「지질고고학의 새로운 연구 경향과 전망」, 『고고학』5-1.

李儀珍, 2012, 「土壤分析을 통해 본 韓半島 初期 水田農耕의 일면」, 『韓國考古學報』82.

趙現鐘, 2008, 「韓國 初期 稻作文化 研究」, 全南大學校 大學院 史學科 박사학위논문.

지효선·우경식·양동윤, 2010, 「제주도 용천동굴 석순(YC-2)에 기록되어 있는 한반도의 소빙하기」, 『한국기상학회지』20(5).

프렌치·이희진(French, C. & Lee, H.), 2009, 천안 백석동 고재미골 유적 곡부지역에 관한 지질고고학적 연구」, 『천안 백석동 고재미골 유적』, (재) 충청문화재연구원 문화유적 조사보고 제 100집.

허봉구·임상규·김유학·이계엽, 1997, 「우리나라 논토양의 이화학적 특성」, 『한국토양비료학회지』30(1).

別所秀高, 2009, 「沖積地 遺蹟에 대한 事例研究와 GIS의 應用 事例」, 『한국과 일본의 선사·고대 농경기술』, 경남발전연구원 역사문화센터, 한국청동기학회주관 한·일 국제학술대회.

Adderley, P., Wilson, C., Simpson, I.A., Davidson, D., 2010, Anthropogenic Features, *Interpretation of micromorphological features of soils and regoliths*. pp.569–588, Armsterdam: Elsevier Science Publishers.

Arroyo-Kalin, M., 2010, The Amazonian Formative: Crop Domestication and Anthropogenic Soils, *Diversity* 2(4): 473-504.

Balsam, W., Ellwood, B., Ji, J., Williams, E., Long, X., Hassani. A, 2011, Magnetic susceptibility as a proxy for rainfall: Worldwide data from tropical and temperate climate, *Quaternary Science Reviews* 30: 2732-2744.

Bogaard, Heaton T., Poulton, P., Merbach., I., 2007, The impact of manuring on nitrogen isotope ratios incereals: archaeological implications for reconstruction of diet and crop management practices, *Journal of Archaeological Science* 34: 335-343.

Brinkman, R.A.G., 1977, Surface-water gley soils in Bangladesh: Genesis, *Geoderma* 17(2): 111-144.

Bullock, P., Fedoroff, N., Jongerius, A., Stoops, G., Tursina, T., 1985, *Handbook for soil thin section description*, International Society of Soil Science.

Crowther, J., 2003, Potential magnetic susceptibility and fractional conversion studies of archaeological soils and sediments, *Archaeometry* 45(4): 685-701.

Davidson, D.A and Carter, S.P., 1998, Micromorphological Evidence of Past Agricultural Practices in Cultivated Soils: The Impact of a Traditional Agricultural System on Soils in Papa Stour, Shetland, *Journal of Archaeological Science* 25: 827 - 838.

Dearing, J., 2008, Landscape change and resilience theory: a palaeoenvironmental assessment from Yunnan, SW China, *The Holocene* 18(1), 117 - 127.

Devos, Y., Vrydaghs, L., Degraevec, A. & Fechnerb, K., 2009, An archaeopedological and phytolitarian study of the "Dark Earth" on the site of Rue de Dinant (Brussels, Belgium), *Catena* 78(3): 270-284.

Dincauze, D., 2000, *Environmental Archaeology*, Cambridge: Cambridge University Press.

FitzPatrick, E.A. 1993, *Soil microscopy and micromorphology*, Wiley.

Fraser, R. Bogaard, A., Heaton, T., Charles, M, Jones, G, Christensen, B., Halstead, P., Merbach, I, Poulton, P, Sparkes, D., Styring, A., 2011, Manuring and stable nitrogen isotope ratios in cereals and pulses: towards a new archaeobotanical approach to the inference of land use and dietary practices, *Journal of Archaeological Science* 38: 2790-2804.

French, C., 2003, *Geoarchaeology in Action*, London: Routledge.

Gebhart, A., 1993, Micromorphological evidence of soil deterioration since the mid-Holocene at archaeological sites in Brittany, France, *The Holocene* 3: 333-341.

Goldberg, P. & Macphail, R., 2006, *Practical and theoretical geoar-chaeology*, Oxford: WileyBlackwell.

Holliday, V.T., 2004, *Soils in archaeological research*. Oxford: Oxford University Press.

Huang, C, Pang, J., Zhou, Q., Che. S., 2004, Holocene pedogenic change and the emergence and decline of rain-fed cereal agriculture on the Chinese Loess Plateau, *Quaternary Science Reviews* 23(23-24), 2525-2535.

Huang, C.C., Pang, J.L., Chen, S., Su, H., Han, J., Cao, Y.,Zhao, W., Tan, Z., 2006, Charcoal records of fire history in the Holocene loess-soil sequences over the southern Loess Plateau of China, *Palaeogeography, Palaeoclimatology, Palaeoecology* 239, 28-44.

Huang C.C., Pang, J., Zha, X., Zhou, Y., Su, H., Li, Y., 2010, Extraordinary Floods of 4100-4000 a BP recorded at the Late Neolithic Ruins in the Jinghe River Gorges, Middle Reach of the Yellow River, China, *Palaeogeography, Palaeoclimatology, Palaeoecology* 289, 1-9.

Jones, M., Hunt, H., Lightfoot, E., Lister, D., Liu, X and Motuzaite-Matuzeviciute, G., 2012, Food Globalization in Prehistory, *World Archaeology* 43(4): 665-675.

Jongerius, A., 1983, The role of micromorphology in agricultural research, In (eds) *Soil Micromorphology*, Bullock, P and C. Murphy, C. P. eds., pp.111-138, Berkhamsted: AB Academic Publishers.

Juo, A.S.R. & A. Manu, 1996, Chemical dynamics in slash-and-burn agriculture, *Agriculture, Ecosystems & Environment* 58(1): 49-60.

Kögel-Knabner, I., Amelung, W., Cao, Z., Fiedler, S., Frenzel, P., Jahn, R., Kalbitz., K., Kolbl, A. and Schloter, M., 2010, Biogeochemistry of paddy soils, *Geoderma* 157 (1-2): 1-14.

Kühn, P, Aguilar, J. & Miedema, R., 2010, Textural Pedofeatures and Related Horizons, *Interpretation of micromorphological features of soils and regoliths*. pp.111-138., Armsterdam: Elsevier Science Publishers.

Kyuma, K., 2004, *Paddy soil science*. Kyoto: Kyoto University Press.

Lewis, H., 1998, *The characterisation and interpretation of ancient tillage practices through soil micromorphology: a methodological study*, Unpublished Ph.D thesis, University of Cambridge.

_____, 2012, *Investigating Ancient Tillage–an experimental and soil micromorphological study–*, Bar international Series 2388: Archaeopress.

Limbrey, S., 1990, Edaphic opportunism? A discussion of soil factors in relation to the beginnings of plant husbandry in South-West Asia, *World Archaeology* 22(1): 45–52.

Lu, J., Hu, Z-Y., Cao, Z-H., Yang, L-Z., Lin, X-G., Dong, Y-H., Ding J., Zheng, Y-F., 2006, Characteristics of soil fertility of buried ancient paddy at Chuodun Site in Yangtze River Delta, China, *Agricultural Sciences in China* 5(4):441–450.

Macphail, R.I., Courty, M. A., & Gebhardt, A., 1990, Soil micromorphological evidence of early agriculture in north-west Europe. *World Archaeology*, 22(1): 53–69.

Macphail, R.I. and Crowther, J., 2007, Soil micromorphology, chemistry and magnetic susceptibility studies at Huizui (Yiluo region, Henan province, northern China), with special focus on a typical Yangshao floor sequence, *Bulletin of the Indo-pacific prehistory association* 27: 103–113.

Madella, M. & Fuller, D. Q., 2006, Palaeoecology and the Harappan Civilisation of South Asia: a reconsideration, *Quaternary Science Reviews* 25: 1283–1301.

Maher, B.A., 1998, Magnetic properties of modern soil and Quaternary loessic palaeosols: palaeoclimatic implications, *Palaeogeography, Palaeoclimatology, Palaeoecology* 137: 25 – 54.

Matthews, W., French, C. A. I., Lawrence, T., Cutler, D. F., & Jones, M. K., 1997, Microstratigraphic traces of site formation processes and human activities, *World Archaeology*, 29(2): 281–308.

Moormann, F. R. and van Breemen, N., 1978, *Rice: Soil, Water, Land*, Los Banos, Philippines: International Rice Research Institute.

Mücher, H, van Steijn, H., Kwaad, F., 2010, Colluvial and Mass Wasting Deposits, *Interpretation of micromorphological features of soils and regoliths.* pp.37–48., Armsterdam: Elsevier Science Publishers.

Neves, E. Petersen, J., Bartone R., and Da Silva, C., 2003, Historical and Socio-cultural Origins of Amazonian Dark Earth, pp.29–50, *Amazonian Dark Earths*, Springer.

Nicosia, C., Langohr, R., Mees, F., Arnoldus-Huyzendveld, A., Bruttini, J., Cantini, F.,

2012, Medieval Dark Earth in an Active Alluvial Setting from the Uffizi Gallery Complex in Florence, Italy, *Geoarchaeology* 27(2): 105-122.

Oldfield, F. and Crowther, J., 2007, Establishing fire incidence in temperate soils using magnetic measurements, *Palaeogeography, Palaeoclimatology, Palaeoecology* 249(3-4): 2-9.

Richardson, J. L. and Vepraskas, M. J., 2001, *Wetland Soils genesis, hydrolysis, landscapes and classification*. Florida: Lewis Publishers.

Rosen, A.M, 2008, The impact of environmental change and human land use on alluvial valleys in the Loess Plateau of China during the Middle Holocene, *Geomorphology* 101(1 - 2), 298 - 307.

Schaetzl, R. J. and Anderson, S., 2005, *Soils: Genesis and geomorphology*, Cambridge: Cambridge University Press.

Smith, B. D., 2001, Low-level food production, *Journal of Archaeological Research* 9(1). 1-43.

Stoops, G., 2003, *Guidelines for analysis and description of soil and regolith thin sections*, Madison: Soil Science Society of America.

Stoops, G., Marcelino, V., & Mees, F.(Eds.), 2010, *Interpretation of Micromorphological Features of Soils and Regoliths*, Armsterdam: Elsevier Science Publishers.

Thomas, K., 1990, Aspects of soils and early agriculture, *World Archaeology* 22(1), vii-xiii.

Usai, M. R., 2001. Textural features and pre-Hadrian's Wall ploughed Paleosols at Stanwix, Carlisle, Cumbria, U.K., *Journal of Archaeological Science* 28, 541 - 553.

Vepraskas, M. J., Wilding, L. P. and Drees, V. L. R., 1994, Aquic conditions for soil taxonomy: concepts, soil micromorphology and micromorphology, In *Soil micromorphology: studies in management and genesis*, pp.117-131, Amsterdam: Elsevier.

Weiss, H., Courty, M-A., Wetterstrom, W., Guichard, F., Senior, L., Meadow, R., Cunrow, M., 1993, The genesis and collapse of third millennium North Mesopotamian civilization, *Science* 261(5124), 995-1004.

Wells, E.C., (2006), Cultural soilscapes, Fossard E. Blum, W.E.H & Warkentin. B.P (Eds.) *Function of Soils for Human Socieities and the Environment* 266, 125-132.

Wilson, C.A., Davidson, D., Cresser, M., 2008, Multi-element soil analysis: an assessment of its potential as an aid to archaeological interpretation, *Journal of*

Archaeological Science 35, 412-424.

Wu, W.& Liu, T., 2004, Possible role of the "Holocene Event 3" on the collapse of Neolithic Cultures around the Central Plain of China, *Quaternary International* 117(1): 153-166.

Zheng, Y., Sun, G., Qin, L., Li, C., Wu, X., Chen, X., 2009, Rice fields and modes of rice cultivation between 5000 and 2500 BC in east China, *Journal of Archaeological Science* 36: 2609-2616.

Zhuang, Y. Ding, P. and French. C., (forthcoming), *Rice cultivation, water management and environmental change: implications of geoarchaeology on an ancient paddy field*, unpublished report, School of Archaeology and Museology, Peking University.

Zong, Y., Chen, Z., Innes, JB., Chen, C., Wang, Z., Wang, H., 2007, Fire and flood management of coastal swamp enabled first rice paddy cultivation in east China, *Nature* 449(27): 459-463.

한반도 선사·고대 동물 사육(動物飼育)의 역사와 그 의미

이준정*

I. 서론

야생동물 사냥에서 가축 사육으로의 전환은 야생식물 채집에서 작물 재배로의 전환과 더불어, 채집경제에서 생산경제로의 전이 과정을 연구하는 데 있어 중요한 연구주제이다. 한국고고학계에서는 농경의 개시와 전개 과정에 대하여는 다각도의 활발한 연구가 진행된 데 반해, 가축 사육에 대한 연구는 이제 막 시작되는 단계이다. 이는 한편으로는 가축 사육이 지닌 문화적·사회적 중요성에 대한 인식이 부족하기 때문이며, 다른 한편으로는 가축 사육은 농경과 동시에 자연스럽게 시작되었을 것이라고 은연중에 간주하기 때문이다(이준정 2009).

일찍이 북한학계에서 신석기시대에 개, 돼지(서포항, 범의구석 등), 청동기시대에 개, 돼지, 소, 말(범의구석 등)이 출토되었다고 보고(김신규: 1970)한 것을 토대로, 김원용(1986: 72)은 『韓國考古學槪論』에서

---

* 서울대학교 고고미술사학과

"(청동기시대의) 생활 기반은 농경, 어로, 가축 기르기"라고 제시하였으며 그 근거로 "무산호곡(茂山虎谷)에서는 돼지 뼈가 20마리분이나 나와 만주에서와 같이 돼지 기르기가 꽤 성행하고 있음을 알 수 있다"라고 기술한 바 있다. 이러한 인식은 청동기시대에 농경과 동시에 가축 사육이 시작되었다고 간주하는 데 지대한 영향을 미쳤다. 그러나 이러한 인식을 뒷받침하는 자료는 사육종 여부에 대한 동정(同定)이나 출토 층위에 대한 검토 등이 제대로 이루어지지 않은 불명확한 것에 불과하다.

한반도 고고학 유적에서 나타나는 초기 사육종 동물로는 개, 돼지, 소, 말을 들 수 있다. 이 가운데 개(*Canis lupus familiaris*)는 신석기시대부터 등장하는 것이 여러 유적에서 확인되었으며, 소(*Bos taurus*)와 말(*Equus caballus*)은 야생종이 한반도에 자생하지 않아 사육종을 판별하는 데 큰 어려움이 없다. 그런데 돼지(*Sus scrofa*)의 경우는 한반도에 자생하는 야생 멧돼지가 구석기시대 이래로 주요 수렵 대상이었기 때문에 유적에서 야생종과 사육종과 사육종 유존체가 함께 출토되는 경우가 많을 뿐만 아니라, 형질적으로 야생종과 사육종을 구분하기가 쉽지 않아 엄격한 검증 작업이 필요하다(이준정 2009, 2011b).

한반도의 가축 사육에 관련된 연구를 살펴보면, 주로 개별 가축에 대한 연구, 특히 말(김건수 2000; 兪炳一 2002; 권오영 2012)에 대한 연구에 집중되었으며, 최근 들어 사육종 돼지(金憲奭 2009, 2012; 이준정 2011b)와 개(김건수 2011, 이준정 2013 발간예정b)에 대한 연구가 본격화되는 정도이다. 가축 사육이 시작된 시점과 그 배경에 대한 종합적인 고찰은 이준정(2009)이 기초적인 수준에서 시도한 정도에 불과하다. 지난 10여 년 남짓 동안 유적 발굴조사 과정에서 체계적으로 동물유존체 자료를 수습하고 이에 대한 동물고고학적 분석을 수행한 예가 급증하면서, 각 사육종 동물의 출토 예를 통시적·공시적으로 종합하여 한반도에서 가축 사육이 시작된 시점을 밝히고 가축을 활용한 방식과 그 의미를 연구할 수 있는 기초가 마련되었다. 본고에서는 그동안 산발적으로 보고된 동물유존체 분석 자료를 집성하고, 이를 토대로 한반도에 동물 사육이 시작된 시점을 밝히고 각가축의 활용 양상에 대해 고찰해 보고자 한다.

본고는 다음과 같이 구성되었다. 첫째, 명확한 근거 없이 가축 사육 연대를 올려보려는 시도를 경계하고자, 동물 사육과 관련된 기본 개념과 이를 고고학 자료를 통해 규명할 때 유의해야 할 점에 대해 논의하였다. 둘째, 가축 사육을 연구하는 데 가장 일차적인 자료가 되는 동물유존체를 대상으로 사육종 여부를 판별하는 방법의 내용과 그 한계를 고찰하였다. 셋째, 한반도의 고고학 유적에서 출토된 사육종 동물유존체 자료를 집성하여 연구를 위한 기초 자료로 삼았다(부록 참조). 이상과 같은 기초 작업을 토대로 1) 주요 사육종 동물(개, 돼지, 소, 말)의 한반도 출현 시점을 밝히고, 2) 각 사육종 동물이 당시 사회에서 어떠한 역할을 수행하며 어떤 방식으로 활용되었는지를 논의하고, 나아가 3) 한반도에서 동물 사육이 시작된 배경에 대해 고찰하였다. 본고의 논의를 위해 동물유존체 자료와 그 출토 정황을 주된 자료로 삼되, 이외에도 역사기록, 고분벽화 등의 묘사, 유물 및 유구 등을 보조 자료를 활용하였다.

II. 동물 사육에 관한 기본 개념

농경으로의 전이 과정을 제대로 이해하기 위해서는 재배종화(馴化; domestication), 경작, 농경이라는 핵심 개념이 의미하는 바를 파악하고 고고학적 증거를 통해 이를 어떻게 규명할지를 고찰해야 하듯이 (李俊貞 2001), 야생동물 사냥에서 가축 사육으로의 전환 과정을 이해하는 데 있어서도 기본 개념을 정의하고 인식하는 일이 선행되어야 한다. 재배종화, 경작, 농경에 대응하는 개념으로 가축화, 사육, 목축이라는 개념을 상정할 수 있다. 여기서 가축화는 야생종에서 사육종으로 변모하는 '생물학적 과정'을, 사육은 동물을 기르는 '인간의 행위'를, 그리고 목축은 '생계경제 양상'을 지칭한다. 각 개념의 의미와 고고학적 증거를 통해 이를 규명하는 방법에 대해 차례로 살펴보면 다음과 같다.

먼저 가축화(馴化: domestication)란 야생의 동물이 인간의 개입에 의해 유전적 형질과 외형적 형태에 변화를 일으켜 새로운 種, 다시 말해 사육종 동물로 변모하는 생물학적 과정을 의미한다. 사육종 동물, 다시 말해 가축이란 인간에 의해 서식환경, 먹이, 번식과정 등이 관리된 결과, 야생의 원형종(原型種)과는 확연히 구별되는 형질적, 생리적, 행동적 특성을 지닌 새로운 종으로 변화된 동물을 일컫는다 (Clutton-Brock 1999). 사육종 동물은 자연 생태 속에서 생존하는 야생동물과는 달리 인간이 일정한 구역에 고립시켜 먹이를 제공하고 번식 과정에 개입하기 때문에 야생종과는 확연히 구별되는 행동, 형질, 생리상의 특징을 지닌다. 이러한 야생종과 사육종의 차이 중 상당 부분이 골격의 크기와 형태에 반영되어 고고학 자료를 통해 판별할 수 있는데, 이에 대하여는 다음 장에서 자세히 논의하도록 하겠다.

둘째, 사육이란 동물의 서식지를 제한하고 먹이를 제공하며 번식과정에 개입하는 인간의 행위를 일컫는다. 여기서 유의해야 할 점은 인간의 사육 행위가 사육종 동물만을 대상으로 하는 것은 아니라는 사실이다. 동물이 가축화되는 과정은 야생종에 대한 인간의 사육 행위로 인해 발생하는 것인바, 이때 인간의 사육 대상은 처음에는 야생종이었으며 사육 과정을 통해 점진적으로 가축화가 이루어지는 중간 단계를 거쳐 궁극적으로는 사육종으로 변모하는 것이다. 따라서 고고학 자료를 통해 인간의 사육 행위에 대한 증거를 발견한다고 해서 그 대상을 사육종 동물로 간주하는 것은 올바른 접근방식이라 할 수 없다.

만약 초기의 가축 사육이 밤에는 우리에 가두어 먹이를 제공하고 낮에는 자유롭게 다니며 짝짓기를 하도록 풀어 놓는 이른바 방임적 방식을 취하였다면, 이 경우 대상 동물은 생물학적으로나 문화적으로 사육종과 야생종의 중간 형태를 띠는 복잡한 양상을 보이게 된다. 이러한 상황에서는 과연 무엇을 사육종 동물로 간주해야 할지 모호하다. 따라서 생물학적으로 야생종과 사육종을 엄격히 구분하는 것보다는, 인간의 행위적인 측면, 다시 말해 동물을 어떤 방식으로 다루었는지에 더 주목해야 한다는 주장이 제기되기도 한다.

셋째, 목축 경제란 동물성 식료원을 가축 사육에 의존하는 생계 경제 방식으로, 전반적인 생활양식과 사회구조가 이를 기반으로 운영되는 체제를 의미한다. 단순히 사육종 동물에 대한 증거가 나타난다고 하여 동물 사육이 보편화된 사회라고 간주하는 것은 위험하다. 한 사회가 목축 경제라 할 만한 단계인지를 파악하기 위해서는 사육종 동물을 일정 수 이상 사육하는 행위가 문화적으로 보편화되었다는 사실을 고고학 자료를 통해 명확히 규명해야 한다. 또한 이러한 가축 사육이 그 문화에 있어 어떤 의미가 있었는지를 살펴보아야 할 것이다. 사육된 가축의 고기, 젖 또는 이를 이용한 가공품 등이 생계 경제에 어떠한 비중을 차지하였는지를 규명하고, 이를 토대로 작물 재배와 가축 사육에 기반을 둔 "농업" 사회[1]의 모습을 갖추었는지를

---

1 작물 재배 없이 가축 사육만을 토대로 한 유목 경제의 예도 있으나, 본서의 목적이 한반도의 농업 경제에 대해 살펴보는 것이므로 본고에서는 목축을 농업 사회의 한 축으로 간주하는 관점을 취하였다.

논해야 할 것이다. 만약 가축 사육이 생계경제적인 측면이 아닌 운반, 경작 등 축력의 이용, 기승, 동물희생 의례 등에 주로 활용되었다면, 이는 농업 사회의 한 축을 형성하는 가축 사육의 범주에 포함시키기는 힘들다.

III. 사육종 판별 기준

사육종 동물은 원형 야생종에 비해 공격성과 경계심의 감소, 힘과 속도의 감소, 전체 또는 특정 부위의 크기 감소, 지방 함량의 증가, 털의 질 개선, 젖의 양 증가, 질병에 대한 반응 변화 등에서 상당한 차이를 지니며, 이 가운데 많은 요소가 골격의 크기와 형태에 반영된다(Clutton-Brock 1999; Zeder 2006b). 그러나 고고학 유적에서 출토된 동물유존체의 골격을 통해 야생종과 사육종을 구분하는 것은 종종 난관에 부딪친다. 대부분 파편화된 상태로 발견되는 동물유존체에서 사육종의 특성을 관찰하기 쉽지 않으며, 사육종과 야생종 간의 형질적 차이가 모호한 경우도 많아 판별에 어려움이 많기 때문이다. 따라서 사육종 동물을 판별하기 위해서는 골격의 특성을 관찰하는 것 이외에도 다음과 같은 다양한 방법들을 함께 활용하여야 한다.

　첫째, 유전적인 요인에 의해 결정되는 부위의 형태 및 크기와 같은 이른바 생물측정학적 표지를 이용한다. 일반적으로 사육종은 야생의 원형종에 비해 크기가 소형화되고 골격이 유약화되기 때문에, 두개골, 치아, 사지골 등의 특정 부위를 관찰하고 측정하면 사육종을 판별할 수 있다. 돼지를 예로 들면, 순화가 진행되면서 주둥이의 길이가 급격히 감소하며 이는 곧 대구치 길이의 감소로 연결되기 때문에 제2대구치 및 제3대구치의 길이와 너비를 기준으로 야생종과

표 1 대구치 계측치를 통한 사육종 돼지 판별 기준(Mayer *et al*. 1998)

부위	종류	제2대구치		제3대구치	
		길이	너비	길이	너비
상악	야생종	>22.4	>19.0	>34.6	>21.4
	사육종	<21.4	<17.1	<32.2	<19.6
하악	야생종	>21.5	>15.8	>38.3	>17.7
	사육종	<21.0	<14.4	<34.5	<16.3

사육종을 구분한다(Albarella *et al*. 2006; Mayer *et al*. 1998; 표 1). 그러나 동물 개체의 크기 변화는 순화뿐만 아니라 기후 변화, 과도한 사냥, 인간 거주지 확장에 따른 서식처 환경의 악화 등에 의해서도 일어날 수 있기 때문에(Helmer *et al*. 2005; Zeder 2006a), 특정 부위의 크기만으로 사육종 여부를 판단하는 것은 위험하다.

둘째, 사육종의 경우 수컷은 성장이 완료된 직후에 재생산을 위한 소수만 남겨두고 집중적으로 도살하는 반면 암컷은 번식을 위해 남겨둔다는 사실에 착안하여, 암수 간의 도살 연령 분포를 조사하여 해당 집단이 사육종인지 야생종인지를 판별한다(Haber *et al*. 2005; Hongo *et al*. 2007). 그러나 이 방법은 한 종 내에서 연령 및 성별 분포를 파악할 수 있을 정도로 다량의 동물유존체 자료가 있어야만 적용할 수 있어, 실제 활용도는 적은 편이다.

셋째, 사육종 동물은 제한된 구역에 거처하며 특정한 먹이를 공급받기 때문에 야생종에서는 잘 보이지 않는 병리적인 현상이 나타나는 예가 많다는 점을 토대로, 특정한 병리적 현상이 반복해서 나타나는 동물유존체 집단을 사육종으로 판별한다. 특히 성장 과정에서 영양 상태가 열악할 경우 치관(齒冠)의 에나멜 형성이 원활하게 이루어지지 못하면서 발생하는 선형 에나멜 저형성증(linear enamel hypoplasia)과 같은 치아 병리학적 표지를 많이 활용한다(Dobney *et al*. 2007).

넷째, 사육종 동물이 인간에 의해 사육되면서 제공받는 식료는 야생종이 자연에서 섭취하는 식료와 차이가 있기 때문에, 안정동위원소분석을 통해 생존 시의 식료를 복원함으로써 사육종을 판별할 수 있다. 예를 들어 돼지의 경우, 야생 상태에서는 주로 초식(草食)을 하는 반면 사육 시에는 인간과 유사한 잡식을 하기 때문에 식료의 차이가 뚜렷하며, 이는 탄소 및 질소 안정동위원소분석을 통해 쉽게 알아낼 수 있다(Matsui et al. 2005; Minagawa et al. 2005). 그러나 사육 방식이나 환경에 따라 사육종과 야생종의 식료가 유사한 경우도 있기 때문에, 안정동위원소 값만으로 사육종을 단정해서는 안 된다.

다섯째, 분자생물학적 분석을 통해 동물의 순화 과정을 밝힐 수 있다. 주로 현생종 시료로부터 미토콘드리아 DNA를 추출하여 각 개체 간의 유전적 거리와 그 분포상을 밝히고, 이를 토대로 순화가 이루어진 지역 및 야생 원형종을 밝혀내거나 야생종과 사육종의 분기 시점을 추정하는 연구가 주를 이룬다(안승모·이준정 2009; Bradley 2006). 그러나 다양한 인위적 요인으로 인해 현생종의 다양화가 이루어진 경우, 현생종에 대한 DNA 분석 결과가 오히려 혼란을 줄 수 있기 때문에 주의해야 한다.

이상에서 살펴본 바와 같이, 사육종 동물을 판별할 때는 생물측정학적 표지를 기본적으로 활용하면서 동시에 도살연령 분포, 병리학적 증거, 안정동위원소분석 및 고DNA 분석 결과, 그리고 각 유적의 전체적인 동물유존체 출토 양상 및 유존체의 출토 정황 등을 동시에 종합적으로 고려하는 것이 필요하다.

IV. 사육종 동물의 출현 시기 및 활용 양상

특정 지역에 사육종 동물이 언제부터 등장하였는지를 밝히는 것은 결코 간단한 문제가 아니다. 앞 장에서 살펴보았듯이 고고학 자료를 통해 사육종 동물을 판별하는 것은 여러 측면에서 논란의 소지를 지닌다. 한반도의 경우도 사육종 개의 출현 시기에 대하여는 신석기시대 전기~중기로 연구자들 간에 대체로 의견이 일치하나, 나머지 종에 대하여는 수백 년 내지 수천 년의 시차를 두고 의견이 엇갈린다. 돼지의 경우에는 유존체의 형질적 특징만으로는 야생종과 사육종을 구분하기 모호한 특성으로 인해, 그 출현 시기를 신석기시대로 보는 주장으로부터 초기철기~원삼국시대 이후로 보는 주장까지 다양한 견해가 제기되었다. 소의 경우는 종종 대륙사슴 유존체 파편을 소로 오인하는 동정상의 오류와 더불어 출토 맥락이 불명확한 사례를 포함시키는 예로 인해, 청동기시대 심지어 신석기시대까지 출현 연대를 올려보는 주장으로부터 초기철기~원삼국시대에 처음 출현했다고 보는 주장이 공존한다. 말의 경우는 동정상의 오류는 적은 편이나 출토 맥락에 대한 견해 차이로 인해 청동기시대까지 출현 시점을 올려보는 경우도 종종 발견된다. 본고에서는 동정 및 출토 맥락에 대한 검토를 통해 양자가 모두 명확한 경우만을 받아들이는 엄격한 기준으로 출현 시기를 결정하였다. 향후 새로운 자료의 출현과 진전된 연구 성과를 바탕으로 출현 시점이 올라갈 수 있겠으나, 현재로서는 명확하지 않은 한두 사례를 토대로 연대를 올려보는 견해는 수용하기 힘들다고 판단하였다.

본고에서는 한반도에 각 사육종 동물이 언제 출현하였는지를 밝히는 것을 넘어서, 그 역할 및 활용 양상이 어떠하였는지를 추론하고 이를 토대로 각 사육종 동물의 출현 배경에 대해 살펴보고자 한다. 고고학 자료를 토대로 각 사육종 동물이 당시 사회에서 어떠한 역할을 담당하였는지를 추론하는 것은 쉽지 않다. 생전에 수행하던 역할 가운데 고고학적 증거를 남기지 않는 경우가 많으며, 동물유존체의 출토 정황을 통해 사육종 동물의 역할을 밝힐 수 있는 경우에도 다양한 해석이 가능하기 때문에 섣부른 판단은 위험하다. 예를 들어 동물의 전신이 해부학적 제 위치에서 흐트러지지 않고 발견된 경우, 이는 그 지점에서 자연사한 뒤 자연현상에 의해 퇴적된 결과일 수도 있고, 자연사 또는 병사한 개체를 인간이 의도적으로 매장한 경우일 수도 있으며, 인간의 묘역에 순장한 예일 수도, 또는 의례의 일환으로 도살된 뒤 매납된 것일 수도 있다.

출토 정황을 통해 사육종 동물의 역할을 추론하기 위해서는 무엇보다도 발굴 과정에서 퇴적층 양상, 유구 및 공반유물 양상, 그리고 동물유존체의 현상(現狀)에 영향을 미친 다양한 변형 과정 및 화석화 과정(taphonomy)을 면밀히 검토하는 것이 필수적이다. 한국고고학계에서 동물유존체를 발굴하면서 이러한 문제의식을 가지고 출토 정황을 신중하게 파악한 예는 드물다. 따라서 본고에서 다룬 대부분의 유적에서 동물유존체가 원래 어떠한 과정을 통해 퇴적되고, 어떠한 변형 과정을 겪었는지를 출토 정황을 토대로 복원하는 것은 쉽지 않다. 이러한 한계를 숙지하되, 사육종 동물유존체가 출토된 모든 사례에 대해, 각 유적의 성격, 유존체가 발견된 층위 및 유구의 성격, 유존체의 위치·방향·자세, 부위별 출토 양상, 해부학적 위치 일탈 여부, 관절 접합 여부, 해체흔 및 조리흔 유무, 전체 동물유존체의 종별·부위별 출토빈도, 인골·여타 동물유존체·유물 등과의 공반관계 등을 면밀하게 검토하였다. 이를 토대로 각 유적에서 출토된 사육종 동물유존체의 성격을 밝히고 이를 토대로 당시 사회에서 사육종 동물이 어떠한 역할을 수행하였는지 추론하였다.

한반도에 출현한 순서대로 각 사육종 동물의 출현 시기 및 역할, 활용 양상을 살펴본 결과는 다음과 같다.

1. 개 (Canis lupus familiaris)

한반도 내에서 사육종 개가 처음 확인된 유적은 1960년대 북한 지역의 신석기시대(선봉 서포항, 청진 농포동, 온천 궁산) 및 청동기시대(선봉 서포항, 무산 범의구석, 회령 오동, 라선 초도, 용천 미송리) 유적이다(김신규 1970). 남한 지역에서는 부산 동삼동(金子浩昌·吳世筵 2002), 김해 수가리(金子浩昌·牛沢百合子 1981)[2], 통영 상노대도(손보기 1982), 통영 연대도(金子浩昌·徐始男 1993c) 등 동남 해안의 신석기시대 패총에서 일찍이 개 유존체가 확인되었으며, 최근에는 대연평도 까치산 패총(李俊貞·金殷暎 2007), 창녕 비봉리(金子浩昌 2008), 완도 여서도(김건수·이승윤·양나래 2007), 여수 안도(김건수 2011), 광양 오사리 돈탁 패총(김건수 외 2012) 등 다양한 지역에서 신석기시대 개 유존체가 발견된다. 출토 층위를 기준으로 비봉리, 연대도 자료는 신석기시대 전기, 동삼동 자료는 중기, 그리고 고남리 자료는 후기의 것으로 추정되며, 대연평도 까치산 패총에서 출토된 개 유존체에 대한 AMS 연대측정 결과는 5,520±50 BP(보정연대로는 4,460~4,310 BC)로 측정되었다(李俊貞·金殷暎 2007).[3] 이 자료들을 종합해 보면, 한반도에 사육종 개가 등장한 것은 신석기시대 전기까지 올라간다.

현재까지 한반도 내 고고학 유적에서 출토된 개 유존체를 집성한 결과, 신석기시대부터 조선시대에 이르는 60여 개 유적에서 개 유존

---

2 김해 수가리 패총에서 3점의 개 유존체가 출토된 것으로 보고되었으나 교란층에서 출토된 것이라 신석기시대의 것인지는 확실하지 않다.

3 출토 토기의 문양과 기종을 토대로 추정한 문화층의 연대는 이보다 늦다.

표 2 한반도 선사·고대 유적 출토 사육종 개 유존체의 출토 정황

시대 출토 정황	신석기	청동기	초기철기-원삼국	삼국	통일신라
매장	대연평도 까치산 광양 오사리 돈탁 완도 여서도? 부산 동삼동?	–	인천 운남동? 사천 늑도	–	–
장송 의례	–	–	사천 늑도	경산 임당 2호분 김해 대성동 고분군 나주 복암리 2호분	–
기타 의례	부산 동삼동?	포항 인덕산	강릉 강문동 아산 갈매리?	연천 호로고루? 함안 성산산성?	경주 황남동 376? 국립경주박물관 우물?
식용	부산 동삼동 창녕 비봉리 통영 연대도	안면도 고남리	인천 장금도 동해 송정동 나주 장동리 수문 김해 회현동 부산 고촌리 동래 낙민동 사천 늑도(주거지·패총) 사천 방지리?	김해 봉황동 창원 신방리 함안 성산산성	–

체가 확인되었다(부록: 한반도 유적 출토 가축 유존체 일람표 1 참조).[4]
이 가운데 통일신라시대까지의 53개 유적에서 출토된 개 유존체의
출토 정황을 앞서 제시한 원칙에 따라 면밀히 검토한 결과, 1) 사육
종 개를 별도로 매장한 예, 2) 장송 의례의 일환으로 부장 또는 공헌
된 예, 3) 다양한 의례적 맥락에서 출토된 예, 4) 식용 폐기물로 추정
되는 예 등 네 종류의 양상을 확인할 수 있었다(표 2).[5]

---

4 북한 지역에서 출토된 유존체의 경우, 출토 정황 및 출토 양상에 대한 명확한 정보를 구
할 수 없어 동일한 수준의 분석이 불가능하기 때문에 제외하였다. 또한 대부분의 동물
유존체가 출토되는 맥락의 정확한 연대를 파악하기 힘든 경우가 많기 때문에 무리하게
시대를 구분하지 않고, 초기철기시대와 원삼국시대를 함께 다루었다.

5 김건수(2011)는 개 유존체가 출토된 34개 유적의 양상을 크게 폐기와 제의 및 공헌의
두 가지 성격으로 파악한 바 있으나, 필자의 분석 결과 출토 정황을 통해 의도적 매장
의 예를 파악할 수 있으며 의례의 경우도 장송 의례를 별도로 구분하는 것이 가능하여

1) 의도적 매장

지금까지 한반도에서 출토된 개 유존체 가운데 사후 의도적으로 매장된 예로 간주된 경우는 드물었다. 그러나 대연평도 까치산 패총(李俊貞·金殷暎 2007), 광양 오사리 돈탁 패총(김건수 외 2012), 사천 늑도 유적(朴光春·宮崎泰史·安部みき子 2008)의 예에서 볼 수 있듯이 인간에 의해 특별히 매장되었던 예가 확인되므로, 이에 대한 인식과 더불어 그 의미에 대한 논의가 필요하다.

대연평도 까치산 패총의 경우, 매장 유구가 확인된 것은 아니나 1개체의 개 유존체 전신(全身)이 한 지점에서 발견되었고 해체흔 등이 전혀 관찰되지 않는 점으로 보아 패총 내에 매장된 것으로 추정된다. 광양 오사리 돈탁 패총에서도 1개체의 개 유존체가 수혈 내에 매장된 상태로 발견되었는데, 이 역시 사후 의도적으로 매장한 것으로 판단된다. 양자 모두 의례적 맥락에서 매납되었을 가능성도 완전히 배제할 수는 없으나, 패각층 내에 매장된 점, 해체흔 등 도살된 정황이 관찰되지 않는 점, 의례적 맥락으로 해석할 수 있는 유구 및 유물이 전혀 발견되지 않는 점 등으로 미루어 보아, 자연사 또는 병사한 개를 패총 내에 매장한 일종의 '개의 무덤'으로 판단된다.

사천 늑도 유적은 개를 의도적으로 매장한 가장 대표적인 사례를 보여준다. 한국고고학계에서는 사천 늑도 유적에서 발견된 개의 매장 사례 전체를 인간의 무덤에 순장, 공헌된 것으로 간주하는 경향이 강하나(김건수 2011; 辛勇旻·朴美貞·金寶淑 2006; 한국고고학회 2010: 222-224), 출토 양상을 면밀히 분석해 본 결과 ① 인간의 묘광 내부에 함께 안치하거나 바로 주변에 안치한 군집과 ② 이른바 '개

본고에서는 크게 네 가지 범주로 나누어 보았다. 이에 대한 자세한 논의는 별도의 논고(이준정 2013 발간예정b)에서 자세히 다루었다.

의 묘역'이라 할 수 있는 구역에 별도로 안치한 군집으로 구분할 수 있었다(朴光春·宮崎泰史·安部みき子 2008: 239쪽의 도면 22 참조). 개의 묘역에 매장된 경우는 주변에 인간의 분묘가 전혀 없으며, 암수의 구분 없이 다양한 연령대의 개 유존체가 발견된다는 점에서 자연사한 개의 무덤으로 판단된다. 또한 인간의 묘역에 매장된 경우, 주인의 무덤을 조성하면서 희생하여 순장한 예도 분명 있겠으나 사육하던 개가 자연사하였을 때 주인의 무덤 주변에 매장하였을 가능성도 고려해 보아야 할 것이다.

이처럼 유독 사육종 개의 경우에는 사후 의도적으로 매장한 양상이 신석기시대 이래 관찰되는데, 이는 당시 사회에서 사육종 개는 사후에 그 사체를 매장할 정도로 특별한 존재로 인식되었다는 사실을 시사한다. 이러한 사실만으로 당시 사회 내에서 사육종 개가 수행하던 역할이 무엇이었는지를 명확히 밝힐 수는 없으나, 사냥 보조, 인명 및 재산 보호 등 실제적으로 중요한 역할을 수행하였거나 아니면 반려동물로서 인간과의 관계에 있어 특별한 위치를 점하였던 것이라 추정할 수 있겠다.

2) 장송 의례

사육종 개를 부장하거나 장송 의례 시 희생하여 매납한 사례는 뒤에서 살펴볼 소나 말에 비하면 매우 드물지만 몇몇 예가 확인된다. 앞서 살펴본 사천 늑도 유적(朴光春·宮崎泰史·安部みき子 2008)의 예 가운데 인간과 동일한 묘광 내부에 함께 안치된 개 유존체는 순장된 것으로 판단된다. 1호 인골의 묘광 내에 안치된 8호 견 유존체와 7호 인골의 묘광 안에서 발견된 2개체의 개 유존체(5호 견, 5호B 견)가 이에 해당한다. 이외에 인간의 분묘에 인접하여 매장된 경우 가운데도 순장된 예가 있을 수 있으나, 앞서 언급한 바와 같이 그 성격을 명확히 규명하기는 힘들다.

장송 의례에 있어 개의 역할을 보여주는 가장 대표적인 사례는 경산 임당 2호분(鄭永和 외 2002)과 나주 복암리 2호분(林永珍·趙鎭先·徐賢珠 1999)의 예이다. 임당 2호분의 경우, 북호의 주곽 개석 위에서 3개체의 개 유존체가 발견되었는데, 남호의 주곽 개석 위에 열을 지어 놓인 수십 점의 토기군과 대비해 볼 때, 일종의 부장품 개념으로 매납된 것임을 알 수 있다. 한편 복암리 2호분에서는 주구 내에서 소와 말 각 1개체와 함께 사육종 개의 하악골과 사지골 일부가 발견되었는데, 주구 내에서 발견되었다는 점에서 분구의 축조를 완료한 후, 다시 말해 장송 의례의 마지막 단계에 시행된 동물희생 의례의 결과로 추정된다.

이상의 예를 통해 볼 때, 비록 소와 말과 같이 보편적이지는 않았으나 사육종 개 역시 장송 의례에 있어 동물희생 의례의 대상으로 활용되었던 것을 알 수 있다.

3) 기타 의례

사육종 개 유존체는 장송 의례를 제외한 다양한 의례적 맥락에서도 확인된다. 동삼동 패총(金子浩昌·吳世筵 2002)에서는 제1경추(환추)와 제2경추(축추)가 원위치에 결합된 두개골이 발견된 바 있는데, 머리 부분만 흐트러짐 없이 발견된 것으로 보아 동물희생 의례의 일환으로 사육종 개를 도살한 뒤 머리 부위만 매납한 것으로 추정된다. 동물희생 의례의 가장 대표적인 예로는 강문동 저습지 유적의 일명 웅덩이 유구 내에서 망태기에 쌓인 채 발견된 생후 5~6개월 정도 된 어린 개 1개체를 들 수 있다. 이 유구는 다량의 복골, 곡물이 들어 있는 토기 등의 존재로 보아 의례와 관련된 유구로 추정되는데, 어린 사육종 개 1마리를 의례 시 희생하여 유구 내에 매납한 것으로 판단된다(고은별 2012a).

국립경주박물관 내 연결통로부지 내에서 발견된 통일신라시대 우물에서는 의례와 연관된 것으로 생각되는 소 두개골 부위와 소아 인골과 더불어, 최소 4개체의 개 유존체가 발견되었다(宮崎泰史 2011). 이 가운데 수컷 성체 1개체는 전신이 매장되었고 다른 3개체는 원래부터 골격의 일부만 우물 내에 매장한 것으로 추정된다. 전 세계적으로 우물은 의례와 밀접한 연관이 있는데, 한반도의 우물에서는 소 유존체가 주로 발견되며 간혹 말이 출토되는 경우도 있다. 우물 내에서 개 유존체가 발견된 예는 국립경주박물관 내 우물이 유일한데, 우물에 행해진 의례 시 활용된 것인지 다른 과정을 통해 퇴적된 것인지 확실하지 않다.

이 밖에 포항 인덕산(김건수 2007; 배덕환 2007) 아산 갈매리(樋泉岳二 2007), 연천 호로고루 유적(고은별·이준정 2013 발간예정; 이준정 2007b)의 경우, 동물유존체가 출토된 맥락이 의례적 성격이 강하기 때문에 개 유존체도 의례와 관련되었을 가능성이 있다. 또한 함안 성산산성(양숙자 2011)의 경우, 대부분 식용 폐기물로 생각되나 전신이 거의 다 발견되는 개체의 경우 어린 개체가 많고 복골이 다량 출토된 점으로 보아 일부 의례와 관련되었을 가능성이 제기된 바 있다. 한편 경주 황남동 376번지 유적(金子浩昌·黃昌漢·張曉星 2002)에서는 통일신라시대 건물지 초심석 아래에서 개의 두개골이 발견되었다는 보고가 있는데, 건물의 기초에 개 유존체를 매납한 의례일 가능성이 있다.

4) 식용

패총이나 저습지 유적에서 출토된 사육종 개 유존체는 대부분 다른 식용 폐기 유존체들과 함께 산발적인 양상으로 발견되며 해체흔이나 조리흔 등이 다수 관찰되는 점으로 보아, 식용한 뒤 폐기한 결과물로 추정된다. 신석기시대의 창녕 비봉리(金子浩昌 2008), 통영 연대도(金子浩昌·徐姶男 1993c), 초기철기 및 원삼국시대의 인천 장금도 패총(이준정·고은별 2008), 동해 송정동(이준정·고은별 2011b), 나주 장동리 수문 패총(김건수·이은·김현미 2010), 김해 회현동(이준정·고은별 2004; 천선행 외 2002; 松井章 외 2009), 부산 고촌리(김건수·이재호 2010), 동래 낙민동 패총(金子浩昌 1998; 金憲奭 2008; 徐姶男 1997; 조태섭 2004), 사천 늑도 유적의 주거지 및 패총 지점(김건수 2006a; 金子浩昌·徐姶男 2004; 金子浩昌·安在晧·徐姶男 1990; 李俊貞 2006), 삼국시대의 김해 봉황동(丁太振 2007a), 창원 신방리(김건수 2009), 함안 성산산성(양숙자 2011) 등이 이에 속한다. 각 유적마다 출토비율이 높지 않기 때문에 당시 생계경제에 있어 중요한 식량원은 아니었던 것으로 생각된다.

이상에서 살펴본 바와 같이, 사육종 개는 한반도에 신석기시대 전기부터 나타나기 시작한다. 출현 초기부터 사후 특별히 매장된 것으로 보아, 당시 사회에서 실질적으로 중요한 역할을 수행하였거나 인간과 특별한 관계를 형성하였던 것으로 추정된다. 이처럼 개를 의도적으로 매장하는 양상은 삼국시대 이후로는 찾아보기 힘든 반면, 이무렵부터 장송 의례나 기타 다양한 의례의 대상으로 사육종 개를 활용하는 예가 급격히 증가한다. 이는 당시 사회 내에서 사육종 개의 역할 및 활용 양상에 모종의 변화가 일어났음을 시사한다. 한편, 사육종 개를 식용 대상으로 삼은 것은 신석기시대 이래 꾸준히 나타나는데, 출토량이 극히 적은 것으로 보아 당시 생계경제에 있어 큰 비중을 차지하지는 못한 것으로 보인다. 한반도 선사시대 및 고대에 있어 사육종 개는 식용을 위해 사육된 것은 아니며, 당시 사회에서 여러 실용적, 상징적, 제의적 역할을 수행하는 가운데 일부 개체를 식용 대상으로 삼았던 것으로 추정된다.

2. 돼지 (*Sus scrofa*)

한반도의 초기 사육종 동물은 대부분 중국 대륙에서 들어온 것으로 생각되는바, 중국 대륙, 특히 동북지방에서 신석기시대부터 다량 출토되는 사육종 돼지의 경우 한반도에 일찍이 도입되었을 것이라 간주하는 경향이 강하다. 특히 1960년대 북한고고학계에서 웅기 서포항, 무산 범의구석 등 신석기시대 유적에서 개와 더불어 사육종 돼지가 출토된다는 보고가 있었고(김신규 1970), 이를 토대로 한반도에 가장 일찍 등장한 가축으로 개와 돼지를 언급하는 경우가 많다. 그러나 북한학계에서 사육종 돼지로 보고한 개체들의 판별 기준을 검토해 본 결과, 앞에서 제시한 〈표 1〉의 기준에 대비해 볼 때 사육종으로 판단할 수 있는 개체는 없었으며 모두 야생종의 범주에 해당하는 것으로 밝혀졌다(李俊貞 2011b). 자료를 직접 검토한 것이 아니기 때문에 쉽게 단언하기는 힘드나, 현재로서는 북한의 신석기시대 및 청동기시대 유적에서 출토된 돼지 유존체 가운데 사육종 돼지가 존재한다는 증거는 불충분하다 하겠다.

앞서 살펴보았듯이 돼지의 경우 형질적 특징을 토대로 야생종과 사육종을 분간하는 것은 상당히 모호하다. 또한 한반도에서 구석기시대 이래 다량 발견되는 야생종 돼지 유존체 가운데에서 사육종 돼지를 분간하여 찾아내는 것도 결코 쉽지 않다. 따라서 사육종 돼지 유존체를 판별하고자 하는 노력은 생물측정학적 표지뿐만 아니라, 병리적 표지, 안정동위원소분석, 고DNA 분석 등 다양한 방법을 토대로 시행되었다(金憲奭 2009, 2012; 김헌석·西本豊弘 2010a, 2010b; 南川雅男·松井 章 2002; 石黒直隆·高橋遼平 2009; 이재호 2010; 李俊貞 2009, 2011b). 그 결과, 한반도의 신석기시대 및 청동기시대 유적에서 출토된 돼지 유존체 가운데 사육종 돼지로 판별할 수 있는 개체

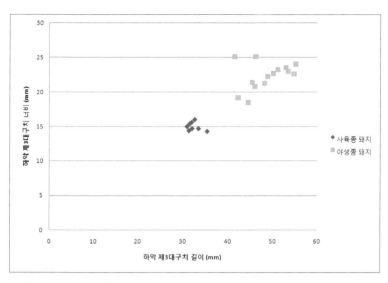

그림 1 한반도 유적 출토 돼지 유존체의 하악 제3대구치 길이 및 너비의 분포(李 俊貞 2011b)

는 확인되지 않았다. 사육종 돼지로 판별되는 자료는 초기철기~원 삼국시대 이후 유적에서 확인되는데, 개별 자료에 대한 연구자 간의 의견 차이가 존재하기는 하나 전체 집단 수준에서 볼 때에는 〈그림 1〉에서 볼 수 있는 바와 같이 제3대구치의 길이 및 너비에서 야생종 집단과 사육종 집단이 구분된다.

이상과 같은 과정을 통해 판별된 사육종 돼지 유존체는 초기철기~ 원삼국시대부터 고려시대에 이르기까지 총 17개 유적에서 확인되었 다(부록: 한반도 유적 출토 가축 유존체 일람표 2 참조).[6] 이 가운데 통일 신라시대까지의 15개 유적의 출토 정황을 검토한 결과, 1) 사육종 돼

---

6 사육종으로 확실히 판별된 자료만을 대상으로 출토 부위 및 수량을 산출하다 보니 일 람표 상에서 두개골, 상·하악골의 출토빈도가 높은 것으로 나타나는데, 해당 유적에서 출토된 사지골 가운데 사육종 돼지에 해당하나 판별이 모호하여 누락된 부분이 많을 것 이라는 점을 염두에 두어야 할 것이다.

표 3 한반도 선사·고대 유적 출토 사육종 돼지 유존체의 출토 정황

출토정황 \ 시대	초기철기-원삼국	삼국	통일신라
장송 의례	–	경산 임당 고분군 G지구 주구 2호?	–
기타 의례	강릉 강문동 동해 송정동 춘천 천전리·율문리 아산 갈매리	연천 호로고루	–
식용	김해 회현동 부산 고촌리 동래 낙민동 사천 늑도 사천 방지리	부여 구아리	진주 무촌

지를 장송 의례 시 희생한 예, 2) 다양한 의례적 맥락에서 희생한 예,
그리고 3) 식용 폐기물로 추정되는 예 등 세 종류의 서로 다른 양상을
확인할 수 있었다(표 3).

1) 장송 의례

사육종 돼지를 장송 의례에 활용한 것으로 추정되는 예는 경산 임
당 고분군 G지구의 주구 2호 내에서 출토된 예가 유일하다(兪炳一
2001). 말 치아 및 사지골과 더불어 돼지 하악골 일부가 주구 내에서
발견되었는데, 주구의 성격이 모호하고 사육종 돼지인지 여부가 확
실히 검토된 바 없어 장송 의례 시 사육종 돼지를 희생한 것인지 단
정하기 힘들다. 삼국시대 고분에서 출토되는 동물유존체가 대부분
사육종 동물이라는 사실로 미루어 사육종 돼지일 가능성이 큰 것으
로 추정할 뿐이다. 본 자료의 사육종 여부와 상관없이, 삼국시대의
장송 의례에 있어 돼지는 거의 활용하지 않았음을 알 수 있다.

2) 기타 의례

한반도에 처음 등장한 사육종 돼지는 대부분 의례적 맥락에서 출토된다는 점이 특징적이다. 이러한 사실은 춘천 천전리·율문리(이준정 2010), 동해 송정동(이준정·고은별 2011b), 강릉 강문동(고은별 2012a), 아산 갈매리(이준정 2007a; 樋泉岳二 2007) 유적의 예에서 확인된다. 특히 천전리·율문리 유적에서는 특징적인 구조의 수혈 내에 안치된 토기 안에서 돼지 두개골이 출토되는 특이한 양상이 보고되었다. 길이 140cm, 깊이 17cm 내외의 오각형 수혈을 중심으로 주변에 7개의 소형 수혈이 형성된 특징적인 형태의 유구가 확인되었는데, 그 가운데 3기의 소형 수혈 내에 토기가 옆으로 누운 상태로 안치되어 있었다. 이 중 북동쪽 모서리에 위치한 수혈 내부의 토기 안에서 돼지 하악골이 출토되었는데, 유독 이 토기만 구연부 위를 소형 판석으로 막음한 것이 특징적이다(그림 2).

송정동 유적에서도 토기 내부에서 돼지 유존체가 발견되었다. 송정동 유적의 경우, 한쪽 길이가 460cm에 이르는 대형 주거지의 중앙부에서 바닥면 아래로 경질무문토기 2점이 구연부를 아래로 하여 거꾸로 세워진 채 발견되었다. 위로 향한 토기 저부는 고의로 파손하였는데, 이 가운데 1점 내부에서 돼지 유존체가 출토되었다. 유존체의 잔존 상태가 양호하지는 않으나, 대부분의 부위가 확인되는 것

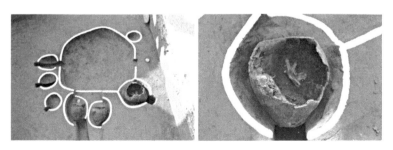

그림 2 춘천 천전리·율문리 유적 돼지 유존체 출토 정황(예맥문화재연구원 2010)

그림 3 동해 송정동 유적 돼지 유존체 출토 정황(江原考古文化研究院 2011)

으로 보아 거의 완전한 한 개체가 토기 내에 안치되었던 것으로 추
정된다(그림 3).

천전리·율문리 유적과 송정동 유적의 예는 사육종 돼지를 특별한
의례적 용도로 활용하였음을 보여주는 대표적인 자료라 할 수 있다.
천전리·율문리 유적의 경우는 의례를 행하기 위해 특별히 조성된
유구 내에 희생된 돼지의 머리 부분만을 안치한 것으로, 나머지 부
위는 의례에 참여한 사회구성원들이 공식(共食)하였을 가능성이 크
다. 이 경우 의례를 시행한 특정한 목적뿐 아니라 이에 참여한 사회
구성원 간의 결속력 강화 등에 있어서도 돼지를 희생하는 것이 중요
한 역할을 하였을 것이다.[7] 송정동 유적의 경우는 주거지를 조성 또
는 폐기하는 과정에서 토기를 매납하면서 그 내부에 돼지 한 개체를
안치한 것으로, 이는 주거지와 관련된 특정한 목적을 위해 동물을
희생하고 공헌하는 성격이었을 것으로 추정된다. 각 유적에서 행해
진 의례의 목적 및 성격을 단정하기는 힘드나, 천전리·율문리 유적
과 송정동 유적의 경우 서로 다른 성격의 의례에 서로 다른 방식으
로 사육종 돼지를 활용하였던 것으로 생각된다.

이 밖에도 사육종 돼지를 다양한 의례적 맥락에서 활용한 예가 확

---

7 동물희생 의례가 지닌 사회경제적 맥락에 대하여는 李俊貞(2011b)을 참고할 것.

인되는데, 특히 이른바 '수변(水邊) 의례'가 행해진 것으로 추정되는 강릉 강문동 유적과 아산 갈매리 유적이 대표적인 사례이다. 강릉 강문동 유적에서는 앞서 살펴본 개 유존체가 발견된 이른바 웅덩이 유구 내에서 돼지의 두개골 부위가 최소 10개체 집중적으로 출토되었으며, 아산 갈매리 유적에서도 이와 유사한 양상이 관찰된다. 이처럼 의례적 맥락에서 출토된 사육종 돼지 유존체는 대부분 생후 1~2년 정도의 어린 개체라는 점이 특징적인데, 이는 동물희생 의례에 있어 머리 부위, 어린 개체를 중점적으로 활용하는 예가 많다는 사실과 상통한다(李俊貞 2011b).

삼국시대 이후로는 의례 이후 폐기된 양상으로 추정되는 연천 호로고루 유적(고은별·이준정 2013 발간예정; 이준정 2007b)의 예를 제외하고는 사육종 돼지를 의례 시 활용한 양상은 확인되지 않는다. 뒤에 살펴볼 소의 경우 삼국시대 이후 의례적 활용 사례가 급증하는 양상을 보인다는 점에서 돼지와 대비되는데, 삼국시대에 들어서면서 동물희생 의례의 주 대상이 돼지에서 소로 변화하는 것으로 추정된다. 그러나 『三國史記』「高句麗本紀」에 기록된 이른바 '교시(郊豕) 설화'[8]를 통해 삼국시대의 국가제사에 돼지를 활용하였으며 이를 위해 특별히 사육하고 관리하였던 사실을 알 수 있는바, 이와 연관된 고고학 자료가 존재할 가능성을 염두에 두어야 할 것이다.

3) 식용

의례적 맥락을 제외하면 대부분의 사육종 돼지 유존체는 패총 유적 등에서 폐기된 양상으로 출토된다. 김해 회현동(이준정·고은별 2004;

---

8 『三國史記』「高句麗本紀」유리왕 19년, 유리왕 21년, 산상왕 7년 조 기사로 국가제사에 활용하기 위해 특별히 관리하던 돼지가 달아남으로써 발생하는 각각의 사건들에 대한 기록이다.

천선행 외 2002; 松井章 외 2009), 부산 고촌리(김건수·이재호 2010; 이재호 2010), 동래 낙민동(金子浩昌 1998; 徐姶男 1997; 조태섭 2004), 사천 늑도(金子浩昌·徐姶男 2004; 李俊貞 2006), 사천 방지리(이준정·고은별 2007b) 유적 등이 대표적인데, 각 유적에서 발견된 돼지 유존체 가운데 사육종이 차지하는 비율에 대하여는 연구자 간에 의견 차이가 있다. 대부분의 유적에서 야생종 돼지의 비율이 압도적으로 높으며 사육종 돼지는 소수에 불과하다고 보는 견해가 있는가 하면(李俊貞 2011b), 사육종의 형질적 특징이 관찰되는 부위가 적을 뿐 대부분 사육종일 것으로 보는 견해도 있다(金憲奭 2012).

초기철기~원삼국시대 및 삼국시대 패총에서 출토된 동물유존체 자료를 토대로 보았을 때, 당시 생계경제에 있어 동물성 식료의 대부분은 여전히 야생 사슴 사냥, 어로, 패류 채집 등에 의존하는 것으로 나타난다. 이러한 맥락에서 식량원으로서는 사육종 돼지보다 야생 멧돼지를 더 적극적으로 활용하였던 것으로 추정된다. 또한 한반도의 자연환경적 조건에서 야생 사슴, 멧돼지 등을 사냥하는 것이 가축 사육에 요구되는 비용과 이로 인해 야기되는 다양한 문제를 감당하는 것보다 용이하다(이준정 2009). 따라서 단순히 식량원으로 활용하기 위해서는 사육종 돼지보다는 야생종 돼지를 선호하였을 것으로 판단된다.

이상에서 살펴본바, 한반도에 사육종 돼지가 처음 도입된 시점은 초기철기~원삼국시대이며, 그 배경에는 식량원으로 활용하기 위한 생계경제적인 측면보다는 동물희생 의례를 통해 의례적 목적을 이룸과 동시에 사회구성원 간의 통합과 차별화를 강화하였던 사회경제적, 의례적 측면이 더 강하였던 것으로 추정된다. 돼지의 경우 사육종 판별 단계부터 새롭게 검토되어야 할 부분이 많은 만큼, 향후 연구가 진행되면서 출현 시기 및 그 배경, 활용 양상 등에 대해 더욱 활발한 논의가 이루어져야 할 것이다.

3. 소 (*Bos taurus*)

한반도에 사육종 소가 처음 등장한 시기에 대하여는 의견이 분분하다. 일찍이 북한학계에서는 무산 범의구석 유적의 청동기 문화층에서 사육종 개, 돼지와 함께 소와 말이 출토되었다는 보고가 있었고 (김신규 1970), 최근 남한 지역에서도 영월 연당 쌍굴, 단양 상시 3바위그늘(신숙정 2005; 최삼용 2005) 등 신석기시대 유적과 춘천 발산리 지석묘(김건수 2004), 서천 옥북리 패총(최삼용 2007) 등 청동기시대 유적에서 소 유존체가 확인되었다고 보고된 바 있다. 그러나 대부분의 경우 동정 기준이나 층위 및 출토 정황이 명확하지 않아 수용하기 힘들다. 현재까지는 기원전 2~3세기경으로 편년되는 사천 방지리 패총의 최하층에서 출토된 소 유존체가 가장 확실한 초기 자료이다(이준정·고은별 2007b).

소 유존체는 초기철기~원삼국시대 이후 동물유존체가 출토되는 대부분의 유적에서 확인되는데, 현재까지 보고된 바로는 조선시대에 이르기까지 60여 개 유적에서 출토된 것으로 집계된다(부록: 한반도 유적 출토 가축 유존체 일람표 3 참조). 몇몇 특수한 경우를 제외하면 출토량이 많지 않은 편이라, 당시 사회에서 대량으로 사육된 것은 아니라고 추정된다. 통일신라시대까지의 52개 유적에서 확인된 소 유존체의 출토 정황을 분석한 결과, 다음의 〈표 4〉에서 볼 수 있는 바와 같이 1) 장송 의례 시 희생된 경우, 2) 다양한 의례에 활용된 경우, 그리고 3) 식용된 경우의 세 가지 활용 양상을 파악할 수 있었다.

표 4 한반도 선사·고대 유적 출토 사육종 소 유존체의 출토 정황

출토정황 〱 시대	초기철기-원삼국	삼국	통일신라
장송 의례	–	나주 복암리 2호분 영암 자라봉 고분 달성 성하리 7호 석실묘 김해 대성동 1호분 김해 예안리	–
기타 의례	강릉 강문동 아산 갈매리	풍납토성 연천 호로고루 마산 합성동(수혈) 진주 상촌리(수혈) 진주 중천리(수혈) 함안 성산산성?	국립경주박물관 우물 대구 가천동 11호 수혈 대구 가천동 21호 수혈 대구 가천동 22호 수혈 대구 가천동 5호 유구(도랑) 대구 유천동 103유적(수혈) 포항 인덕동(수혈) 진주 무촌(우물) 진주 창촌리(수혈)
식용	김해 회현동 부산 고촌리 동래 낙민동 사천 늑도 사천 방지리	부여 구아리 부여 쌍북리 김해 봉황동 창원 신방리 함안 성산산성	진주 무촌

1) 장송 의례

삼국시대 고분에서 소 유존체가 발견되는 경우가 종종 있는데, 나주 복암리 2호분(林永珍·趙鎭先·徐賢珠 1999), 영암 자라봉 고분(김건수 2000), 달성 성하리 7호 석실묘(이준정 2013 발간예정a), 김해 대성동 1호분(申敬澈·金宰佑 2000), 김해 예안리(金子浩昌·徐姶男 1993b)가 대표적인 예이다. 이 가운데 복암리 2호분의 경우만 고분 주변의 주구 내에서 출토되었고, 나머지 경우는 매장주체부 내부(자라봉, 성하리) 또는 그 주변(대성동 1호분, 예안리)에서 발견되었다. 복암리 2호분과 자라봉 고분의 경우는 한 개체가 그대로 매납된 반면, 영남지역 고분에서는 사지골 중심으로 일부 부위만 발견되는 양상이 나타난다. 다시 말해 나주 복암리 2호분의 경우 고분 축조가 완료된 이후

소 한 개체를 희생하여 주구 내에 공헌한 것이며, 영암 자라봉 고분의 경우는 시신을 매장주체부에 안치하는 과정에서 소 한 개체를 매납한 것이라 하겠다. 나머지 영남지역 유적에서는 소를 희생하여 의례를 행하고 그 가운데 일부만 매납하는 방식으로, 이 경우 나머지 부위는 장송 의례에 참석한 사회구성원들이 공식(共食)하였을 것이다.

출토 사례가 많지 않아 장송 의례에 소를 활용하는 양상이 지역에 따라 차이가 있었던 것인지는 단언하기 힘드나, 그 가능성을 염두에 두고 향후 연구를 진행하는 것이 필요하겠다. 뒤에 살펴볼 말의 경우 삼국시대 장송 의례에 있어 중심적인 역할을 하였던 것으로 나타나는데, 이에 비해 소는 출토 사례가 많지 않은 것으로 보아 보조적인 역할을 수행하였던 것으로 추정된다. 그러나 산발적으로 나타나는 사육종 개나 돼지에 비하면 삼국시대 장송 의례에 있어서 일정한 역할을 담당하였던 것이라 판단된다.

2) 기타 의례

한반도의 고고학 유적에서 소가 발견된 사례 가운데 가장 많은 예는 의례적 맥락에서 출토되는 경우이다. 초기철기~원삼국시대의 강릉 강문동 유적(고은별 2012a; 이준정·고은별 2011a)이나 아산 갈매리 유적(이준정 2007a; 樋泉岳二 2007)에서는 소의 두개골을 중심으로 다양한 부위가 의례적 맥락에서 출토되는데, 이는 앞서 살펴본 바와 같이 사육종 개, 돼지 유존체와 함께 출토되며 수변(水邊) 의례의 일환으로 동물희생 의례가 행해진 것으로 추정된다.

그런데 삼국시대~통일신라시대에 이르면 수혈 내부에 소 한 개체가 매납된 상태로 발견되는 예가 나타난다. 삼국시대의 진주 상촌리(三江文化財硏究院 2010; 李俊貞 2011d), 진주 중천리(우리문화

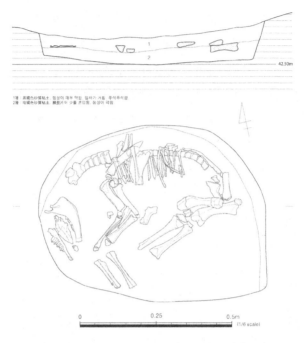

1層：黒褐色砂質粘土, 점성이 매우 약함, 입자가 거칠, 무석푸석함
2層：暗褐色砂質粘土, 黒点가 약, 少量 유인됨, 점성이 약함

42.50m

0   0.25   0.5m
                                (1/6 scale)

그림 4 진주 상촌리 유적 소 유존체 출토 정황 (三江文化財研究院 2010)

재연구원 2007) 유적과 통일신라시대의 대구 가천동(兪炳一·鄭淑姬 2010), 대구 유천동(이준정·고은별 2013 발간예정), 포항 인덕동(김건수 2006b), 진주 창촌리(慶南考古學研究所 2008) 유적 등이 이에 해당한다. 진주 상촌리 유적은 토기요, 탄요 등 생산시설이 집중된 유적인데, 생산시설로부터 일정 거리 떨어진 구역에 타원형의 수혈을 조성한 뒤 생후 5~6개월 된 어린 송아지 한 개체를 도살한 뒤 그대로 매납하였다(그림 4). 진주 창촌리 유적에서는 장방형 수혈 내에서 소 1개체에 해당하는 유존체가 일괄 확인되었는데, 각 부위의 배치 상태를 토대로 볼 때 머리, 몸통, 사지를 절단한 뒤, 수혈 내부에 먼저 몸통을 안치한 후 머리와 사지를 몸통 측면과 상면에 놓았던 것으로 밝혀졌다(그림 1). 이러한 사례들은『三國志』위지 동이전 부여조나

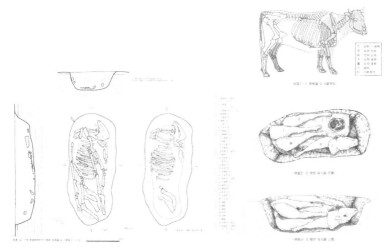

그림 5 진주 창촌리 유적 소 유존체 출토 정황 및 매장 복원도(慶南考古學硏究所 2008)

냉수리비(冷水里碑), 봉평비(鳳坪碑)에 나타나는 이른바 '살우(殺牛)' 의례를 비롯하여 다양한 의례적 맥락에서 소를 희생하여 매납한 것으로 추정된다.

한편 마산 합성동 유적(丁太振 2007b)에서는 4개의 수혈유구 내에서 말, 소, 돼지의 머리 부위만 수십 개체분씩 집중 출토되었는데, 전신이 매납된 앞의 유적들과는 다른 방식의 의례 행위가 시행되었던 것으로 추정된다. 합성동 유적의 경우 말이 주를 이루기 때문에 다음 장에서 자세히 다루도록 하겠다. 또한 진주 무촌 유적(이준정 2011c)과 국립경주박물관 내 우물(安部みき子 2011)에서 확인된 바와 같이, 통일신라시대에는 우물 의례에 있어 주요 희생 대상으로 활용되기도 하였다. 일본의 우물 및 수변(水邊) 의례 유적에서는 말 유존체가 주로 출토되는 것으로 알려졌는데(권오영 2008), 한반도의 경우 소 유존체가 중심을 이룬다. 특히 진주 무촌 유적의 경우, 7기의 우물 내부에서 정치(正置)된 상태의 완형토기, 복숭아 씨앗, 밤 과피

(果皮) 등과 함께 44점의 동물유존체가 출토되었는데, 이 가운데 말은 2점에 불과하고 대부분 소 유존체인 것으로 확인되어 당시 우물에서 시행된 동물희생 의례에 있어 소가 주요 희생 대상이었던 것으로 추정된다.

3) 식용

이외에 대부분의 패총 유적과 저습지 유적에서 단편적으로 발견되는 소 유존체는 식용 폐기물로 생각되는데, 그 양이 많지 않은 것으로 보아 당시 생계경제에 있어 그 역할이 크지 않았음을 추정할 수 있다. 김해 회현동(이준정·고은별 2004; 천선행 외 2002; 松井章 외 2009), 부산 고촌리(김건수·이재호 2010), 동래 낙민동(金憲奭 2008; 徐姶男 1997; 조태섭 2004; 金子浩昌 1998), 사천 늑도(김건수 2006a; 朴光春·宮崎泰史·安部みき子 2008; 李俊貞 2006; 金子浩昌·徐姶男 2004), 사천 방지리(이준정 2007c; 이준정·고은별 2007b, 2007c) 등의 초기철기~원삼국시대 유적과 부여 구아리(고은별·이준정 2012), 부여 쌍북리(김은영·이준정 2010, 2011), 김해 봉황동(丁太振 2007a), 창원 신방리(김건수 2009), 함안 성산산성(양숙자 2011) 등의 삼국시대 유적에서 출토된 소 유존체 대부분이 이에 해당한다.

여기서 한 가지 고려해야 할 바는 식용 폐기의 경우 대개 일상적인 식량원으로 활용된 후 폐기된 것으로 간주하지만, 앞서 살펴본 의례의 일환으로 공식(共食)한 부위가 폐기된 것일 가능성도 있다는 점이다. 고고학적 정황상으로 양자를 구분하기란 거의 불가능한데, 삼국시대 이후 소의 주요 활용도가 의례적 희생이었으며 머리 부위 등 특정 부위만 출토되는 의례적 정황이 많다는 점으로 보아 일상적인 폐기의 맥락 가운데 의례적으로 식용된 부위가 포함되었을 가능성을 고려해야 할 것이다.

이상에서 살펴본바, 한반도에 사육종 소가 출현한 것은 초기철기시대 이후로 확인된다. 고고학적 출토 정황을 토대로 볼 때 주로 다양한 의례에 있어 동물희생 의례의 일환으로 활용된 것으로 나타난다. 통상 소는 경작이나 운송 등의 축력 이용을 목적으로 사육하다가 이후 도살하여 식용한 것으로 간주하는데, 동물유존체의 출토 정황을 토대로 경작 및 운송 등의 활용 양상을 파악하는 것은 거의 불가능하다. 따라서 실제 소의 활용 양상은 역사기록이나 벽화 등에 묘사된 내용 등 여타 증거를 통해 이해하는 과정이 필요하다. 역사기록 상으로는 삼국시대(5~6세기)에 우경(牛耕)을 시행하면서 소의 축력을 본격적으로 이용하였던 것으로 나타나며, 안악 3호분, 덕흥리 고분 등 고구려 고분 벽화에 우차(牛車)가 묘사된 예가 많아 운송의 용도로 사용되었던 사실도 확인된다. 그런데 소의 활용도를 가늠할 수 있는 기록이 『三國志』魏書 東夷傳 韓條에 나타나는데, "牛馬를 탈 줄 모르고 모두 장례에 사용한다"라고 하였다.[9] 다소 과장되었을 가능성이 없지 않으나, 말과 더불어 소를 주로 장송 의례에 활용하였을 가능성을 보여준다 하겠다. 고고학 자료상으로는 장송 의례에는 말을, 수혈이나 우물 등에 행해진 다양한 의례에는 소를 주로 활용한 것으로 구별되는데, 양자 모두 의례적 맥락이라는 점에서 역사기록과 일맥상통하는 바가 있다 하겠다.

4. 말 (*Equus caballus*)

소와 마찬가지로 무산 범의구석(김신규 1970), 영월 연당 쌍굴, 단양

---

9 그러나 『三國志』魏書 東夷傳 弁辰條와 『後漢書』東夷列傳 辰韓條에는 "소나 말을 타고 다니며"라는 기록이 있어, 이를 한반도 전역의 일반적 양상이라 하기는 힘들다.

표 5 한반도 선사·고대 유적 출토 사육종 말 유존체의 출토 정황

시대 출토 정황	초기철기-원삼국	삼국	통일신라
장송 의례	–	군산 산월리 2, 3호분 나주 복암리 1, 2호분 주구 나주 복암리 3호분 무안 고절리 경산 임당 D-I-54,59호분 경산 임당 G-1, 2, 3호 주구 경산 임당 G-61호묘 경주 미추왕릉 C-1호분 경주 미추왕릉 D-1, 3, 4호분 경주 삼랑사 3길 35, 59, 60호 경주 안계리 2호분 경주 황남동 106-3 5호분 경주 황오동 100 1, 2호 마갱 고령 지산동 44, 73호분 달성 성하리 7호 석실묘 대구 욱수동 IC-19, 27호분 대구 욱수동 ID-276호분 상주 신흥리 라-1호분 울산 중산동 IA-51, 58호 주구 울산 중산동 IB-2호 주구 김해 대성동 88호분 김해 예안리 부산 복천동 4호분 합천 반계제 가A호분	–
기타 의례	가평 대성리 49호 수혈 강릉 강문동 화천 원천리 22호 주거지 아산 갈매리	풍납토성(수혈) 연천 호로고루(수혈) 마산 합성동(수혈)	경주 왕경지구(우물) 경주 傳인용사지(우물) 대구 가천동 13호 수혈 대구 가천동 22호 수혈 진주 무촌(우물)
식용	김해 회현동 동래 낙민동 사천 방지리	부여 구아리 부여 궁남지 부여 쌍북리 김해 봉황동 창원 신방리	진주 무촌(수혈)

금굴(신숙정 2005; 최삼용 2005) 유적 등에서 신석기시대 및 청동기시대에 해당하는 말 유존체가 발견되었다는 보고가 있으나 후대에 교란된 것일 가능성이 크다. 현재로서는 사천 방지리 패총의 원형점

토대토기층에서 출토된 예(이준정·고은별 2007b)와 가평 대성리 유적 49호 수혈 내에서 화분형 토기와 함께 발견된 예(黑澤一男 2009)를 초기 자료로 꼽을 수 있다. 기원전 2~3세기대로 추정되는 방지리 유적의 경우는 패총 내에 폐기된 양상이라 그 활용도를 추론하기 어려우나, 대성리 유적의 예는 수혈 안에서 말의 두개골 1개체분이 좌우로 분할된 상태로 출토되어 의례적 맥락으로 추정된다. 대성리 유적에서 출토된 말 유존체에 대해 방사성탄소연대를 측정한 결과, 2,070±20 BP(보정연대로는 170~40 BC)로 나타났다.

　말 유존체는 초기철기~원삼국시대 이후 동물유존체가 출토되는 대부분의 유적에서 발견된다는 점에서 소 유존체 출토 양상과 유사한데, 소 유존체에 비해 각 유적별 출토빈도가 현저히 떨어진다. 사육된 개체수가 많지 않았던 것으로 추정한 소에 비해서도 더 한정된 사육 양상을 보여주는 것이라 하겠다. 조선시대에 이르기까지 60여 개 유적에서 말 유존체가 출토된 것으로 파악되는데(부록: 한반도 유적 출토 가축 유존체 일람표 4 참조), 이 가운데 통일신라시대까지의 55개 유적에서 확인된 말 유존체의 출토 정황을 검토한 결과 대부분 의례적 맥락에서 출토된 것으로 나타났다(표 5). 특히 삼국시대 고분에서 출토된 예가 압도적으로 많아 주로 장송 의례에 활용되었던 것으로 판단된다.

1) 장송 의례

한반도의 고고학 유적에서 발견되는 말 유존체는 고분 내에 부장 또는 매납된 경우가 대부분이다. 한국고고학계에서 말은 오래전부터 이른바 마묘(馬墓)나 마갱(馬坑)의 존재가 인지되면서 고분에 부장되거나 장송 의례의 일환으로 희생된 것으로 알려져 왔는데(김건수 2000; 兪炳一 2002 등), 삼국시대를 제외한 여타 시기에는 고분 내에서 발견된 예가 전혀 없다. 이는 말에만 해당되는 양상이 아니다. 사천 늑도 유적에서 인간의 묘역에 개를 매장한 사례가 확인된 것을 제외하면, 삼국시대를 제외한 다른 시대에 동물을 부장 또는 매납한 예는 거의 발견되지 않는다. 다시 말해, 장송 의례에 있어 동물을 희생하여 부장하거나 매납하는 행위는 삼국시대의 특징적인 양상이라 할 수 있겠다.

장송 의례 과정에서 희생된 동물 가운데, 말이 수량이나 규모면에서 다른 동물종을 압도한다. 〈표 6〉에서 볼 수 있는 바와 같이 말은 신라, 가야, 백제 지역을 망라하여 고분 내에 부장 또는 매납되는 가장 중요한 동물종이었다. 말 이외에는 소가 5개 유적, 개가 2개 유적, 그리고 돼지는 1개 유적에서 확인되었을 뿐이다. 특히 분묘 외부의 주구 내에서 발견된 예를 제외하면, 분묘 내부에서는 경산 임당 2호분의 주곽 개석 위에서 발견된 3개체의 개 유존체 외에는 소와 말에 한정되며 특히 말에 집중되는 양상이다. 분묘 내부의 경우, 매장주체부의 내부, 개석 상부 등 매장주체부의 주변, 연도 주변, 그리고 봉토를 축조하는 가운데 그 내부에 안치하는 등 다양한 위치에서 말 유존체가 발견된다. 매장주체부 내부나 그 인근에 부장한 경우는 머리, 사지골 등 일부 부위만 안치한 경우가 대부분인 데 반해, 봉토 내부에서는 전신이 그대로 매납된 경우도 있다. 한편 분묘 주변에 축조한 이른바 독립매납유구의 경우는 예외 없이 말이 출토되는데, 1개체의 전신을 그대로 매납하거나 머리 부위만 매납하는 방식을 취하였던 것으로 나타난다.

분묘 내에서 말 유존체가 출토된 위치와 출토 부위를 토대로 장송 의례의 어느 단계에 어떤 방식으로 활용된 것인지 추론할 수 있는데, 유병일(2002)은 크게 묘역 조성 - 무덤 축조 - 무덤 완성의 세 단계로 구분하여 이를 설명한 바 있다. 본고에서 집성한 분묘 출토 말

표 6 삼국시대 분묘 출토 사육종 동물유존체 양상

출토 위치		유적	동물종	출전
분묘 내부	매장주체부 내부	군산 산월리 2호분	말	곽장근·조인진 2004
		군산 산월리 3호분	말	
		나주 복암리 고분군 3호분	말?	金洛中 1998
		영암 자라봉 고분	소	김건수 2000
		경주 황남동 106-3 고분군 5호묘	말	張正男 1995
		달성 성하리 7호 석실묘	말, 소	이준정 2013a 발간예정
		상주 신흥리 고분군 라지구 1호분	말?	韓國文化財保護財團 1998
		합천 옥전 M3호분	?	慶尙大學校博物館 1990
	매장주체부 상부	경산 임당 고분군 2호분	개 3개체	鄭永和 외 2002
		대구 욱수동 고분군 IC지구 19호묘	말?	嶺南大博物館 1999a, b
		대구 욱수동 고분군 IC지구 27호묘	말?	
		대구 욱수동 고분군 ID지구 276호묘	말 3개체	
	매장주체부 주변	경주 안계리 고분군 2호분	말?	文化財研究所 1981
		김해 대성동 고분군 1호분	소	申敬澈·金宰佑 2000
	연도 주변	경산 임당 고분군 D-I-54호분	말?	韓國文化財保護財團 1998
		경산 임당 고분군 D-I-59호분	말?	
		함안 도항리 고분군 5호분	말 또는 소	國立昌原文化財研究所 1999
	봉토 내부	무안 고절리 고분	말	최성락·이정호·윤호남 2002
		경주 황남대총 남분(大壺 내)	말 또는 소	俞柄一 1994
		고령 지산동 44호분	말 두개골	모기철 1979
		고령 지산동 73호분	말 두개골	이준정·고은별 2012a
		김해 대성동 88호분	말 1개체	대성동고분박물관 2012
		합천 반계제 고분군 가A호분	말 두개골	김정완 외 1987
	?	김해 예안리 고분군	말, 소	金子浩昌·徐姶男 1993b
분묘 외부	주구	나주 복암리 고분군 1호분	말	林永珍·趙鎭先·徐賢珠 1999
		나주 복암리 고분군 2호분	말, 소, 개	
		경산 임당 고분군 G지구 주구 1호	말	俞柄一 2001
		경산 임당 고분군 G지구 주구 2호	말, 돼지	
		경산 임당 고분군 G지구 주구 3호	말	
		울산 중산동 IA-51호(大甕 내)	말	俞柄一 2002
		울산 중산동 IA-58호	말 하악골	
		울산 중산동 IB-2호	말 두개골	
	독립매납유구	경산 임당 고분군 G지구 61호묘	말 1개체	俞柄一 2001
		경주 미추왕릉 C지구 1호분	말 1개체	金宅圭·李股昌 1975
		경주 미추왕릉 D지구 1·3·4호분 ①	말 1개체?	
		경주 미추왕릉 D지구 1·3·4호분 ②	말 1개체?	
		경주 삼랑사 3길 유적 35호	말	俞柄一 2002
		경주 삼랑사 3길 유적 59호	말 두개골	
		경주 삼랑사 3길 유적 60호	말 두개골	
		경주 황오동 100 유적 1호 마갱	말 3개체	全峰辰 외 2008
		경주 황오동 100 유적 2호 마갱	말 2개체	
		부산 복천동 고분군 4호분	말 두개골	鄭澄元·申敬澈 1983

유존체 자료의 경우 기존 연구에서 대상으로 삼은 것보다 수량에서 나 출토 정황에 있어 한층 다양한 양상을 띠고 있는데, 무덤을 조성 하는 과정 상 1) 매장주체부 내부, 2) 매장 주체부 주변, 3) 연도, 4) 봉토 내부, 5) 주구, 6) 독립매납유구의 6가지로 세분하는 것이 바 람직하다고 생각된다. 장례 절차를 진행하며 무덤을 축조하는 과정 에 따라 다양한 장송 의례가 시행되었을 것이며, 각 단계마다 서로 다른 의미의 동물희생 의례가 행해지고 그 산물인 동물의 전신 또는 특정 부위가 각 지점에 안치되었을 것이다. 각 단계의 동물희생 의 례 또는 안치 행위는 서로 다른 목적 또는 의미를 지닌 것으로, 각각 순장, 부장, 매납, 또는 공헌 등 서로 다른 방식으로 인식되었을 것 이다. 장송 의례의 각 단계에서 어떤 방식의 동물희생 의례가 시행 되었으며 그 의미는 무엇인지에 대하여는 차후 연구를 통해 좀더 자 세히 살펴보기로 하겠다.

2) 기타 의례

장송 의례 외에도 다양한 맥락의 의례에서 말이 활용되었던 증거 가 발견된다. 그 대표적인 예로 초기철기~원삼국시대의 가평 대성 리 49호 수혈(黑澤一男 2009), 화천 원천리 22호 주거지(이준정 2013 발간예정c), 삼국시대의 풍납토성 경당지구의 9호 유구(權五榮·權度 希·韓志仙 2004), 마산 합성동 유적(丁太根 2007b), 그리고 통일신라 시대의 대구 가천동 유적의 13호 및 22호 수혈(兪炳一·鄭淑姬 2010) 에서 발견된 말 유존체를 들 수 있다. 대성리, 원천리, 풍납토성, 합 성동 유적에서는 수혈유구 내에서 말 머리 부분만 매납된 채 발견되 었으며, 가천동 유적에서는 소와 유사한 방식으로 수혈 내에 말 1개 체를 매납한 양상이 확인되었다. 앞서 살펴본 소와 비교해 보면, 소 의 경우 전신을 매납한 예가 대부분이었던 데 반해 말은 머리 부분만 발견되는 경우가 다수라는 점에서 대비된다.

마산 합성동 유적의 경우, 57-1호, 76호, 80-1호, 90-1호 매납수혈 등 4개의 수혈유구 내에서 말, 소, 돼지의 머리 부위만 집중 출토되었는데, 각각 말 상·하악골 10, 소 상·하악골 7, 돼지 상·하악골 1개체분(57-1호), 말 상·하악골 10, 소 상·하악골 7, 돼지 상·하악골 3개체분(76호), 말 상·하악골 13, 소 상·하악골 7, 돼지 상·하악골 1개체분(80-1호), 말 상·하악골 30, 소 상·하악골 21, 돼지 상·하악골 4개체분(90-1호)이 확인되었다. 이 수혈들은 석곽묘와 인접하여 조성된 것으로 밝혀져, 장송 의례 또는 제사와 연관된 동물희생 의례가 수행되었을 가능성이 제기된 바 있다. 두개골만 출토되었다는 점에서 머리 부위만 매납하고 나머지 부분은 공식(共食)한 것으로 추정된다.

또한 소량이기는 하나 우물 내에서 말 유존체가 발견되는 예가 있는데, 통일신라시대의 경주 왕경지구 및 전(傳) 인용사지 내 우물(金昡希 2011)과 진주 무촌 유적의 우물(이준정 2011c) 내에서 출토된 말 유존체가 이에 해당한다. 우물과 관련된 의례의 결과물로 집적된 것으로 추정되며, 소에 비해 우물 내에서 출토된 양이 많지 않다.

3) 식용

이외에 김해 회현동(이준정·고은별 2004; 천선행 외 2002; 松井章 외 2009), 동래 낙민동(徐始男 1997; 조태섭 2004; 金子浩昌 1998), 사천 방지리(이준정 2007c; 이준정·고은별 2007b, 2007c), 부여 구아리(고은별·이준정 2012), 부여 궁남지(이준정·고은별 2007a), 부여 쌍북리(김은영·이준정 2010, 2011), 김해 봉황동(최종혁 2005), 창원 신방리(김건수 2009) 등 다수의 패총 및 저습지 유적에서 단편적으로 발견되는 말 유존체는 식용 폐기물로 생각되는데, 출토량은 전체 동물유존체 가운데 1% 내외에 불과하다. 앞서 소의 사례에서 언급하였듯이, 이러한 식용 폐기물 가운데는 의례의 일환으로 공식(共食)한 부위가 포함되었을 가능성도 있다.

이상에서 살펴본 바와 같이, 사육종 말이 한반도에 처음 등장한 것은 초기철기시대 이후이다. 말 유존체 자료만 놓고 보면, 말의 주된 활용도는 동물희생 의례, 특히 장송 의례 시 희생하여 전신을 매납하거나 머리 등 특정 부위만 매납하고 나머지 부위는 공식(共食)하는 양상이 압도적이다. 그러나 고고학 유적에서 발견된 동물유존체 자료는 생전의 활용도에 대하여는 많은 정보를 제공하지 않는다. 통상 말은 기승 및 운송에 적극 활용되는데, 이때 실질적인 기승 및 운송의 기능도 중요하지만 이를 군사적으로 활용하거나 이를 통해 사회적·정치적 지위를 표출한다는 측면도 간과할 수 없다. 삼국시대 각국에 수천 명에서 만 명 규모의 기병이 존재하였다는 『後漢書』 東夷列傳 夫餘國條, 『三國史記』 등의 기록과 고분벽화 상의 묘사,[10] 또한 다양한 馬具의 출토예를 볼 때, 말은 주로 기승(騎乘)을 목적으로 사육되었음을 추론할 수 있다.

말의 사회경제적 가치는 사육종 동물 가운데 가장 높았으며, 따라서 당시 사회에 있어 상위 계층만 이용하거나 특수한 용도로만 활용되었을 것으로 추정된다. 역사기록 상에서 엿볼 수 있는 것과 같이, 말을 독점하고 관리하는 국가적 또는 사회적 체제도 존재하였을 것이다. 이러한 상황에서 말은 일상적인 맥락에서 활용되기보다는 군

---

10 안악 3호분, 덕흥리 고분 등 고구려 고분 벽화를 보면, 소는 우차를 끄는 운송용으로만, 말은 기승용으로만 묘사되어 있다. 실제 삼국시대에 소와 말의 활용도가 명확히 구분되었는지, 아니면 고분 벽화 상에 일부 양상만 묘사가 되었을 뿐 소와 말 양자 모두 운송용과 기승용으로 활용되었는지는 파악하기 힘들다.

사적 또는 사회경제적·정치적 맥락에서 기승 또는 운송의 역할을 수행하였으며, 궁극적으로는 상위 계층의 장송 의례 시 희생되어 매납된 것이라 하겠다. 사육종 소가 상대적으로 소규모의 의례를 반영하는 수혈이나 우물 등에서 주로 출토되는 것과 대조적으로, 말은 풍납토성 경당지구와 같이 국가적, 사회공동체적 차원의 의례에 주로 활용되었거나 상위 계층의 장송 의례 시 집중적으로 희생된 점은 이러한 말의 사회적 위치를 보여주는 것이라 하겠다.

한편 말의 경우 종류나 크기에 따라 활용도가 한정되는 경우가 있기 때문에 말의 크기를 복원할 수 있다면 과거 사회에서의 활용 양상을 이해하는 데 도움이 된다. 고대 말의 크기를 복원하기 위해서는 말 유존체 각 부위별 계측 자료가 축적되어야 하는데, 이에 대한 연구는 아직 시작 단계에 불과해 집단 수준의 크기 복원을 시도할 만큼 충분한 자료 축적이 이루어지지 못한 상태이다. 몇몇 축적된 예를 보면, 김해 회현동 패총과 김해 봉황동 유적에서 출토된 중수골 각 1점씩을 토대로 추정한 체고는 각각 125~130cm, 130~135cm이며(丁太振 2007a; 松井章 외 2009), 최근 대구 달성군 성하리 유적 7호 석실묘에서 출토된 우측 상완골의 길이를 토대로 복원한 결과는 체고는 110cm 전후이다(이준정 2013 발간예정a). 또한 통일신라시대의 대구 가천동 유적의 22호 수혈 내에 매납된 말의 상완골을 토대로 추정한 체고는 120cm 내외이다(兪炳一·鄭淑姬 2010). 소수의 사례에 불과해 속단하기는 힘드나, 소형에서 중형에 이르기까지 다양한 크기의 말이 공존하였던 것으로 보인다.

V. 결론

한반도 고고학 유적에서 출토된 사육종 동물유존체 자료를 집성하여 각 유존체가 출토된 정황을 살펴본 결과, 한반도에 가장 먼저 등장한 사육종 동물은 개로 신석기시대 전기에 출현하는 것으로 밝혀졌다. 사육종 돼지, 소, 말은 초기철기~원삼국시대 유적에서 확실히 확인되며, 이보다 이른 시기의 자료는 사육종 여부 및 출토 층위가 명확하지 않다. 한반도의 초기 사육종 동물은 전반적으로 일상적인 동물성 식료로 이용된 것이 아니라, 다양한 실용적 목적으로 사육되면서 동시에 동물희생 의례에 적극 활용되었다. 따라서 생계경제적 측면보다는 사회경제적 또는 상징적 맥락에서 사육종의 도입과 활용에 대해 고찰하는 관점이 필요하다. 특히 돼지의 경우 초기 도입 목적이 의례를 위한 것이었을 가능성이 크며, 소와 말의 경우도 실제 활용도보다 장송 의례를 포함한 다양한 의례적 맥락에서 이용한 측면이 강조된다. 사육종 동물을 식용하는 것은 의도적으로 도살하여 이용하는 경우도 있으나, 동물희생 의례 시 머리 부분은 매납하고 나머지 부분은 사회구성원들이 공식(共食)하는 과정을 통해 섭취하는 예가 많았을 것으로 추정된다. 결론적으로 한반도에서의 동물 사육은 농업 사회의 한 축으로 가축을 사육하여 동물성 식료로 활용하는 차원이 아니었다. 의례적 맥락, 그리고 이와 연관된 사회경제적, 나아가 정치경제적 맥락에서 가축 사육이 시작되었다고 보아야 할 것이다.

이러한 관점에서 인근 중국 대륙에서 신석기시대부터 사육되었던 여러 종의 가축 가운데 왜 유독 사육종 개만 신석기시대에 선별적으로 도입되었는지, 사육종 돼지의 출현이 상대적으로 늦은 원인은 무엇인지, 그리고 소와 말이 도입된 배경과 경로는 무엇인지에 대한 규명이 시도되어야 할 것이다. 이에 대하여는 향후 중국 지역의 초기 가축 자료에 대한 검토를 토대로 연구를 진행할 계획이며, 현재로서는 다음과 같은 몇 가지 측면에 주목하고자 한다.

첫째, 가장 먼저 등장한 사육종 개의 경우 다른 지역에서도 가축화 시점, 사육 목적, 활용도 등에서 다른 가축종과는 확연히 구별되는 특징을 지닌다. 개를 제외한 초기 사육종 동물 대부분이 홀로세에 들어와 여러 종이 동시에 등장하는 데 반해, 개는 플라이스토세 말에 단독적으로 가축화가 이루어졌다. 또한 대부분의 초기 가축이 식용을 목적으로 사육된 것과는 대조적으로, 개는 사냥 보조, 인명 및 재산 보호, 애완 등 식용 이외의 목적으로 사육되었다. 이러한 사육종 개가 지닌 특성이 한반도에 도입되는 과정에도 어느 정도 역할을 하였을 것이라 생각된다.

둘째, 산지가 발달하고 자연초지가 드문 한반도의 자연환경적 조건에서 가축, 특히 소와 말의 대량 사육은 쉽지 않다. 본격적인 가축 사육은 농업 경제가 어느 정도 자리를 잡은 이후에 이루어지는 경우가 많은데, 이는 농작물의 잉여생산물을 토대로 가축을 사육하였음을 의미한다(Yuan and Flad 2002). 이처럼 가축에 제공할 먹이를 마련하는 데는 상당한 비용이 요구된다. 따라서 한반도의 환경적 특성을 고려할 때, 인근 산지에서 야생 사슴, 멧돼지 등을 사냥하여 동물성 식량원으로 활용하는 것이 가축 사육에 요구되는 비용과 이로 인해 야기되는 다양한 문제를 감당하는 것보다 유리하였을 것으로 추정된다(이준정 2009). 이러한 문제들을 감수하면서 가축 사육을 본격화하였을 때는 이에 상응하는 특별한 목적이나 배경이 존재하였을 것이란 점을 고려하여야 할 것이다.

본고를 작성하면서 종종 난관에 부딪쳤던 부분은, 학계 전반에 걸쳐 동물유존체의 고고학적 중요성에 대한 인식이 아직 부족하여 각 유존체를 고고학적 정황에서 살펴보기 힘든 경우가 있었다는 점이다. 동물유존체의 경우 유기물 자료가 갖는 특성으로 인해 다른 인공유물보다 더욱 세심하게 퇴적층 양상, 출토 정황, 화석화 과정 등을 검토하는 것이 필요하다. 이는 발굴 과정에서 자료에 대한 인식을 토대로 수행되어야 할 부분이라 하겠다. 또한 동물유존체 분석을 수행할 때 각 자료를 생물학적 자료로 다루는 것이 아니라 고고학적 맥락에서 출토된, 사회문화적·역사적 의미를 지닌 자료로 인지하여 출토 정황을 중심으로 이해하는 관점이 필요한데, 일부 분석 결과는 출토 층위 등 기본적인 정보도 제공하지 않아 고고학 연구에 활용할 수 없는 것도 있었다. 향후 고고학 유적에서 출토되는 동물유존체의 중요성과 출토 정황 조사의 필요성에 대한 인식이 증대된다면, 본고에서 다소 무리하게 해석한 부분에 대해 고고학적 정황 내에서 검증할 수 있는 기회가 되리라 생각하며 이러한 부분은 후속 연구에서 보완하고자 한다.

※본고와 함께 작성한 〈부록: 한반도 유적 출토 가축 유존체 일람표〉는 2013년 2월까지 확인 가능한 발굴보고서 및 분석보고서를 토대로 각 사육종 동물의 출토 현황을 집성한 것이다. 이 작업은 필자와 고은별(서울대학교 고고미술사학과 박사과정)이 공동으로 수행하였다. 보고서에 따라 서로 다른 방식으로 작성된 동물유존체 출토 부위별 수량을 동일 기준하에 일일이 파악하는 힘든 작업을 도맡아 준 고은별의 노고가 없었다면 이처럼 상세한 일람표를 작성하기 힘들었을 것이다. 이 자리를 빌려 감사의 마음을 전한다. 〈부록〉에 표기된 각 유적별 출전에 대한 상세 정보는 다음의 〈참고문헌〉에서 제시하였다.

| 참고문헌 |

江原考古文化研究院, 2011, 『東海 松亭洞聚落 I: 동해 송정 1, 2지구 주거환경개선사업부
　　지 내 유적 발굴조사 보고서』.

姜仁求, 1992, 『자라봉古墳』, 韓國精神文化研究院.

慶南考古學研究所, 2006, 『勒島 貝塚』.

_____, 2008, 『晉州 倉村里 遺蹟』.

慶尙大學校博物館, 1990, 『陜川玉田古墳群 II』.

고은별, 2012a, 「강릉 강문동 저습지 유적 출토 동물유존체」, 『江陵 江門洞 低濕地遺蹟』,
　　강릉원주대학교박물관.

_____, 2012b, 「포유류 및 기타 동물유존체」, 『태안 마도3호선 수중발굴조사 보고서』, 국립
　　해양문화재연구소.

_____, 2013 발간예정, 「영월 정양산성 출토 동물유존체」, 『영월 정양산성』, 江原考古文化
　　研究院.

고은별·이준정, 2012, 「동물유존체 분석」, 『부여 구아리 319 부여중앙성결교회 유적』, 부여
　　군문화재보존센터.

_____, 2013 발간예정, 「동물자료 분석」, 『漣川 瓠蘆古壘 IV』, 한국토지주택공사 토지주택
　　박물관.

곽장근·조인진, 2004, 『군산 산월리 유적』, 군산대학교박물관·군산시·문화재청.

國立光州博物館, 2009, 『安島貝塚』.

國立中央博物館, 2000, 『法泉里 I』.

國立昌原文化財研究所, 1999, 『咸安道項里古墳群 II』.

宮崎泰史, 2011, 「國立慶州博物館 連結通路內 우물 出土 개뼈」, 『國立慶州博物館內 우물
　　出土 動物遺體』, 國立慶州博物館.

권오영, 2008, 「성스러운 우물의 제사: 풍납토성 경당지구 206호 유구의 성격을 중심으로」,
　　『지방사와 지방문화』 11(2).

_____, 2012, 「백제의 말 사육에 대한 새로운 자료」, 『21세기의 한국고고학 V』, 주류성.

權五榮·權度希·韓志仙, 2004, 『風納土城 IV』, 한신大學校博物館.

김건수, 2000, 「우리나라 고대(古代)의 말(馬)」, 『馬事博物館誌』, 마사박물관.

_____, 2004, 「발산리유적 출토 동물유체」, 『春川地域 支石墓群 發掘調査 報告書』, 江原
　　文化財研究所.

_____, 2006a, 「사천 늑도 진입로 개설구간내 유적 출토 자연유물」, 『泗川勒島 進入路 開
　　設區間內 文化遺蹟 發掘調査 報告書』, 東亞文化研究院.

_____, 2006b, 「포항 인덕동유적 22호 수혈 출토 동물 유체」, 『浦項 仁德洞 遺蹟: 浦項 鐵
　　工團 - 冷川間 道路開設豫定區間 發掘調査 報告書』, 韓國文化財保護財團 · 浦
　　項市.

_____, 2007, 「포항 인덕산유적 10호 주거지 출토 동물유체」, 『浦項 仁德山 遺蹟: 浦項 仁
　　德山 切取工事 第一工區內 文化遺蹟 發掘調査 報告書』, 韓國文化財保護財團 ·
　　浦項市.

_____, 2009, 「自然遺物 동정」, 『昌原 新方里 低濕遺蹟』, 東亞細亞文化財研究院.

_____, 2011, 「우리나라 유적 출토 개 유체 고찰」, 『湖南考古學報』 37.

김건수 · 양나래, 2005, 「풍납토성 경당지구 출토 동물 뼈에 대한 분석」, 『風納土城 VI』, 국
　　립문화재연구소 · 한신대학교박물관.

김건수 · 이승윤 · 양나래, 2007, 『완도 여서도 패총』, 목포대학교박물관.

김건수 · 이은 · 김현미, 2010, 「나주 장동리 수문패총 출토 自然遺物」, 『나주 장동리 수문패
　　총』, 국립광주박물관.

_____, 2011, 「강진 전라병영성지 自然遺物」, 『康津 全羅兵營城址』, 馬韓文化研究院.

김건수 · 이재호, 2010, 「釜山 古村里 生産유적 自然遺物」, 『釜山 古村里 生産遺蹟』, 東亞
　　細亞文化財研究院.

김건수 · 이지영 · 백명선 · 이은 · 신희창, 2012, 『광양 오사리 돈탁패총』, 목포대학교박물관.

金洛中, 1998, 「羅州 伏岩里 3號墳」, 『3~5세기 금강유역의 고고학』, 한국고고학회.

김명진 · 김혜령 · 이종신 · 서학수 · 윤순옥 · 황상일 · 박태식 · 최삼용 · 이동선, 2006, 「동물뼈
　　분석」, 『扶餘 陵山里 東羅城 內 · 外部 百濟遺蹟』, 忠淸文化財研究院.

김신규, 1970, 「우리 나라 원시유적에서 나온 포유동물상」, 『고고민속론문집』 2.

金元龍 · 任孝宰 · 朴淳發 · 崔鍾澤, 1989, 『夢村土城』, 서울大學校博物館.

김은영 · 이준정, 2010, 「부여 쌍북리 602-10번지 유적 출토 동물유존체」, 『扶餘 雙北里 602-
　　10番地 遺蹟』, 백제문화재연구원.

_____, 2011, 「부여 쌍북리 280-5유적 출토 동물유존체」, 『扶餘 雙北里 280-5遺蹟』, 백제
　　문화재연구원.

金子浩昌, 1998, 「東萊樂民洞貝塚 出土 動物遺體」, 『東萊樂民洞貝塚』, 國立中央博物館.

_____, 2008, 「昌寧 飛鳳里遺蹟 出土 動物遺體」, 『飛鳳里』, 國立金海博物館.

金子浩昌·徐姶南, 1993a, 「北亭貝塚出土 動物遺存體에 대하여」, 『北亭貝塚』, 釜山水産大學校博物館.

_____, 1993b, 「禮安里古墳群의 動物遺體」, 『金海禮安里古墳群 II』, 釜山大學校博物館.

_____, 1993c, 「煙臺島貝塚 가地區 出土의 脊椎動物遺體」, 『煙臺島 I』, 國立晋州博物館.

_____, 2004, 「勒島 I C地區 動物遺體」, 『勒島 貝塚과 墳墓群』, 釜山大學校博物館.

金子浩昌·安在晧·徐姶男, 1990, 「勒島住居址 出土 動物遺體概要」, 『伽倻通信』 19·20.

金子浩昌·吳世筵, 2002, 『東三洞貝塚 IV: 動物遺體』, 國立中央博物館.

金子浩昌·牛沢百合子, 1981, 「水佳里貝塚 出土 骨角貝製品 및 動物遺存體」, 『金海水佳里貝塚 I』, 釜山大學校博物館.

金子浩昌·黃昌漢·張曉星, 2002, 「황남동 376 유적 출토 동물유체」, 『慶州 皇南洞 376 統一新羅時代 遺蹟』, 東國大學校 慶州캠퍼스 博物館.

김정완·임학종·권상열·손명조·정성희, 1987, 『陜川磻溪堤古墳群』, 慶尙南道·國立晋州博物館.

金宅圭·李殷昌, 1975, 『皇南洞古墳發掘調査槪報』, 嶺南大學校博物館.

金憲奭, 2008, 「동래 수안동 다세대주택건설지 출토 동물유존체」, 『동래 수안동 다세대 주택건설지 발굴조사보고서』, 福泉博物館.

_____, 2009, 「삼한·삼국시대 영남지역 집돼지의 존재가능성에 대하여」, 『考古廣場』 4, 釜山考古學研究會.

_____, 2012, 「식성분석을 통한 영남지방 집돼지 사육의 시작과 존재양상」, 『한국고고학보』 84.

김헌석·西本豊弘, 2010a, 「고촌리유적의 가축 이용: 멧돼지와 돼지의 구별을 중심으로」, 『東亞文化』 9, 東亞細亞文化財研究院.

_____, 2010b, 「고촌리유적의 안정동위원소분석」, 『釜山 古村里 生産遺蹟(下)』, 東亞細亞文化財研究院.

金昡希, 2011, 「古代의 우물과 祭祀」, 『國立慶州博物館內 우물 出土 動物遺體』, 國立慶州博物館.

김황룡·강창화·신태균, 2002, 「제주도 종달리패총유적 4지구에서 출토된 동물뼈 유물의 비교해부학적 관찰」, 『大韓獸醫學會誌』 42, 大韓獸醫學會.

김희철·정경숙·이광협·강창화·안미정·강종철·이용덕·신태균, 2002, 「제주 고내리 유적에서 출토된 동물 유물의 비교해부학적 분석」, 『아열대농업생명과학연구지』 18, 제주대학교 아열대농업연구소.

南川雅男·松井 章, 2002, 「炭素·窒素 同位體分析으로 추정한 김해 회현리패총 출토 멧돼지

屬의 食性特徵」, 『金海 會峴里貝塚』, 釜山大學校博物館·釜山大學校考古學科.

대성동고분박물관, 2012, 「대성동고분군 7차 발굴조사 현장설명회 자료집」.

대한문화유산연구센터, 2009, 「여수 진남관 현장설명회 자료집」.

渡邊誠, 1989, 「郡谷里貝塚(第1次) 出土 動物遺體略報」, 『海南郡谷里貝塚 III』, 木浦大學
　　博物館.

마한문화재연구원, 2009, 『호동패총 현장설명회 자료집』.

모기철, 1979, 「池山洞 44號古墳 出土 動物遺骸에 對한 考察」, 『大伽倻古墳發掘調査報告
　　書』, 高靈郡.

文化財管理局, 1978, 『雁鴨池 發掘調査報告書』.

文化財研究所, 1981, 『安溪里古墳群』.

朴光春·宮崎泰史·安部みき子, 2008, 『泗川勒島 CII』, 東亞大學校博物館.

배덕환, 2007, 「靑銅器時代 住居址 出土 獸頭骨 研究: 포항 인덕산유적 10호 주거지 출토
　　사례를 중심으로」, 『東亞文化』 2·3집, 東亞細亞文化財研究院.

三江文化財研究院, 2010, 『경전선 복선전철화 사업구간(9공구) 내 晋州 上村里 遺蹟 – 小
　　加耶 陶窯址 – 』.

西本豊弘·金憲奭·新美倫子·金殷暎·上奈穗美, 2011, 『東三洞貝塚 淨化地域 動物遺體
　　研究報告』, 福泉博物館.

徐姶男, 1997, 「東萊貝塚 出土 動物有存體」, 『釜山의 三韓時代 遺蹟과 遺物 I: 東萊貝
　　塚』, 釜山廣域市立博物館 福泉分館.

石黑直隆·高橋遼平, 2009, 「金海會峴理 貝塚 出土 멧돼지屬의 古DNA分析」, 『金海會峴
　　理貝塚 II』, 三江文化財研究院.

손보기, 1982, 『상노대도의 선사시대 살림』, 수서원.

손보기·박영철·박선주, 1976, 「층위의 토양분석과 조가비 및 고동물뼈의 감정」, 『馬山外洞
　　城山貝塚發掘調査報告』, 文化財管理局.

松井章·丸山眞史·菊地大樹·氷井理惠, 2009, 「金海 會峴理貝塚 出土 脊椎動物遺存體」,
　　『金海會峴理貝塚 II』, 三江文化財研究院.

申敬澈·金宰佑, 2000, 『金海大成洞古墳群 I』, 慶星大學校博物館.

신숙정, 2005, 「남한강 상류의 신석기문화: 점말, 금굴유적을 중심으로」, 『영서지방의 신석
　　기문화』, 2005년 한국신석기학회 학술대회 발표집.

辛勇旻·朴美貞·金寶淑, 2006, 『泗川勒島 進入路 開設區間內 文化遺蹟 發掘調査 報告
　　書』, 東亞文化研究院.

신태균, 1997, 「곽지패총 6지구 출토 동물 뼈의 분류」, 『濟州郭支貝塚』, 濟州市·濟州大學

校博物館.

_____, 2001,「제주 종달리패총 유적에서 출토된 동물 유물의 해부학적 연구」,『大韓獸醫學會誌』41, 大韓獸醫學會.

신태균·김승호·양기천·고재형·이방미·안상진·진승운·고은미, 1997,「곽지패총 출토 동물 뼈의 해부학적 연구」,『濟州郭支貝塚』, 濟州市·濟州大學校博物館.

신태균·김회철·김정태·이지영·강민우·김성환·진영건·김동건·조성준, 2006,「제주도 종달리유적에서 출토된 동물뼈 유물의 동물별 분류」,『濟州終達里遺蹟 I』, 국립제주박물관.

신태균·진재광·이차수, 1996,「제주 김녕리 궤내기 동굴 유적에서 출토된 뼈유물의 고고학적 연구」,『大韓獸醫學會誌』26, 大韓獸醫學會.

안덕임, 1999,「안면도 고남리패총(8차 발굴조사) 출토 척추동물유체에 관한 연구」,『先史와 古代』13.

_____, 2006,「군산 남전패총 출토 동물유체」,『고고학 시간과 공간의 흔적』, 학연문화사.

_____, 2011,「동물류」,『태안 마도2호선 수중발굴조사 보고서』, 국립해양문화재연구소.

安部みき子, 2011,「國立慶州博物館內 우물 出土 動物遺體 分析」,『國立慶州博物館內 우물 出土 動物遺體』, 國立慶州博物館.

안승모·이준정, 2009,「DNA 분석을 통해 본 구대륙 곡물과 가축의 기원」,『선사 농경 연구의 새로운 동향』, 안승모·이준정 편, 사회평론.

양숙자, 2011,「함안 성산산성 출토 동물유체 연구」,『함안 성산산성 발굴조사 보고서 IV』, 문화재청·국립가야문화재연구소.

연세대학교 박물관, 2009,『영월 연당 피난굴(쌍굴) 유적』.

嶺南大學校博物館·大邱廣域市都市開發公社, 1999a,『時至의 文化遺蹟 III: 古墳群 2』.

_____, 1999b,『時至의 文化遺蹟 VI: 古墳群 5』.

嶺南文化財研究院, 1999,『慶州 城東洞 386-6番地 生活遺蹟』.

예맥문화재연구원, 2010,『春川 泉田里·栗文里 遺蹟』.

우리문화재연구원, 2007,「진주 중천리 공동주택 부지내 유적 발굴조사 지도위원회 자료집」.

俞炳一, 1994,「動物遺體에 對한 考察」,『皇南大塚』, 文化財管理局·文化財研究所.

_____, 2000,「大邱漆谷 3宅地開發地區內 2區域遺蹟 出土의 動物遺體에 대하여」,『大邱漆谷 3宅地(2·3區域) 文化遺蹟 發掘調査 報告書 II』, 韓國文化財保護財團·韓國土地公社 慶北支社.

_____, 2001,「林堂遺蹟 G地區 出土 動物遺體 分析: G-61호, 주구 1~3호, 溝」,『慶山林堂洞遺蹟 IV: G地區 墳墓』, 嶺南文化財研究院.

_____, 2002, 「新羅·伽倻의 무덤에서 출토한 馬骨의 意味」, 『科技考古研究』 8.

兪炳一·鄭淑姬, 2008, 「慶山 林堂 低濕地遺蹟 出土 動物遺體 分析」, 『慶山 林堂洞 低濕地遺蹟 III』, 嶺南文化財研究院.

_____, 2009, 「蔚山 伴鷗洞 遺蹟 動物遺體」, 『蔚山 伴鷗洞 遺蹟』, 울산발전연구원 문화재센터.

_____, 2010, 「대구 가천동 통일신라시대 생활유적 출토 동물유체 분석」, 『大邱 佳川洞 統一新羅時代 生活遺蹟』, 聖林文化財研究院.

이나리, 2011, 「근화동유적(A구역)출토 동물유체 동정보고서」, 『春川 槿花洞遺蹟』, 江原考古文化財研究院.

이재호, 2010, 「부산 고촌유적 출토 멧돼지 뼈를 통해 본 가축화 소고」, 『釜山 古村里 生産遺蹟(上)』, 東亞細亞文化財研究院.

李俊貞, 2001, 「수렵·채집 경제에서 농경으로의 轉移 과정에 대한 이론적 고찰」, 『嶺南考古學』 28.

_____, 2006, 「勒島 A지구 출토 동물자료」, 『勒島 貝塚 V: 考察編』, 慶南考古學研究所.

_____, 2007a, 「갈매리 유적 출토 동물자료」, 『牙山 葛梅里(II區域) 遺蹟』, 忠淸文化財研究院.

_____, 2007b, 「동물자료 분석」, 『漣川 瓠蘆古壘 III』, 한국토지공사 토지박물관.

_____, 2007c, 「사천 방지리 나지구 유적 패총 출토 동물자료」, 『사천 방지리 나지구 유적』, 경상대학교박물관.

_____, 2009, 「또 하나의 저장 수단, 가축의 이용」, 『선사 농경 연구의 새로운 동향』, 안승모·이준정 편, 사회평론.

_____, 2010, 「춘천 천전리·율문리 유적 출토 동물유존체」, 『春川 泉田里·栗文里 遺蹟』, 예맥문화재연구원.

_____, 2011a, 「강릉 강문동 유적 출토 동물유존체」, 『강릉 강문동 유적』, 예맥문화재연구원.

_____, 2011b, 「飼育種 돼지의 韓半島 出現 時點 및 그 社會經濟的·象徵的 意味」, 『한국고고학보』 79.

_____, 2011c, 「晋州 武村(II地區) 遺蹟 출토 동물유존체를 통해 본 統一新羅時代 동물자원 이용 양상」, 『晋州 武村 V』, 三江文化財研究院.

_____, 2011d, 「晋州 上村里 遺蹟에 埋納된 송아지 遺存體를 통해 본 動物犧牲儀禮」, 『考古學探究』 10, 考古學探究會.

_____, 2013 발간예정a, 「달성 성하리(종합스포츠파크 조성부지내) 유적 출토 동물유존체」, 『달성 성하리(종합스포츠파크 조성부지내) 유적』, 大東文化財研究院.

_____, 2013 발간예정b, 「한반도 유적 출토 飼育種 개의 활용 양상에 대한 고찰: 의도적 매장, 의례적 희생 가능성을 중심으로」.

_____, 2013 발간예정c, 「화천 원천리 유적 22호 주거지 출토 말 유존체에 대하여」, 『화천 원천리 유적』, 예맥문화재연구원.

이준정·고은별, 2004, 「金海 會峴洞 소방도로 구간 출토 동물자료」, 『金海 會峴洞 消防道 路 區間 內 遺蹟: 13·14·15통』, 慶南發展硏究院 歷史文化센터.

_____, 2007a, 「부여 궁남지·관북리 유적 출토 동물자료」, 『宮南池 III』, 국립부여문화재연 구소.

_____, 2007b, 「사천 방지리 패총 출토 動物자료」, 『泗川 芳芝里 遺蹟 III』, 慶南發展硏究 院 歷史文化센터.

_____, 2007c, 「사천 방지리 유적 패총外 유구 출토 動物자료: 초기철기시대·조선시대」, 『泗川 芳芝里 遺蹟 III』, 慶南發展硏究院 歷史文化센터.

_____, 2008, 「장금도 A패총 출토 동물유존체」, 『仁川 長金島 貝塚』, 中央文化財硏究院.

_____, 2011a, 「강릉 강문동 교육 및 연구시설 신축부지 내 유적 출토 동물유존체」, 『江陵 江門洞聚落』, 江原考古文化硏究院.

_____, 2011b, 「동해 송정 1·2지구 주거환경개선사업 부지 내 유적 출토 동물유존체」, 『東 海 松亭洞聚落 I: 동해 송정 1,2지구 주거환경개선사업부지 내 유적 발굴조사 보 고서』, 江原考古文化硏究院.

_____, 2012a, 「고령 지산동 제73호분 출토 말 두개골에 대하여」, 『고령 지산동 제73호분』, 大東文化財硏究院.

_____, 2012b, 「풍납토성 197번지 일대 출토 동물유존체」, 『風納土城 XIV: 풍납동 197번지 (구 미래마을) 발굴조사 보고서 3』, 국립문화재연구소.

_____, 2013 발간예정, 「대구 유천동 103 유적 동물매납유구 출토 소」, 『대구 유천동 103 유적』, 大東文化財硏究院.

李俊貞·金股暎, 2007, 『연평도지역 패총 출토 동물유존체 분석보고서』, 국립문화재연구소.

_____, 2011, 「경당지구 재발굴조사에서 검출된 동물유존체 분석 결과」, 『風納土城 XII』, 한성백제박물관·한신대학교박물관.

林永珍·趙鎭先·徐賢珠, 1999, 『伏岩里古墳群』, 全南大學校博物館.

張正男, 1995, 『慶州 皇南洞 106-3番地 古墳群 發掘調査報告書』, 국립경주문화재연구소.

全峰辰·金斗喆·李東憲·姜廷武·金姓旭·高相赫·李慧靜, 2008, 『慶州 皇吾洞100遺蹟 I』, 東國大學校 慶州캠퍼스 博物館.

鄭永和·金龍星·金大煥·孫貞美, 2002, 『慶山 林堂地域 古墳群 VI: 林堂2號墳』, 嶺南大

學校博物館.

鄭澄元·申敬澈, 1983, 『東萊福泉洞古墳群 I』, 釜山大學校博物館.

丁太振, 2007a, 「金海 鳳凰洞 遺蹟 出土 動物遺體」, 『金海 鳳凰洞 遺蹟』, 慶南考古學研究
所.

_____, 2007b, 「馬山 合城洞 遺蹟 埋納竪血 內 出土 動物遺體에 대하여」, 『馬山 合城洞
遺蹟』, 慶南考古學研究所.

조태섭, 2004, 「동래 낙민동 건물 신축부지 발굴 동물뼈의 분석 연구」, 『東萊 樂民洞 貝塚』,
中央文化財研究院.

_____, 2011, 「동물화석 분석연구」, 『서울 육조거리 유적』, 한강문화재연구원.

천선행·김해패총연구그룹, 2002, 「김해 회현리패총 출토 동물유존체에 대하여」, 『金海 會峴
里貝塚』, 釜山大學校博物館·釜山大學校考古學科.

최삼용, 2005, 「영월 연당 쌍굴 유적의 신석기 문화」, 『영서지방의 신석기문화』, 2005년 한
국신석기학회 학술대회 발표집.

_____, 2007, 「동물뼈 동정」, 『서천 옥북리 유적』, 충청문화재 연구원.

최성락·이정호·윤호남, 2002, 『무안 고절리 고분』, 목포대학교박물관·익산지방국토관리청.

최종혁, 2005, 「김해 봉황동 단독주택부지(240, 260, 284번지) 유적 내 출토 수골(獸骨) 분
석」, 『金海 鳳凰洞 單獨住宅敷地 試掘調査 報告書』, 國立昌原文化財研究所.

樋泉岳二, 2007, 「動物遺體 分析」, 『牙山 葛梅里(III地域) 遺蹟: 分析 및 考察』, 高麗大學
校 考古環境研究所.

_____, 2011, 「永宗島雲南洞A地區·B地區貝塚出土の動物遺体」, 『仁川 雲南洞 遺蹟』, 韓
國考古環境研究所.

한국고고학회, 2010, 『한국 고고학 강의』, 사회평론.

韓國文化財保護財團·釜山地方國土管理廳, 1998, 『尙州 新興里古墳群 IV』.

韓國土地公社·韓國文化財保護財團, 1998, 『慶山 林堂遺蹟 III: D-I·III·IV地區 古墳群』.

漢陽大學校博物館, 1990, 『安眠島古南里貝塚: 2次 發掘調査報告書』.

黑澤一男, 2009, 「가평 대성리유적 원49호 수혈 출토 동물유존체 분석」, 『加平 大成里遺
蹟』, 京畿文化財研究院.

Albarella, U., K. Dobney, and P. Rowly-Conwy, 2006, The domestication of the pig (*Sus
scrofa*): new challenges and approaches, In *Documenting Domestication: New
Genetic and Archaeological Paradigms*, eds. by M. A. Zeder, D. G. Bradley,
E. Emshwiller, and B. D. Smith, pp. 209-227, Berkeley: University of California

Press.

Bradley, D. G., 2006, Documenting domestication: Reading animal genetic texts, In *Documenting Domestication: New Genetic and Archaeological Paradigms*, eds. by M. A. Zeder, D. G. Bradley, E. Emshwiller, and B. D. Smith, pp. 273-278, Berkeley: University of California Press.

Clutton-Brock, J., 1999, *A Natural History of Domesticated Mammals*, Second edition, Cambridge: Cambridge University Press.

Dobney, K., A. Ervynck, U. Albarella, and P. Rowly-Conwy, 2007, The transition from wild boar to domestic pig in Eurasia, illustrated by a tooth developmental defect and biometrical data, In *Pigs and Humans: 10,000 Years of Interaction*, eds. by U. Albarella, K. Dobney, A. Ervynck, and P. Rowley-Conwy, pp. 57-82, Oxford: Oxford University Press.

Haber, A., T. Dayan, and N. Getz, 2005, Pig exploitation at Hagoshrim: a prehistoric site in the Southern Levant, In *The First Steps of Animal Domestication*, eds. by J.-D. Vigne, J. Peters and D. Helmer, pp. 80-85, Oxford: Oxbow Books.

Helmer, D., L. Gourichon, H. Monchot, J. Peters, and M. S. Segui, 2005, Identifying early domestic cattle from Pre-Pottery Neolithic sites on the Middle Euphrates using sexual dimorphism, In *The First Steps of Animal Domestication*, eds. by J.-D. Vigne, J. Peters and D. Helmer, pp. 86-95, Oxford: Oxbow Books.

Hongo, H., T. Anezaki, K. Yamazaki, O. Takahashi, and H. Sugawara, 2007, Hunting or management? The status of Sus in the Jomon period in Japan, In *Pigs and Humans: 10,000 Years of Interaction*, eds. by U. Albarella, K. Dobney, A. Ervynck, and P. Rowley-Conwy, pp. 109-130, Oxford: Oxford University Press.

Matsui, A., N. Ishiguro, H. Hongo, and M. Minagawa, 2005, Wild pig? or domesticated boar? An archaeological view on the domestication of *Sus scrofa* in Japan, In *The First Steps of Animal Domestication*, eds. by J.-D. Vigne, J. Peters and D. Helmer, pp. 148-159, Oxford: Oxbow Books.

Mayer, J. J., J. M. Novack, and I. L. Brisbin Jr., 1998, Evaluation of molar size as a basis for distinguishing wild boar from domestic swine: employing the present to decipher the past, In *Ancestors for the Pigs: Pigs in Prehistory*, ed. by S. Nelson, pp. 39-53, MASCA Research Papers in Science and Archaeology, Volume 15,

Philadelphia: Museum Applied Science Center for Archaeology, University of Pennsylvania Museum of Archaeology and Anthropology.

Minagawa, M., A. Matsui, and N. Ishiguro, 2005, Patterns of prehistoric boar Sus scrofa domestication, and inter-islands pig trading across the East China Sea, as determined by carbon and nitrogen isotope analysis, *Chemical Geology* 218: 91-102.

Yuan, J. and R. K. Flad, 2002, Pig domestication in ancient China, *Antiquity* 76: 724-732.

Zeder, M. A., 2006a, A critical assessment of markers of initial domestication in goats (*Capra hircus*), In *Documenting Domestication: New Genetics and Archaeological Paradigms*, eds. by M. A. Zeder, D. G. Bradley, E. Emshwiller, and B. D. Smith, pp. 181~208, Berkeley: University of California Press.

_____, 2006b, Archaeological approaches to documenting animal domestication, In *Documenting Domestication: New Genetics and Archaeological Paradigms*, eds. by M. A. Zeder, D. G. Bradley, E. Emshwiller, and B. D. Smith, pp. 171~180, Berkeley: University of California Press.

한반도 출토 작물유체 집성표

안승모

① 집성표는 작물종실을 중심으로 압흔, 식물규산체도 포함하였다. 단 경작지의 식물규산체는 제외하였다.

② 표에는 출토된 수량 대신 작물별로 검출된 시료, 유구, 유적 수만 기록하였다.

③ 표에서 작물명 뒤에 붙은 (?) 표시는 원 보고서에서 동정의 애매함을 표현하였거나, 필자의 판단에 동정이 불확실하거나 혼입 또는 오염되었을 가능성이 매우 높은 것이다.

④ 방사성탄소연대 뒤에 붙은 (*)는 같은 표시가 붙은 작물종실을 직접 측정한 것이다.

⑤ 고딕으로 처리된 작물종실은 출토 양과 빈도에서 가장 우점한 종류다.

⑥ 기존에 종실유체로 보고된 것 중에서 후대 교란이 확실하거나 시대가 명확하지 않은 자료는 제외하였다.

⑦ 본 자료는 필자가 입수할 수 있었던 발굴보고서나 논문에서 취합하였으며 모든 발굴보고서를 대상으로 하지는 못하였다.

⑧ flotation은 물체질(water sieving)도 포함한다.

⑨ 시대에서 (원)삼국은 3~4세기의 원삼국에서 삼국시대에 걸친 시기를 나타낸다.

⑩ 참고문헌의 양을 줄이기 위하여 필자의 기존 집성표(안승모 2008a, b)와 국립중앙박물관(2006)의 자료집성에 실린 유적의 참고문헌은 생략하였다.

⑪ 작물 기타의 들깨는 대부분 들깨와 차조기를 포함한 차조기속을 의미한다.

번호	所在地	遺跡名	遺構	時代	flotation	共伴土器	稻	麥類	雜穀	豆類	기타	비고	참고문헌
1	황해 봉산군	智塔里	2호주거지	신석기전기		즐문토기			조 or 피			조 가능성	안승모2008
2	황해 봉산군	馬山里	7호주거지	신석기중기		즐문토기			조			동정근거 없음	안승모2008
3	평양	南京	31호주거지	신석기후기		즐문토기			조			동정근거 있음	안승모2008
4	황해 청단군	蘇井里 2지점	4호주거지	신석기후기		즐문토기			피?			동정의문	안승모2008
5	경기 고양시	대화리 城址	토탄층(1지역)	신석기후기	flotation		볍씨					연대의문	안승모2008
6	경기 고양시	대화리家乃瓦地	토탄층(2지역)	신석기후기	flotation		볍씨					연대의문	안승모2008
7	경기 고양시	注葉里	토탄층(3지역)	신석기후기	flotation	魚骨文土器	식물규산체					동정의문	안승모2008
8	경기 김포시	佳峴里	토탄층	신석기후기	flotation		볍씨		조			연대의문	안승모2008
10	경기 시흥시	陵谷洞	주거지(2)	신석기중기	flotation	즐문토기			조1, 기장2	팥1, 두류2		조 4770±40bp	이경아2010
11	경기 화성시	石橋里	주거지	신석기후기		즐문토기			조, 기장			중부고고학연구소	보고서미발간
12	인천 영종도	中山洞 21지점	주거지(2)	신석기후기	flotation	즐문토기			조2				한강문화재2012
		중산동 21지점	주거지(5)	신석기후기		즐문토기			암흔(조3, 기장3)			암흔 김성욱 외	
		중산동 23지점	주거지(1)	신석기후기	flotation	즐문토기			조, 기장1			종자 이경아	
		중산동 23지점	주거지(6)	신석기후기		즐문토기			암흔(조5, 기장3)				
		중산동 23지점	수혈(3)	신석기후기		즐문토기			암흔(기장 3)				
13	충북 옥천군	大川里	주거지(1)	신석기중기	flotation	즐문토기		보리?, 밀?	조, 기장			연대, 동정의문	안승모2008
14	충북 충주시	早洞里	주거지	신석기후기		즐문토기			조, 기장			동정의문	안승모2008
15	충남 아산시	長在里 안강골	주거지(2)	신석기조기	flotation	어골문토기	식물규산체		조2, 기장1				이경아2008
16	부산광역시	東三洞	포함층	신석기조기		융기문토기			암흔(기장1)			1호주거지 포함층	하인수2012
			패총	영선동식	flotation	영선동식			암흔(기장1)			5-1층	하인수2012
		1호주거지	주거지	신석기중기	flotation	수가리I식			조, 기장			조 4590±100bp	안승모2008
			주거지(2)	신석기중기		수가리I식			암흔(조1, 기장2)		암흔들깨1)	1, 2호주거지	하인수2012
			패총	신석기후기		수가리II식			암흔(조)			4층	하인수2012
			패총	신석기말기		이중구연, 무문			암흔(기장)			교란층, 2층	하인수2012

번호	所在地	遺蹟名	遺構	時代	flotation	共伴土器	稻	麥類	雜穀	豆類	기타	비고	참고문헌
17	경남 창녕군	飛鳳里	1패총	신석기전기	flotation	영선동식			조			1패총 1립	이경아2008
			1호야외노지	신석기전기	flotation	영선동식			조			1호 1립	
18	경남 진주시	上村里 3지구	1패총/부석층	신석기전기		무문양토기			조8, 기장8	암든(팥류)		기장3, 조2, 팥 점	小畑 外2012
19		상촌리 B지구	수혈(8)	신석기후기	flotation	봉계리식토기			조, 기장			B지구?	안승모2008
20	경남 진주시	대평리魚隱濕지구	1호야외노지	신석기후기	flotation	봉계리식토기			조4, 기장2			조 4060±140bp	Lee 2011
			야외노지(4)	신석기후기	flotation	봉계리식토기			조3, 기장4	야생녹두2		조 4030±100bp	안승모2008
21	경남 진주시	주거 3-1지구	수혈(9)	신석기후기	flotation	봉계리식토기	쌀1(교란?)	밀(교란)	조2	콩속, 팥5		콩 4200±40bp	이경아2011
			저장혈(2)	신석기후기	flotation	봉계리식토기		밀(교란)	조, 기장	콩속1, 팥1		팥 4175±25bp	
			주거지(1)	신석기후기	flotation	봉계리식토기						기장 3940±20bp	
			야외노지(1)	신석기후기	flotation	봉계리식토기		밀(교란)	조7, 기장7	콩6, 팥7			
			총시료 18건	신석기후기	flotation	봉계리식토기	쌀1(교란?)	밀(교란)	조2, 기장2	콩속1, 팥1		쌀, 밀 교란	
22	경남 진주시	주거 4-1지구	1, 5호주거지	신석기중기	flotation	대선리점선문		밀(교란)	조2			1, 2, 3, 5호주거지	이경아2012
			2, 3호주거지	신석기후기	flotation	봉계리식토기		밀(교란)	조, 기장	콩속	들깨1		
			야외노지(1)	신석기후기	flotation	봉계리식토기		밀(교란)	조, 기장	콩속1, 팥4	들깨		
			구(1)	신석기후기	flotation	봉계리식토기		밀2(교란)	조5		들깨2		
			수혈(5)	신석기후기	flotation	봉계리식토기		밀5(교란)	조12, 기장6	콩속, 팥5	들깨5	밀 교란	
			총시료 13건	신석기후기	flotation	봉계리식토기		밀(교란)	조2, 기장2				
23	평양 호남리	南京	11, 36호주거지	청동기전기		팽이형토기	쌀		조2, 기장2	콩1		수수 제외	안승모2008
24	평양	馬山里	17호주거지	청동기전기		팽이형토기			기장으로 집작			팽이형37	안승모2008
25	평양 승남리?	表垈	3, 23호주거지	청동기전기		팽이형토기	쌀					팽이형27	안승모2008
26	황해 송림시	石灘里	39호주거지	청동기후기		팽이형토기			조?	팥?		동곡주정	안승모2008
27	황해 연안군	琴谷洞	토탄층	청동기후기		무문토기			기장껍질 비슷?	콩1		동곡의문	안승모2008
28	함북 무산군	虎谷洞	주거지(5)	청동기시대		호곡2-4기			기장5			15호 수수 외	안승모2008
			5호주거지	청동기말		호곡5기			조 or 기장				

번호	所在地	遺跡名	遺構	時代	flotation	共伴土器	稻	麥類	雜穀	豆類(콩? 팥?)	기타	비고	참고문헌
29	함북 회령군	五洞	주거지	청동기시대		이중구연, 공열	쌀		기장?	두류(콩? 팥?)		동정불확실	안승모2008
30	강원 강릉시	校洞	1호주거지	청동기전기	flotation	공열토기						쌀2860±20bp	안승모2008
31	강원 고성군	潤川里	5, 8호주거지	청동기전기	flotation	공열토기	쌀(2)					쌀2300±50bp	안승모2008
32	강원 춘천시	泉田里	6호주구식묘	청동기후기		공열문토기				팥		팥2300±50bp	강원문화재2008
33	강원 화천군	籠岩里	8호수혈	청동기후기		무문토기편				추정 콩		정식동정 없음	예맥문화재2009
34	경기 가평군	達田里	1호주거지	청동기전기	flotation	돌대문토기	볍씨(2립)		기장			기장3090±60	佐々木2009
35	경기 가평군	達田里	주거지(3)	청동기후기		공열문토기	쌀1(1립)			콩3		콩 2590±40bp	안승모2008
36	경기 가평군	大成里	8호주거지	청동기후기					조			잡초피?	新山雅廣2009
37	경기 광주시	궁골	산포지	청동기시대		무문토기	볍씨암흔		피?암흔				안승모2008
38	경기 부천시	古康洞	7호주거지	청동기후기		구순각목토기	볍씨암흔						안승모2008
39	경기 양평군	楊根里	문화층(시굴)	청동기후기		무문토기				콩, 팥암흔			안승모2008
40	경기 여주시	欣岩里	주거지(2)	청동기전기	flotation	공열문토기	쌀2		(수수, 조, 오류)			보리 비탄화 제외	안승모2008
41	경기 평택시	紫蘭洞	가10호주거지	청동기전기		공열문토기	쌀	맥류				보리 동정의문	안승모2008
42	경기 하남시	渼沙里	주거지(2)	청동기전기		공열문토기	볍씨암흔					고6, 30호주거지	안승모2008
			주거지(3)	청동기전기		돌대문토기	볍씨암흔		기장암흔3			KC11, 15, 18호	손준호 외2010
43	경기 하남시	廢岩洞	2호지석묘	청동기	flotation	무문토기	볍씨암흔					2mm체 물체질	세종대1998
44	경기 화성시	古琴山	1호주거지	청동기후기	flotation	공열문토기	쌀					2mm체 물체질	서울대2002
45	인천	文鶴洞	수로	청동기후기	flotation					팥?		암문에는 야생팥	안승모2008
46	충북 충주시	早洞里 1지구	주거지(6)	청동기전기	flotation	螢附赤色磨硏	쌀2	쌀6, 보리3	잡곡(?)5		복숭아2, 삼(?)2	잡곡 동정의문	안승모2008
			수혈(4)	청동기전기	flotation		쌀3	쌀4, 보리3	잡곡(?)1			대마 탄화여부 불명	
			노지(7)	청동기전기	flotation		쌀2	쌀6, 보리2	잡곡(?)2				
47	충북 충주시	早洞里 1지구	주거지서쪽	청동기전기	flotation						밭		안승모2008
48	충북 청원군	岩坪里	가마(2)	청동기후기		공열토기	볍씨?1		잡곡2	팥1, 콩1		볍씨, 피 오염가능	안승모2008
49	충남 논산시	院北里	다호토기요	청동기후기		순수리식	쌀, 볍씨					볍체 소토 혼입	안승모2008

번호	所在地	遺跡名	遺構	時代	flotation	共伴土器	稻	麥類	雜穀	豆類	기타	비고	참고문헌
50	충남 논산시	麻田里	다80호수혈	청동기후기	flotation	송국리식?	볍씨겹집		조겹집		복숭아		안승모2008
51	충남 당진군	自開里	응관	청동기후기?		송국리식	볍씨암촌				박, 외, 들께		순천호 외2010
52	충남 보령시	舟橋里	주거지(10)	청동기후기	flotation	송국리, 휴암리	쌀7	맥4(보리3,밀1)	기장 약촌	두5(팥3,콩3)	갓?1	쌀 2480±20bp	안승모2008
53	충남 보령시	館山里	K18호주거지	청동기전기		적색마연호	볍씨암촌						순천호 외2010
54	충남 보령시	寬倉里	1호주거지	청동기후기		구순각목토기	볍씨암촌					주구2, 수로	안승모2008
55	충남 보령시	巢松里	나?패총	청동기후기		구순각목토기	볍씨암촌						안승모2008
56	충남 보령시	平羅里	주거지(1)	청동기후기	flotation	구순각목토기	쌀1	보리1, 밀		콩1, 팥1		귀리 동정오류 제외	안승모2008
57	충남 부여군	山直里	2호주거지	청동기전기		공렬, 이중구연	쌀1					쌀 2790±60bp	안승모2008
58	충남 부여군	松菊里 50지구	2호주거지	청동기후기		송국리식	볍씨암촌						안승모2008
		송국리 54지구(11차)	주거지(4)	청동기후기		송국리식	쌀4, 볍씨암촌		조, 잡조피			탄화미, 11, 13호	안승모2008
		54지구 54지구	54~20호주거지	청동기후기	flotation	송국리식	쌀1						이경아2000
		54지구(14차)	주거지(8)	청동기후기	flotation		쌀8	밀1	조3, 기장1	콩1, 팥1			류아라2012
		54지구(14차)	수혈(2)	청동기후기	flotation		쌀2	밀2	조2, 기장1	콩1, 팥1			
		54지구(14차)	(시료수16)	청동기후기	flotation		쌀15	밀1	조7, 기장3	콩1, 팥1			
59	충남 서산시	休岩里	A6호주거지	청동기후기		구순각목토기	볍씨암촌	보리1식					안승모2008
60	충남 서천군	道三里	주거지(9)	청동기후기	flotation	송국리식	쌀5	보리1식		팥4			안승모2008
61	충남 서천군	月岐里	주거지(4)	청동기후기	flotation	송국리식	쌀2	보리2	조1	팥(d)1		팥마편	안승모2008
			구상유구	청동기후기		공렬+이중구연	볍씨암촌						순천호 외2010
62	충남 아산시	長在里 안강곡	주거지(2)	청동기전기	flotation	구순각목토기, 공렬	쌀1	밀1	조2, 기장1			각 1-2립	이경아2000
63	충남 아산시	大楼里 근심장	14호주거지	청동기전기	flotation	공렬문토기	쌀			팥4		쌀 2830±50bp	중앙문화재2008
64	충남 아산시	鷗頭里 진터	주거지(3)	청동기전기	flotation	송국리식	쌀2	밀1				각 1-2립	팔매오2011
			주거지(4)	청동기후기	flotation	송국리식	쌀4	밀1		팥3		각 1-4립	

번호	所在地	遺跡名	遺構	時代	flotation	共伴土器	稻	麥類	雜穀	豆類	其他	備考	참고문헌
65	충남 아산시	柿田里	주거지(2)	청동기후기	flotation	송국리식	쌀2	밀, 보리2		팥2		2, 4호주거지	안승모2008
66	충남 연기군	大平里 B지점	주거지(4)	청동기전기		이중구연	볍씨압흔2		기장압흔2				申山2012
		C지점	주거지	청동기전기			볍씨압흔		조, 기장압흔				
67	충남 연기군	松潭里 34지점	1호주거지	청동기전기	flotation	가락동식	쌀		조			쌀 2760±40bp	한국고고2010
		34지점외	주거지(2)	청동기전기		가락동식	볍씨압흔1		조압흔1			KC19, 44호주거지	손준호 외2010
68	충남 예산군	新往里 I지점	주거지(2)	청동기전기	flotation	공열, 구순각목	쌀2	밀2				쌀 2910±60	이경아2008
		II지점	주거지(5)	청동기전기	flotation		쌀5	맥2(밀2, 보리2)					
69	충남 천안시	白石洞	주거지(7+)	청동기전기	flotation	공열토기	볍씨압흔+					주거지77기 이상	안승모2008
70	충남 천안시	고재미골4지역	주거지(11)	청동기전기	flotation	공열, 이중구연	쌀6(미반화외)	밀3, 보리4	조6, 기장2	콩5		세죽방향주거지	중남문화재2009
	(백석동)	고재미골4지역	주거지(8)	청동기전기	flotation	공열, 이중구연	쌀7	밀, 보리2	조1	콩1, 팥1		장방형주거지	중남문화재2009
		고재미골3지역	주거지(3)	청동기후기	flotation		쌀2			콩3, 팥1		방형주거지	중남문화재2009
71	충남 천안시	龍谷洞 두터골	주거지(3)	청동기전기		공열문토기	벼구산체 3		피속구산체3		메밀속하위분	메밀속1립중압?	중청문화재2008
72	충남 천안시	大興里	저장혈(5)	청동기후기		송국리식토기	벼구산체 5		피속구산체1			집중피가능성	안승모2008
73	충남 태안군	古南里	2차3호주거지	청동기후기	flotation	구순각목토기	쌀1		조, 기장		복숭아	쌀1립, 잡곡다량	안승모2008
			패총(3)	청동기후기	flotation	이중구연토기	볍씨압흔2					B-1, 2호, 7지B	
74	대전광역시	新岱洞	주거지	청동기전기		이중구연토기	쌀?					곡물미분석	안승모2008
75	전북 군산시	띠섬	I지구B패총	청동기후기		송국리식	볍씨압흔					곡물미분석	안승모2008
76	전북 군산시	노래섬	나지구패총	청동기후기		송국리식	볍씨압흔					나지구패문화층	안승모2008
77	전북 부안군	所山里	산포지	청동기후기		무문토기	볍씨압흔						안승모2008
78	전북 익산시	水蓉洞	1-14호주거지	청동기후기		송국리식	볍씨압흔					동종불확실	안승모2008
79	전북 익산시	富松洞	2호주거지	청동기후기		송국리식	볍씨압흔					동송불확실	안승모2008
80	전북 익산시	松鶴洞	수로	청동기후기		공열토기	볍씨압흔				팥	토기바부	안승모2008
81	전남 순천시	蓼谷里	퇴적층	청동기시대		공열토기	볍씨압흔					토기태부	안승모2008
82	전남 승주군	大谷里	40-1호주거지	청동기후기		내만구연토기	볍씨압흔						안승모2008

번호	所在地	遺跡名	遺構	時代	flotation	共伴土器	稻	麥類	雜穀	豆類	기타	비고	참고문헌
83	경남 여천시	月岩洞	지석묘(1)	청동기시대		공열문토기	볍씨압흔					2구역8호	안승모2008
84	경북 경주시	德泉里	11호주거지	청동기전기		공열+단사선				콩			박태식2008
85	경북 경주시	花田里	9호주거지	청동기후기	flotation	공열문토기	쌀		조, 기장	팥			안승모2008
86	경북 김천시	松竹里	취락	청동기전기			볍씨압흔					보고서 미수록	안승모2008
87	경북 김천시	智佐里	주거지(2)	청동기전기		(인식식노지)				팥2		노지 수습	이경아2012
88	경북 안동시	苧田里	수로	청동기전기?만		공열문토기	쌀, 별씨				박	의례용	동양대2010
89	경북 포항시	院洞	IV-10호주거지	청동기전기		공열문토기				콩		의례용	안승모2008
90	대구광역시	燉洞	산포지	청동기시대			볍씨압흔						안승모2008
91	경남 거제시	大錦里	주거지	청동기후기?	flotation	적색마연토기	쌀		조, 기장	팥		파괴주거지	이경아2009
92	경남 거창군	무릉리山霜	지석묘	청동기후기			볍씨압흔					21호지석묘 부근	동의대1987
93	경남 거창군	大田里	주거지(2)	청동기후기		송국리식토기	볍씨압흔					3, 4호주거지	안승모2008
94	경남 산청군	江樓里	산포지	청동기시대		공열문토기	볍씨압흔		조(?)압흔			조 주정	안승모2008
95	경남 진주시	玉房 1지구	밭(1)	청동기전기?!	flotation	공열문토기			조			국립진주박물관	안승모2008
			야외노지(5)	청동기후기	flotation	내만구연토기	쌀1	밀2	조5, 기장2	두2(팥1, 아두1)		경남고고연구소	안승모2008
			주거지(4)	청동기후기	flotation	내만구연토기	쌀2	밀2	접4(조3, 기장3)	두3(콩2, 팥1, 아두2)	들깨		
			야외수혈(1)	청동기후기	flotation			밀1					
96	경남 진주시	玉房 2지구	주거지(3)	청동기전기			볍씨압흔(3)		조 주정			경상대박물관	안승모2008
			밭	청동기후기			볍씨압흔					정식동정 미보고	
97	경남 진주시	玉房 4지구	야외노지(5)	청동기후기	flotation		쌀2	밀1	접4(조3, 기장1)	두2(아두1, 팥1)		동의대	안승모2008
			수혈(1)	청동기후기	flotation				조1				
98	경남 진주시	玉房 5지구	주거지(1) 외	청동기전기		공열, 이중구연	볍씨압흔	맥류	접곡류			B, Dpit, C4주거지	안승모2008
99	경남 진주시	玉房 6지구	밭	청동기후기?				맥류	잡곡류	두부		연대, 동정의뢰	안승모2008
100	경남 진주시	玉房 9지구	야외수혈(1)	청동기후기	flotation		쌀2		조, 기장	콩	들깨	경남고고연구소	안승모2008
			야외노지(1)	청동기후기	flotation			밀		팥	들깨		안승모2008

번호	所在地	遺跡名	遺構	時代	flotation	共伴土器	稻	麥類	雜穀	豆類	기타	비고	참고문헌
101	경남 진주시	魚隱 1지구	주거지(4)	청동기전기	flotation	돌대문토기	쌀4	맥3(밀3, 보리3)	조3, 기장4	콩1, 아두	들깨2	104호포함	안승모2008
		(시료 13)	104호주거지(5)	청동기전기	flotation	돌대문토기	쌀7	밀4, 보리4	조13, 기장13	콩과2	들깨2	쌀 2850±60bp	
			주거지(5)	청동기후기	flotation	공열문토기외	쌀2	밀2	집4(조4, 기장2)		들깨1		
			주거지(2)	청동기후기	flotation		쌀2	보리1	집1(조1, 기장1)				
			야외노지(7)	청동기후기	flotation		쌀5	밀3	집6(조6, 기장2)	두3(콩1, 팥, 아두1)		조 2640±60bp	
			야외수혈(3)	청동기후기	flotation		쌀3	밀1	집2(조2, 기장1)				
102	경남 진주시	上村里 2지구	27호주거지	청동기전기	flotation	돌대문토기			조1			동아데	안승모2008
103	경남 진주시	上村里 3지구	25호주거지	청동기전기	flotation	이중구연토기			조1, 기장1			동아데	안승모2008
104	경남 진주시	上村里	수혈 외(6)	청동기전기!?	?			맥5(밀4, 보리3)		콩과		동아데	안승모2008
105	경남 진주시	주居3-1지구	4, 19호주거지	청동기전기	flotation	돌대문토기	쌀1		기장1	팥1		완두(1) 제외	이경아2011
			6호주거지	청동기전기	flotation	이중구연토기				팥1		완두(1) 제외	
			69호수혈	청동기후기	flotation			밀1		콩속1, 팥1		완두(1) 제외	
			제사유구(1)	청동기후기	flotation		쌀		기장1	팥		완두 제외	
			2층밭 두둑	청동기후기	flotation			밀*1				밀 2585±20bp	
			1층밭 고랑	청동기후기	flotation			밀1					
106	경남 진주시	주居4-1지구	주거지(4)	청동기전기	flotation	돌대문토기	쌀2		조4, 기장4	두3(콩속3, 팥)		5호주거지 팥12립	이경아2012
			11호수혈	청동기후기	flotation			맥류	기장1				
			밭(시료8)	청동기후기	flotation			맥5(보리3, 밀2)		두3(콩속1, 팥3)	들깨1		
107	경남 진주시	주居3-II-1지구	밭(1)	청동기후기				보리				동정확인 필요	경남문화재2011
108	경남 진주시	주居3-II-2지구	밭고랑	청동기	flotation			맥류	조				류춘길 외2010
109	경남 창원시	龍岑里	16호고상건물	청동기후기	flotation	공열문토기	쌀1					쌀 한 립	이경아2012
110	경남 함안군	鳳溪里	문화층	청동기시대		검단리식토기	볍씨압흔			콩압흔			안승모2008
111	울산	檢丹里	36호주거지	청동기후기		검단리식토기	볍씨압흔						안승모2008
112	울산	校洞里	12호주거지	청동기후기	flotation	내만구연토기	쌀1			콩과		2mm체	안승모2008

번호	所在地	遺蹟名	遺構	時代	flotation	共伴土器	稻	麥類	雜穀	豆類	기타	비고	참고문헌
113	울산	屈火里 생기들	2호주거지	청동기전기	flotation	공열문토기		보리	조			4립	新山雅廣2008
114	울산	長劍 장검	2호주거지	청동기전기	flotation	공열문토기		밀	들피			1립	안승모2008
115	울산	茶雲洞 나지구	7호주거지	청동기후기	flotation	공열문토기	쌀	밀	조, 기장	콩, 팥		팥 2510±70p	안승모2008
116	울산	茶雲洞436-5	주거지(4)	청동기후기	flotation	공열문토기		밀3	기장1	팥2		전기말	新山雅廣2008
117	울산	達川	주거지(시료41)	청동기전기	flotation	이중구연, 공열	쌀40		조21, 기장12		치조기14, 들깨8	5호주거지	佐々木 외2010
118	울산	梅谷洞	12, 14호주거지	청동기전기	flotation	공열, 이중구연	쌀2	밀1	조1, 기장1			1호주거지	안승모2008
119	울산	上蓮岩II지구	주거지1(1)	청동기후기	flotation		쌀1			팥, 콩과		2호함정 삼립	佐々木 외2010
	울산		함정(3)	청동기후기	flotation		쌀1		기장1	팥3	삼1	벼저장혈	佐々木 외2010
120	울산	上蓮岩 IV지구	저장혈(2)	청동기후기	flotation	(2535±20p)	쌀2		기장1	콩과, 팥1			안승모2008
121	울산	신현동 黃土田	9호주거지	청동기후기		공열문토기			기장1	콩류1, 콩과1		2립	新山雅廣2008
123	울산	仁甫里 번답들	26호주거지	청동기후기	?	점토대토기	쌀1		조1				안승모2008
124	울산	泉谷洞가제골	8호주거지	청동기전기	flotation	공열, 이중구연	쌀5	보리2	잡4(조3, 기장4)	팥3	가래1(16호)	전기말, 보리2립	新山雅廣2008
125	울산	泉谷洞가제골II	주거지(6)	청동기전기	flotation	검단리식토기			조1	팥1		1립	新山雅廣2008
	울산	泉谷洞가제골	주거지1(1)	청동기후기	flotation	공열+단사선	쌀1	맥류1	잡2(조1, 기장2)	팥1		1립	佐々木 외2009
126	울산	泉谷洞가제골III	주거지(5)	청동기전기	flotation	공열문토기			조4	콩숙1, 팥1		1~4립	佐々木 외2010
	울산	泉谷洞가제골IV	주거지(3)	청동기후기	flotation	검단리식토기	쌀1		잡2(조2, 기장1)	콩과1, 콩숙1		1~2립	佐々木 외2010
127	울산	천상리	주거지(2)	청동기전기	flotation	공열+단사선	암흔		조2, 기장1			6주거지 포함	국립중앙박2006
128	울산		25호주거지	청동기전기			볍씨압흔					3, 6호주거지	안승모2008
129	경기 강화군	牛島	패총	초기철기		점토대토기	볍씨					6식주거지	안승모2008
130	경기 고양시	家瓦地	토탄층	초기철기	flotation	점토대토기	볍씨			아생콩과	아생점회외, 외, 박		안승모2008
131	경기 고양시	注葉里	토탄층	초기철기	flotation	점토대토기	볍씨압흔						안승모2008
132	광주	道泉洞도랑실	산포지	초기철기								무문토기저부	국립중앙박2006
133	광주	雲南洞	옹관, 산포지	초기철기			볍씨압흔						안승모2008

번호	所在地	遺跡名	遺構	時代	flotation	共伴土器	稻	麥類	雜穀	豆類	기타	비고	참고문헌
134	광주	新昌洞	저습지	조기철기	flotation	삼각형점토대	볍씨, 쌀	밀	조, 들피	두류	들깨, 삼, 외, 복숭아		안승모2008
135	광주	신창동半月村	산포지	조기철기		삼각형점토대	볍씨아존						국립중앙박2006
136	광주	松洞	A-310호수혈	조기철기		점토대토기	벼규산체					볏짚깔개	호남문화재2012
137	전남 보성군	鳥城里	저습지	조기철기		삼각형점토대	볍씨, 쌀*	밀	조, 피, 피속			2010±20bp, 의례	佐々木 외2011
138	경남 사천시	勒島 B지구	주거지(4)	조기철기		삼각형점토대	쌀1, 볍씨아존3					11호 탄화미	안승모2008
139	경남 사천시	勒島 C지구	竪穴遺構	조기철기	BC1세기	삼각형점토대	쌀2	맥류				탄화곡물	안승모2008
140	경북 상주시	屛城洞	수혈유구(1)	조기철기		점토대토기	쌀					토기내부	안승모2008
141	경북 안동시	知禮里	퇴적층	조기철기		우각형파수부	볍씨아존						안동대1989
142	경북 청원군	盈倉里	27호토기요	조기철기		원형점토대		맥류					안승모2008
143	울산	達川	총사료14	조기철기	flotation	삼각형점토대	쌀14	맥3(밀2, 보리1)	잡6(조6, 기장1)	팥7			佐々木 외2010
			주거지(2)		flotation		쌀2	밀1, 맥류1	조1, 기장1	팥1		쌀 2055±20bp	
			수혈(2)		flotation		쌀2	밀1, 보리1	조1	팥1			
144	제주도	三陽洞	주거지	조기철기		점토대토기		맥류		두류	복숭아?	정식동정 미실시	안승모2008

번호	所在地	遺跡名	遺構	時代	年代BP	flotation	稻	麥類	雜穀	豆類	기타	비고	참고문헌
150	평양	彩篋塚	남정리116호	樂浪	3세기			麥類	조		복숭아, 밤		안승모2008
151	평양	王根墓	석암리219호	樂浪	2세기				피?			동정근거 없음	안승모2008
153	평양	石岩里	201호묘	樂浪	1세기						복숭아		안승모2008
154	평양	王旰墓	석암리205호	樂浪	2세기						복숭아, 밤, 담, 매주, 앵두		안승모2008
155	평양	高尙賢墓	정백동2호묘	樂浪	BC1세기						복숭아		안승모2008
156	평양	貞柏洞	37호묘	樂浪	BC1세기				기장				안승모2008
157	평양	貞柏洞	19호묘	樂浪	2세기						복숭아		안승모2008
158	평양	貞梧洞	2, 7호묘	樂浪	1-2세기						복숭아		안승모2008
159	평양	細竹里	19호묘	樂浪	3세기						복숭아, 밤		안승모2008
160	평양	龍秋洞	목곽묘	樂浪	1세기?				기장				안승모2008
161	평양	大城山城	倉庫址	고구려				밀	조, 수수?			수수 동정의문	안승모2008
162	강원 강릉시	江門洞	IV-1호주거지	원삼국	4세기		쌀			팥		쌀 미량(0.14g)	안승모2008
163	강원 강릉시	江門洞	저습지	원삼국					조			토기내부	안승모2008
		江門洞	문화층	원삼국		flotation					복숭아, 가래, 잣, 마름, 박	5호 바테시 동정	예맥문화재2008
164	강원 강릉시	金津里	5, 10호주거지	원삼국	3-4세기		쌀			팥2			안승모2008
165	강원 강릉시	安仁里	주거지	원삼국	2-4세기					콩	복숭아, 가래, 마름	보고서 미발간	안승모2008
166	강원 강릉시	草堂洞	貝塚	원삼국	1세기?					팥(다장)			안승모2008
167	강원 강릉시	草堂洞	I-1호주거지	원삼국						콩(다장)			안승모2008
168	강원 양양군	柯坪里	2호주거지	원삼국		flotation		보리, 밀		콩, 팥		밀 약간 혼입	안승모2008
169	강원 영월군	酒泉里	1, 8호주거지	원삼국	3-4세기	flotation			조1, 기장	콩속	삼1	산호토기 내부	이희경 외2011
170	강원 원주시	加峴洞	24호주거지	원삼국	1760±40					콩			박원규 외2011
171	강원 정선군	아우라지	주거지	원삼국	2세기?					콩1, 팥2			김민구2011
172	강원 정선군	禮美里	1, 6호주거지	원삼국	2-3세기				잡곡		가래1	조보다 가장 유사	박태식2007
173	강원 철원군	瓦水里	26호주거지	원삼국	1세기					팥			안승모2008

번호	所在地	遺跡名	遺構	時代	年代BP	flotation	稻	麥類	雜穀	豆類	기타	비고	참고문헌
174	강원 춘천시	橒花洞	3호주거지	원삼국	2세기	flotation			조	팥		팥(바닥), 토기	김민구 외2011
175	강원 춘천시	中島	주거지(2)	원삼국	3세기		압흔1		조 1			2호바닥	안승모2008
176	강원 춘천시	栗文里	7호주거지	원삼국					잡곡			정식동정 없음	강원문화재2008
177	강원 춘천시	栗文里75-2	1호주거지	원삼국	2세기					콩, 팥		토기내부	박태식2008
178	강원 춘천시	城山里	주거지(2)	원삼국	3세기	flotation			조1	콩2, 팥2		26, 36호	김민구2012
			중시료(6)						조1	두5(콩5, 팥3)			
179	강원 홍천군	哲亭里	C3호수혈	원삼국	2-3세기	flotation			조속			동정불인	박연규 외2010
180	강원 홍천군	下花溪里	1, 6호주거지	원삼국	2-4세기			보리2(미탄화?)		팥2		쌀, 보리 맞얼	안승모2008
181	강원 횡성군	屯内	주거지(2)	원삼국	2-4세기		쌀1		잡곡	콩1, 두류남존1		3호압흔	안승모2008
182	강원 횡성군	中金里	주거지	원삼국	2-3세기			밀?	조	두	삼, 가래	정식동정 미보고	한림대1998 외
183	서울	風納土城	101호(28)	백제	3-4세기	flotation	쌀19	맥14(밀, 보리10)	잡곡7(조12, 기장3, 피?1)	두8(콩2, 팥7)	삼, 가래	폐기장, 피주정	이경경2010
	(경당지구)		유구(3)				쌀3	밀1, 보리2	조3, 기장1, 피	콩1, 팥		81, 101, 184호	
184	경기 가평군	項沙里	10호주거지	원삼국	3세기				조?			보고서 미수록	고려문화재2010
185	경기 가평군	大成里	주거지(6)	원삼국	2-3세기	flotation	쌀2		잡곡5(조5, 기장4)	두4(콩2, 팥3)	삼5, 밤2, 가래2, 다래		新山雅賓2009
			중시료37				쌀7		잡곡2(조7, 기장16)	두17(콩10, 팥11)	삼30, 밤2, 가래, 다래, 다래1	피속9	
186	경기 남양주	長峴里	주거지(26)	원삼국			쌀6	맥12(밀2, 보리6)	잡곡22(조7, 기장5, 피5)	두12(콩8, 팥6)	삼		이경경2010
			시료99				쌀8	맥21(보리10, 밀)	잡곡73(조56, 기장11, 피8)	두25(콩21, 팥8)	삼		
187	경기 안양시	冠陽洞	3, 5호주거지	백제	5-6세기		쌀2				복숭아2		서사키2011
188	경기 오산시	佳水洞II-1	1호주거지	신라	6-7세기	1mm		밀, 보리2			참외1	1, 8호주거지	박태식2007
189	경기 오산시	水淸洞	2호토광묘	원삼국						팥		토기내부	안승모2008
190	경기 오산시	內三美洞	주거지(2)	백제	5-6세기						복숭아2		서사키2011
191	경기 오산시	內三美洞	2, 10호저장혈	삼국	5-6세기		구산체		(검조?)		삼	가경족 구산체	고려문화재2010
192	경기 연천군	江內里	주거지(2)	원삼국			쌀*			팥1	다래1	삼 54호주거지	서사키2011
	경기 연천군	無等里2보루부	성벽토층	고구려	1460±50*		쌀*		조			조 동정 불확실	안승모2008

번호	所在地	遺跡名	遺構	時代	年代BP	flotation	稻	麥類	雜穀	豆類	기타		참고문헌
193	경기 연천군	胡盧古壘	백제건물지	고구려	6~7세기		쌀		조	콩, 팥		국물창고	토지박물관2007
194	경기 용인군	寶亭里 소실	20호수혈	(원)삼국	3~4세기		쌀					벼저장혈	안승모2008
195	경기 용인군	舊葛里 (현 구갈동)	7호주거지	백제		flotation				팥		7, 32, 53호	안승모2008
196	경기 용인군	고림동	수혈(3)	백제		flotation	쌀3	밀3, 보리2	조2, 기장1	팥(토기내부)		한신대발굴	이희경2011
197	경기 과주시	舟月里	7호주거지	백제	3세기후반	flotation	쌀2		조3, 피	콩		동정 봉화실	안승모2008
198	경기 하남시	渼沙洞	야외노지(1)	원삼국					조	팥		8지구	안승모2008
199	경기 화성시	發安里	주거지(4)	원삼국	3~4세기		쌀1	밀4, 보리1		팥1			이경아2007
	경기 화성시	發安里	99호수혈	원삼국	3~4세기		쌀7	밀18, 보리14			복숭아1		
200	충북 단양군	郵遞局 II지구	주거지(19)	원삼국		flotation			조5	팥6, 콩1	복숭아2, 삼씨	누드는 팥오류	안승모2008
201	충북 충원군	荷川里	F-1호주거지	원삼국	3세기		벼씨?	맥류				동정 봉화실	안승모2008
202	충북 청주시	新鳳洞	A31호분	삼국	4세기		볍씨?					1875±230bp	국립중앙박2006
203	충북 청주시	하봉대	토탄층	원삼국			볍씨	보리					충남역사2008
204	충남 계룡시	立岩里	1호주거지	백제			쌀						안승모2008
205	충남 논산시	院北里	D89호수혈	원삼국							복숭아		안승모2008
			나5호주거지	백제			쌀						
206	충남 부여군	佳中里 기곡	주거지(4)	원삼국	3~4세기	flotation	쌀2	보리2		팥2		쌀, 팥연대밀봉일지	충청문화재2006
207	충남 부여군	論峙	제사유적	원삼국			쌀	보리?		팥?		동정 봉화실	안승모2008
208	충남 부여군	官北里	木槨(창고)	백제					조		참외, 복숭아, 살구, 앵두, 다래, 고추, 수세미오이		박태식2009
209	충남 부여군	官北里	저습지	백제							참외		안승모2008
210	충남 부여군	陵山里동나성	수로	백제	1530±60*		쌀겨*				복숭아, 살구, 밤, 모과, 가래, 잣		충청문화재2006
	충남 부여군		주거지	백제	1500±60*		볍씨*				참외	도기내부	
211	충남 부여군	雙北里(602-10)	건물지(토기)	백제	6~7세기	flotation	쌀2			콩속1	복숭아, 감나무, 박	토기4점내부	이희경 외2010

번호	所在地	遺跡名	遺構	時代	年代BP	flotation	稻	麥類	雜穀	豆類	기타	비고	참고문헌
212	충남 부여군	雙北里280-5 腰岩里	창고(시료28)	백제	6~7세기	flotation	쌀2	맥6(밀5, 보리2)	조1		박2, 외2, 복숭아2, 삼구2, 모과2, 밤, 가래2, 개암4	3건물지 토도 1점 시대검토로 필요	이희경 외2011
213	충남 서산시	낫머리 가지구	주거지(8)	백제	4~5세기	flotation	쌀4	맥3(밀3, 보리2)	조2		가래1, 머과2		佐々木2010
		낫머리 가지구	저장혈(3)			flotation	쌀3			두류(콩?)1	삼1, 머과1		
		낫머리 나지구	주거지(2)			flotation		맥2(밀1, 머과1)					
214	충남 서천군	鳳仙里	3호장방형	(원)삼국	1670±50*	flotation	벼		조	콩*, 팥		팥 동정 불확실	佐々木2009
215	충남 아산시	葛梅里	수구상 계구	(원)삼국	3~4세기	flotation	볍씨, 쌀			콩과(미랑)	박, 桃, 밤, 외, 삼	팥 우발적 혼입	辻誠 외2007
216	충남 아산시	龍頭里 진터	토광묘(2)	원삼국			쌀2					14, 16호	평제오2011
217	충남 연기군	月山里 황골	수혈(6)	원(삼국)	3~5세기	flotation	쌀3	보리(?)4				구산체 벼 우세	한국고고2012
218	대전	場岩洞	6호주거지	원삼국		flotation	쌀					토기내부	안승모2008
219	전북 고창군	松龍里	산포지	원삼국	3~4세기		쌀흔						국립중앙박2006
220	전북 군산시	官院里	11호주거지	원삼국	3~4세기	flotation	쌀		조	팥	삼	보고서 미간	원광대학교
221	전북 김제시	淸浦里	주거지	원삼국	1740±20*		쌀*			팥		보고서?	안승모2008
222	전북 남원시	細田里	4호주거지	원삼국		flotation	쌀		조	豆類		보고서 콩?	안승모2008
223	전북 부안군	白山城	주거지(6)	원삼국	1750±20	flotation	쌀6	맥6(밀5, 보리2)	조2	두3(콩4, 팥3)		콩팥어리	인연중2011
			홍시료20		2~3세기	flotation	쌀18	맥13(밀12, 보리2)	조2	두8(콩7, 팥5)			
224	전북 부안군	盤谷里	산포지	원삼국	3~4세기		볍씨암흔			콩1	복숭아아		국립중앙박2006
225	전북 부안군	耶山里	산포지	원삼국			볍씨암흔				복숭아아		국립중앙박2006
226	전북 완주군	龍興里	주거지(5)	원삼국	1750±60*	flotation	쌀*3	맥2(밀2, 보리1)	잡4(조3, 기장3)	두3(팥2, 콩1)	복숭아아		안승모 외2008
			홍시료10		3~4세기	flotation	쌀9	맥4(밀4, 보리1)	잡7(조6, 기장4)	두4(팥6, 콩1)	복숭아아		
227	전북 익산시	長新里구역	주거지(2)	원삼국	3~4세기	flotation	쌀2	밀5		콩1	밤숙(복숭아?)1	밀, 콩 가림	인현중2012
		III구역			3~4세기	flotation	쌀4	밀1	피1	콩2, 팥2		피28호10립	
		III구역	수혈(3)		3~4세기	flotation	쌀3	밀2	조1, 기장2	콩1, 팥2		콩1립	
		1, III구역	홍시료23			flotation	쌀17	밀7	조1, 기장2, 피1	두4, 팥1[두류8]	복숭아아	보고서 미발간	보고서 미발간
228	전북 익산시	五龍里 9지점	3호주거지(시료5)	삼국	4~5세기	flotation	쌀5	밀1		콩1	복숭아아	쌀1650±40bp	원광대2013

번호	所在地	遺跡名	遺構	時代	年代BP	flotation	稻	麥類	雜穀	豆類	기타		참고문헌
229	전북 익산시	鶴岩里 IV	점터3, 수혈2	원삼국	3~4세기	flotation	쌀3	밀2	조?(1)	콩1, 팥1	동아, 들깨(?)	보고서 미간	안현중2012
230	전북 익산시	光岩里	7호주거지	삼국(백제)		flotation				밀	복숭아	보고서 미간	전북문화재
231	전북 익산시	王宮里	변소遺構	백제	7세기					콩류	참외, 밤		안승모2008
232	전북 전주시	松川洞	주거지(3기)	원삼국	3~4세기		쌀3			팥3			안승모2008
233	전북 전주시	平和洞 大正	22호수혈	원삼국	1660±50*	flotation	쌀*			팥			김민구2010
234	광주	신창동 반월촌	산포지	원삼국			벼*/임흔						국립중앙박2006
235	광주	雙村洞	11호주거지	원삼국	3세기중엽						밤		안승모2008
236	광주	東林洞	89호수혈	삼국	3세기기중엽						참외, 박	가래, 개암	안승모2008
	광주		저습지	삼국? 청동기!?							복숭아		안승모2008
237	광주	不洞	A-1호우물	삼국	6세기	flotation		밀			들깨, 산복숭아	밤글시 밤, 복숭아, 실구 육소침인	호남문화재2012
238	광주	仙岩洞	3호보주구	삼국							복숭아, 박		호남문화재2012
239	전남 강진군	虎山	저습지	삼국							복숭아, 실구?	정식동 미실시	안승모2008
240	전남 강진군	楊楮洞	주거지(6)	(원)삼국	3~5세기	flotation	쌀1or2	밀1		콩6, 팥3	밤1	11호실 미경	김민구2010
241	전남 국성군	福橋里	13호주거지	원삼국	3세기					두류		사진으로 공	마한문화2008
242	전남 나주시	伏岩里	고분(1호수혈)	백제	1470±40*		쌀(암흔9점)				복숭아, 참외*, 박, 밤	비자, 쾌나무종실	김민구2010
243	전남 나주시	長洞里 수몬	패총	원삼국			쌀						국립광주박2010
244	전남 나주시	長山里	1, 2호수혈	삼국							밤		마한문화2008
245	전남 나주시	大特里	나-1호주거지	(원)삼국					수수?			수수 둥정오류	안승모2008
246	전남 담양군	台木里(III구역)	10호주거지	(원)삼국		flotation	쌀	보리				L-30호주거지	안승모2008
	전남 담양군		285호주거지	삼국							밤		김민구2010
247	전남 보성군	金坪	패총(시료4)	원삼국			쌀1	밀3, 보리1				III~VIII층	안승모2008
			III층	원삼국			쌀알흔3			팥알흔3		경질무문토기	김민구 외2010
248	전남 무안군	良將里	저습지	(원)삼국			볍씨			팥알흔3	복숭아, 박	수리시설	안승모2008

번호	所在地	遺跡名	遺構	時代	年代BP	flotation	稻	麥類	雜穀	豆類	기타	참고문헌
249	전남 무안군	竹山里 평림	3차주거지(3)	(원)삼국				밀3				전남대2007
250	전남 순천시	洛水里	15호주거지	(원)삼국	1760±50			밀, 보리			외부저장혈	안승모2008
251	전남 여수시	潙羅 造山	8호주거지	(원)삼국							복숭아3편	안승모2008
252	전남 여수시	月山里 虎山	주거지	원삼국	후기			맥류			다른 곡물 혼입?	안승모2008
			23호주거지	삼국	1725±20	flotation				콩, 팥		토기4~5세기	佐々木 외2010
253	전남 영암군	新燕里	28호수혈	삼국	5~6세기		쌀					
			1호주거지	원삼국				맥류				안승모2008
254	전남 장흥군	上芳村	주거지(3)	(원)삼국	3~4세기	flotation		밀3		팥3, 콩3		밀1	안승모2008
255	전남 함평군	中良	주거지(2)	(원)삼국	1570±60*			밀*2	피			94, 146호	안승모2008
256	전남 함평군	昭明	주거지(5)	삼국	1630±50*			밀*5				타곡물 존재?	전남대2003
257	전남 해남군	郡谷里	패총(3차)	원삼국	?		쌀5점	밀5건				4~8층 시료5	안승모2008
			패총(1, 2차)	원삼국			암촌19점					
258	전남 해남군	新今	주거지(4)	(원)삼국	1640±60*	flotation	벼규산체	맥3(밀2, 보리2)		콩3, 팥1	복숭아, 살구?	보고서 율무, 수수 동정오류	김민구 2009
259	경북 경산시	林堂洞	저습지	신라	3~6세기		벼규산체	맥류 구산체				보고서 쌀보리 동정오류	안승모2008
			1~35호주거지	신라	3~6세기	단정호	쌀	밀				콩은 닭의장풀	정승호 외2008
260	경북 경주시	金丈里433~2	밭(시료4)	신라	6세기		쌀1	밀3, 보리2		두류, 콩?1, 팥?2		밀은 닭의장풀	안승모2008
261	경북 경주시	金丈里384~23	밭(시료2)	신라	6세기			밀2		팥1		미탄화 보리 제외	안승모2008
262	경북 경주시	牛月城	포함층	원삼국				밀					안승모2008
263	경북 경주시	味鄒王陵地區	고분	신라			볍씨					유구수7	안승모2008
264	경북 경주시	飾履塚	고분	신라			볍씨						안승모2008
265	경북 경주시	皇南大塚	고분	신라			볍씨						안승모2008
266	경북 경주시	皇吾洞	16호분	신라			볍씨				복숭아	3, 5곽 다량	안승모2008
267	경북 고령군	池山洞	고분군	가야									안승모2008

번호	所在地	遺跡名	遺構	時代	年代BP	flotation	稻	麥類	雜穀	豆類	기타		참고문헌
268	경북 고령군	伏質里	저습지	가야			쌀	맥류			박, 복숭아, 참외		안승모2008
269	경북 성주군	星山洞	고분군	가야			벼씨						안승모2008
270	대구	內당洞	51호분	가야			稻穀					탄서51호분	안승모2008
271	대구	不로洞	2호분	가야			벼씨						안승모2008
272	대구	時至地區	우물	삼국							복숭아, 살구, 밤, 박		안승모2008
273	경남 고성군	東外洞	패총(야철지)	원삼국			쌀(다량)	밀?					안승모2008
274	경남 김해시	官洞里	수혈	원삼국	1870±50*		쌀*						이경아2009
275	경남 김해시	(읍하)	저습지	(원)삼국	2~4세기		구산제		가정족구산제		복숭아, 밤, 외, 박, 무괴		
		鳳凰洞	저습지	삼국?							복숭아		안승모2008
276	경남 김해시	府院洞	패총	삼국?							복숭아		
			패총3	원삼국?			쌀3	밀, 보리1	조1	콩검질1, 팥1	복숭아, 밤, 마루1	일부 오염	안승모2008
			1호주거지						조				
277	경남 김해시	會峴里	패총	원삼국			쌀(한줌)					(일제시대)	안승모2008
278			패총	원삼국			쌀	밀, 맥류		콩, 팥	복숭아		金原正子2009
279	경남 사천시	勒島대遺蹟	수혈유구	원삼국	BC1세기		쌀	밀, 맥류		콩,		(동아대박물관)	안승모2008
280		勒島	주거지(13?)	원삼국	3세기	flotation	쌀4	밀3, 보리3				(부산대박물관)	안승모2008
281	경남 산청군	下村里 III지구	수혈(2)	삼국		flotation	구산제				벗집 이용		경남발전2011
282	경남 양산시	蘇山里	9, 12호주거지	원삼국			쌀2			팥2		밤?1	안승모2008
283	경남 진주시	倉村里	목관묘(1)	원삼국	1세기	flotation	쌀					25호, 와질토기	이경아2010
284	경남 진주시	玉房地區	경작지(밭)	삼국	6세기		쌀		잡곡			(동아대박물관)	안승모2008
		옥방6지구	밭(하층)	삼국	1660±50					콩, 팥		(이경아)	Lee2003
285	경남 진주시	옥방9지구	밭(2층)	삼국?			쌀		조	콩			Lee2003
286	경남 진주시	가좌동 開陽	63호수혈	삼국?		flotation	쌀		조	콩		복숭아아	이경아2011
287	경남 진주시	平居3-1지구	주거지(19)	삼국	1835±20*	flotation	쌀3	맥12(밀6, 보리6)	잡2(조1, 기장1)	두17(콩15, 팥*14)	복숭아아		이경아2011

번호	所在地	遺跡名	遺構	時代	年代BP	flotation	稻	麥類	雜穀	豆類	기타	참고문헌
			(중사료24)		4세기		쌀3	매14(밀7, 보리6)	조1, 기장1	두22(콩18, 팥14)	복숭아	
			1층밭고랑					밀		팥		
			1층논면2		1690±15			밀				
288	경남 진주시	周禮3第-2지구	밭(3)	삼국	7세기	flotation	쌀2	매류3	점3(조3, 기장1)	콩1		류춘길 외2010
289	경남 진주시	周禮4-1지구	밭5	삼국		flotation	쌀7	매17(밀16, 보리5)	점8(조6, 기장2)	콩1		이경아2012
			(고랑 시료12)				3	9	6	1		
			(두둑 시료9)				4	8	2	0		
290	경남 진주시	井村	매남유적주거?	삼국		flotation	볍씨				토기부 부착절질	류춘길2012
291	경남 창녕군	松峴洞	7호분	가야							복숭아, 참외, 밤	안승모2008
293	경남 창원시	茶戶里	1호묘	원삼국	BC1세기						밤, 감, 율무	국립중앙?박2008
294	경남 창원시	盤溪銅	수로	삼국							복숭아	안승모2008
295	경남 창원시	新方里	1호저장공	삼국	4-5세기		쌀, 볍씨	매류(보리?)		두류	밤, 복숭아, 참외 / 토기부	나영왕2009
296	경남 함안군	城山山城	저습지	신라			왕겨	보리	피		복숭아, 박, 밤 / 앵도, 米骨書	박중익2008
297	경남 함안군	小浦里	우물	삼국							복숭아, 밤	안승모2008
298	경남 합천군	宇浦里 C지구	주거지(2)	(원)삼국	3-4세기		쌀	매류2	조(?)1		복숭아 / 조 분화석	안승모2008
299	울산 울주군	大垈里	저습지	(원)삼국	3-4세기		쌀	밀			복숭아	울산문화재2008
300	울산 울주군	川上里주거지	II-1호주거지	삼국(신라)	5세기전반	2mm	쌀	밀	조		복숭아	新山雅廣2005
301	부산	五倫台	13호묘	원삼국					피?		정식동정 없음	안승모2008
302	부산	鼎冠 佳洞	저습지	삼국	4-5세기		볍씨	밀	기장이삭		참외, 박, 밤, 복숭아, 가래	울산대2008
		(B지구)	주거지	삼국	5세기							
		(C지구)	저장혈	삼국			벼이삭					
303	부산	七山洞	32호분	삼국			볍씨압흔				복숭아	안승모2008
304	부산	朝島	패총	원삼국			볍씨압흔					국립중앙?박2006
305	제주도	終達里	패총	삼국?				매류(보리?)		두류(콩?)	복숭아	안승모2008

번호	소재지	遺蹟名	유구	시대	연대	flotation	벼	맥류	잡곡	두류	기타	비고	참고문헌
310	중남 서천군	花陽里 온수골	저장혈	통일신라	1220±50bp	flotation	쌀					볍씨 저장	충청문화재2009
311	전북 정읍시	古阜邑城	집수정	통일신라							복숭아		전북문화재2007
312	대구	漆谷	수혈(8)	통일신라			쌀5	밀5, 보리3	메밀1	팥, 콩4	밤1	누부 오류 제외	안승모2008
313	경남 밀양시	忠魂塔부지	우물(2)	통일신라							복숭아2		우리문화재2010
314	경남 진주시	무거3-1지구	밭	통일신라		flotation		밀1(1증)	조1(4증)				이경아2011
315	경남 진주시	무거제II-1지구	밭(IV-2증)	통일신라				맥류					경남문화재2011
			밭(VI증)	통일신라			쌀	맥류					
316	경남 진주시	무거제II-2지구	밭	통일신라				맥류		두류			류춘길 외2010
317	경남 진주시	무거4-1지구	밭4(1증)	통일신라		flotation	쌀		조				이경아2012
318	경남 진주시	武村지구	우물(3)	통일신라			쌀			복숭아13, 밤, 대추?, 호박?1		?문정불안	류춘길 외2011
			88호수혈	통일신라			탄화미흔적						
319	경기 평택시	黃舍里	수혈유구(5)	나말여초	9-10세기	flotation	쌀5	밀4, 보리2	조3	팥4		쌀압도적	이경아2011
			구상유구	나말여초			영. 외구산제						
320	중남 태인군	馬鳥	1호선	고려	895±20bp	flotation	벼껍질*	밀	조, 피, 기장, 메밀	콩짜지	참, 복숭아, 밤, 가래		김민구2010
			(목간)	고려	13세기초		米, 白米, 中米, 租		木麥	豆			
321	중남 태인군	마도	2호선(시료31)	고려	880±15bp	flotation	벼껍질*2건		조13, 기장5, 피12, 메밀1	콩짜지	들깨3		김민구2011
322	중남 태인군	마도	3호선(시료7)	고려	13세기	flotation	벼껍질1		메밀1, 피속1		밤4, 복숭아13, 살구, 잣, 오이1, 호박1		김민구2012
323	전북 김제시	長華洞	15호수혈	고려/조선		flotation		보리	메밀	콩속, 팥			안현중2011
324	경남 진주시	鎭文里동수참	밭시료10	고려		flotation	쌀3	밀8, 보리8	조5, 기장1				류춘길 외2011
325	경남 진주시	鎭文里동촉(도시)	밭시료10	고려		flotation	쌀7	밀10, 보리9	조10, 기장4	팥3, 콩1			류춘길 외2011
326	경남 진주시	무거3-1지구	밭	고려		flotation		밀, 보리		팥		밀, 팥1-3건	이경아2011

번호	소재지	遺蹟名	유구	시대	연대	flotation	벼	맥류	잡곡	두류	기타	비고	참고문헌
327	경남 진주시	住居址3피-1지구	밭	고려		flotation	쌀	맥류		두류(콩?)			경남문화재2011
328	경남 진주시	住居址3피-2지구	밭(시료12)	고려		flotation		맥류12	조9				류준길 외2010
329	경남 진주시	住居址4피-1지구	밭시료9	고려		flotation	쌀3	맥8(밀7, 보리4)	잡4(조4, 기장3)	팥3			이경아2011
	경남 진주시		고랑5/두둑				3/0	밀5/2 보리3/1	조3/1, 기장2/1	팥2/1			이경아2011
330	경기 용인시	舊葛里	16호주거지	조선			쌀			팥			안승모2008
331	충남 보령시	聖住寺址	1호건물지	조선				밀		콩류			조석민 외2011
332	충남 부여군	扶蘇山城	군창지	조선	15세기		쌀	밀, 겉보리, 호밀		콩?, 팥, 녹두		콩 출토 불명	안승모2008
333	충남 아산시	龍頭里 진터	27호수혈	조선				밀1					판례오2011
334	충남 홍성군	五臺里	석빙고(시료16)	조선	18세기	flotation	쌀, 벼씨5		조5	팥3		엿 지단 덮개	이경아2007
335	전북 정읍시	古草邑城	건물지	조선	16세기		쌀		잡곡류	콩		정식동정 않음	전북연2007
336	경북 성주군	箕山里	7호아궁이	조선		flotation	밀, 보리						이경아2012
337	대구	黃湖洞	밭시료9	조선	중/후기	flotation	쌀4, 규산체9	보리5, 밀3, 규산체5	조2, 규산체9	팥1		규산체분반	류준길 외2012
338	대구	鳳鸞洞50	밭47기	고려		flotation	쌀1, 규산체4	보리2, 규산체4	조1, 규산체4	팥1, 누두1			심민화재2011
	대구	鳳鸞洞	밭37기	조선		flotation	쌀1, 규산체3	보리2, 밀, 규산체2	기장1, 규산체3	콩			
			삼가마	고려/조선		flotation	쌀	보리		팥1			
339	경남 마산시	中里	우물	조선					조, 기장(43호)		복숭아, 살구, 은행, 해바라기	정식동정 없음	우리문화재2007
340	경남 김해시	鳳凰洞	수혈	조선				보리(53호)			복숭아		이경아2007
			77호우물	조선									
341	경남 진주시	住居址3피-1지구	밭(3)	조선			쌀3	맥류3		두류2			경남문화재2011
	경남 진주시	住居址3피-2지구	밭(2)	조선				맥류 2	조2	두류1			류준길 외2010
342	경남 창원시	龍岑里	5, 9호트렌치	조선							복숭아13		이경아2010
343	경남 창원시	武亭里	17호진단구	조선				밀					이경아2012

| 참고문헌 |

강원문화재연구소, 2008a, 『泉田里』.

_____, 2008b, 『춘천 율문리 335-4번지 유적』.

경남발전연구원 역사문화센터, 2011, 『山淸 下村里遺蹟 - III地區 - 』.

고려문화재연구원, 2010, 『烏山 內三美洞 遺蹟』.

국립광주박물관, 2010, 『나주 장동리 수문패총』.

_____, 2006, 『한국 선사유적 출토 곡물자료 집성』.

국립중앙박물관, 2008, 『갈대밭 속의 나라 다호리: 그 발굴과 기록』.

김민구, 2010a, 「태안 마도 1호선 출토 식물유체」, 『태안 마도1호선』, 국립해양문화재연
　　구소.

_____, 2010b, 「전주 평화동 대정유적 수습 탄화물」, 『호남문화연구』 9, 호남문화재연
　　구원.

_____, 2010c, 「강진 양유동 유적의 종자 및 수종 분석」, 『康津 楊柳洞 遺蹟』, 전남문화
　　재연구원.

_____, 2010d, 「담양 태목리유적 출토 종자분석」, 『潭陽 台木里遺蹟 II(III구역)』, 호남
　　문화재연구원.

_____, 2011a, 「식물류」, 『태안 마도2호선 수중발굴조사보고서』, 국립해양문화재연구소.

_____, 2011b, 「정선 아우라지 유적 제2차 발굴조사 출토 종자분석」, 『정선 아우라지 유
　　적』, 강원문화재연구소.

_____, 2012a, 「식물류」, 『태안 마도3호선 수중발굴조사보고서』, 국립해양문화재연구소.

_____, 2012b, 「철기시대 주거지 출토 탄화곡물」, 『洪川 城山里遺蹟』, 강원문화재연구소.

김민구·류아라, 2011, 「춘천정거장 B구역 철기시대 3호주거지 출토 탄화곡물」, 『春川 槿
　　花洞遺蹟〈II〉』, 강원문화재연구소.

김민구·정유진, 2010, 「보성 금평 유적 출토 원삼국시대 토기의 압흔 연구」, 『호남고고학
　　보』 34, 호남고고학회.

김익주·오난영·선소정, 2010, 「나주 복암리유적 출토 종자 및 수종분석」, 『羅州 伏岩里
　　遺蹟 I(분석)』, 국립나주문화재연구소.

나영왕, 2009, 「종자분석 의뢰 결과」, 『昌原 新方里 低濕遺蹟』, 동아세아문화재연구원.

동아세아문화재연구원, 2010, 『晉州 平居洞 旱田遺蹟』.

동양대학교박물관, 2010, 『安東苧田里遺蹟』.

마한문화연구원, 2008a, 『羅州 長山里遺蹟』.

_____, 2008b, 『谷城 梧枝里 遺蹟』.

마한문화연구원, 2009, 『麗水 馬山·華洞遺蹟』.

류아라, 2012, 「송국리유적 식물유체 분석 예보」, 『농업의 고고학』, 한국고고학회 제36회 한국고고학전국대회.

류춘길·김용탁·정승호·신승원, 「진주 평거동 한전 유적(3지구 II-2구역)의 유구에 대한 자연과학분석」, 『晉州 平居洞 旱田遺蹟』, 동아세아문화재연구원.

류춘길·노상건·이지영, 2011, 「진주 무촌(II지구)유적 종실유체 분석」, 『晉州 武村VI-II 地區 平地(2)-』, 삼강문화재연구원.

류춘길 외(한국지질자원연구원), 2011, 「진주혁신도시 개발사업지구 내 문화재 발굴조사 지역의 고환경 변화 및 종실유체 분석」, 『진주혁신도시 개발시업지구내 진주종합경기장 건립부지(蘇文里 등섬들)내 유적』, 경상문화재연구원.

류춘길 외, 2012, 「대구 동호동 181번지유적의 식물유체분석」, 『大邱 東湖洞 181番地遺蹟』, 영남문화재연구원.

박원규·손병화·이인동, 2010, 「홍천 철정리 II 유적 출토 탄화 종실류의 분석」, 『洪川 哲亭里 II遺蹟 B·C지구』, 강원문화재연구소.

박원규·이광희·오정애, 2011, 「원주 가현동유적 출토 숯의 수종분석과 종자류 분석 결과」, 『原州 加峴洞 遺蹟』, 강원문화재연구소.

박종익, 2008, 「함안 성산산성과 출토목간」, 『계간 한국의 고고학』 2008년 봄호.

박태식, 2006, 「씨앗분석」, 『扶餘 佳中里 가좌·산직리 및 恩山里 상월리 遺蹟』, 충청문화재연구원.

_____, 2007a, 「가수동유적 출토 식물씨앗 분석」, 『烏山 佳水洞 遺蹟』, 기전문화재연구원.

_____, 2007b, 「정선 예미리 유적 출토 곡물 분석」, 『정선 예미리 유적』, 강원문화재연구원.

_____, 2008a, 「춘천 율문리 철기시대 주거지 출토 곡물 분석」, 『春川 栗文里 遺蹟 I』, 예맥문화재연구원.

_____, 2008b, 「경주 덕천리유적 청동기시대 주거지 출토 탄화곡물 분석」, 『慶州德泉里 遺蹟 I』, 영남문화재연구원.

_____, 2009, 「부여 관북리백제유적(사적 제428호) 지하창고 출토 식물 분석」, 『扶餘 官北里百濟遺蹟 發掘報告 3』, 부여문화재연구소.

예맥문화재연구원, 2008, 『江陵 金津里遺蹟 II』.

_____, 2009,『華川 龍岩里遺蹟』.

손준호·中村大介·百原新, 2010,「복제(replica)법을 이용한 청동기시대 토기 압흔 분석」,『야외고고학』8, 한국문화재조사연구기관협회.

안승모, 2008a,「한반도 청동기시대의 작물조성」,『호남고고학보』28, 호남고고학회.

_____, 2008b,「韓半島 先史·古代 遺蹟 出土 作物資料 解題」,『極東先史古代の穀物』3, 熊本大學.

안승모·안현중, 2008,「완주 용흥리 주거지 출토 종자 분석」,『完州 龍興里遺蹟』, 전북문화재연구원.

안현중, 2011a,「부안 백산성 주거지 출토 탄화작물 분석」,『扶安 白山城 II-住居址-』, 전북문화재연구원.

_____, 2011b,「장화동유적 15호 수혈 출토 식물유체」,『金堤 長華洞遺蹟』, 전북문화재연구원.

_____, 2011c,「전북지역 작물조성과 특징」,『국제 심포지엄 동아시아 식물고고학 연구의 현황과 과제』, 서울대학교 문화유산연구소·고고미술사학과·熊本大學.

_____, 2012,「전북지역의 원삼국시대 작물조성」,『농업의 고고학』, 한국고고학회 제36회 한국고고학전국대회.

우리문화재연구원, 2007,『馬山 中里遺蹟』.

_____, 2010,『밀양 충혼탑부지유적』.

울산대학교박물관, 2008,『기장 가동유적』.

울산문화재연구원, 2008,『울산 大垈里 144-4번지』.

원광대학교 마한·백제문화연구소, 2013,『益山 五龍里 遺蹟』

이경아, 2007a,「홍성 오관리 유적 식물유체 분석 보고」,『洪城 五官里 遺蹟』, 충청문화재연구원.

_____, 2007b,「화성 발안리 마을유적 식물유체 분석」,『화성 발안리 마을유적-본문 2-』, 기전문화재연구원.

_____, 2007c,「화성 반월동 유적 출토 식물유체 분석」,『화성 반월동 유적』, 충남대학교 백제연구소.

_____, 2007d,「김해 봉황동유적 식물유체 분석」,『金海 鳳凰洞 遺蹟』, 경남고고학연구소.

_____, 2008a,「비봉리유적 출토 식물유체 약보고」,『飛鳳里』, 국립김해박물관.

_____, 2008b,「아산 신도시 I지역 외 3개 유적의 식물유체 분석」,『牙山 長在里 안강골 遺蹟(I)』, 충청문화재연구원.

_____, 2008c,「식물유체 연구」,『禮山 新佳里遺蹟』, 충청문화재연구원.

_____, 2009a, 「김해 관동리 삼국시대 유적 출토 식물유체 보고」, 『金海 官洞里 三國時代 津址』, 삼강문화재연구원.

_____, 2009b, 「거제 대금리 유적 출토 식물유체 분석」, 『巨濟 大錦里 遺蹟』, 경남고고학연구소.

_____, 2009c, 「혼암리유적 출토 식물유체 연구의 한국고고학사적 의의」, 『선사 농경 연구의 새로운 동향』, 안승모·이준정 편, 사회평론.

_____, 2010b, 「진주 창촌리 유적 식물유체 보고」, 『晋州 倉村里 遺蹟 - 삼한~조선묘 - 』, 삼강문화재연구원.

_____, 2010c, 「시흥 능곡동 유적 식물유체 분석 보고」, 『始興 陵谷洞遺蹟〈분석자료〉』, 경기문화재연구원.

_____, 2011a, 「진주 평거 3-1지구 유적 식물유체 분석 보고」, 『진주 평거 3-1지구 유적』 Ⅵ, 경남발전연구원 역사문화센터

_____, 2011b, 「평택 동창리 유적 출토 식물유체 분석」, 『平澤 東倉里遺蹟』, 삼강문화재연구원.

_____, 2011c, 「진주 가좌동 유적 출토 식물유체」, 『晋州 開陽遺蹟』, 삼강문화재연구원.

_____, 2012a, 「인천 중산동 신석기 유적 출토 식물유체 분포」, 『인천 중산동 유적』, 한강문화재연구원.

_____, 2012b, 「용잠리유적 출토 식물유체 분석」, 『昌原 龍岑里 松菊里文化 遺蹟』, 삼강문화재연구원.

_____, 2012c, 「성주 기산리 유적 출토 식물유체」, 『星州 基山里 遺蹟』, 삼강문화재연구원.

_____, 2012d, 「진주 평거 4-1지구 유적 식물유체 분석 보고」, 『아산 평거 4-1지구 유적 - Ⅱ:본문 - 』, 경남발전연구원 역사문화센터.

이경아·윤호필·고민정·김춘영, 2011, 「신석기시대 남강유역 식물자원 이용에 대한 고찰」, 『영남고고학보』 56, 영남고고학회.

이경아 외, 2011, 「선사시대 팥의 이용 및 작물화에 대한 고고학적 검토」, 『한국상고사학보』 75, 한국상고사학회.

이희경, 2010, 『원삼국시대 중부지방의 작물조성 연구』, 서울대학교 석사학위논문.

_____, 2011, 「경기도 지역 원삼국-한성백제시대 저장 양상의 특징과 의미」, 『동아시아 식물고고학 연구의 현황과 과제』, 서울대 문화유산연구소·고고미술사학과·熊本大.

이희경·이준정, 2010a, 「남양주 장현리유적 출토 식물유존체 분석」, 『南楊州 長峴里遺蹟』, 중앙문화재연구원.

_____, 2010b, 「부여 쌍북리 602-10번지 유적 출토 식물유존체」, 『扶餘 雙北里 602-10

番地 遺蹟」, 백제문화재연구원.

＿＿＿, 2010c, 「부여 쌍북리 280-5 유적 출토 식물유존체」, 『扶餘 雙北里 280-5 遺蹟』, 백제문화재연구원.

＿＿＿, 2011d, 「영월 주천리취락 출토 식물유존체」, 『寧越 酒泉里聚落』, 강원고고문화연구원.

전남대학교박물관, 2007, 『務安 平山里 平林 遺蹟』.

전북문화재연구원, 2007, 『정읍 고부 구읍성 I』.

＿＿＿, 2008, 『益山 松鶴洞 遺蹟』.

정승호·류춘길·김용탁, 2008, 「경산 임당유적의 자연과학분석」, 『慶山 林堂洞 低濕池遺蹟 III』, 영남문화재연구원.

조석민·남태광·손병화·박원규, 2011, 「보령 성주사지 유적 출토 목탄 및 곡물 조사」, 『聖住寺址-7次 發掘調査 報告書-』, 백제문화재연구원.

토지박물관, 2007, 『漣川 瓠蘆古壘』III.

충청남도 역사문화연구원, 2008, 『계룡 입암리 유적』.

충청문화재연구원, 2006, 『扶餘 陵山里 東羅城 內·外部 百濟遺蹟-자연과학분석-』.

＿＿＿, 2008, 『牙山 大興里 큰선장 遺蹟』.

＿＿＿, 2009, 『천안 백석동 고재미골 유적』.

팔레오 라보, 2011, 「아산 용두리 진터유적의 식물고고학적 조사-씨앗동정-」, 『아산 용두리 진터유적(I)』, 충청문화재연구원.

한강문화재연구원, 2012, 『인천 중산동 유적』.

하인수·小畑弘己·眞邉彩, 2001, 「동삼동패총 즐문토기 압흔분석과 곡물」, 『신석기시대 패총문화』, 2011년 한국신석기학회 학술대회.

한림대학교 조사단, 1998, 『횡성댐 수몰지역내 문화재 발굴조사 보고서』3.

호남문화재연구원, 2012, 『光州 平洞遺蹟 I』.

金原正子·金原美奈子·金原正明, 2009, 「金海 會峴理貝塚의 花粉分析, 種実同定, 寄生蟲卵分析, 珪藻分析을 통한 檢討」, 『金海會峴理貝塚 II』, 삼강문화재연구원.

新山雅廣, 2005, 「천상리 평천유적의 탄화종실」, 『蔚山川上里平川遺蹟』, 울산문화재연구원

＿＿＿, 2008a, 「울산 인보리 번답들유적 주거지 출토 탄화종실」, 『蔚山仁甫里번답들遺蹟』, 울산문화재연구원.

＿＿＿, 2008b, 「울산 굴화들 생기들 유적 주거지 출토 탄화종실」, 『울산 굴화리 생기들 유적』, 울산문화재연구원.

_____, 2008c, 「울산 다운동 436-5유적 주거지 출토 탄화종실」, 『울산 다운동 436-5 유적』, 울산문화재연구원.

_____, 2008d, 「울산 천곡동 가재골 유적 II 주거지 출토 탄화종실」, 『蔚山泉谷洞가재골遺蹟』, 울산문화재연구원.

_____, 2009, 「가평 대성리유적 출토 탄화종실」, 『加平 大成里遺蹟〈본문 2〉』, 경기문화재연구원.

小畑弘己 · 眞邉彩, 2012, 「창녕 비봉리유적 출토 토기의 압흔조사」, 『비봉리 II』, 국립김해박물관

佐々木由香, 2009, 「청평-현리 도로건설공사 예정구간 A지구의 주거지에서 출토한 탄화열매」, 『가평 연하리 유적』, 한백문화재연구원.

_____, 2011, 「부안 백산성 출토 탄화종실」, 『扶安 白山城 II - 住居址 - 』, 전북문화재연구원.

佐々木由香 · Suarshan Bhandari, 2009a, 「종실분석연구」, 『서천 봉선리 유적』, 충청문화재연구원.

_____, 2009b, 「울산 천곡동 가재골유적 III 출토 탄화종실」, 『蔚山泉谷洞가재골遺蹟 III』, 울산문화재연구원.

_____, 2010a, 「울산 천곡동 가재골유적 IV 출토 탄화종실」, 『蔚山泉谷洞가재골遺蹟 IV』, 울산문화재연구원.

_____, 2010b, 「종실분석연구」, 『서산 언암리 낫머리 유적』, 충청문화재연구원.

_____, 2010c, 「울산 상연암유적 출토 탄화종실」, 『蔚山上蓮岩遺蹟』, 울산문화재연구원.

_____, 2010d, 「울산 반연리 가막못유적 출토 탄화종실」, 『蔚山盤淵里가막못遺蹟』, 울산문화재연구원.

_____, 2010e, 「울산 천곡동 산 172 유적 출토 탄화종실」, 『蔚山達川遺蹟 3次 發掘調査』, 울산문화재연구원.

_____, 2010f, 「식물유체 분석」, 『燕岐 松潭里 · 松院里 遺蹟 - 본문(2) - 』, 한국고고환경연구소.

_____, 2011a, 「오산 내삼미동 유적 출토 탄화종실」, 『오산 內三美洞 遺蹟 3』, 경기문화재연구원.

_____, 2011b, 「대형식물유체」, 『寶城 鳥城里 低濕地遺蹟』, 대한문화유산연구센터.

_____, 2012a, 「탄화종실 분석」, 『漣川 江內里 遺蹟』, 고려문화재연구원.

_____, 2012b, 「안양 관양동유적에서 출토된 탄화종실」, 『安養 冠陽洞 遺蹟 - 사진 · 분석 - 』, 고려문화재연구원.

中山誠二·庄田愼矢, 2012, 「연기 대평리유적 B지점의 곡물압흔」, 『燕崎 大平里遺蹟 – 考察 및 分析 –』, 한국고고환경연구소.

辻誠一郎·野中理加, 2007, 「種實遺體群과 植物利用」, 『牙山 葛梅里(III地域) 遺蹟 – 分析 및 考察–』, 고려대학교 고고환경연구소.

Lee, Gyoung-Ah, 2003, *Changes in Subsistence Patterns from the Chulmun to Mumun Periods: Archaeobotanical Investigation*, Ph.D Thesis, University of Toronto.

한반도 출토
경작유구(논유구·밭유구) 집성표

윤호필

① 경작유구 집성표는 2012년까지 시굴조사(표본조사, 분포확인조사) 및 발굴조사를 통해 확인된 논유구와 밭유구에 대한 현황을 시대별로 정리한 것이다. 자료정리는 기존의 경작유구 집성자료를 참고하고, 이에 새롭게 확인된 경작유구를 추가하였다. 경작유구 집성표는 시대, 입지, 규모, 특징(흔적 및 관련시설 등) 등으로 세부속성을 구분하여 정리하였다. 기본 참고자료는 다음과 같다.

※ 경작유구 집성관련 자료 참고문헌

곽종철, 2001, 「우리 나라의 선사~고대 논 밭유구」, 『한국 농경문화의 형성』, 제25회 한국고고학전국대회, 한국고고학회.

_____, 2010, 「시대별·지역별 각종 수리시설」, 『한국고대의 수전농업과 수리시설』, 서경문화사.

곽종철·이진주, 2003, 「우리나라 논유구 집성」, 『한국의 농경문화』 6, 경기대학교박물관.

金度憲, 2010, 「嶺南 地域의 原始·古代 農耕 硏究」, 釜山大學校大學院 考古學科 博士學位論文.

안재호, 2010, 「각 지역의 경작유구」, 『한국고대의 수전농업과 수리시설』, 서경문화사.

윤호필·고민정, 2006, 「밭유구 조사법 및 분석방법」, 『야외고고학』 창간호, 한국문화재조사연구기관협회.

윤호필, 2012, 「경작유구를 통해 본 중·근세 농업의 경지이용방식 연구」, 『중앙고고연구』 제10집, 중앙문화재연구원.

한국문화재조사연구기관협회, 2011a, 『4대강(한강)살리기 사업 문화재발굴(시굴)조사 종합보고서』.

_____, 2011b, 『4대강(섬강 및 북한강)살리기 사업 문화재발굴(시굴)조사 종합보고서』.

_____, 2011c, 『4대강(금강)살리기 사업 문화재발굴(시굴)조사 종합보고서』.

_____, 2011d, 『4대강(영산강 및 섬진강)살리기 사업 문화재발굴(시굴)조사 종합보고서』.

_____, 2011e, 『4대강(낙동강)살리기 사업 문화재발굴(시굴)조사 종합보고서(I)』.

_____, 2011f, 『4대강(낙동강)살리기 사업 문화재발굴(시굴)조사 종합보고서(II)』.

② 경작유구 집성표에는 최대한 많은 경작유구를 수록하고자 하였

으나, 필자의 능력부족과 발표된 자료의 한계로 모든 경작유구를 수록하지는 못하였다. 특히, 정식 학술보고서가 출판되지 않아 경작유구의 정확한 성격과 내용이 파악되지 않은 경우, 출토유물이 없어 시기를 알 수 없는 경우, 조사가 단편적(입회조사, 표본조사, 분포확인조사, 시굴조사 등)으로 이루어져 경작유구의 존재 유무만 확인될 뿐 세부적인 내용을 파악할 수 없는 경우 등은 일부 제외하였다.

③ 한 유적에서 여러 시대의 경작유구가 확인된 경우는 시대별로 중복하여 유적명을 표기하였다. 따라서 경작유적보다 경작유구의 수가 더 많다.

④ 논과 밭의 성격이 명확하지 않거나 다양한 견해가 있는 유적은 조사자의 의견에 따라 기재하였다.

⑤ 집성표의 '유구명'은 기본적으로 보고서에 기재된 명칭을 그대로 사용하였으나, 일부 같은 뜻의 용어는 하나의 용어로 통일하여 기재하였다.

⑥ 경작유구의 규모는 기본적으로 해당 속성의 평균값의 범위를 기재하였다.

⑦ 집성표에 제시된 '논면의 수'는 조사에서 확인된 논면만을 기재한 것이다. 따라서 실제 조성된 논면과는 차이가 있다.

⑧ 논과 밭의 입지유형은 다음과 같은 형식으로 분류하여 집성표에

기재하였다.

- A형 : 구릉사면과 충적지가 만나는 지점
- B형 : 충적지
- C형 : 곡저평야
- D형 : 하안단구
- E형 : 선상지

⑨ 본 경작유구 집성표를 작성하기 위해, 관련자료를 수집하고 정리하는 데 여러 선생님의 도움이 있었다. 고민정 선생님, 정익환 선생님, 이정은 선생님, 강봉주 선생님께 지면을 통해 감사의 말을 전합니다.

〈논유구 집성표〉

연번	유적명	입지	시대	유구명(층, 논면)		형태	논둑규모(cm) 너비	높이	내부흔적·관련시설·특징	참고문헌
1	진주 평거3-1지구	B형	청동기	1층	가부분: 91면	계단식		2~10	수구·수로·구	31
					나부분: 97면(추정105면)	소구획	20~30	3~7	수구	
				2층	90면(추정92면)	소구획		2~10		
2	진주 평거4-1지구	B형	청동기	1층(95면)		소구획	20~30	2~5		32
				2층(14면)		소구획	20~30	3~5		
3	진주 이곡리	A형	청동기	II지구	논유구				수로·자연구·집수장	62
4	진성 청촌	B형	청동기	논유구(2면)			40	4	자연수로	24
5	마산 망곡리	A형	청동기	(추정)논유구			15	2~3	수로·암거시설	86
6	함안 도항리	A형	청동기	(추정)논유구		소구획 계단식			수로·자연구	25
7	밀양 금천리	B형	청동기	논유구(70면 이상)		소구획	15~20	3~5	수로·경계둑 단위면적: 5~6평	14
8	울산 굴화리 생기들	C형	청동기	나지구	논유구(34면)	소구획	30		수구	97
9	울산 굴화리 백천	A형	청동기	논유구		계단식			구	90, 91
10	울산 송정지구	A형	청동기	C-2지구		계단식		2~6(노면단차)		68
11	울산 신정동 냉천	C형	청동기	IV-1지구	논유구(11면)	계단식		5(노면단차)		102
12	울산 야음동	C형	청동기	29층(36면)		계단식	30~50	1~1.5 (노면단차)	원형수혈?·자연유로	74
13	울산 화봉동	E형	청동기	II지구	논유구(13면)	계단식	80~100	3~5(노면단차)		103
14	울산 서부리 남천	B형	청동기	논유구(24면)		소구획	30~40		수구·수로 단위면적: 2~3.75m²	101
15	울산 발리	A형	청동기	12층(8면)		소구획	20~30	1~3(노면단차)	수구·구	92

연번	유적명	입지	시대	유구명(층, 논면)	형태	논둑규모(cm)		내부흔적·관련시설·특징	참고문헌
						너비	높이		
16	울산 무거동 옥현	A형	청동기	논유구(70면)	소구획	16~52	1.4~6	경작구흔, 주혈, 주열, 족적, 수구, 수로 단위면적: 1~3평	16
17	울산 화정동	C형	청동기	논유구(23면)	계단식		3~5(논면단차)		95
18	울산 야음동	C형	청동기~삼국	논유구(38면)	계단식		1~9(논면단차)		74
19	울산 옥동 얇듬	C형	청동기~삼한	2개층 4층, 5층(4면)	계단식		1~5(논면단차)		98
20	부여 송학리 '가'	A형	청동기	논유구(12면)	계단식	20~25	5~30	수로, 수구	44
21	부여 구봉·노화리(A지구)	A형	청동기	논유구 / 노화리 논유구(28면)	소구획	구봉리: 10 / 노화리: 40	구봉리: 3~5 / 노화리: 2~2.5	수로, 구상유구 / 수로	114
22	부여 구봉·노화리(B지구)	A형	청동기	제1경작층	소구획(14면)	60	3	수구, 수로, 족적, 맨뚝, 논-발견?	114
23	논산 마전리(C지구)	A형	청동기	논유구(15면)	계단식 소구획		논면단차	수구, 수로, 족적	45
24	춘천 천전리	B형	청동기	B지역 다각구 / 반구형 정작유구(2개층)	반구형	30~60	25~35		7
25	보령 관창리(G지구)	C형	청동기~고려		계단식		논면단차	수로, 보시설	46
26	연기 대평리	B형	원삼국		계단식	20	5	논둑, 물꼬	122
27	진주 평거3-1지구	B형	삼국	1층 1-①(34면)	계단식	30~60	15~20	수구, 쟁기흔, 작물재배흔, 족적, 우족흔, 경작구흔, 논-발견촌	31
				1-②(16면)			논면단차	족적, 우족흔, 마족흔, 수레바퀴흔	
				1-③(16면)			논면단차	작물재배흔, 부정형 수혈, 우족흔	
				2층(31면)	계단식		논면단차	우족흔, 부정형 수혈	
28	진주 평거4-1지구	B형	삼국	1층(37면)	계단식 구획	50~60	5~10	논둑, 물꼬, 족적, 우족흔	32
				2층(43면)	계단식 구획	50~60	3~10	족적, 우족흔, 시례흔	

연번	유적명	입지	시대	유구명 (층, 논면)	형태	논둑규모(cm) 너비	논둑규모(cm) 높이	내부흔적·관련시설·특징	참고문헌
29	창원 가음정동	C형	삼국	논유구(4면)	계단식	60		수로, 족적, 우족흔	110
30	창원 반계동	C형	삼국	11~2층(12면)	계단식		2~15 (논면단차)	수로도, 족적, 식재흔, 경작구흔적, 논둑에 할석쌓임	109
31	창원 가음정지구 부지조성사업구간내	C형	삼국	12~1층(18면)	계단식		1~8	족적, 식재흔, 경작구흔적, 기경흔, 수로, 수혈	64
32	창녕 계성리	C형	삼국	논유구	계단식		2~8 (논면단차)	수로, 논둑	87
33	부산 기장 당사리	A형	삼국	18지구(당사리 B유적)	계단식			층위조사	65, 66
34	울산 굴화리	A형	삼국	논유구(13면?)	계단식		5~15(논면단차)	단차확인	90
35	울산 굴화리 생기들	B형	삼국~통일신라	가지구 상면(16면)	계단식		2~4(논면단차)		97
35	울산 굴화리 생기들	B형	삼국~통일신라	가지구 하면(17면)	계단식		2~4(논면단차)		97
36	울산 굴화리 백천	A형	삼국	논유구	계단식			구	90, 91
37	울산 굴화리 장검1	A형	삼국	논유구(2면)	계단식		3~5(논면단차)		96
38	울산 신천동 냉천	C형	삼국	IV지구 논유구(11면)	계단식		5배외(논면단차)	논층 확인	102
39	울산 야음동	C형	삼국	24층(41면)	계단식		0.5~2.5 (논면단차)	수구, 자연유로	74
40	울주 서부리 남천	B형	삼국	7개 층(16층:10면, 17층:8면)	계단식	100~150	1~2,5 (논면단차)		101
41	울산 발리	A형	삼국	9층(20면)	계단식		1~7(논면단차)		92
42	울산 신현동 황토전	C형	삼국	B지구 29면	계단식		1~6(논면단차)	구	94
43	울산 사연리 늠네	A형	삼국	B지구 11면	계단식		1~6(논면단차)	구	93
44	울산 무거동 옥현	A형	삼국	논유구(44면)	계단식			경작구흔, 주적, 족적, 우족흔 단위면적: 32~44명	16

연번	유구명	입지	시대	유구명(층·논면)		형태	논둑규모(cm)		내부흔적·관련시설·특징	참고문헌
							너비	높이		
45	울산 굴화리 생기들	C형	통일신라	나지구	논유구(23면)	계단식		4	기경흔	97
			통일신라~고려	나지구	논유구(19면)	계단식		논면단차		
46	부여 구봉·노화리(A지구)	A형	삼국		제2경작층	구획	구봉리: 30 노화리: 38.5~64.5	구봉리: 3~5 노화리: 2~6	수구, 수로, 족적, 수구, 족적, 우족흔, 수레바퀴흔	114
47	부여 구봉·노화리(B지구)	A형	삼국		제2경작층(26면)	구획	30	8	수구, 수로, 족적, 우족, 쟁기흔, 수레바퀴흔, 논-밭전환	114
48	부여 합송리	A형	삼국						수로	115
49	부여 가탑리	B형?	삼국	논유구(15면)		소구획			수도, 족적, 주적	118
50	진주 평거3-1지구	B형	조선	1층(3면)		계단식	47	5	족적, 우족흔, 쟁기흔, 부정형 수혈	31
				2층		계단식	35~50	5~10(20~22)	족적, 우족흔, 부정형 수혈	
51	진주 평거4-1지구	B형	조선	1층(10면)		계단식	70~80	5	우족흔	32
52	진성 청송	B형	조선	1개층		계단식				24
53	창녕 반포리 유물산포지 II	B형	조선(?)	A구역	TRA-2논				논중 확인	39
54	창녕 장천리 유물산포지 II-1	B형	조선	TR9, TR13	17면					123
55	울산 무거동 옥현	A형	조선			계단식		논면단차	경작구흔, 수로 단위면적: 49.7~106.7평	16
56	울산 굴화리 백천	A형	조선	5개층(3면)		계단식	40~50	10	중앙확인	90, 91
57	울산 우중동 앞들	C형	조선	논유구		계단식		논면단차	중앙확인	98
58	울주 서부리 남천	B형	조선	3개층		계단식			중앙확인	101
59	부여 구봉·노화리(A지구)	A형	조선		제3경작층	구획	구봉리: 30~50 노화리: 남북독: 123 동서독: 165	구봉리: 5 노화리: 남북독: 13 동서독: 12	수로, 족적	114
60	여기 매곡리	B형	조선		노유구(4면)	구획	50~130	8~16	수구, 기경흔, 족적, 우족흔	122

밭유구 집성표

연번	유적명	입지	시대	유구명		이랑규모			이랑방향	내부흔적·관련시설·특징	참고문헌
						(잔존)길이(m)	두둑폭(고랑폭)(cm)	깊이(cm)			
1	고성 문암리	A형	신석기		상층	9.7	38~82(40~90)	15~17	남-북(등고선과 직교)	작물재배흔, 타원형수혈	48
					하층		45~150(40~87)	13~15	남-북(등고선과 직교)	경작흔	
2	진주 평거3-1지구	B형	청동기	1층	밭1	63	40~60(40)	10~15	북서-남동	경작구. 수렴	31
					밭2	50	30~50(40)	12	북서-남동	경작구. 수렴	
					밭3	10	40~50(45)	8	북서-남동	경작구. 수렴	
					밭4	23	35~40(45)	15	북서-남동	경작구. 수혈	
					밭5	110	40~50(45)	14	북서-남동	경작구. 수렴	
					밭6	70	35~50(40)	12	북서-남동	경작구. 수혈	
					밭7	102	35~40(36)	11	북서-남동	경작구. 수혈	
					밭8	96	40~45(40)	7	북서-남동	경작구. 수혈	
				2층	밭1	17	35~40(45)	8	남서-북동	경작구	
					밭2	128	35~45(50)	15~18	북서-남동	경작구	
					밭3	27	45~55(60)	12	북서-남동	경작구	
					밭4	57	54~64(54)	8	북서-남동	경작구	
					밭5	46~60	38~44(45)	10	남서-북동	경작구	
					밭6	58	45~65(43)	11	남서-북동	경작구	
					밭7	51.5	35~50(45~50)	10	북서-남동	경작구	
					밭8	53	35~50(35~40)	12	남서-북동	경작구	
					밭9	100	40~54(40~45)	8	남서-북동	경작구	
3	진주 평거3-2-1지구	B형	청동기	III-1층	밭1	15	42~50	8~15	북서-남동	경작구	18
					밭2	53	42~50	5~10	북서-남동	경작구	
					밭3	27	32~40(40~55)	5~10	북서-남동	경작구	

연번	유역명	입지	시대	유구명			이랑규모			이랑방향	내부흔적·관련시설·특징	참고문헌
				밭유구	12층	(전존)길이(m)	두둑폭(고랑폭)(cm)	깊이(cm)			
4	진주 평거3-2-2지구	B형	청동기		12층	1400	54~70(45~60)	4		자연구	63
5	진주 평거4-1지구	B형	청동기	1층	밭1	26	38(26)	4	남북	경계구	32
					밭2	8	36(35)	5	동서	경계구	
					밭3	3	26(32)	3	남북	경계구	
					밭4	15	42(38)	6	동서	경계구	
					밭5	14	46(44)	8	북서-남동	경계구	
					밭6	12	50(37)	6	북서-남동	경계구	
					밭7	17	41(60)	10	동서		
					밭8	123	39(45)	9	북서-남동	경계구, 작물재배흔	
					밭9	5	28(44)	3	동서	경계구	
					밭10	54	36(46)	8	북서-남동	경계구	
					밭11	3	28(52)	6	동서	경계구	
					밭12	28	40(50)	8	남북	경계구	
					밭13	15	40(64)	7	남북	경계구, 작물재배흔	
					밭14	22	34(52)	7.5	동서	경계구	
					밭15	5.5	41(41)	3	동서	경계구	
					밭16	24	42(40)	5	남북	경계구	
					밭17	57	40(42)	7.2	북서-남동	경계구	
					밭18	60	42(46)	7.8	북서-남동	경계구	
					밭19	21	48(42)	9.6	북서-남동	경계구	
6	진주 평거4-2지구	B형	청동기	밭유구		35	40	2~5	남북	경계구	59
7	진주 평거4-3지구	B형	청동기	밭유구		35	45~65(55~75)	5	남북, 동서	경계구	33

연번	유적명	입지	시대	유구명	이랑규모 (전존)길이(m)	이랑규모 두둑폭(고랑폭)(cm)	이랑규모 깊이(cm)	이랑방향	내부흔적·관련시설·특징	참고문헌
8	진주 가호지구	B형	청동기	3개 구역		(50~60)	3	동-서		57
9	진주 이곡리	E형	청동기	구획밭(구획구)						62
10	진주 대평리 어은 1지구	B형	청동기	이랑밭 소형수혈밭		40~60(40~50)	5~10	후사면: 등고선과 직교 상면: 여러 방향		104
11	진주 옥방 1지구	B형	청동기	Epit 40호		(32~60)	5~10	남-북		49
				Dpit 66호		(18~63)	4~8	남-북		
				밭유구				남-북		13
12	진주 옥방 2지구	B형	청동기	밭유구		28~44(28~40)	8~10	등고선과 직교		34
13	진주 대평리 옥방 3지구	B형	청동기	6호		(40~50)		등고선과 직교		35
				7호	23	(40~60)		남-북, 등고선과 직교?		
				8호		(30~80)		등고선과 직교		
				9호		(40~60)		남-북?		
				10호		(40~60)		등고선과 직교		
				11호		(20~40)		등고선과 직교		
				12호		(40)		등고선과 직교		
				13호	25~30	(40~60)		등고선과 직교		
14	진주 대평리 옥방 4지구	B형	청동기	밭유구	20.5×3.7	(40~60)	10			72
15	진주 대평리 옥방 5지구	B형	청동기	B구역 / D구역 2pit, 15pit				등고선과 직교		78
16	진주 옥방 6지구	B형	청동기	A구역	38×20	80	10	강과 직교	경작흔	60
				B구역	20×20	72	8			

연번	유적명	입지	시대	유구명	(전폭)길이(m)	두둑폭(고랑폭)(cm)	깊이(cm)	이랑방향	내부흔적·관련시설·특징	참고문헌
				C구역	26×9.5	70	10			
				D구역	45×18	100	10			
				E구역	33×17	80	10			
				F구역	28×26	72	5			
				G구역	11×9.5	80	8			
17	진주 대평리 옥방 8지구	B형	청동기	밭유구	40×35	80(80)		등고선과 직교		112
18	진주 대평리 옥방 9지구	B형	청동기	삼국시대 III층	6.5×13	40~60(40~50)	5~10	등고선과 직교		13
				삼국시대 IV층	3×8	40~60(40~50)	5~10	남-북		
19	함안 자연공원 조성부지	A형	청동기	구?(소구획밭?)						27
20	마산 진동	B형	청동기	상층밭 1호	11X7	60(50)	3~5	동서		22
				하층밭 1호	8×12	30~40	1~2			
				하층밭 2호	7×5	30~40				
				하층밭 3호	11×7	30~40	3~4			
21	밀양 금천리	B형	청동기	밭유구					흔적만 남음	14
22	밀양 살내	B형	청동기	상층밭				동-서		23
				하층밭				동-서		
23	밀양 신안	B형	청동기	1개소		45~55	5~7			28
24	울산 화봉동	B형	청동기	II지구 1개층	8.6×4.1	25~42(15~20)	·	동-서		103
25	울산 입암리	B형	청동기	중층 1개소	6.2×7	45~60(30~45)	5	동-서		99
				하층 1개소(구획구?)	35×18	50~70	10~20			

연번	유적명	입지	시대	유구명	이랑규모			이랑방향	내부흔적·관련시설·특징	참고문헌
					(전존)길이(m)	두둑폭(고랑폭)(cm)	깊이(cm)			
26	울산 송정지구	A형	청동기	C-2지구 1개소				남-북		68
27	청도 송읍리	B형	청동기	1개소 밭유구1	7.2×4	36~54(46)				43
				밭유구2	6.9×5.2	76(34)				
				밭유구3	6.4×4.2	64(36)				
28	대구 동천동	B형	청동기	경작지 1호				북동-남서		80
				경작지 2호				남-북		
				구 2호(소구획밭?)	90	150~200	10			
				구 3호(소구획밭?)	동서 80, 남북 70		20			
29	대구 서변동	B형	청동기	소구획구(소구획밭?)						81
30	대구 동호동	B형	청동기	소구획구(소구획밭?)	남북190, 동서100	30~110	5~35			82
31	대구 진천동	E형?	청동기~통일신라	밭유구	34×10	22		동-서		83
32	논산 마전리(지구)	A형	청동기	밭유구 (수전14, 15 상면)				등고선과 직교		45
33	진안 여의곡	B형	청동기	밭유구 남족, 북족 편작지				등고선과 직교		106
34	춘천 천전리	B형	청동기	B 지역 나·다 구상유구(소구획밭)	80×52	20~50(구너비)	10~40(구깊이)	남-북	소형수혈(1,160개)	7
				다 소형수혈군	12×6				소형수혈(45개)	
35	연기 대평리	B형	원삼국	밭유구				남-북	전존 상태 불량	112

연번	유적명	입지	시대	유구명		이랑규모			이랑방향	내부흔적·관련시설·특징	참고문헌
					밭유구	(전존)길이(m)	두둑폭(고랑폭)(cm)	길이(cm)	남-북(등고선과 나란)		
36	광주 신창동	A형	원삼국	A지구 1층	밭1	22	40~70(25~30)	13	북서-남동	경계구, 경계둑, 구	107
					밭2	16~40	30~80(20~30)	12	북서-남동	경계구, 경계둑, 구	
					밭3	30~50	60~80(20~50)	10	북동-남서	경계구, 경계둑, 구	
					밭4	17	30~40(30)	8	북동-남서	경계구, 경계둑, 구	
					밭5	6.5	40~70(30)	8	북서-남동	경계구, 경계둑, 구	
					밭6	9	40~90(35)	10~15	북서-남동	경계구, 경계둑, 구	
37	진주 평거3-1지구	B형	삼국	B지구 1층	밭1	56			북서-남동	경계구, 수혈	31
					밭2	74			북서-남동	경계구, 수혈	
					밭3	34			북서-남동	경계구, 수혈	
					밭4	60			북동-남서	경계구, 경계식, 수혈	
					밭5	65			북서-남동	경계구, 경계식, 수혈	
					밭6	39			북서-남동	경계구, 경계식, 수혈	
					밭7	64			북서-남동	경계구, 수혈	
					밭8	34			북서-남동	경계구, 도로유구, 수혈	
					밭9	37			북서-남동	경계구, 도로유구, 수혈	
					밭10	60	35~45(35~45)	8	북서-남동	경계구, 경계식, 도로유구, 수혈	
					밭11	68			북서-남동	경계구, 경계식, 도로유구, 수혈	
					밭12	28			북서-남동	경계구, 수혈	
					밭13	23~40			북서-남동	경계구, 경계식, 도로유구, 수혈	
					밭14	7			북서-남동	경계구, 도로유구, 수혈	

연번	유적명	입지	시대	유구명		이랑규모			이랑방향	내부흔적·관련시설·특징	참고문헌
						(잔존)길이(m)	두둑폭(고랑폭)(cm)	깊이(cm)			
38	진주 평거3-2-1지구	B형	삼국	B지구 1층	밭15	9			북서-남동	경작구, 도로유구, 수혈	29
					밭16	18			북서-남동	경작구, 도로유구, 수혈	
					밭17	16			북서-남동	경작구, 도로유구, 수혈	
					밭18	25			북서-남동	경작구, 도로유구, 수혈	
					밭19	21			북서-남동	경작구, 도로유구, 수혈	
				B지구 2층	밭1	39	42~50(30~37)	9~11	북서-남동	경작구	
					밭2				북서-남동	경작구, 수혈	
					밭3				북서-남동	경작구, 수혈	
					밭4	40	32~36(30~40)	9~11	북서-남동	경작구, 수혈	
					밭5				북서-남동	경작구	
					밭6	9~35	37~59(39~43)	4	북서-남동	경작구	
					밭7				북서-남동	경작구	
					밭8				북서-남동	경작구, 수혈	
					밭9	51	35~42(36~42)	9	북서-남동	경작구	
				III-3층	밭1	3	(48~58)	8~15	북동-남서	수로	
					밭2	90	(48~58)	5~10	북동-남서	수로	
				IV-2층	밭1	50	(40~58)	10~15	북동-남서	도로, 수로, 경계구	
					밭2	100	(37~45)	10~15	북동-남서	도로, 수로, 경계구	
					밭3	45	(38~45)	7~10	북동-남서	도로, 수로, 경계구	
					밭4	70	(40~45)	10~15	동서	도로, 수로, 경계구	
					밭5	70	(45~50)	15~20	동서	도로, 수로, 경계구	18
					밭6	43	(40~45)	15~20	동서	도로, 수로, 경계구	

연번	유적명	입지	시대	유구명		(잔존)길이(m)	두둑폭(고랑폭)(cm)	깊이(cm)	이랑방향	내부흔적·관련시설·특징	참고문헌
					밭7	42	(37~42)	8~10	동서	도로, 수로, 경계구	
					밭8	65	(37~45)	8~12	북동-남서	두둑과 고랑, 도로, 수로, 경계구	
					밭9·10	63	(40~48)	10~5	북서-남동	도로, 수로, 경계구	
					밭11	85	(40~48)	10~20	남북	도로, 수로, 경계구	
					밭12	65	(40~47)	15~20	남북	도로, 수로, 경계구	
					밭13	19	(40~47)	10~15	동서	도로, 수로, 경계구	
					밭14	35	(42~47)	10~15	북서-남동	도로, 수로, 경계구	
39	진주 평거3-2-2지구	B형	삼국	2개층	9~11층	2360	30~46(20~27) 30~34(20) 40~72(32~64)	6 5 4	남동-북서		63
					밭1	85	56(56)	6	남북		
					밭2	27	46(54)	8.2	동서	소방자국	
40	진주 평거4-1지구	B형	삼국	1층	밭3	83	66(68)	8	북동-남서	소방자국	32
					밭4	6	36(41)	6	남북	경계구	
					밭5	15	34(38)	5	남북	경계구	
					밭6	11	50(48)	5	남북	경계구	
41	진주 평거4-2지구	B형	삼국	3개층	3개층		70~80	15	남북	수레바퀴흔, 도로유구, 구상유구, 구획구	59
					1층		30~45(55~75)	10	남북	경계구	
					2층		30~55(40~75)	5	동서	경계구, 도로유구	
42	진주 평거4-3지구	B형	삼국	5개층	3층		30~60(45~60)	6	동서, 남북	경계구, 도로유구	33
					4층		45~50(43~45)	5~17	동서	경계구, 도로유구	
					5층		30~50(40~70)	5	동서, 남북	경계구, 도로유구	

연번	유적명	입지	시대	유구명	이랑규모			이랑방향	내부흔적·관련시설·특징	참고문헌
					(전존)길이(m)	두둑폭(고랑폭)(cm)	길이(cm)			
43	진주 가호지구	B형	삼국	밭유구		40		동-서, 북동-남서	집석2기, 3개단위구분	57
44	진주 대평리 옥방 3지구	B형	삼국	1호	20×20			동-서 등고선과 나란		35
				2호		(30~100)		등고선과 직교	2개 단위구분	
				3호		(40~60)		남-북?		
				4호		(40~60)		남-북?		
				5호		(40~90)		등고선과 나란, 직교	3개밭 중복	
45	진주 대평리 옥방 4지구	B형	삼국	밭유구				남-북, 동-서		72
46	진주 옥방 6지구	B형	삼국	밭유구	35×20	40	8	등고선과 직교	2개 단위구분	60
47	진주 대평리 옥방 9지구	B형	삼국	삼국시대 I층	34×56	(30~40)		등고선과 직교		13
				삼국시대 II층	20×36	(40~50) (40~45)		등고선과 나란, 직교		
48	진주 대평리 어은 2지구	B형	삼국	밭유구	117×40	(40~50)		등고선과 나란		111
49	산청 묵곡리	B형	삼국?					등고선과 직교		15
50	산청 평촌리	B형	삼국?	4개층				등고선과 직교		26
51	사천 늑도유적(경남연)	C형	삼국	D2지구 1개층	2×8	30~40	5~6	등고선과 직교	잔존상태 불량	30
52	창원 반계동	A형	삼국	2개층 11-1층				등고선과 직교 (노두과 직교)	노-발 전환 고랑은?, 정은?	109
				12-1 ~12-3층				등고선과 직교 (노두과 직교)	두둑, 고랑에 파종흔, 노-발 전환?	
53	김해 봉황동	B형	삼국	3개층				동-서?	노-발 전환?	20
54	울산 이음리	C형	삼국?							108

연번	유적명	입지	시대	유구명	(전촌)길이(m)	두둑폭(고랑폭)(cm)	깊이(cm)	이랑방향	내부흔적·관련시설·특징	참고문헌
55	대구 서변동	B형	삼국		16.5×16.8	(20~50)	3~10	북서-남동		81
56	대구 달성 죽곡리 9-2번지	B형	삼국	1개층	120×40	40~60	13~22	동-서(등고선과 나란)	열상과 현상의 홈(정형성 없음). 경계구, 경계토, 관개수로	84
57	경주 금장리		삼국~통일신라	1차 경작지		70~110	8~14	동-북, 서		79
				2차 경작지		45~52	10~17	동-서		
				3차 경작지						
58	경주 금장리 II		삼국	상층(6개소) 4차	2.63~9.25	(25~35)	6~18			79
				5차		(18~20)				
				6차	7~1.1 (4.6~7.2)	(20~25)	8~10			
				7차	25.2	(20~25)	3~6			
				8차		(15~8)	3~6			
				9차		(15)	10			
				하층(3개소) 1차	30~40	(20~25)				
				2차	30					
				3차	15	(20~35)	4~6			
59	경주 금장리 III		삼국	1개소	115×8	(25~35)	7~15			79
60	경주 금장리 IV		삼국~통일신라	상층(1개소) 4차	12×2	(50~70)				79
				하층(3개소) 1차		(40~50)				
				2차		(30~60)	3~12			
				3차		(40~70)				

연번	유적명	입지	시대	유구명		이랑규모 (전존)길이(m)	이랑규모 두둑폭(고랑폭)(cm)	이랑규모 길이(cm)	이랑방향	내부흔적·관련시설·특징	참고문헌
61	광주 동림동		삼국	경작지						경작흔, 조석흔(폐기이후?), 바퀴흔	128
62	부여 군수리	B형	삼국	1지점(4개층)	제1밭		77~91	11~14	남-북	경작흔	51
					제2밭		65~86	12~19	남-북	조석, 경작흔	
					제3밭		52~59	11~19	남-북	조석, 경작흔(수확흔), 수레바퀴흔	
					제4밭		61~69	12~21	남-북	경작흔(수확흔)	
				2지점(2개층)	제1밭		72~84	7~15	남-북	발층 확인	
					제2밭						
				3지점(3개층)	제1밭		73~87	16~22	북서-남동	발층 확인	
					제2밭					발층 확인	
					제3밭						
63	화성 반월동	A형	삼국?	발유구					동-서(등고선과 나란)	수로, 건조상태 불량	116
64	하남 미사리	B형	삼국	상층					남-북		76
		B형	삼국	하층					동-서	원형수혈(파종흔?)	
65	의정부 민락동	C형	삼국	상층밭					동-서	수수	77
66	서천 송내리		삼국	상층밭					등고선과 나란		117
			삼국	하층밭					등고선과 나란		
67	홍천군 역내리	B형	삼국						동-서		4
68	춘천, 중도동 하중도 A지구	B형	삼국	제2 발유구			50~60		북동-남서		126
				제3 발유구			60~70		북서-남동		

연번	유적명	입지	시대	유구명	이랑규모 길이(전촌)(m)	이랑규모 두둑폭(고랑폭)(cm)	이랑규모 깊이(cm)	이랑방향	내부흔적·관련시설·특징	참고문헌
69	진주 평거3-2-1지구	B형	통일신라	VI-1층 밭1	108	(45)	7~12	북동-남서		18
				밭2	10	(37)	5~8	북동-남서		
				밭3	10	(43)	5~10	북서-남동		
				밭4	5.5	(43)	5~8	북서-남동		
				VI-2층 밭1	92.8	42~47(1:1)	10~20	북동-남서	두둑과 고랑	
				밭2	126	45~50(1:1)	8~15	북동-남서	두둑과 고랑	
				밭3	10	40(50)	7~15	북서-남동	두둑과 고랑	
				밭4·4-1	60	(45~50)	7~12	북서-남동	농로, 식재혼	
				밭5	9.5	(35~40)	5~10	북동-남서	농로, 식재혼	
				밭6	11	(45~50)	5~10	북동-남서	농로, 식재혼	
				밭7	3	(25)	3~5	북서-남동	농로, 식재혼	
				밭8		(38)	3~7	북서-남동	농로, 식재혼	
				밭9		(30)	3~7	북서-남동	농로, 식재혼	
				밭10	6	(30)	3~10	북동-남서	농로, 식재혼	
				밭11	10	(30)	3~10	북서-남동	농로, 식재혼	
				밭12	9	(32)	5~7	북동-남동	농로, 식재혼	
				밭13	7	(25)	3~7	북서-남동	농로, 식재혼	
				밭14	5	(45~50)	5~8	북서-남동	농로, 식재혼	
70	진주 평거3-2-2지구	B형	통일신라	4개층 5~8층	26	37~84(40~53)	8	남-북, 남동-북서	축적, 식재혼	63
					2.82	36~68(20~52)	4			
					17.8	32~84(20~52)	5			
					19.8	28~76(20~48)	3			

연번	유적명	입지	시대	유구명	유구명	이랑규모			이랑방향	내부흔적·관련시설·특징	참고문헌
						(전존)길이(m)	두둑폭(고랑폭)(cm)	깊이(cm)			
71	진주 평거4-1지구	B형	통일신라	1층	밭1	60	38(40)	4.5	동서		32
					밭2	12	68(54)	4	남북		
					밭3	135	38(42)	11	동서	작물재배흔	
					밭4	74	50(40)	10	북동-남서	작물재배흔	
					밭5	85	34(38)	11	남북	작물재배흔	
				2층	밭1	30	26(20)	4	동서		
				3층	밭1	20.3	52(46)	4	남북	경계구	
					밭2	20.3	42(42)	5	남북	경계구	
					밭3	20	44(48)	10	남북	경계구	
					밭4	13.7	56(46)	6	남북	경계구	
					밭5	6.6	52(40)	4	남북	경계구	
					밭6	6	58(44)	5	남북	경계구	
72	부여 서나성	B형	통일신라?	밭유구							113
73	양산 증산리유물산포지1	B형	나말여초	체기문화층	상변(2개소)		26~55		남동-북서 남서-북동		67
74	진주 평거동 748번지 (신진초등학교부지) (경념연)	B형	고려~조선	6개층	1층밭		60(30)	10		밭층 확인	21
					2층밭		50(20)	4		밭층 확인	
					3층밭		44(43)	14		밭층 확인	
					4층밭		50(48)	16		밭층 확인	
					5층밭		70(14)	4		밭층 확인	
					6층밭		52(20)	4		밭층 확인	

연번	유적명	입지	시대	유구명		이랑규모			이랑방향	내부흔적·관련시설·특징	참고문헌
						(전존)길이(m)	두둑폭(고랑폭)(cm)	길이(cm)			
75	진주 평거 3-1지구	B형	고려	1층	밭1	10~60	48~60(24~30)	9	북동-남서(등고선 나란)	소형수혈	31
					밭2		35~60(28~35)	10	북동-남서(등고선 나란)		
					밭3				밭과 직교	식재흔	
					밭4				북서-남동(등고선 직교)		
					밭5	100	36~44(35~40)	14	북동-남서(등고선 나란)	식재흔, 소형구	
					밭6				북동-남서(등고선 나란)		
					밭7	30	27~40(39~48)	10	북동-남서(등고선 나란)		
					밭8				북동-남서(등고선 나란)		
					밭9	110	40~48(34~40)	12	북동-남서(등고선 나란)		
				2층	밭1	104	46~57(34~38)	8	북동-남서(등고선 직교)		
					밭2	13	40~52(33~41)	12	북동-남서(등고선 나란)		
					밭2 중복	45	30~40(20~26)	7	북서-남동(등고선 직교)		
76	진주 평거 3-2-1지구	B형	고려	2개층 VII층-1층	밭1	22	38~42(1:1)	5~8	북동-남서(등고선 나란)	식재흔, 수혈공, 족적으로 추정되는 소형수혈	18
					밭2	2	35	3~5	북동-남서(등고선 나란)		

연번	유적명	입지	시대	유구명	이랑규모			이랑방향	내부흔적·관련시설·특징	참고문헌
					(잔존)길이(m)	두둑폭(고랑폭)(cm)	깊이(cm)			
				밭3	10	48~53	7~10	북서-남동		
				밭4	25	45~55(30~35)	5~10	북동-남서		
				밭4-1	10	45~50(30~35)	5~10	북서-남동		
				밭4-2	10	40~45(25~30)	3~8	북서-남동		
				밭4-3	37	40~45(25~30)	3~8	북동-남서		
				밭5	4.6	40~45(25~30)	3~5	동-서		
				밭5-1	11	40~45(1:1)	5~10	북동-남서		
				밭6	4.5	40~45(25~30)	3~5	동-서	물찌	
			VII -2층	밭1	16	32(32)		동-서	물찌	
				밭2	7.7	40(40)		동-서	물찌	
				밭3	10.4	56(56)		남-북		
				밭4	13.8	33(33)		동-서	물찌	
				밭5	18.9	45(45)		동-서	물찌	
				밭6	33.3	34(34)		동-서	물찌	
				밭6-1	2.3	21(21)		남-북		
				밭7	12	34(34)		동-서	물찌	
				밭8	30.6	40(40)		동-서	물찌	
				밭8-1	4	74(32)		남-북	연작, 중첩	
				밭9	10.2	40(40)		동-서	물찌	
				밭10	32.3	37(37)		동-서	물찌	
				밭11	47	48		동-서	물찌	
				밭12	10	32		동-서	물찌	
				밭13	9.9	41		동-서	물찌	
				밭14	5.1	29		남-북		

연번	유적명	입지	시대	유구명	이랑규모			이랑방향	내부흔적·관련시설·특징	참고문헌
					(전존)길이(m)	두둑폭(고랑폭)(cm)	깊이(cm)			
				밭15	7	33		남-북	물길	
				밭16	7	56		남-북	물길	
				밭17	24	48		동-서		
				밭18	5.6	45		동-서	물길	
				밭19	6.7	50(40)		동-서	물길	
				밭20	12.16	48		동-서	물길	
				밭21	13.7	48		동-서	물길	
				밭22	17	4		남-북		
				밭23	5.1	48		남-북	물길	
				밭24	8.6	32		남-북	물길	
				밭25	14.4	48		남-북	물길	
				밭26	8	40		남-북	물길	
				밭27	10.9	40		남-북	물길	
				밭28	13.7	45		동-서	물길	
				밭29	32.6	43		동-서	물길	
				밭29-1		48		남-북	29하부 중첩	
				밭30	35.9	33		동-서	물길	
				밭31	36.5	48		동-서	물길	
				밭32	4.8	43		남-북		
				밭32-1	9.3	48		남-북	32하부 중첩	
				밭32-2	1.9	74		동-서	32하부 중첩	
				밭33	5.8	32(96)		남-북		
				밭34	4.8	80(32)		남-북		
				밭34-1	4.1	96(32)		남-북	34하부 중첩	

연번	유적명	입지	시대	유구명		이랑규모		이랑방향	내부흔적·관련시설·특징	참고문헌
					길이(전존)(m)	두둑폭(고랑폭)(cm)	깊이(cm)			
77	진주 평거 3-2-2지구	B형	고려	4개층	1~4층	500 900 1280 1640	20~48(20~40) 32~72(32~72) 24~72(24~72) 24~64(24~36)	4 5 5 7	남-북, 동-서(4층)		63
78	진주 평거 4-1지구	B형	고려	1층	밭1 밭2 밭3 밭4	7.6 34 9.8 17.2	64(74) 36(60) 64(56) 57(48)	7 14 7 11.5	동서 북동-남서 동서 동서		32
79	진주 평거 4-2지구	B형	고려	1층							59
80	진주 평거 4-3지구	B형	고려	1개층		40~50(30~40)	5			33
81	진주 소문리 둔덕들 (경상)	B형	고려	A구역	최상층밭(9개소) 최하층밭(7개소)	4.8~9.6	20~48 35~57	5~7 6~9	동-서, 남동-북서 동-서, 남-북	불규칙한 정온층 정온층, 중부앙상	36
				B구역	밭(10개소)		무경작지 않음		남서-북동 남동-북서	불규칙한 정온층	
82	경남 진주 혁신도시개 발사업 (11-1지구)	B형	고려	9층	1구역	100	45~50		남서-북동 남서-북동	중부앙상(작물종류에 따른 차이)	42
					2구역		45~55		남서-북동 남동-북동		
				10층	3구역		50~55		북동-남서, 북서-남동	자연구	
					4구역				북동-남서, 북서-남동		
83	창녕 밀포리 유물산포지 I (경밀연)	B형	고려	TR3, TR5, TR7, TR11, TR12, TR16, TR19, TR22, TR26, TR30, TR35, TR47, TR54						29

연번	유적명	입지	시대	유구명			(전존)길이(m)	두둑폭(고랑폭)(cm)	깊이(cm)	이랑방향	내부흔적·관련시설·특징	참고문헌
84	창녕 반포리 유물산포지 II(정상)	B형	고려	A구역	자연제방	TR A-5, A-6, A-7						39
85	창녕 현창리 유물산포지 II	B형	고려	1pit	21층			30~40	5~10	남-북		40
				2pit	2개층			30~50	10~15	남-북	식재흔(부정형수혈)	
86	창원 낙동강변 선사유적지 I	B형	고려	하층밭	A밭			36~72	(3~6)	동-서 (등고선과 나란)	농로, 경계구	41
					D밭			38~76	(2~7)	동-서 (등고선과 나란)	인족흔, 우족흔, 식재흔(부정소혈군)	
					E밭			39~60	(2~4)	남-북	불명소혈	
					F밭			36~70	(2.5~8.5)	동-서		
87	울산 무거동 옥현	A형	고려~조선	밭유구								16
88	달성 죽곡리	B형	고려	밭유구				40~100	3~9	남-북		84
89	무주 철목리		고려	3문화층	2-1			35~40	10	북서-남동	밭경계화인	55
90	광주 승촌동(제외지)	B형	고려	2경작면	2-2			45	17	북동-남서	경계구, 경계도, 배수로	53
					2-3			30	20			
					2-4			35	14			
					2-5			30	10			
91	광주 승촌동(제내지)	B형	고려	2구역	2경작면						식재흔2, 경계도, 경계수로	54
92	춘천 거두 2지구 (북지구)	A형	고려	밭유구						동-서		8
93	진주 평거 3-1지구	B형	조선	1층	밭1		61.2	40~52(33~41)	12	북서-남동		31

연번	유적명	입지	시대	유구명	(전존)길이(m)	두둑폭(고랑폭)(cm)	깊이(cm)	이랑방향	내부흔적·관련시설·특징	참고문헌
93				2층 밭2	55.4	40~60(36~40)	14	북서-남동		
				밭1	80	42~52(32~40)	12			
94	진주 평거 3-2-1지구	B형	조선	VIII층 2층 밭1	18.2	40		남-북		18
				2개층 IX층 밭2	18	48		동-서		
				밭3	14.5	66(46)		동-서		
				밭4	11.5	42		동-서		
				밭5	7.6	56(40)		동-서		
				밭6	14.7	56(40)		동-서		
				밭7	17.6	37		동-서		
95	진주 평거 3-2-2지구	B형	조선	1층 밭1-①		54~88(18~50)	3~10	북서-남동		63
				밭1-②		30~100(16~38)	2~5	동-서		
				밭1-③		16~90(14~62)	5~12	남북		
				밭1-④		29~92(12~42)	2~7	동-서		
96	진주 평거 4-2지구	B형	조선	1~2층				북서-남동	두둑과 고랑	59
97	진주 평거 4-3지구	B형	조선	7개층		15~20(15~25)	5~8	북동-남서	두둑과 고랑	33
98	진주 가호지구	B형	조선	밭유구(5개면)				동-서	가공흔적(요철면)	57
99	진주 소문리 등섬들·소문리유물산포지(삼강)	B형	조선	A지구(소문리등섬들) 조선시대 2층 밭				중위조사		75
				조선시대 1층 밭				중위조사		
100	함안 이룡리	B형	조선	1pit 상층		35~40(40~45)		동-서	두둑, 고랑 없음	19
				1pit 상층-남측		55~70(30~45)		동-서		

연번	유적명	입지	시대	유구명	이랑규모 (전존)길이(m)	두둑폭(고랑폭)(cm)	깊이(cm)	이랑방향	내부흔적·관련시설·특징	참고문헌
		B형	조선	2pit 상층-북측		20~30(15~20)		동-서		
				3pit 상층		80~110(50~70)		동-서		
				2pit 중층		40~50(30~40)		남-북		
				2pit 하층		50~90(40~50)		남-북 (등고선과 직교)		
				3pit 하층		30~50(40~60)		남-북		
101	창녕 학포리 유물산포지 II	B형	조선	나구역 TR12		45~70		남동-북서	인족흔, 수형수혈	17
				TR13		25~40		남-북		
102	창녕 반포리 유물산포지(경남연)	B형	조선	TR3, TR5, TR7, TR11, TR12, TR16, TR19, TR22, TR26, TR30, TR35, TR40, TR47, TR54						29
103	창녕 반포리 유물산포지 II(경상)	B형	조선	A구역 TR A-3, A-4, A-5, A-6, A-7.						39
104	창녕 월하리 유물산포지	B형	조선	1구간 TR2	6층, 10층					38
				TR3	2개층					
				TR4	2개층					
				2구간 TR10						
				TR12	2개층					
				TR13	2개층					

연번	유적명	입지	시대	유구명		(잔존)길이(m)	두둑폭(고랑폭)(cm)	깊이(cm)	이랑방향	내부흔적·관련시설·특징	참고문헌
105	창녕 성산리 유물산포지		조선	TR1	5개층						37
				TR2							
106	창녕 장천리 유물산포지 II-1	B형	조선	TR3	3개층						123
				TR4	3층						
				TR9							
				TR13							
107	창녕 장천리 유물산포지 II-2	B형	조선	서쪽	TR2 1개층					짧은 기간동안 폐기와 조성이 반복	70
					TR5 2개층						
					TR13 4개층						
				북동쪽	TR12 1개층						
					TR14 1개층						
					TR15 1개층						
					TR16 1개층						
108	창녕 현창리 유물산포지 II	B형	조선	1pit	11층 / 7층·14층·16층·18층		20~40	5~15		구하도	40
				2pit	4개층		30~40	5~15		구하도	
109	창녕 계성리	A형	조선	밭유구						소형수혈	87
110	창원 낙동강변 산사유적지 I		조선	상층밭			28~42	(2~4)	동-서		41
111	양산 증산리 유물산포지1	B형	조선	제III기 문화층	TR23		42~55		남서-북동		66
					TR24		60~100		북서-남동		

연번	유적명	입지	시대	유구명	유구명	이랑규모			이랑방향	내부흔적·관련시설·특징	참고문헌
						(잔존)길이(m)	두둑폭(고랑폭)(cm)	길이(cm)			
112	양산 중산리 유물산포지 2구간	B형	조선		III-1밭		65	23	남동-북서, 남서-북동		58
					III-2밭		117	20	남서-북동		
					III-3밭		177	19	남동-북서	잔존 상태 불량	
113	양산 중산리 유물산포지3	B형	조선	상부밭(산)층	TR7-5						89
					TR8-2		82	3			
				하부밭층	TR5-4		207	5			
114	양산 용당리 유물산포지 III-A	B형	조선	17기(III층)	1밭		72~168	12내외	동-서, 남-북		88
					2밭		68~96	12내외	동북-남서		
					3밭						
					4밭		48~68	12내외	동북-남서		
115	양산 용당리 유물산포지III(D구간)	B형	조선			9	35	4	남-북(등고선과 직교)		100
116	하동 국도19호선 확장구간	B형	조선	밭I	I-1층	68	30~40(35~40)	5	동-서	1-3밭과 일부 중복	69
					I-2층	100	40~70(40~60)	5	동-서	원형수혈 군집(규직적)	
					I-3층	20	40~70(40~60)	15~30	동-서		
				밭II	II-1층	66	100~140(35~80)	5	동-서		
					II-2층		30~50(30~70)	5	동-서		
					II-3층	10	40~50(40~70)	4	남-북		

연번	유적명	입지	시대	유구명		이랑규모 (전존)길이(m)	두둑폭(고랑폭)(cm)	깊이(cm)	이랑방향	내부흔적·관련시설·특징	참고문헌
117	무주 철목리	A형	조선	1문화층			28~40	10	북동-남서, 동-서		55
				2문화층			18~50	10	북서-남동, 북동-남서		
118	섬진 2공구 하동 광평리 유물산포지B	B형	조선	7층			30~110	13~15	북서-남동		127
				14층			30~110	12	북서-남동		
119	나주 택촌 유물산포지		조선	1개		11.5	22~60	10~20	북서-남동	식재흔, 정계구	73
120	나주 진포동 포두	B형	(주정)조선	3개층	밭1 1호밭		40~44	5~13	북동-남서(강과 나란)	식재흔, 정계구	56
					밭2 2호밭		32~46	20	북동-남서	족적, 정계구	
					밭3 3호밭		20~42	5~20	북동-남서	식재흔	
					4호밭		10~60		북서-남동		
121	광주 승촌동(제외지)	B형	조선	1경작면	1-1		18~54	4~12	동-서	정계토, 정계수로	53
					1-2		14~16	6~12	동-서		
122	광주 승촌동(제내지)	B형	조선	1구역(2개층) 1경작면	1-1경작면			5	동-서	소발자국, 사람발자국	54
				2구역(1개층)	1-0경작면				남-북		
123	광주 용봉동 유물산포지	B형	(주정)조선	A지구	TR4		100		남-북	죽적, 연자흔	105
124	공주 옥성리 (가경고고학연구소)	B형	조선	상부			38~52	2~6	남-북	죽적, 연자흔	2
				중부	동측부분		58~72	1~3	남-북	두둑상부가 좁음	
					서측부분		56~68	3~6	남-북	두둑상부가 넓음, 연자흔	
				하부			52~80	1~2	남-북	두둑상부가 넓음, 연자흔	

연번	유적명	입지	시대	유구명	이랑규모 (전조)길이(m)	이랑규모 두둑폭(고랑폭)(cm)	이랑규모 깊이(cm)	이랑방향	내부흔적·관련시설·특징	참고문헌
125	부여 구교리·왕포리	B형	조선	1지점-1개층	39	54~60	17~21	남-북		52
				3지점 제1경작층		72~84	16~19	동-서	이랑에서 족적	
				3지점 제2경작층		62~69	17~25	동-서	족적	
				3지점 제3경작층		67~75	19~23	동-서	족적?	
				3지점 제4경작층		64~72	19~20	동-서	경작흔, 연작흔, 우족흔, 바퀴흔, 이랑조성흔, 식물흔	
				3지점 제5경작층		92~130		동남-서북	경작흔, 식물흔, 바퀴흔	
126	부여지구 구교리·중리 유물산포지(2·4지점)	B형	조선	4지역 4-1: 제2경작층		30~40	5~7	동-서	경작흔, 이랑조성흔, 식물흔, 족적흔	1
				4지역 4-1: 제3경작층		60~70	10~15	동-서	연작흔, 경작흔, 바퀴흔, 우족흔, 식물흔	
				4지역 4-2: 제1경작층		40~70	15~18	북동-남서	경작흔, 이랑조성흔, 식물흔	
				4지역 4-2: 제2경작층		50~70	7~15	북동-남서	식물흔, 우족흔	
				4지역 4-2: 제3경작층		65~90	11~13	북동-남서	경작흔, 우족흔, 이랑조성흔, 식물흔	
				4지역 4-3: 제2경작층		70~80	7~9	북동-남서		
				4지역 4-3: 제3경작층		30~40	12~18	북동-남서		
127	부여 정동별	B형	조선	밭유구		26~76	10	동-서		50
128	부여 정동 1 석치장 부지	B형	조선	밭유구					*평비웟굼유적과 유사함	120
129	부여 정동리 오엇골·뼝바위골	B형	조선	오엇골 1지점(3개층) 제1경작면		1구역: 32~50 2구역: 65	1구역: 13 2구역: 7	남-북	경작흔, 발자국, 작업도구흔	119

연번	유적명	입지	시대	유구명	이랑규모 (전존)길이(m)	이랑규모 두둑폭(고랑폭)(cm)	이랑규모 길이(cm)	이랑방향	내부흔적·관련시설·특징	참고문헌
130	여주 1지구 유물산포지 22-1구간	B형	(추정)조선	평비위곡 2지점 / 제2경작면					무엇하지 않음	47
				제3경작면		55~100	15	남-북	경작흔, 발자국, 연작흔	
				상단밭		105~114	10~18	북동-남서	발자국, 경작흔, 연작흔, 작업도구흔	
				하단밭		1: 90~120 2: 108~117 3: 96~110 4: 90~116	1: 10~18 2: 10~15 3: 7~14	1: 남북 2: 북동-남서 3: 북동-남서	발자국, 경작흔	
				3개층 / 제2경작층		70~80	10			
				제3경작층		30~60	10			
				제4경작층		70~140	5			
131	여주 2지구(삼합지구) 유적 추정지8	B형	조선	1구역 상층	상층1: 105 상층2: 87	상층1: 20~128 상층2: 10~64		등고선과 나란		12
				하층	하층1: 16 하층2: 90	하층1: 20~80 하층2: 18~84		등고선과 나란		
				2구역 1개층	77	22~90		등고선과 나란		
				1-1구역 1개층	121	20~130		등고선과 나란		
132	여주 2지구(가야지구) 유물산포지15	B형	조선	상층		25~80		등고선과 나란	경계구	10
				하층		13~140		등고선과 나란		
133	춘천 신북읍 동면 지내리		조선							3
134	화천 거례리 1지구 2구간	B형	조선	N6W4TR N5W4TR		42~54	5~15	남-북		85
135	화천 용양리	B형	조선					남-북, 동-서		6
136	춘천 율문리 335-4번지	A형	조선~일제	II지구(2개층) 1층		100~110	15	남동-북서		9
				2층		100~120	18	남동-북서		

연번	유적명	입지	시대	유구명	(전존)길이(m)	두둑폭(고랑폭)(cm)	길이(cm)	이랑방향	내부흔적·관련시설·특징	참고문헌
137	춘천 우두동	B형	조선~해방이후					동-서		5
138	여주 1지구 유물산포지 22-1구간	B형	현대	제1경작층		50~80	25	동-서		47
139	창녕 용산리 유물산포지	B형	시대미상	TR14				강과 나란		71
				TR15						
				TR16						
				TR20 9층		40	6		둑 6개, 고랑 6개 확인	
				11층		40	13		둑 7개, 고랑 6개 확인	
				12층		50	7		둑 5개, 고랑 6개 확인	
				17층		40	10		둑 8개, 고랑 8개 확인	
140	산청 청암~삼장간 국도 확·포장공사구간	B형	시대미상	1호밭 밭유구		36~67	2~5.5	동-서		61
				2호밭		40~70	2~4	북서-남동		
				1구역 밭		75~80	15~18	북서-남동	경작흔, 이랑조성흔	
141	부여 구교리·중리 유물산포지(2·4지점)	B형	시대미상	2구역 밭 2지역(1개층)		서쪽: 70~80 동쪽: 70~80	서쪽: 10~15 동쪽: 10~15	서쪽: 북서-남동 동쪽: 북서-남동	경작흔, 이랑조성흔	1
				3구역 밭		남서쪽: 70~80 북동쪽: 30	남서쪽: 10~15 북동쪽: 7~11	남서쪽: 북서-남동 북동쪽: 북서-남동	경작흔	
142	부여 구봉·노화리 (B지구)	A형	시대미상	제3경작층		50~60		동-서	식재흔, 가장자리로 수로배치	114

연번	유적명	입지	시대	유구명	(잔존)길이(m)	두둑폭(고랑폭)(cm)	깊이(cm)	이랑방향	내부흔적·관련시설·특징	참고문헌
143	여주 1지구 유물산포지20 (당남리섬)		시대 미상	발유구 / 제1경작층 (35TR,38TR)	1-1: 43 1-2: 32 1-3: 10	1-1: 30~60 1-2: 20~50 1-3: 20~50		1-1: 남-북 1-2: 동-서 1-3: 남-북		121
				제2경작층	100	20~40		남-북		
144	여주 2지구(삼합지구) 유적주정지8	B형	시대 미상	3구역 / 상층	51	42~120		등고선과 나란	정석층	12
				하층	45			등고선과 나란		
				3-1구역 / 1개층	40	40~135		등고선과 나란		
145	여주 2지구(도리지구) 유적주정지7	B형	시대 미상	1층				동-서		11
				2층		110~140	5~15	동-서		
				제1경작층		70~80	10~15	남-북		
				제2경작층		2-1: 40~70 2-2: 40~80	2-1: 10 2-2: 10~12	2-1: 남-북 2-2: 남동-북서	경계구	
146	여주 1지구 유물산포지 22-3구간 내 양호준석저장		시대 미상	제3경작층		3-1: 45~60 3-2: 50~70	3-1: 10~15 3-2: 10~15	3-1: 남-북 3-2: 북서-남동	경계독(발두렁)	125
				제4경작층		40~50	10	동-서		
147	청평-현리도로건설공사 예정구간 (A지구)	A형	시대 미상	1개층		20~25		남-북		124
148	춘천 율문리 335-4번지	A형	시대 미상	1지구 (2개층) / 1층		50	5	동-서, 남-북		9
				2층		40~60	8~10	남-북		

| 참고문헌 |

연번	부록 참고문헌
1	가경고고학연구소, 2010, 「4대강살리기 금강 부여지구 구교리·중리유물산포지2·4지역 문화유적발굴조사약보고서」
2	가경고고학연구소, 2012, 『공주 옥성리유적』
3	강원문화재연구소, 2003, 「부록:1 국도46호선 동면-신북간 도로 확·포장공사구간내 지내리유적」, 『춘천 신매리 주차장 신축예정지 유적』
4	강원문화재연구소, 2005, 『국도44호선(구성포-어론간)도로확·포장공사구역내 유적발굴 조사보고서』
5	강원문화재연구소, 2006, 『춘천 우두동707-1·35번지유적 발굴조사보고서』
6	강원문화재연구소, 2007, 『용암리-화천 생활체육공원 조성부지내 문화유적발굴조사보 고서-』
7	강원문화재연구소, 2008, 『천전리』
8	강원문화재연구소, 2008, 『춘천 거두2지구』
9	강원문화재연구소, 2008, 『춘천 율문리335-4번지유적(춘천 율문리 생물산업단지 조성 부지내 유적발굴조사 보고서)』
10	경기문화재연구원, 2010, 「4대강(한강)살리기 여주2지구(가야지구)유물산포지15 문화재 발굴조사 약보고서」
11	경기문화재연구원, 2010, 「4대강살리기 한강권역 여주2지구(도리지구)유적추정지7 표본 시굴조사 약보고서」
12	경기문화재연구원, 2010, 「4대강살리기 한강권역 여주2지구(삼합지구)유적추정지8 문화 재발굴조사 약보고서」
13	경남고고학연구소, 2002, 『진주 대평리 옥방1·9지구무문시대집락』
14	경남대학교박물관, 2003, 「대구-부산간고속도로 제7공구내 밀양 금천리유적」 현장설명 회자료
15	경남대학교박물관, 2013, 『산청 묵곡리유적』
16	경남대학교박물관·밀양대학교박물관, 1999, 「울산 무거동 옥현유적」 현장설명 회자료집
17	경남문화재연구원, 2010, 「4대강살리기(낙동강,경남구간)사업구간내 창녕 학포리유물산 포지II 문화유적발굴(시굴)조사결과약보고」
18	경남문화재연구원, 2011, 『진주 평거3택지개발사업지구(2지구) 진주 평거동유적II』
19	경남발전연구원 역사문화센터 역사문화센터, 2003, 『2001년도 시굴조사보고서』

연번	부록 참고문헌
20	경남발전연구원 역사문화센터 역사문화센터, 2003, 『김해 가야인 생활촌조성부지내 유적 2차 발굴조사 약보고서』
21	경남발전연구원 역사문화센터 역사문화센터, 2004, 『문화유적 시굴조사 보고서-3. 진주 평거동 748-4번지 유적』
22	경남발전연구원 역사문화센터 역사문화센터, 2005, 『마산 진동유적』
23	경남발전연구원 역사문화센터 역사문화센터, 2005, 『밀양 살내유적』
24	경남발전연구원 역사문화센터 역사문화센터, 2005, 『진성 창촌유적』
25	경남발전연구원 역사문화센터 역사문화센터, 2005, 『함안 명덕고등학교·합천 해인사부 도 및 석장비 주변유적 시굴조사보고서』
26	경남발전연구원 역사문화센터 역사문화센터, 2006, 『산청 평촌리유적』
27	경남발전연구원 역사문화센터 역사문화센터, 2006, 『함안 도시자연공원부지내 유적』
28	경남발전연구원 역사문화센터 역사문화센터, 2007, 『밀양 신안 선사유적』
29	경남발전연구원 역사문화센터 역사문화센터, 2010, 『4대강(낙동강)살리기 사업구간내 창 녕 반포리 유물산포지I발굴(표본시굴)조사 약보고서』
30	경남발전연구원 역사문화센터 역사문화센터, 2010, 『사천 덕곡리유적』
31	경남발전연구원 역사문화센터 역사문화센터, 2010, 『진주 평거3-1지구유적』
32	경남발전연구원 역사문화센터 역사문화센터, 2012, 『진주 평거4-1지구유적』
33	경남발전연구원 역사문화센터 역사문화센터, 2012, 『진주 평거4지구 도시개발사업지구 (III구역)내 문화유적 발굴조사 약보고서』
34	경상대학교박물관, 1999, 『진주 대평리 옥방2지구선사유적』
35	경상대학교박물관, 2001, 『진주 대평리 옥방3지구선사유적』
36	경상문화재연구원, 2009, 『진주 혁신도시개발 사업지구내 진주 종합경기장건립부지(소문 리등섬들유적)내문화재 발굴조사 약보고서』
37	경상문화재연구원, 2010, 『4대강(낙동강)살리기 사업구간내 창녕 성산리유물산포지 발굴 (표본시굴)조사약보고서』
38	경상문화재연구원, 2010, 『4대강(낙동강)살리기 사업구간내 창녕 월하리유물산포지 발굴 (시굴)조사약보고서』
39	경상문화재연구원, 2010, 『4대강(낙동강)살리기 사업구간내 창녕 반포리유물산포지II 발 굴(분포확인)조사약보고서』
40	경상문화재연구원, 2010, 『4대강(낙동강)살리기 사업구간내 창녕 현창리 유물산포지II발 굴(시굴)조사약보고서』
41	경상문화재연구원, 2010, 『4대강(낙동강)살리기 사업구간내 창원 낙동강 변선사유적지I 발굴조사약보고서』
42	경상문화재연구원, 2010, 『경남 진주혁신도시개발사업 문화재발굴조사(II-1지구)약보고 서』
43	경상북도문화재연구원, 2005, 『대구-부산간 고속도록 건설구간(제4·5공구 문화유적발 굴조사보고서-청도 송읍리·유호리·내호리유적-』
44	고려대학교고고환경연구소, 2006, 『홍산-구룡간도로확장 및 포장공사구간내 문화유적발 굴조사보고서』

연번	부록 참고문헌
45	고려대학교매장문화재연구소, 2004, 『논산 마전리유적』
46	고려대학교매장문화재연구소, 2001, 『관창리유적-B·G지구』
47	고려문화재연구원, 2010, 「4대강(한강)살리기 사업구간내 여주 1지구 유물산포지22-1구간 발굴조사약보고서」
48	국립문화재연구소, 2012, 「고성 문암리유적(사적426)발굴조사」 현장설명회자료집
49	국립진주박물관, 2001, 『진주 대평리 옥방1지구유적』
50	금강문화유산연구원, 2010, 「금강 살리기6공구(청남지구) 정동리지점 부여 정동펄 경작유적약보고서」
51	금강문화유산연구원, 2011, 「4대강 살리기 금강5공구 군수제구간 문화재발굴조사 부여 군수리 경작유적 약보고서」
52	금강문화유산연구원, 2011, 「4대강살리기 금강 부여지구 구교리·중리유물산포지(1·3지점)문화재발굴조사 부여 구교리·왕포리경작유적 약보고서」
53	대한문화유산연구센터, 2010, 「영산강살리기 사업구간내 승촌동유적 문화유적발굴조사 약보고서」(제외지)
54	대한문화유산연구센터, 2010, 「영산강살리기 사업구간내 승촌동유적 문화유적발굴조사 약보고서」(제내지)
55	대한문화유산연구센터, 2011, 『무주 철목리 철목유적』
56	동북아지석묘연구소, 2010, 「4대강(영산강)살리기 사업구간내 나주 진포동포두유적약보고」
57	동서문물연구원, 2009, 「진주 가호지구 택지개발사업부지내 유적 발굴조사 2차 지도위원회 및 현장설명회자료집」
58	동서문물연구원, 2010, 「4대강(낙동강)살리기 사업구간내 양산증산리유물산포지2구간발굴(표본시굴)조사약보고서」
59	동서문물연구원, 2010, 「진주 평거4지구도시개발사업지구(II구역)내 문화유적발굴조사약보고서」
60	동아대학교박물관, 2002, 『진주 옥방유적』
61	동아문화연구원, 2007, 「산청 청암-삼장간국도화·포장공사구간내 문화유적발굴조사현장설명회」
62	동아세아문화재연구원, 2006, 『진주 이곡리유적II』
63	동아세아문화재연구원, 2010, 『진주 평거동 한전유적(3택지 II-2구역 한전)』
64	동아세아문화재연구원, 2007, 「창원 가음정지구 부지조성사업부간내 유적 발굴(시구)조사현장설명회」
65	동아세아문화재연구원, 2008, 「동부산관광단지조성사업부지내 유적 발굴(시굴)조사현장설명회」
66	동아세아문화재연구원, 2009, 「동부산 관광단지 조성사업부지내 유적발굴조사현장설명회」
67	동아세아문화재연구원, 2009, 「4대강(낙동강)살리기 사업구간내 양산 증산리 유물산포지1구간 발굴(표본시굴)조사약보고서」

연번	부록 참고문헌
68	동아세아문화재연구원, 2009, 「울산 북구 송정지구택지개발사업부지내 문화유적발굴(시굴)조사현장설명회」
69	동아세아문화재연구원, 2009, 「하동 국도19호선 확장구간내 유적발굴조사현장설명회」
70	동아세아문화재연구원, 2010, 「4대강(낙동강)하천환경정비 사업구간내(창녕 장천리 유물산포지II-2구간) 발굴(표본시굴)조사약보고서」
71	동양문물연구원, 2010, 「4대강(낙동강,경남구간)살리기 사업구간내 창녕 용산리 유물산포지 문화재발굴(표본시굴)조사약보고서」
72	동의대학교박물관, 2008, 『진주 대평리 옥방4지구 선사유적』
73	마한문화연구원, 2010, 「4대강(영산강)살리기사업구간내 나주 택촌 유물산포지 문화유적 발굴(시굴)조사내용」
74	밀양대학교박물관·동의대학교박물관, 2004, 『울산 야음동유적』
75	삼강문화재연구원, 2010, 『진주 혁신도시건설부지(II·IV지구)내 진주 소문리 둥섬들 시굴조사·소문리 유물산포지 표본시굴조사보고서』
76	서울대학교박물관, 1994, 『미사리』 4권
77	서울대학교박물관, 1996, 『의정부 민락동유적』
78	선문대학교, 2001, 『진주 대평리 옥방 5지구 선사유적』
79	성림문화재연구원, 2006, 『경주 금장리유적』
80	영남문화재연구원, 2002, 『대구 동천동 취락유적』
81	영남문화재연구원, 2002, 『대구 서변동유적』
82	영남문화재연구원, 2003, 『대구 동호동유적』
83	영남문화재연구원, 2003, 『대구 진천동유적』
84	영남문화재연구원, 2008, 『대구 죽곡2택지개발사업지구내 달성 죽곡리유적 발굴조사』
85	예맥문화재연구원, 2010, 「화천 거례리1지구 2구간내 유적발굴(시굴)조사약보고서」
86	우리문화재연구원, 2008, 「마산 진북 일반지방산업단지조성부지(III-1구간)내 마산 망곡리유적」(현장설명회자료집)
87	우리문화재연구원, 2008, 『창녕 계성리유적』
88	우리문화재연구원, 2010, 「4대강(낙동강,경남구간)살리기사업구간내 양산 용당리 유물산포지III-A지점 문화재발굴조사약보고서」
89	우리문화재연구원, 2010, 「4대강(낙동강,경남구간)살리기 사업구간내 양산 증산리 유물산포지 3유적 문화재 발굴(표본시굴)조사약보고서」
90	울산대학교박물관, 2005, 『국도24호선(울산-언양) 확,포장구간내 유적(울산굴화리·백천·구수리유적)』
91	울산문화재연구원, 2002, 『울산 백천유적』
92	울산문화재연구원, 2003, 『울산 발리유적』
93	울산문화재연구원, 2003, 『울산 사연리 늠네유적 I 』
94	울산문화재연구원, 2003, 『울산 신현동 황토전유적』
95	울산문화재연구원, 2003, 『울산 화정동유적』

연번	부록 참고문헌
96	울산문화재연구원, 2005, 『울산 굴화리 장검유적I』
97	울산문화재연구원, 2008, 『울산 굴화리 생기들유적』
98	울산문화재연구원, 2008, 『울산 다운동436-5유적 부록: 울산 옥동앞들 유적』
99	울산문화재연구원, 2010, 『울산 입암리유적』
100	울산문화재연구원, 2011, 『4대강(낙동강)살리기사업구간내 양산 용당리 유물산포지III(D구간) 발굴조사약보고서』
101	울산발전연구원문화재센터, 2005, 『울주 서부리남천유적』
102	울산발전연구원문화재센터, 2008, 『울산 신천동냉천유적』
103	울산발전연구원문화재센터, 2008, 『울산 화봉동유적』
104	이상길·이경아, 1998, 「대평 어은 1지구 유적과 출토 식물유체」, 『남강댐 수몰지구와 발굴성과』 제7회 영남고고학회 학술발표회 이상길, 1999, 「진주 대평리 어은1지구 선사유적」, 『남강선사문화세미나요지』
105	전남문화재연구원, 2010, 『4대강(영산강)살리기사업구간내 광주 용봉동 유물산포지 발굴조사약보고서』
106	전북대학교박물관, 2001, 『진안 용담댐 수몰지역내 문화유적 발굴조사보고서VIII-여의곡유적』
107	조현종·장제근, 1992, 「광주 신창동유적 제1차 조사개보」, 『고고학지』 4 국립광주박물관, 1997, 『광주 신창洞 저습지 유적I』
108	중앙문화재연구원, 2001, 『국도24호선(언양-범서간) 확·포장공사구간내 울산 어음리유적』
109	창원대학교박물관, 2000, 『창원 반계동유적II』
110	창원대학교박물관, 2001, 『94창원 가음정동유적』
111	창원문화재연구소, 2002, 『진주 대평리 어은2지구선사유적II』
112	창원문화재연구소, 2003, 『진주 대평리 옥방8지구 선사유적』
113	충남대학교백제연구소, 2001, 『부여 동나성·서나성유적발굴조사보고서』
114	충남대학교백제연구소, 2004, 『부여 구봉·노화리유적-A지구-』
115	충남대학교백제연구소, 2004, 『부여 합송리유적』
116	충남대학교백제연구소, 2007, 『화성 반월동유적』
117	충청매장문화재연구원, 2001, 『서천 송내리유적』
118	충청문화재연구원, 2003, 『부여 가탑리·왕포리·군수리유적』
119	충청문화재연구원, 2008, 『부여 정동리 오얏골·꿩바위골유적』
120	충청문화재연구원, 2010, 『4대강(금강)살리기 부여 정동1 적치장부지내 문화재표본발굴조사』
121	한강문화재연구원, 2010, 「4대강(한강)살리기 여주1 지구유물산포지20(당남리섬)내 문화재발굴조사약보고서』
122	한국고고환경연구소, 2010, 「행정중심복합도시 지방행정지역생활권3-1·2내B지점 연기 대평리유적 2차 지도위원회의자료집』 한국고고환경연구소, 2010, 「행정중심복합도시 지방행정지역생활권3-1·2내B지점 연기 대평리유적 3차 지도위원회의자료집』

연번	부록 참고문헌
123	한국문물연구원, 2010, 「4대강(낙동강)살리기사업구간내 창녕 장천리 유물산포지II-1구간 발굴조사결과약보고」
124	한백문화재연구원, 2006, 「청평-현리 도로건설공사예정구간 문화재발굴조사(A지구) 지도위원회자료집」
125	한백문화재연구원, 2010, 「4대강(한강)살리기사업구간내 양촌적치장(여주1지구유물산포지22-3구간)발굴(표본시굴)조사완료약보고서」
126	한백문화재연구원, 2010, 「4대강(북한강)살리기사업 춘천 중도동 하중도 A지구 발굴조사 완료약보고서」
127	한겨레문화재연구원, 2011, 「4대강(낙동강)살리기 섬진 2공구 하동 광평리 유물산포지B 발굴조사 결과보고서」
128	호남문화재연구원, 2007, 「광주 동림동유적」

한반도 유적 출토 가축 유존체 알람표

1. 개, 2. 돼지, 3. 소, 4. 말

이준정

〈한반도 유적 출토 가축 유존체 일람표 1: 개〉

연번	시대	지역	유적	출토 부위 및 수량																					출토정황	비고	출전
				두개	상악	하악	이빨	척추	늑골	견갑	관골	상완	요골	척골	수완	대퇴	경골	비골	ct	mct	지골	기타	합계	MNI			
1	신석기	경기	인천 대연평도 까치산 패총	1	1	2	22		2	2	2	2	3	2	2	2	3	2	3	12	6		71	1	패각층	매장견	李俊貞·金恩暎 2007
2		충남	태안 안면도 고남리			1		1															2	1	패각층		안덕임 1999
3		전남	광양 오사리 돈탁 패총	1	3	5	42	2	48	2	2	2	2	2		2	2	2	2	4		3	125	2	패각층	매장견	김건수 외 2012
4			여수 안도																			3	?	?	?	사진으로만 보고	國立光州博物館 2009
5			완도 여서도	3	1	5	7				1	1	1	1		1	1	1		4			26?	1	패각층	매장견?	김건수·이승윤·양나래 2007
6		경남	김해 수가리			2			2	1													3	3	패각층	교란층 출토	金子浩昌·牛澤百合子 1981
7			부산 동삼동	1	2	3			1	1	2	1	2	1									15	2	패각층		金子浩昌·吳世筵 2002
					3	4	11	15	6	4	6	6	7							2	6		76	13	패각층		西谷豊弘 외 2011
8			창녕 비봉리	1		1		1	1	1			1										4	1	패각층	야생종 치아 1점 공반	金子浩昌 2008
9			통영 연대도			2			2		2		5						1	6			25	3?	패각층	사육종 여부 불명확	金子浩昌·徐姈男 1993c
10			통영 상노대도?															1	1				2	1	패각층		손보기 1982
11	청동기	강원	영월 쌍굴	1	3							1								2			7?	1?	분묘		연세대학교 박물관 2009
12		충남	태안 안면도 고남리		2																		2	1	패각층		湖巖大學校博物館 1990
13		경북	포항 인덕산		1																		1	1	주거지		김건수 2007
14	초기철기–원삼국	경기	인천 운남동								1	1	1	1									80	14	패각층	하악골·사지골 등; A매장; 매장견?	樋泉岳二 2011
15			인천 장금도																				3	2	패각층		이준정·고은별 2008
16		강원	강릉 강문동	2	3	34	53	3	6	2	2	1	4						16	32	37	1	207	1	패각층		고은별 2012a
17			동해 송정동	1	1	3	2		1														7	2	수혈		이준정·고은별 2011a
18				1																	1		1	1	수혈		이준정·고은별 2011b
			춘천 근화동																				1	1	수혈 내 토기		이나리 2011

연번	시대	지역	유적	두개	상악	하악	치아	척추	늑골	견갑	관골	상완	요골	척골	대퇴	비골	경골	ct	mct	지골	기타	합계	MNI	출토정황	비고	출전
19		충남	아산 갈매리	2	1							1										9	2	수로		樋泉岳二 2007
20		전북	군산 남전 패총	2	2																	24	2	패각층		안덕임 2006
21		전남	나주 장동리 수문 패총			2		1					1									5	1	패각층 등	식용흔으로 보고	김건수·이은·김현미 2010
22			해남 군곡리	1		1																2	1	패각층	1차 조사 내용만 보고	渡邊 誠 1989
23			고성 동외동																			?	?	?	보고서에는 미보고	김건수 2011
24			김해 봉황동		1	1				1			1									3	1	문화층		최종혁 2005
25			김해 회현동	1	2	1																6	2	패각층, 수혈		이준정·고은별 2004
					1																	1	1	패각층		천선행 외 2002
26			부산 고촌리	1	3	4		3	1	1	1	1	1	4	2				2	2		30	3	패각층		松井章 외 2009
	초기철기			3	2	2	9	1	1	1	2	1	1	2	3							26	2	저습지		김건수·이재호 2010
27	-원삼국	경남	부산 동래 낙민동	1	1		2		1	2	2	2	2				3					15	2?	패각층		徐姶男 1997
					2	2		1	1	1	1	1		1			1				12	2	패각층		金子浩昌 1998
				1	6		2	2	2	2	2		1			1					17	5	패각층		조태섭 2004
				2	2		1	1	1	1	1										5	2	패각층		金憲奭 2008
								1		1	1				1					1	5	1	패각층		金子浩昌·安佳浩·徐姶男 1990
28			사천 늑도	2	6	10		4	3	4	4	3	3	4	2		1	6				40	4	패각층, 분묘		金子浩昌·徐姶男 2004
					3	11		3	1	3	2	3		3	2	2						28	2	패각층		李俊貞 2006
								1						1				3			?	3	패각층	매장권	慶南考古學研究所 2006
				1		1			1		2	1	1		3						12?	3?	패각층		김건수 2006a
				10	20	12	61	7	9	9	8	16	13		19				6		202	28	토광	매장권	朴光春·宮崎泰史·安部みき子 2008
29			사천 방지리	3	4	1	3	1	3	3	2	2		3	1				3			29	4	패각층, 수혈		이준정·고은별 2007b, 2007c

연번	시대	지역	유적	두개	상악	하악	이아	치아	척추	늑골	견갑	관골	상완	요골	척골	대퇴	경골비골	발	ct	mct	지골	기타	합계	MNI	출토정황	비고	출전
30			창원 성산 패총	1																			1	1	패각층		손보기 · 박영철 · 박선주 1976
31		제주	제주 종달리			1																	?	?	패각층	식육목으로 보고	신태균 외 2006
32		경기	서울 몽촌토성		1											1							1	1	연못		金元龍 외 1989
33			연천 호로고루	1	1	2	1	2	2	1		1							1	1	2		14	3	지하식 벽체건물지		이준정 2007b
34		충남	부여 구아리	2	4		1	3	1														11	5	저습지		고은별 · 이준정 2013 발간예정
35			부여 궁남지	1	1		1									2							7	1	수로		고은별 2012
36			부여 능산리 동나성				1	1		1													2	1	저습지		이은별 · 고은별 2007a
37			부여 쌍북리 280-5번지		6			3	1	1		1				1							11	4	도로, 건물지, 구상유구 등		김명진 외 2006
38			부여 쌍북리 602-10번지		1				1	1		1								2			7	1	수로		김은영 · 이준정 2011
39	삼국	전남	나주 복암리 2호분	2																		?	?	주구	하악골, 사지골	林永珍 · 趙鎭先 · 徐賢珠 1999
40		경북	경산 임당동		4													4					?	3	분묘	2호분 개석 상부, 3개체	鄭永和 외 2002
41			김해 대성동 고분																			?	?	저습지	보고서에는 미보고	俞炳一 · 鄭聖喜 2008
42		경남	김해 봉황동	3	5	8	3	2	3	2		1	2					1	2			33	10	수혈, 기와, 저습지		김건수 2011
43			부산 부정 패총	1	2	4	1		1	3			1						1			10	2	패각층		丁太振 2007a
44			창원 신방리	2	12	4	2	3		2												26	2?	패각층, 저습지		金子浩昌 · 徐姶男 1993a
45			함안 성산산성	8	23	11	105	12	9	8	6	18	2	27	14				21	48	16	337	14	저습지		김건수 2009
46		제주	제주 곽지 패총	2	2		4															6	?	?	2종류의 개과로 보고	신태균 외 1997, 신태균 외 1997
47	통일신라	경북	경주 국립경주박물관내 우물	1	2		41	2	2	2	2	2	2		2	3			18	23	3	155	4?	우물		宮崎泰史 2011
48	신라		경주 성동동 386-6번지																			?	?	구		嶺南文化財研究院 1999

연번	시대	지역	유적	출토 부위 및 수량																				출토정황	비고	출전
				두개	상악	하악	이치	척추	늑골	견갑	관골	상완	요골	척골	대퇴	경골	비골	ct	mct	지골	기타	합계	MNI			
49	통일신라	경북	경주 안압지	2				2	1	2	1	5	3	7	1	1						41?	?	연못		文化財管理 1978
50			경주 황남동 376번지	1				17				1	1	1								3	1	?		金子浩昌·黃昌漢·張曉星 2002
51			대구 칠곡 3택지	○	○	○	1		○	○	○	○	○	○		○						?	?	구·수혈		兪炳 2000
52		경남	울산 반구동			1	1			1												3	?	문화층		兪炳·鄭澂娥 2009
53			진주 무촌			1					1											1	1	수혈		이준정 2011c
54	고려	강원	영월 정양산성			1		5														6	2	석렬유구, 문화층		고은별 2013 발간예정
55		충남	태안 마도 2호선						1						1	1	1					4	1	선박		안덕임 2011
56			태안 마도 3호선					1							1	1	1					3	1	선박		고은별 2012b
57		전남	보성 효동 매총																			?	?	?		마한문화연구원 2009
58	조선	경남	김해 봉황동				1	2					1	1	1	1	2					8	2	건물지		丁天振 2007a
59		경기	서울 육조거리				4															4	2	도로		조태섭 2011
60		전남	강진 전라병영성지	8			2				2		3	4	3							21	2	해자		김건수·이은·김현미 2011
61			여수 진남관																1			?	?	?		대한문화유산연구센터 2009
62		경북	울산 반구동													1						1	1	구		兪炳·鄭澂娥 2009
63		경남	김해 봉황동			1									1	1						4	2	건물지, 우물		丁天振 2007a
64			사천 방지리	2			4															6	2	패각층		이준정·고은별 2007c

〈한반도 유적 출토 가축 유존체 일람표 2: 돼지〉

연번	시대	지역	유적	두개	상악	하악	이치	척추	늑골	견갑골	관골	상완골	요골	척골	ct	mct	지골	기타	합계	MNI	출토정황	비고	출전
1	초기철기~원삼국	강원	강릉 강문동	17	9	9		5	3	2	3	3			5	6		1	65	10	패각층, 저습지		고은별 2012a
2			동해 송정동	2	1			1	5					4		1	1		1	10	2	패각층		이준정·고은별 2011a
3			춘천 근화동	1						1										8	1	수혈 내 토기		이준정·고은별 2011b
4			춘천 천전리·율문리	1		1														3	1	수혈 내 토기		이나리 2011
5		충남	아산 갈매리		2	2														2	1	수혈 내 토기		이준정 2010
6				8	14	18	4	1	2	3	1	1	3		2	1			59	11	수로		이준정 2007a
7		경남	김해 회현동	3	5															8	2	패각층		樋泉岳二 2007
8			부산 고촌리	8	16			3	2			5								24	?	저습지		김헌석 2012
9			부산 동래 낙민동	9	22							1				4				31	12	패각층		김헌석·西本豊弘 2010a, 2010b
10			사천 늑도	5	5							1								10	3	패각층		김헌석 2012
11			사천 방지리	2					2											2	2	패각층		김헌석 2012
12		경기	인천 운북동	4, 5	14		3	2	5					1		1				26	4	지하식		김헌석 2012
13			강릉 강문동	5	14	6	1	2	5			4	1	1	4					41	10	벽체건물지		이준정 2007b
14	삼국	강원	강릉 강문동		1				1										1	1	1	우물		고은별·이준정 2013 발간예정
15		충남	부여 구아리		2					1										3	2	저습지		이준정·고은별 2011a
16	통일신라	경북	경산 임당동	2	1			1											1	3	주구	사육종 여부 불명확	고은별·이준정 2012
17	통일신라~고려	경남	전주 무거																		2	수혈		兪炳一 2001
18	고려	충남	태안 마도 2호선	6	3	2	1	1	2	1		4	1	1	2	2				30	3	선박		안덕임 2011
19			태안 마도 3호선	3	1	1	1	1	5	4	8	3	2	3	5	2			2	39	5	선박		고은별 2012b

〈한반도 유적 출토 가축 유존체 일람표 3: 소〉

연번	시대	지역	유적	두개	상악	하악	치아	척추	늑골	견갑골	관골	상완골	요골	척골	대퇴골	경골	비골	ct	mct	지골	기타	합계	MNI	출토정황	비고	출전
1	초기철기–원삼국	경기	인천 운남동																			87	10	패각층	사지골 중심, 견갑골 2점은 복골	樋泉岳二 2011
2		강원	강릉 강문동	2	1	4			1	1	2	2				1		1	2	5		22	2	패각층·저습지		고은별 2012a
3			동해 송정동		1														2			3	1	패각층		이준정·고은별 2011a
4			동해 송정동			2																2	1	주거지		이준정·고은별 2011b
5		충남	아산 갈매리	1	1	7	20		1	1					7				6		1	45	3	수로		이준정 2007a
6			아산 갈매리	4	2	19	18	1	3	6	10	4	7	13				9	10	1		107	10?	수로		樋泉岳二 2007
7		전북	군산 남전 패총	○	○	○	○	○	○	○	○								○			>6	?	패각층 등	1차 조사 내용만 보고	안덕임 2006
8		전남	나주 장동리 수문 패총					1			1											2	1	패각층		김건수·이은·김현미 2010
9			해남 군곡리	1		3	1	1	1		1	1				1		1	3			14	2	문화층		渡邊誠 1989
10		경남	김해 봉황동				1											1	1			3	1	패각층·수혈		최종혁 2005
11			김해 봉황동	2		2	2		1	1	2	1			1	2		4	5			26	6	패각층		이준정·고은별 2004
12			김해 회현동						1	2	1								5			10	?	패각층	자료재검	천선행 외 2002
13			부산 고촌리	4	4	13	13	2	8	7	5	8	4		11	1		13	25	45	1	158	8	패각층		松井章 외 2009
14			부산 고촌리	4		5	3		1	4		1			1				2			21	2	저습지		김건수·이재호 2010
15			부산 동래 낙민동				4												1			6	?	패각층	교란층 출토	徐始男 1997
16			부산 동래 낙민동	3		2		1	2	4	1	2				4		4	6	2		27	3	패각층		金子浩昌 1998
17			부산 동래 낙민동	4		5	3	5	5	3		1				3		1	2	2		35	3	패각층		조태섭 2004
18			사천 늑도	○		○	○	○	○	○									2			?	?	패각층		金憲奭 2008
19			사천 늑도						1													5	1	패각층·분묘		金子浩昌·徐始男 2004
20			사천 늑도	2			2												2			4	2	문화층		李俊貞 2006

연번	시대	지역	유적	두개	상악	하악	치아	척추	늑골	견갑	관골	상완	요골	척골	대퇴	경골	비골	ct	mc	지골	기타	합계	MNI	출토정황	비고	출전
13	초기철기–원삼국	경남	사천 늑도			1									1	2	3	1	1	1	1	8	3	문화층		김건수 2006a
			사천 방지리		1		2					1	2	1	1	1		1	1	1	1	8	1	패각층		朴光春·宮崎泰史·安部みき子 2008
14		제주	제주 케네기 동굴		5	3					3	1			2			2	6	5		30	6	패각층, 구		이준정·고은별 2007b, 2007c
					5				2						1			2	2			4	1	패각층		이준정 2007c
15		제주	제주 종달리	4	5	67		1		2	1	2	2	1	1	2		11	10	5	1	112	?	동굴		신태균·전제균·이자수 1996
																1			1		1	1	패각층		신태균 2001
			제주 종달리	2	2	239		18	4		4	16		20	14	5		338	?	패각층		신태균 외 2006					
16	삼국	경기	서울 몽촌토성																			?	?	연못	치아, 중수골 또는 중족골 등	金元龍 외 1989
17			서울 풍납토성			2			1			1	2	1	2	2	1	7	1	수혈		김건수·양나래 2005					
				1	4	9		1		4	1	2	1					1	20	2	수혈		이준영·김은영 2011			
				2	5			2											7	3	수혈		이준정·고은별 2012b					
18			연천 호로고루	1	2	6		4	2	1	1	1	2	4	1	10	8	3	47	3	자연서 퇴적분지		이준정 2007b
				1	8			7	2	6	3	2	2	5	7	2	53	4	연못		고은별·이준정 2013 발간예정					
19		충남	부여 관북리		2	2		2				2	2	1	6	1	6	1	연못		이준영·고은별 2007a					
20			부여 구아리	1	11	3		7		4	5	4	5	17	6	2	69	5	저장지		고은별·이준영 2012					
21			부여 구남지	1	1			5	1	3	4	3	1	3	2	1	28	3	수로		이준정·고은별 2007a					
22			부여 능산리 동나성	4	3	7		1	2	1	1	2	2	8	15	2	48	2?	저장지		김민정 외 2006					
23			부여 쌍북리 280–5번지	1	3	1		1		3	3	2	3	1	16	3	도로, 건물지, 구상유구 등		김은영·이준정 2011							
24			부여 쌍북리 602–10번지	1				2			2	1	7	2	수로		김은영·이준정 2010									
25		전남	나주 복암리 2호분												?	1	주구	1개체분	林永珍·徐賢珠 1999							
26			영암 자라봉 고분												?	1?	분묘	1개체분?	麦二求 1992, 김건수 2000							

연번	시대	지역	유적	두개	성악	하악	이아	척추	늑골	전간	관골	상완	요골	대퇴	경골	비골	ct	mct	지골	기타	합계	MNI	출토정황	비고	출전
27	삼국	경북	경산 임당동	1		1		1	2	2	1	1	2	2			2		1	2	6	1	구		崔炳鉉 2001
28		경북	대구 달성 성하리		9	2	1	2	2	1	2	1	2				6	2		2	33	?	저습지		崔炳鉉·鄭澄元 2008
29		경남	울산 반구동	2	2	2		2	2	1											9	2	분묘	7호 석심묘	이은정 2013 발간예정a
30		경남	김해 대성동 1호분		2		2										1				3	?	우물		崔炳鉉·鄭澄元 2009
31		경남	김해 봉황동		O																?	?	분묘		申敬澈·金宰佑 2000
32		경남	김해 예안리	1	1	2	3	5	3	4	3	2	2				1	4	6		34	10	구, 수혈, 제방		丁大振 2007a
33		경남	마산 현성동	1	25	19	O	32	18		2	3	3					1				1	분묘		金子浩昌·徐始男 1993b
											3							2	1		49	42	독립매납유구	57-1호(7개체), 76호(7개체), 81-1호(7개체), 90-1호(21개체)	丁大振 2007b
34		경남	진주 상촌리	1	2	2	2	2	2	2	2	2					2	2	1	1	72	1	독립매납유구	1개체분	이은정 2011d
35		경남	진주 중촌리																	?	?	?	독립매납유구	5기의 매납유구 내에서 출토, 보고서 미간	우리문화재연구원 2007
36		경남	창원 신방리		2	1	1	1	1		5						2	1			12	3	패각층		김원수 2009
37		경남	함안 성산산성	1		1	24	1	3	3	1	6	4				2	1	2	3	79	5	저습지		양숙자 2011
38		제주	제주 고내리	3	35	27	12	11	15	2	2	8	5				21	18	9	2	180	?	수혈, 패총		김경철 외 2002
39		제주	제주 곽지 패총																		238	?	패각층	두개골, 좌우, 늑골, 사지골 등	신태균 1997, 신태균 외 1997
40		제주	제주 종달리			10		6	2	3	2										21	?	패각층		김향숙 외 2002
41	통일신라	강원	영월 정양산성	1	1	1	2	1	3	2	2	1	1					3			12	5	건물지, 저장시설		고은별 2013 발간예정
42		경북	경주 국립경주박물관내 우물		1	1	18		2	2	2	2					2			44	73?	22?	우물		女部みき子 2011
43		경북	경주 성동동 386-6번지																		?	?	구		嶺南文化財研究院 1999
44		경북	경주 황남동 376번지					1	1		1	1									4	1	?		金子浩昌·黃昌漢·張曉星 2002

연번	시대	지역	유적	두개	상악	하악	이	치아	척추	늑골	견갑	관골	전완	상완	요골	대퇴	척골	비골	경골	ct	mc	지골	기타	합계	MNI	출토정황	비고	출전
																출토 부위 및 수량												
45	통일신라		대구 가천동	o	o	o	o	o	o	o	o	o	o	o	o	o	o	o	o	o	o	o	o	?	5	독립매납유구, 기타 유구	5개체분	俞炳ー・鄭銘姬 2010
46		경북	대구 유천동 103유적			o	o	o	o	o	o	o	o	o	o	o	o	o	o	o	o	o	o	?	1	독립매납유구	1개체분	이준정・고은별 2013 발간예정
47		경북	대구 칠곡 3택지					1								5			2	1	1			10	?	구, 수혈		俞炳ー 2000
48			울산 반구동				2	1	1	2	5	2	3	2	1	7								26	?	부석 구건, 문화층		俞炳ー・鄭銘姬 2009
49			포항 인덕동		1			1																?	1	독립매납유구	두개골을 제외한 1개체	김난수 2006b
50		경남	진주 무촌	1	8	9	3	4	3	5	12	4	1	9	7	1	4	7	1				2	81	13	수혈, 우물		이준정 2011c
51		경남	진주 창촌리	2	2	2			1		2	2				8	4	4	3				2	>30	1	독립매납유구	1개체분	慶南考古學研究所 2008
52		제주	제주 과지 패총			1						1			2	3				4	3	6		20	?	패각층		신태균 외 1997
53	고려	충남	태안 마도 2호선		2														1		1		1	5	2	선박		안덕임 2011
54			태안 마도 3호선						1												3		1	5	1	선박		고은별 2012b
55		경북	울산 반구동		2	1				1	1	2												7	?	구, 토성		俞炳ー・鄭銘姬 2009
56		경남	김해 봉황동		1																			1	1	건물지		丁大振 2007a
57	조선	경기	서울 육조거리		5	4	5	2		2		1		1						3			1	24	4	도로		조태섭 2011
58		전남	강진 전라병영성지	2	2	13	27	8	23	21	13	5	10	17	20	2								163	5	해자		김건수・이은・김현미 2011
59		경북	울산 반구동					1		1		2				1							1	6	?	구, 도로		俞炳ー・鄭銘姬 2009
60		경남	김해 봉황동	1	2	1	2	1		9	6	2				1				1	1		2	29	13	우물, 수혈, 건물지, 구		丁大振 2007a
61		경남	사천 방지리	1	5	1	1	2															2	12	2	수혈, 제방		이준정・고은별 2007c

〈한반도 유적 출토 가축 유존체 일람표 4: 말〉

연번	시대	지역	유적	두개	상악	하악	치아	척추	늑골	견갑	관골	상완	요골	척골	대퇴	경골	비골	ct	mct	지골	기타	합계	MNI	출토정황	비고	출전
1	초기철기~원삼국	경기	가평 대성리				20															20	1	수혈	40호 수혈, 1개체분 치아	黑澤一男 2009
2		경기	인천 운남동																			12	4	패각층		樋泉岳二 2011
3		강원	강릉 가둔동																			3	1	저습지		고은별 2011a
4		강원	강릉 가둔동																			22	3	패각층, 저습지		고은별 2012a
5		강원	화천 원천리																			24	1	주거지	22호 주거지, 상악과 악각에 각 1개체분	이준정 2013 발간예정c
6		충남	아산 갈매리																			7	1	수로		이준정 2007a
7		전북	군산 남전 패총																			52	2?	수로		樋泉岳二 2007
8		경남	김해 봉황동																			4	1	패각층		안덕임 2006
9		경남	김해 봉황동																			3	1	문화층		최종혁 2005
10		경남	김해 회현동																			11	1	패각층, 수혈		이준정·고은별 2004
11		경남	김해 회현동																			2	1	패각층		천선행 외 2002
12		경남	김해 회현동																			35	4	패각층		松井章 외 2009
13		경남	부산 고촌리																			1	1	저습지		김건수·이재호 2010
14		경남	부산 동래 낙민동																			5	1?	패각층		徐姶男 1997
15		경남	부산 동래 낙민동																			18	2	패각층		金子浩昌 1998
16		경남	사천 늑도																			3	1	패각층		조태섭 2004
17		경남	사천 방지리																			1	1	패각층, 분묘		金子浩昌·徐姶男 2004
18		경남	사천 방지리																			28	5	패각층, 구		이준정·고은별 2007b, 2007c
19		경남	사천 방지리																			5	1	패각층		이준정 2007c
20		제주	제주 깨어기 동굴																			3	3?	동굴		신태균·진제광·이차수 1996
21		제주	제주 종달리																			1	1	패각층		신태균 2001

연번	시대	지역	유적	출토 부위 및 수량																						출토정황	비고	출전
				두개	상악	하악	치아	척추	늑골	견갑	관골	상완	요골	척골	대퇴	경골	비골	슬개	ct	mct	지골	기타	합계	MNI			
15		경기	서울 몽촌토성	○															○	○			?	?	연못		金元龍 외 1989
16			서울 풍납토성	○	○																		?	>10	수혈	경당지구 9호 수혈, 10여 개체분 두개골	權五榮·韓志仙 2004
							1													3			5	1	수혈		김건수·양나래 2005
																							?	?	수혈		이준정·김은영 2011
						1																	1	1	수혈		이준정·고은별 2012b
17			연천 호로고루	1	1	1	9	1	1		2	6	2		4	2			2	11	2		40	3			이준정 2007b
				1	3	3	17	3	2			2	1		1	3			2	5	1		38	4	지하식 벽체건물지		고은별·이준정 2013 발간예정
18	삼국	충남	부여 구아리		2		1													1			4	1	저습지		이준정 2012
19			부여 궁남지			1	1		2										1		1			4	1	수로		이준정·고은별 2007a
20			부여 쌍북리 280~5번지		1	2			2			2							2					7	2	도로, 건물지, 구상유구 등		김은영·이준정 2011
21			부여 쌍북리 602~10번지	1	1	2	2	1				3			2				1	5				16	1	수로		김은영·이준정 2010
22		전북	군산 산월리 고분	○															0?					?	?	분묘(매장주체부)	2호분, 3호분	곽장근·조인진 2004
23		전남	나주 복암리 고분	○															4	3				?	>1	분묘(매장주체부), 주구	1호분 주구(치아), 2호분 주구(1개체), 3호분 석실 내부	金洛中 1998, 林永珍·趙鎭先·徐賢珠 1999
24			무안 고절리 고분	1																			1?	1?	분묘(봉토 내부)	D1-54호분, D1-59호분	최성락·이정호·윤효남 2002, 韓國土地公社·韓國文化財保護財團 1998
25		경북	경산 임당동	2	4	2	6	2	3		1	2	1	1	1	1			4	3	4		65	5?	주구, 독립매납유구	G지구 주구 1호, 2호, 3호; G지구 61호묘 마갱(1개체)	兪炳一 2001
				9	3		6	2	3		1	4	1	2	2	1				2			30	?	저습지		兪炳一·鄭娥姸 2008

연번	시대	지역	유적	출토 부위 및 수량																				출토정황	비고	출전
				두개	상악	하악	치아	척추	늑골	견갑	관골	상완	척골	요골	대퇴	경골	비골	ct	mct	지골	기타	합계	MNI			
26	삼국	경북	경주 미추왕릉 지구																			?	3?	독립매납유구	C지구 1호분(17개체), D지구 1,3,4호분 마갱 2기(각 1개체?)	金宅圭·李殷昌 1975
27			경주 산람사 3길	○																		?	>2	독립매납유구	59호(두개골), 60호(두개골) 등	兪柄一 2002
28			경주 인계리 2호분																			?	?	분묘(매장주체부 부근)		文化財研究所 1981
29			경주 황남대총 남분				○															?	?	분묘(봉토분 내 대호 내부)		兪柄一 1994
30			경주 황남동 106-3번지				○															?	?	분묘(매장주체부)	5호묘(지아, 사지골)	張正男 1995
31			경주 황오동 100																			?	5?	독립매납유구	1호 마갱(3개체), 2호 마갱(27개체)	金峰辰 외 2008
32			고령 지산동 44호분				10															10	1	분묘(봉토)	1개체분 치아	모기철 1979
33			고령 지산동 73호분				22															22	1	분묘(봉토)	1개체분 치아	이준정·고은별 2012a
34			대구 달성 성하리						1	1		1		1	1			1	3	2		10	1	분묘(매장주체부)	7호 석실묘	이준정 2013 발간예정a
35			대구 욱수동																			?	>3	분묘(매장주체부 상부)	ID지구 276호묘 (3개체) 등	嶺南大學校博物館·大邱廣域市 都市開發公社 1999a, b
36			상주 신흥리 라-1호분																			?	?	분묘(매장주체부)		韓國文化財保護財團·釜山地方國土管理廳 1998
37		경남	울산 반구동				3		3	1		3			1			5	13			34	?	건물지, 우물	주구 내 매몰 내부, 호석 외부	兪柄一 2002
38			울산 중산동																			?	?	분묘(주구)		兪柄一 2002
39			김해 대성동 88호분				1															?	1	분묘(봉토)	1개체분	대성동고분박물관 2012
40			김해 봉황동												2			3	2	1		9	3	수혈, 제방		丁太振 2007a
41			김해 예안리	32		1									1			1	1			35	?	분묘(외부)	1개체분	金子浩昌·徐姶男 1993b

연번	시대	지역	유적	출토 부위 및 수량																					출토정황	비고	출전
				두개	상악	하악	이	치아	척추	늑골	견갑	관골	상완	요골	척골	대퇴	경골	비골	ct	mct	지골	기타	합계	MNI			
42	삼국	경남	마산 현성동	52	38	1	○		3								1			3	2		100	63	독립매납유구	57-1호(10개체), 76호(10개체), 80-1호(13개체), 90-1호(30개체)	丁太振 2007b
43	삼국	경남	부산 복천동 4호분				○																	1?	독립매납유구	1개체분 차이?	魏韺元·申敬澈 1983
44	삼국	경남	창원 신방리			5	1	1		1						3	2			3			16	3	패각층, 저습지		김건수 2009
45	삼국	경남	함안 도항리 5호분																				?	?	분묘(연도)		國立昌原文化財研究所 1999
46	삼국	경남	함안 반계제 가A호분	○					3								2				1		?	1	분묘(외부)	1개체분 차이	김정완 외 1987
47	삼국	제주	제주 곽지 패총	3		3												1					4	?	?		신태균 1997, 신태균 외 1997
48	통일신라	경북	경주 성동동 386-6번지																				?	?	구, 우물		嶺南文化財研究院 1999
49	통일신라	경북	경주 황성지구																				?	?	우물?		金炫希 2011
50	통일신라	경북	경주 傳 인용사지																				?	?	우물?		金炫希 2011
51	통일신라	경북	경주 황남동 376번지	○															2	2			2	2	?		金子浩昌·黃昌漢·張暎姫 2002
52	통일신라	경북	대구 가천동	○	○	○	○	○	○	○	○	○	○	○	○	○	○	○	○	○	○	○	?	2	독립매납유구	2개체분	俞炳一·兪嶐姬 2010
53	통일신라	경북	대구 침산동 3번지	9		2	2	2	2	5	2					4	2		4	2		1	20	?	구, 수혈		俞炳一 2000
54	통일신라	경남	울산 반구동	4	1	3	3	5	1	1	4	4				4	1		1	7	2	1	48	?	묘역구간, 수혈 등		俞炳一·兪嶐姬 2009
55	고려	전북	전주 무근	7	6	1	3	1			3	1				4	1		1	3		1	29	6	수혈, 우물		이준정 2011c
56	고려	강원	원주 법천리 8호묘	1																	1		1	1	분묘(상층)		國立中央博物館 2000
57	고려	경남	울산 반구동	1		1	1		3	3						3	2		3	5	3		24	?	구, 도성		俞炳一·兪嶐姬 2009
58	조선	경기	서울 육조거리	2				1								1				1	1		6	1	도로		조태섭 2011
59	조선	전남	강진 전라병영성지	2	1		1	1			1		2	1		1				2			10	1	해자		김건수·이은·김현지 2011
60	조선	경남	울산 반구동		1	1	2	2	5	1						1	1			3	1		16	?	구, 도로		俞炳一·兪嶐姬 2009
61	조선	경남	김해 봉황동	1			2	2	2	1	2					2	1		1	2	6		22	10	우물, 노지, 灰曾지, 구		丁太振 2007a
62	조선	경남	사천 방지리			1														1			2	1	제방		이준정·고은별 2007c

선사와 고대의 농업연구는 고고학 자료에 대한 의존도가 큰 반면 고려, 조선시대 농업연구는 고고학 자료를 이용한다고 하더라도 문헌사의 도움이 필수적이다. 『농업의 고고학』 집필 지침 중의 하나가 고고학 자료를 이용한 농업의 통시대적 정리였기에 발표 논문을 종합하여 통시대적인 고찰을 할 의무가 종합토론 사회자인 필자에게 주어졌다. 그러나 다행히도 이 짐은 수십 년 동안 고고학 자료를 적극 활용하여 한국 고대 농업기술의 발전과정을 연구해온 이현혜 교수의 특별 강연으로 상당 부분 해결되었기에 여기서는 이 책에 실린 글들에 대한 요약과 본문에서는 생략한 토론자들과 필자의 코멘트를 약간 첨가하는 정도로 마무리한다.

〈한국 농업기술의 변천 과정과 연구 성과〉(이현혜)는 기존 연구방식대로 토지활용방식의 변화를 장기휴경, 중기휴경, 단기휴경, 연작상경, 다모작 단계로 파악한 보서럽(Boserup)의 모델을 채용해 한국 농업기술의 발달 과정을 개관하고 시대별로 연구자들이 관심을 기울여온 중요 주제를 중심으로 그 성과와 과제를 살펴보았다. 휴경기간을 줄여 나가는 과정에서 시비법을 개발하고 기경법과 농기구를 개선하고 품종을 개량한 것으로 파악하였다. 이 글을 통해 농업고고 전공자와 경작유구 조사자에게 중요한 과제도 제시하고 있다. 특히 논유구 조사를 통해 휴한 여부와 이양 여부를 확인할 수 있기를, 그리고 토양분석을 통해 시비 여부와 거름 성분의 변화를 알아낼 수 있기를 희망하였는데, 아래의 윤호필과 이희진의 두 논문에 상기 과제의 해결책이 부분적으로 담겨 있다.

〈농업연구와 식물자료〉(김민구)는 작물유체를 이용해 농업연구를 할 때 제기되는 이론적 문제로서 순화종 판별과 출현의 환경적 배경, 재배와 농업, 초기 작물의 성격, 농업집약화를 다루었다. 작물유체 분석은 과학적일 수는 있지만 반드시 객관성이 보장되는 것은 아니며, 그 해석의 타당성 역시 다른 고고자료와의 연관성 속에서 검토되어야 한다는 점을 강조하였다. 이 글에서 주목되는 부분은 일본의 조몬시대처럼 한반도에도 조, 기장 등의 외래종 유입 이전의 재배행위가 있었을 가능성을 상정한 것과 청동기시대 농업집약화에 대한 회의적 견해이다. 그러나 정주성 증가로 교란된 식생에 일년생 잡초성 식물이 출현한다고 해서 재배로 이어지는 것은 아니며, 농업집약화도 신석기시대부터 현재까지도 지속되는 상대적 현상이기에 식생의 변화가 미약하다고 해서 굳이 부정적으로 볼 필요는 없지 않을까 싶다.

보서럽의 모델도 휴경기간 단축을 통한 농업집약화를 담고 있지만 농업집약화 자체는 도구, 농경기술, 품종 개량, 노동력 등 다양한 부분에서 이루어질 수 있다(Morrison, K.D., 1994., The intensification of production: archeological approaches, *Journal of Archaeological Methods and Theory* 1(2): 111-159). 농업이나 토지 생산성 자체가 단선진화처럼 계속 집약과 확장의 과정을 거치는 것은 아니며 때로는 내향적 정교화(involution)나 퇴화로 빠지기도 한다(cf. Ellis, E.C. *et al.*, 2013, Used planet: a global history, *PNAS* April 30; 클리포드 기어츠, 2012,『농업의 내향적 정교화』, 일조각). 김민구 교수가 농업집약화를 단일 주제로 한 별도의 논문을 작성 중이라 하니 한층 확장된 고찰을 기다려본다.

〈식물유체로 본 시대별 작물조성의 변천〉(안승모)에서는 국내에서 보고된 작물유체를 곡물종자를 중심으로 집성하여 시대별, 지역별 작물 종류와 조성의 변천을 검토하였다. 아울러 작물유체 분석의 한계와 신뢰성을 높일 수 있는 방법도 언급하였다. 다만, 시대별 변천의 분석 자체가 상대적으로 자료가 많은 청동기시대와 고대에 집중하였고 통일신라시대 이후는 세부적 고찰이 생략되어 아쉬움을 남긴다. 기존에 발표하였던 논문들을 모아서 정리한 것으로 새로운 주장은 없다. 이 글에서는 신석기시대 조, 기장 이외의 작물 존재에 대해 회의적 견해를 나타내었으며, 고대까지 수수, 녹두 재배의 증거는 없다고 보았다. 그러나 이는 현재까지의 자료에 의존한 해석이며 앞으로의 조사 결과에 따라 이런 주장은 수정되거나 폐기되어야 할지도 모른다. 이는 다른 논문도 마찬가지일 것이다.

〈농기구와 농경〉(김도헌)에서는 농기구의 종류와 용도, 농기구 조합의 변화, 농기구로 본 농경의 변화를 다루었다. 농기구를 통해 본 농경의 변화로는 신석기시대 벌목화경 가능성, 청동기시대 휴경기간 단축, 초기철기시대 목제 따비 사용으로 충적지 심경 가능성, 원삼국 기경구의 철기화로 구릉지 개간과 체계적 제초작업 진행을 거론하였다. 통일신라시대의 농기구는 삼국시대와 큰 차이가 없는데, 보습에 볏이 장착된다는 점과 호미의 출토 사례가 증가한다는 점, 낫이 새롭게 출현한다는 점 등의 부분적 변화만 확인되었기에 삼국시대에 정립된 농기구와 농경 체계의 큰 틀은 통일신라시대에도 계속되었다고 해석하였다.

농경도구를 다루다 보니 명칭과 기능, 출현 시기를 중심으로 토론자들에게서 가장 많은 질문이 제기되었다. 송윤정은 농구의 조합상이 완성된 시점을 통일신라사대로 보는 것이 합당하다고 보았다. 김재홍은 7세기 단병서의 출현을 6세기 이후 영남지역에서 발달하는 계단식 논과 관련될 가능성, 그리고 심경의 시작은 쟁기보다 볏의 출현을 기준으로 논 면적 확대와 연결하는 의견을 제시하였다. 아울러 농업의 변화는 기경구보다 특정 농구나 토지 이용을 기초로 단계

지어야 한다고 보고 송윤정과 마찬가지로 통일신라기를 농업 발전의 별도 단계로 분리하였다.

김도헌은 석제 굴지구가 삽보다 괭이의 형태로 장착해 사용하는 경우가 보편적이라고 하였으나 최근의 실험고고학적 연구와 사용흔 분석에 의하면 소위 따비형, 보습형 굴지구는 삽처럼 장착되고 사용된 것으로 확인되고 있다. 또한 제36회 한국고고학전국대회 포스터 세션에서 발표된 〈백제 철볏, 그 고고학적 위상〉(정훈진)에 따르면 부여 쌍북리 314-5번지 유적의 7세기대 건물에서 철볏이 출토되어 통일신라시대부터로 알려졌던 출현 연대가 백제 말로 소급되고 있다.

〈경작유구를 통해 본 경지이용방식의 변천 연구〉(윤호필)에서는 현재까지 확인된 경작유적의 현황을 정리하고 세부속성을 검토한 후 선사시대에서 조선시대까지 시대별 농업기술의 특징과 경지이용방식의 변천에 대해 살펴보았다. 전체적 경지이용방식의 흐름을 '휴한단계(休閑段階)의 극복'과 '연작단계(連作段階)의 보편화'로 파악하였다. 필자는 발표자들과의 사전모임에서 이현혜 교수가 애용하는 보서럽의 경지이용방식 발전단계가 고고학적으로 증명될 수 있는지 검토를 부탁한 바 있는데 유일하게 이 글이 그러한 부탁을 수용하여 발전단계마다의 도구 및 사회적 변화와 경작유구의 특징을 요약해 기술하였다.

이진주는 위 글에서 휴한과 연작의 특징이라고 고찰한 잡초뿌리와 작물관리 흔적을 발굴에서 효율적으로 구분할 수 있는 방법, 그리고 생계형 농경과 잉여창출 농경 방식의 고고학적 구분 방법을 질문하였다. 논의 노후화 현상, 시비, 지력유지, 경지 전환, 단위 면적당 생산량, 밭의 휴경과 상경연작에 대해서는 이미 한국고고학회 학술총서 2집 『한국 농경문화의 형성』에서 곽종철의 세부적 고찰이 있었다. 10년 이상이 경과한 현 시점에서 변화된 내용이 있는지 종합토론에서 당사자의 의견을 직접 듣고 싶었지만 그러하지 못해 아쉬 웠다.

〈토양을 활용한 고대 농경 복원〉(이희진)에서는 경작 행위로 야기 되는 토양의 변화와 이를 인식할 수 있는 미세토양분석 등의 분석법 과, 토양을 통한 과거 농경의 연구사례들을 소개하였다. 저자 스스 로 밝혔듯이 이 글은 그동안의 농경에 관한 토양연구의 집성과 비 판적 검토라기보다는 앞으로의 토양분석의 활용가능성과 연구방향 에 대한 제언에 가깝다. 농경 연구자들 사이에서 가장 논란이 되고 있는 경작지의 수리 상태와 퇴비 사용 문제도 동위원소분석으로 가 늠할 수 있다고 하였다. 유럽에서는 맥류 재배의 관개 여부를 파악 하기 위해 동위원소분석을 실시하고 있었는데 근자에는 일본에서 도 탄화곡물의 동위원소분석이 막 시작되고 있다. 청동기시대 고재 미골과 원삼국시대 용흥리 유적 출토 탄화미의 탄소 질소동위원소 분석을 실시한 결과 전자는 수도, 후자는 육도로 분석된 바 있다(庄 田 외, 2011, 「안정동위원소분석을 통한 선사 농경의 육도와 수도」, 『국제심 포지움 동아시아 식물고고학 연구의 현황과 과제』, 서울대 고고미술사학과, 熊本大 文學部).

이희진은 캠브리지 대학에서 토양고고학으로 박사학위를 취득한 신진연구자로 「토양분석을 통해 본 한반도 초기 수전농경의 일면」 (한국고고학보 82, 2012)에서 굴화리, 평거동 토양 분석을 통해 전자 의 논유구를 천수답으로 파악하면서 청동기시대는 자연적 물이 고 이는 곳에 벼 경작이 일반적이고 인위적 담수는 제한적이라고 추론 한 바 있다. 한국고고학회 제1회 논문상은 이 논문에 주어졌어야 한 다고 생각한다. 다만, 청동기시대 논유구의 분석 사례가 두 유적에 한정되어 굴화리의 예를 청동기시대 벼 경작의 대표적 사례로 볼 수 있을지는 연구가 좀더 누적되어야 할 것이다. 이진주는 굴화리와 평거동 두 유적의 경작 방식 차이가 토양공급과 지형적 조건이 서로 다른 데서 기인하는 원론적 문제점은 없는지 질의하였다. 다른 질문 들은 상기 논문에서 보완되어 제출되었다.

〈한반도 선사, 고대 동물 사육의 역사와 그 의미〉(이준정)는 동물 사육과 관련된 기본 개념과 이를 고고학 자료를 통해 규명할 때 유 의해야 할 점, 그리고 동물유체를 대상으로 사육종 여부를 판별하는 방법의 내용과 그 한계를 다루었다. 또한 주요 사육종 동물(개, 돼지, 소, 말)의 한반도 출현 시점, 각 사육종 동물이 당시 사회에서 수행 하였던 역할과 활용 방식을 논의하고, 나아가 한반도에서 동물 사육 이 시작된 배경에 대해 고찰하였다. 결론적으로 한반도에서의 동물 사육은 동물성 식료의 확보보다는 의례적 맥락, 그리고 이와 연관 된 사회경제적, 정치경제적 맥락에서 시작되었다는 주장을 제기하 였다. 아울러 한반도의 고고학 유적에서 출토된 사육종 동물유체 자 료를 집성하여 부록으로 수록하였다. 사육종 동물유체 자료가 집성 되어 보고된 것은 이 논문이 처음이다. 토론자인 김건수는 돼지 동 정의 Mayer 기준을 한반도에 그대로 적용할 수 있는지와 돼지 개채 군 차이가 순화 결과가 아닌 지역적 편차나 아종에 의한 것이 아닌 지 질문하였다. 한편 상기 논문에서 양과 염소, 닭의 사육에 대한 부 분은 생략되어 이에 대한 보완적 연구가 기다려진다.

이 책에 실린 논문들이 한국 농업고고학의 성과를 모두 담고 있는 것은 아니다. 2011년에 발간된 『한국고대의 수전농업과 수리시설』 (한국고고환경연구소 편, 서경문화사), 『한국 고대 농업기술사 연구』(김 재홍, 도서출판 고고), 『고대 동북아시아의 수리와 제사』(대한문화유산 연구센터, 학연문화사), 『중앙고고연구』 제10호의 기획논문들이 이 책 의 부족한 부분을 메워 줄 것이다. 농업고고학 연구에서 아직도 미 진한 부분들이 많이 남아 있다. 개인적으로는 신석기, 청동기시대

화전 존재 여부, 청동기시대 조기 또는 전기 전반의 관개 수전 존재 여부가 여전히 풀리지 않은 숙제이다. 또한 작물과 경작지 조사가 지역적으로 편중된 것도 문제이다. 예를 들어 북한은 말할 것도 없고 호남지역에서도 경작지 조사 사례가 거의 없으며 호남에서는 신석기, 청동기시대의 체계적 작물유체 분석도 전혀 이루어지지 않았다. 농경의 기원과 변화 과정에서 환경 변화가 담당한 역할에 대한 연구도 부족하다. 동식물유체는 일반 인공유물과 마찬가지로 맥락이 중요하기 때문에 출토 상황에 대한 면밀한 관찰과 기록이 필요하다. 또한 늘 교란 가능성이 상존하므로 해석에 신중에 신중을 기할 필요가 있다.

윤호필 논문 머리말에 언급되었듯이 경작지 관련 자료의 증가에도 불구하고 아직 경작유구에 대한 세부적이고 구체적인 자료는 많이 부족하다. 그것은 대부분의 경작유구가 전체 면적의 일부만 조사되거나 층위조사를 통해 단면에서 경작유구의 존재 유무만을 확인하기 때문이다. 특히 고려, 조선시대 논유구는 대부분 층위조사, 또는 극히 일부분만 발굴이 이루어졌다. 이현혜 교수의 특별 강연에서도 경작유구가 늘어났음에도 여전히 코끼리 다리 만지는 느낌이라 현재의 자료 상태로는 논유구의 관개 시스템, 밭의 경계나 구획 상태, 휴경지 분포 양상, 논밭비율의 변화 등 농업기술사의 핵심 내용을 밝히기에 역부족이라고 토로하였다. 그럼에도 최근에는 발굴기관의 급증에 따른 경쟁과 관련 기관의 몰이해가 상승작용을 일으켜 발굴 면적과 비용 감소가 가속화되면서 조사 기간과 비용을 늘리는 경작지 조사는 피하거나 대폭 축소되는 추세이다. 결과적으로 농업고고학과 농업사 연구를 위한 기초 자료를 검출할 수 있는 기회도 사라지게 되는 현실이 안타깝다.

끝으로, 출판사에 초고를 넘길 즈음에 경남대학교 박물관에서 뜻

밖의 발굴보고서를 보내왔다. 덕천리, 묵곡리 발굴보고서가 드디어 간행된 것이다. 그것도 故 이상길 교수의 이름이 집필자 제일 앞머리에 나와 있었다. 마지막 유고인 것이다. 금천리 보고서를 왜 발간하지 않는가 하고 만날 때마다 구박하였는데 그 스트레스가 쌓인 것일까? 남강댐 수몰지구에서 누구도 예상하지 못하였던 밭을 정말 초인적 노력으로 찾아내었기에 경작지 조사가 활성화될 수 있었고, 자신의 유구에서 식물유체를 검출할 수 있도록 적극 도와준 덕분에 신석기, 청동기시대 작물의 실상이 밝혀질 수 있었다. 농경 의례라는 새로운 주제를 파고든 덕분에 인지과정주의 고고학의 세계적 추세에 우리도 합류할 수 있게 되었다. 한국고고학회와 협의한 것은 아니지만 농업고고 연구자를 대표하여 이 책을 그에게 바친다.

2013년 6월
집필자 대표 안승모

| 찾아보기 |

농업의 고고학

2013년 7월 8일 초판 1쇄 펴냄
2023년 12월 27일 초판 3쇄 펴냄

책임편집 안승모
지은이 김도헌, 김민구, 안승모, 윤호필, 이준정, 이현혜, 이희진

편집 김천희, 한소영
마케팅 김현주
표지 디자인 김진운
본문 디자인 디자인시

펴낸곳 (주)사회평론아카데미
펴낸이 윤철호

등록번호 2013-000247(2013년 8월 23일)
전화 02-326-1545
팩스 02-326-1626
주소 03993 서울특별시 마포구 월드컵북로6길 56
이메일 academy@sapyoung.com

© 한국고고학회, 2013

ISBN 978-89-6435-681-4 93900

사전 동의 없는 무단 전재 및 복제를 금합니다.
잘못 만들어진 책은 바꾸어 드립니다.